KB213648

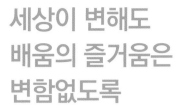

세상이 변해도
배움의 즐거움은
변함없도록

시대는 빠르게 변해도
배움의 즐거움은
변함없어야 하기에

어제의 비상은
남다른 교재부터
결이 다른 콘텐츠
전에 없던 교육 플랫폼까지

변함없는 혁신으로
교육 문화 환경의 새로운 전형을
실현해왔습니다.

비상은 오늘, 다시 한번
새로운 교육 문화 환경을 실현하기 위한
또 하나의 혁신을 시작합니다.

오늘의 내가 어제의 나를 초월하고
오늘의 교육이 어제의 교육을 초월하여
배움의 즐거움을 지속하는 혁신,

바로, 메타인지 기반 완전 학습을.

상상을 실현하는 교육 문화 기업 비상

메타인지 기반 완전 학습
초월을 뜻하는 meta와 생각을 뜻하는 인지가 결합한 메타인지는
자신이 알고 모르는 것을 스스로 구분하고 학습계획을 세우도록 하는
궁극의 학습 능력입니다. 비상의 메타인지 기반 완전 학습 시스템은
잠들어 있는 메타인지를 깨워 공부를 100% 내 것으로 만들도록 합니다.

한끝

고등 한국사1

구성과 특징

진도 교재

개념 학습 & 자료 학습

문제 풀이

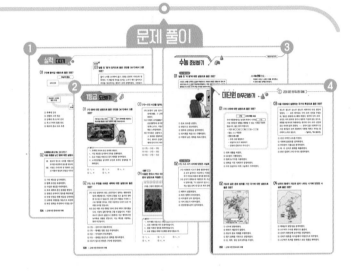

1 교과 내용 정리
새 교육과정에 따른 한국사1 교과서의 내용을 한눈에 살펴보고 이해할 수 있도록 명확하고 자세하게 정리하였습니다. 교과 내용에 사용된 어려운 개념이나 용어는 '한끝 더하기'에서 추가로 살펴보면서 정확하게 이해할 수 있습니다.

2 한끝 자료실
한국사1 교과서에서 다루고 있는 핵심 자료들을 철저하게 분석하여 이해하기 쉽게 설명하였습니다. '대표 자료' 코너에서는 새 교육과정의 성취기준을 달성하는 데 꼭 필요한 자료를 깊이 있게 살펴보면서 자료와 관련한 출제 경향도 확인할 수 있습니다.

3 개념 확인하기
빈칸 채우기, OX 문제, <보기>에서 고르기 등 다양한 유형의 문제를 통해 핵심 교과 내용을 정확하게 학습했는지 스스로 확인하고 점검할 수 있도록 하였습니다.

1 실력 다지기
학교 시험에 출제될 가능성이 높은 유형의 문제를 엄선하여 구성하였습니다. '대표 자료 링크' 문제로 대표 자료의 학습을 완성하고, '서술형 대비하기'를 통해 새 교육과정에서 강조하는 서술형·논술형 평가에 체계적으로 대비할 수 있습니다.

2 1등급 도전하기
사고력과 응용력을 요구하는 고난도 문제로 학업 성취도를 향상할 수 있게 구성하였습니다. 등급의 차이를 결정하는 어려운 문제를 자신 있게 풀면서 1등급에 한발짝 더 다가서 보세요.

3 수능 준비하기
단원의 교과 내용을 다룬 수능 기출 문제를 엄선하여 수록하고, 기출 응용 문제로 교과 내용과 기출 문제의 연계성을 높였습니다. 『한끝 한국사1』로 학교 시험과 수능을 동시에 대비해 보세요.

4 대단원 마무리하기
대단원에서 학습한 내용을 종합적으로 확인하면서 단원 간 통합형 문제도 놓치지 않고 대비할 수 있게 구성하였습니다.

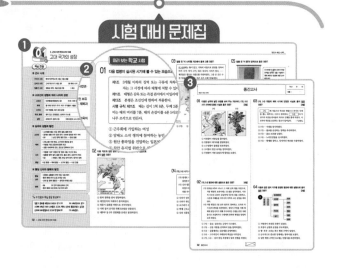

1 핵심 한끝

시험 직전에 단원별로 학습 내용을 정리하고 자신의 실력을 점검할 수 있게 구성하였습니다. 시험 범위가 많아도 걱정하지 마세요. '핵심 한끝'과 '이 단원의 핵심 문장 완성하기'로 빈틈없이 단원의 핵심 교과 내용을 확인할 수 있습니다.

2 미리 보는 학교 시험

시험 기출 문제를 철저하게 분석하여 실제 학교 시험과 가장 유사한 유형의 문제들로 구성하였습니다. 한층 높아진 문제 적응력을 바탕으로 자신 있게 학교 시험에 임해 보세요.

3 중간·기말고사, 논술형 수행 평가

실제 학교 시험과 유사한 형태로 제시된 중간고사, 기말고사를 풀어 보면서 학교 시험에 실전처럼 대비해 보세요. 학교 시험과 유사한 형태의 논술형 문항을 함께 제시하여 학교 내신에서 비중이 커지고 있는 논술형 수행 평가에도 체계적으로 대비할 수 있습니다.

✦ 교재에 수록된 모든 문제의 정답과 상세한 풀이를 담았습니다. '선택지 바로잡기'에서는 오답에 대해서도 꼼꼼하게 설명하여 문제의 내용을 정확하게 이해할 수 있게 구성하였습니다.

✦ 한끝과 내 교과서
단원 비교하기

단원명		한끝	비상교육	동아출판	리베르스쿨	미래엔	씨마스	지학사	천재교과서	해냄에듀	한국 학력 평가원
Ⅰ. 근대 이전 한국사의 이해	01. 고대 국가의 성장	10~19	8~17	12~25	10~21	10~19	10~21	11~21	10~19	8~21	10~24
	02. 고려의 통치 체제와 정치 변동	20~29	18~27	26~35	22~29	20~31	22~31	23~33	20~26	22~33	26~32
	03. 조선 사회의 성립과 발전	30~39	28~35	36~43	30~37	32~41	32~41	34~43	27~34	35~41	34~38
	04. 조선 후기의 새로운 흐름	40~49	36~43	44~51	38~45	42~49	42~49	45~51	35~40	42~53	40~45
Ⅱ. 근대 이전 한국사의 탐구	01. 국제 관계와 대외 교류	56~65	48~57	56~65	50~59	54~63	58~63	57~67	48~59	60~67	52~64
	02. 수취 체제와 경제생활	66~75	58~65	66~75	60~67	64~75	64~73	69~77	60~71	78~87	66~74
	03. 신분제와 사회 구조	76~85	66~73	76~85	68~77	76~85	74~81	79~83	72~83	88~95	76~82
	04. 사상과 문화	86~97	74~85	86~101	78~89	86~97	82~91	85~97	84~99	68~77	88~95

단원명		한끝	비상교육	동아출판	리베르 스쿨	미래엔	씨마스	지학사	천재 교과서	해냄에듀	한국 학력 평가원
Ⅲ. 근대 국가 수립의 노력	01. 국제 질서의 변동과 개항	104~113	96~105	106~111	104~111	102~109	106~113	111~117	110~116	108~111	108~116
	02. 근대 국가 수립을 위한 노력(1)	114~123	106~111	112~119	112~118	110~115	114~121	119~123	117~122	112~121	118~125
	03. 근대 국가 수립을 위한 노력(2)	124~133	112~125	120~131	119~131	116~127	122~131	124~133	123~134	122~135	126~138
	04. 사회·경제 변화와 문화 변동	134~143	126~141	146~157	132~143	138~149	132~143	135~145	146~158	144, 148~151	140~150
	05. 국권 침탈과 국권 수호 운동	144~155	142~153	132~145	144~159	128~137	144~157	147~157	135~145	136~143, 145~147	152~165

✦ 이 책의 차례

Ⅰ 근대 이전 한국사의 이해

Ⅱ 근대 이전 한국사의 탐구

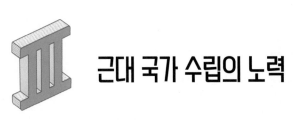

III 근대 국가 수립의 노력

근대 이전
한국사의 이해

✦ 무엇을 배울까?

이 단원에서 배울 내용

☑ **고대 국가의 성장**
선사 문화의 전개, 고대 국가의 성립과 중앙 집권적 국가로의 발전, 통일 신라와 발해의 발전

☑ **고려의 통치 체제와 정치 변동**
고려의 후삼국 통일과 체제 정비, 문벌 사회, 무신 정권, 원 간섭기와 고려 말 새로운 세력의 성장

☑ **조선 사회의 성립과 발전**
조선의 성립과 체제 정비, 사림의 성장과 붕당 정치, 왜란과 호란의 전개

☑ **조선 후기의 새로운 흐름**
양 난 이후 정치 운영의 변화, 탕평 정치, 세도 정치, 흥선 대원군의 개혁 정치

01 고대 국가의 성장

I. 근대 이전 한국사의 이해

- ☑ 선사 문화의 전개
- ☑ 고대 국가의 중앙 집권적 체제 정비
- ☑ 통일 신라와 발해의 발전

한끝 더하기

① 선사 시대의 문화유산

🔺 주먹도끼   🔺 빗살무늬 토기

구석기 시대에는 주먹도끼와 같은 뗀석기로 사냥하고 가죽을 손질하였으며, 신석기 시대에는 빗살무늬 토기를 만들어 곡식을 보관하고 음식을 조리하였다.

② 고조선의 문화 범위

- ▨ 고조선 관련 문화 범위
- ⌂ 고인돌(탁자식) 분포 지역
- ⚑ 비파형 동검 분포 지역

비파형 동검과 탁자식 고인돌의 분포 지역을 바탕으로 고조선의 문화 범위를 짐작할 수 있다.

③ 소도

삼한의 신성 구역이다. 이곳에는 정치적 지배자의 세력이 미치지 못하여 죄인이 도망쳐 와 숨더라도 잡아갈 수 없었다.

1 선사 문화의 전개와 고대 국가의 형성

1. 선사 시대와 청동기·철기 시대

선사 시대❶	구석기	약 70만 년 전 시작, 뗀석기 사용, 채집·사냥 활동, 동굴·바위 그늘 거주, 이동 생활
	신석기	약 1만 년 전 시작, 간석기(갈돌과 갈판 등)·토기 사용, 농경과 목축 시작, 정착 생활 (강가나 바닷가에 움집을 지어 거주, 씨족 단위로 마을 형성)
청동기 시대		기원전 2000년경에서 기원전 1500년경 시작, 농업 생산력 증대로 잉여 생산물 발생 → 빈부 격차 발생 → 계급 발생, 군장 등장(비파형 동검 등 청동으로 만든 무기 사용, 권력의 상징인 거대한 고인돌을 남김), 고조선 성립
철기 시대		기원전 5세기경 철기 문화 성장 → 철제 농기구와 철제 무기 보급 → 농업 생산력 크게 증가, 정복 전쟁 확대 → 여러 나라 등장

2. 고조선의 성립과 발전

성립	청동기 문화 기반, 환웅 집단이 여러 세력과 결합하여 건국, 만주와 한반도 서북부 지역에서 발전❷, 단군왕검이 통치
발전	기원전 4세기경 중국의 연과 겨룰 만큼 성장, 부왕에서 준왕으로 왕위 세습, 왕 아래에 상·대부·장군 등의 관직 설치 → 기원전 2세기경 위만이 왕위 차지, 철기 문화의 본격 수용, 중계 무역으로 성장
쇠퇴	중국의 한이 고조선 침략 → 1년여의 항쟁 끝에 지배층의 분열로 멸망(기원전 108) → 한이 옛 고조선과 주변 지역에 낙랑군 등 군현 설치
사회	8조법으로 사회 질서 유지(개인의 노동력과 재산 중시, 농업 기반 사회) 〔자료 ①〕

3. 철기 시대 여러 나라의 성장 〔대표 자료〕〔자료 ②〕

부여	왕 아래에 가(加)가 존재하는 연맹체 국가(왕이 중앙 통치, 마가·우가·저가·구가는 사출도 관할) → 고구려에 흡수
고구려	왕이 속한 집단을 비롯한 5부가 연맹하여 발전(5부의 가들이 독자적 세력 형성)
옥저, 동예	왕이 없고 군장(읍군·삼로)이 부족 통치 → 고구려에 흡수
삼한	• 마한·진한·변한 등 수십 개의 소국 존재, 목지국의 지배자가 삼한 주도 • 군장(신지·읍차)이 소국 통치, 천군이 제사 주관(제정 분리 사회), 소도❸ 존재

2 중앙 집권적 고대 국가로의 발전

1. 삼국과 가야의 성립

(1) 삼국의 성립과 초기 국정 운영

성립	• 고구려: 졸본에서 국내성으로 천도한 후 세력 확장 • 백제: 부여·고구려 이주민과 한강 유역 토착 세력이 건국, 하남 위례성을 수도로 삼음 • 신라: 진한의 소국을 복속시킴, 4세기 전반까지 박·석·김씨가 왕위 배출
국정 운영	강력한 부의 지배자를 왕으로 추대, 각 부의 지배자들이 관리를 두고 자치권 행사, 회의체 운영(국가 중대사는 왕과 각 부의 지배자들이 협의하여 결정)

(2) 가야: 변한 지역에서 여러 소국이 연맹을 이루어 성장(금관가야에서 대가야로 주도권 이동), 질 좋은 철 생산·수출 → 중앙 집권 국가로 성장하지 못하고 신라에 병합

010 I. 근대 이전 한국사의 이해

· 대표 자료 · 초기 여러 나라의 통치 체제 ─── ◆ 비판적 사고력

- 나라(부여)에는 왕이 있고, 가축의 이름으로 관명을 정하여 마가·우가·저가·구가, 대사·대사자·사자가 있다. …… 제가들은 별도로 사출도를 주관하였다. 그중 큰 곳은 수천 가(家)에 이르렀고, 작은 곳은 수백 가였다. ─ 「삼국지」, 「위서 동이전」
- (고구려에는) 다섯 부족이 있었으니, …… 본래는 연노부에서 왕이 나왔으나 점점 미약해져서 지금은 계루부에서 왕위를 차지하고 있다. ─ 「삼국지」, 「위서 동이전」
- (옥저에는) 대군장이 없으며 읍락에는 각각 대를 잇는 우두머리가 있다. …… (동예에는) 대군장이 없고 읍군·삼로 등의 관직이 있어서 하호를 통치하였다. ─ 「삼국지」, 「위서 동이전」
- (삼한에는) 각각 우두머리가 있어서 세력이 강대한 사람은 스스로 신지라 하고, 그다음은 읍차라 하였다. …… 귀신을 믿기 때문에 국읍에 각각 한 사람씩 세워 천신의 제사를 주관하게 하는데, 이를 천군이라 부른다. ─ 「삼국지」, 「위서 동이전」

초기 국가는 여러 소국이 맹주국을 중심으로 결합한 연맹체적 성격의 정치 체제를 갖추었는데, 부여와 고구려는 왕이 중앙을 통치하고 각 부 지배자들의 독자성을 인정하였다. 옥저와 동예, 삼한은 왕이 없었고, 군장이 부족을 다스렸다.

자료 ❶ 고조선의 8조법

대개 사람을 죽인 자는 즉시 죽이고, 남에게 상처를 입힌 자는 곡식으로 갚는다. 도둑질을 한 자는 노비로 삼는다. 용서를 받고자 하는 자는 한 사람마다 50만 전을 내게 한다. ─ 「한서」

고조선은 8조법을 만들어 사회 질서를 유지하였는데, 현재 세 개 조항만 전해진다. 이 법 조항을 통해 고조선이 개인의 노동력과 재산을 중시하였고 농업에 기반한 사회였음을 알 수 있다. 또한 노비가 존재하는 계급 사회였으며, 화폐를 사용하였음을 짐작할 수 있다.

자료 ❷ 여러 나라의 위치

기원전 5세기경부터 만주와 한반도 지역에서는 철기 문화가 발달하면서 정복이나 연합으로 정치 세력의 통합이 활발하게 이루어져 부여, 고구려, 옥저, 동예, 삼한 등 여러 나라가 등장하였다. 부여는 만주 쑹화강 유역의 평야 지대에서 성장하였고, 고구려는 부여에서 온 이주민과 압록강 유역의 토착민이 연합하여 졸본 지역에 건국하였다. 옥저와 동예는 함경도의 해안 지역과 강원도의 해안 지역에 자리 잡았다. 한반도 남부에서는 마한, 진한, 변한의 삼한이 성립하였다.

자료에서 설명하는 나라를 찾고, 그 나라의 특징을 고르는 문제가 자주 출제됩니다. 철기 시대 각 나라의 모습을 담은 사료를 정리하고, 여러 나라의 특징을 비교하여 정리해 두세요. 지도로 출제될 수도 있으니 여러 나라의 위치도 파악해 두도록 합니다.

자료 활용 문제

첫 번째 자료에 해당하는 나라에 대한 설명으로 옳은 것은?

① 8조법이 존재하였다.
② 단군왕검이 통치하였다.
③ 군장이 부족을 통치하였다.
④ 천군이 제사를 주관하였다.
⑤ 여러 부족의 연맹으로 성립되었다.

답 ⑤

개념 확인하기

1 다음 괄호 안의 내용 중 알맞은 말에 ○표를 하시오.
(1) 삼한은 (제정일치, 제정 분리) 사회였다.
(2) (철기, 청동기) 시대에는 계급이 발생하고, 군장이 등장하였다.
(3) (구석기, 신석기) 시대 사람들은 농경과 목축을 시작하면서 한곳에 정착하였다.

2 다음 설명이 맞으면 ○표, 틀리면 ✕표를 하시오.
(1) 고조선은 철기 문화를 기반으로 성립하였다. (　　)
(2) 고조선은 기원전 4세기경 중국의 연과 겨룰 정도로 성장하였다. (　　)
(3) 5세기 후반에 가야 연맹의 주도권이 대가야에서 금관가야로 이동하였다. (　　)

3 다음 빈칸에 들어갈 국가를 쓰시오.
(1) (　　　)의 가들은 사출도를 다스렸다.
(2) (　　　)는 압록강 유역에서 성장한 연맹체 국가였다.
(3) (　　　)와 동예에는 왕이 없고 읍군이나 삼로가 부족을 다스렸다.

01 고대 국가의 성장

 한끝 더하기

❶ 신라의 왕호 변천

'거서간(귀인) → 차차웅(무당) → 이사금 (계승자, 연장자) → 마립간(대군장, 우두 머리) → 왕'으로 변화하였다.

❷ 화랑도

청소년 단체로, 원광의 세속 5계를 지키 며 무예를 익히고 몸과 마음을 단련하였 다. 진골 귀족 출신의 화랑과 그를 따르 는 낭도로 구성되었다.

❸ 호족

지방에서 스스로 성주나 장군을 칭하며 그 지역의 행정과 군사 등 실질적인 통치 력을 행사하였다. 이들은 신라 사회에 불 만을 품은 6두품 지식인, 선종 승려와 함 께 새로운 사회를 건설하고자 하였다.

❹ 발해의 중앙 정치 조직

*[ ]: 당의 관제

발해는 정당성 아래의 6부를 둘로 나누 어 좌사정과 우사정이 맡도록 하고, 6부 의 명칭에 유교 이념을 반영하는 등 당과 다른 독자성을 보였다.

2. 삼국의 발전과 체제 정비 [대표 자료]

고구려	• 영토 확장: 태조왕(1세기 후반)의 옥저 정복 → 미천왕(4세기경)의 낙랑군 축출 • 소수림왕(4세기 후반): 불교 수용, 태학 설립(인재 양성), 율령 반포 • 광개토 대왕(4세기 말~5세기 초): 한강 이북 차지, 신라에 침입한 왜 격퇴·금관가야 공격, 요동반도(랴오동반도)와 만주 지역 대부분 장악 • 장수왕(5세기): 남진 정책 추진으로 평양 천도, 한강 유역 장악
백제	• 고이왕(3세기경): 관등제 정비, 마한의 소국 공격(목지국 병합), 한강 유역 장악 • 근초고왕(4세기 중엽): 왕위 계승 안정, 마한의 남은 세력 정복, 고구려의 평양성 공격, 중국 의 동진·왜와 교류 • 중흥 노력: 한강 유역 상실·웅진 천도(5세기 후반) → 무령왕 때 22담로에 왕족 파견(6세기 초) → 성왕 때 사비 천도, 중앙과 지방의 통치 체제 정비, 신라와 함께 고구려를 공격하여 한 강 하류 지역을 되찾음(6세기 중엽)
신라	• 내물왕(4세기 후반): 김씨의 왕위 계승 확립, '마립간' 왕호 사용 • 지증왕(6세기 초): '신라' 국명과 '왕' 칭호❶ 사용, 우산국(울릉도) 정벌 • 법흥왕(6세기): 병부 설치, 율령 반포, 관리의 공복 제정, 상대등 설치, 금관가야 병합 • 진흥왕(6세기 중반 이후): 화랑도❷를 국가적 조직으로 개편, 한강 유역 장악, 대가야 병합, 함흥평야까지 진출 → 단양 신라 적성비와 순수비 등 건립

3 통일 신라와 발해의 발전

1. 통일 신라의 성립과 발전

(1) **삼국 통일:** 나당 동맹 체결 → 나당 연합군의 사비성 함락(백제 멸망, 660)·평양성 함락 (고구려 멸망, 668), 백제·고구려 부흥 운동 실패 → 나당 전쟁을 벌여 당 축출(매소성· 기벌포 전투 승리), 삼국 통일(대동강 이남에 한정, 676)

(2) **통치 체제 정비** [자료 ❸]

중앙	• 왕권 강화: 신문왕이 김흠돌의 반란을 진압하고 진골 귀족 세력 숙청 • 정비: 집사부 중심, 시중(중시)이 국정 총괄, 사정부(감찰 기구) 강화, 국학 설립
지방	• 정비: 9주(주 아래 군현 설치), 5소경(수도의 편재성 보완), 향·부곡(특수 행정 구역) 설치 • 운영: 군현에 지방관 파견, 촌은 토착 세력인 촌주가 관리
군사	9서당(중앙군, 고구려·백제 유민과 말갈인 포함)과 10정(지방군)을 중심으로 정비

(3) **신라 말의 사회:** 왕위 다툼 심화, 상대등의 권력 강화, 중앙 정부의 지방 통제력 약화, 농민 봉기 발발, 6두품 세력의 반신라적 경향, 호족❸의 성장 [자료 ❹]

2. 발해의 성립과 발전

건국	고구려 출신인 대조영이 고구려 유민과 말갈인을 이끌고 만주 동모산에서 건국(698), 고구려 계 승 의식 표방
발전	• 무왕: '인안' 연호 사용, 당과 신라 견제, 흑수말갈 제압, 당의 산동 지방 공격 • 문왕: 당과 우호적 외교 관계 체결, '대흥' 연호와 '대왕'·'황상' 왕호 사용, 상경성 건설 • 선왕: 최대 영토 확보(말갈 대부분 복속, 요동과 연해주까지 진출) → 이후 '해동성국'으로 불림
통치 체제	중앙은 3성 6부로 정비(당의 제도 수용, 독자적 운영)❹, 지방은 5경 15부 62주로 정비하고 도독과 자사 등 관리 파견, 촌락은 토착 세력인 촌장(수령)이 관리, 중앙군은 10위로 운영
멸망	9세기 말부터 지배층의 내분으로 국력 쇠퇴 → 거란에 멸망(926)

· 대표 자료 · 삼국의 발전

· 정보 활용 능력

4세기 백제의 발전

5세기 고구려의 발전

6세기 신라의 발전

4~6세기에 삼국은 본격적으로 경쟁하며 발전하였다. 백제는 4세기 근초고왕 때, 고구려는 5세기 광개토 대왕과 장수왕 때 영토를 크게 넓히며 전성기를 맞이하였다. 신라는 6세기 진흥왕 때 한강 유역을 차지하고 함경도 지방까지 진출하면서 최대 영토를 확보하였다.

· 시험에서는 이렇게 ·

4, 5, 6세기 한반도 지도를 보여 주고, 각 시기의 정세를 묻는 문제가 출제됩니다. 시기별 삼국의 영토와 진출 방향 등을 지도에서 파악하고, 각 시기 삼국의 특징적인 모습을 비교하여 정리해 두세요.

자료 활용 문제

첫 번째 지도의 형세가 이루어진 시기에 있었던 일로 옳은 것은?

① 신라가 율령을 반포하였다.
② 신라가 대가야를 복속시켰다.
③ 고구려가 남진 정책을 추진하였다.
④ 백제가 고구려 평양성을 공격하였다.
⑤ 백제가 22담로에 왕족을 파견하였다.

답 ④

자료 ③ 신라의 지방 행정 제도(9주 5소경)

삼국을 통일한 신라는 확대된 영토와 늘어난 인구를 효율적으로 통치하기 위해 지방 행정 조직을 9주 5소경 체제로 정비하였다. 전국을 9주로 나누었는데, 9주는 삼국의 옛 땅에 3개 주씩 고르게 설치하였다. 9주 아래에는 군과 현을 두어 지방관을 파견하였다. 또한 수도인 금성(경주)이 국토의 동남쪽에 치우친 점을 보완하고자 군사·행정상 중요한 지역에 5소경을 두고, 그곳에 지배층을 이주시켜 지역의 고른 성장을 꾀하였다.

자료 ④ 신라 말 사회 혼란

> 진성 여왕 3년(889) 나라 안의 여러 주와 군에서 공물과 조세를 보내지 않아 창고가 텅텅 비고 나라 재정이 궁핍해졌다. 왕이 사신을 보내 독촉하니 곳곳에서 도적이 벌 떼처럼 일어났다. 이때 원종과 애노 등이 사벌주를 근거지로 반란을 일으켰다.
> – 「삼국사기」

신라 말에는 중앙 정부의 지방 통제력이 약화된 가운데 정부의 무거운 조세 수취와 귀족들의 농민 수탈이 계속되었다. 결국 9세기 말 진성 여왕 시기에는 전국 곳곳에서 농민 봉기가 빈번하게 일어났다. 대표적으로 사벌주(지금의 상주)에서 원종과 애노가 봉기하여 한때 세력을 떨쳤다. 이렇게 혼란한 가운데 지방에서는 스스로 성주나 장군이라고 칭하는 호족이 등장하여 지방의 행정과 군사에 대한 실질적인 통치력을 행사하였다.

개념 확인하기

4 다음 활동을 한 왕을 〈보기〉에서 골라 기호를 쓰시오.

보기
ㄱ. 성왕   ㄴ. 장수왕
ㄷ. 진흥왕   ㄹ. 근초고왕

(1) 고구려의 평양성을 공격하였다. (   )
(2) 화랑도를 국가적 조직으로 개편하였다.
                                  (   )
(3) 남진 정책을 펼쳐 평양으로 수도를 옮겼다.
                                  (   )
(4) 사비로 수도를 옮기고 중앙과 지방의 통치 체제를 정비하였다. (   )

5 다음 설명이 맞으면 ○표, 틀리면 ×표를 하시오.

(1) 발해는 지방을 5경 15부 62주로 정비하였다.
                                  (   )
(2) 신라 법흥왕은 태학을 설립하고 율령을 반포하였다. (   )
(3) 통일 이후 신라는 군사와 행정상 중요한 지역에 5소경을 설치하였다. (   )

6 발해는 (   ) 때 최대 영토를 확보한 이후 '해동성국'이라 불렸다.

01 다음 유물이 처음 제작된 시대의 사회 모습으로 옳은 것은?

이 토기는 곡물을 저장하거나 음식을 조리하는 데 사용되었다. 토기의 표면에 빗살 같은 선이나 물결 모양을 이룬 점선 등의 기하학적 무늬가 있는 것이 특징이다.

① 계급이 분화되었다.
② 농경과 목축이 시작되었다.
③ 철제 농기구를 사용하였다.
④ 주먹도끼를 처음으로 제작하였다.
⑤ 주로 동굴이나 바위 그늘에 거주하였다.

02 다음 유적과 유물이 만들어진 시대의 사회 모습으로 옳은 것만을 〈보기〉에서 고른 것은?

⊣ 보기 ├
ㄱ. 군장이 등장하였다.
ㄴ. 우리 역사상 최초의 국가인 고조선이 출현하였다.
ㄷ. 철제 무기가 보급되어 부족 간의 전쟁이 늘어났다.
ㄹ. 부여, 고구려, 옥저와 동예, 삼한 등 여러 나라가 세워졌다.

① ㄱ, ㄴ ② ㄱ, ㄷ ③ ㄴ, ㄷ
④ ㄴ, ㄹ ⑤ ㄷ, ㄹ

중요해 03 밑줄 친 '이 국가'에 대한 설명으로 옳은 것만을 〈보기〉에서 고른 것은?

재미있는 한국사 학습

이 국가의 사회 모습을 알 수 있는 근거로 중국 역사서인 『한서』에 다음과 같은 내용이 실려 있다. "대개 사람을 죽인 자는 즉시 죽이고, 남에게 상처를 입힌 자는 곡식으로 갚는다. 도둑질을 한 자는 노비로 삼는다. 용서를 받고자 하는 자는 한 사람마다 50만 전을 내게 한다."
이를 통해 이 국가가 농업에 기반을 둔 계급 사회였음을 짐작할 수 있다.

⊣ 보기 ├
ㄱ. 읍군, 삼로가 통치하였다.
ㄴ. 상, 대부, 장군 등의 관직을 두었다.
ㄷ. 중국의 연과 겨룰 정도로 성장하였다.
ㄹ. 제가 회의를 열어 국가 중대사를 결정하였다.

① ㄱ, ㄴ ② ㄱ, ㄷ ③ ㄴ, ㄷ
④ ㄴ, ㄹ ⑤ ㄷ, ㄹ

대표 자료 링크 04 다음 자료에 해당하는 국가에 대한 설명으로 옳은 것은?

각각 우두머리가 있어서 세력이 강대한 사람은 스스로 신지라 하고, 그다음은 읍차라 하였다. …… 귀신을 믿기 때문에 국읍에 각각 한 사람씩 세워 천신의 제사를 주관하게 하는데, 이를 천군이라 부른다.
– 『삼국지』, 「위서 동이전」

① 소도라 불리는 지역이 있었다.
② 8조법으로 사회 질서를 유지하였다.
③ 청동기 문화를 바탕으로 건국되었다.
④ 만주 쑹화강의 평야 지대에서 성장하였다.
⑤ 마가, 우가, 저가, 구가 등이 사출도를 다스렸다.

05 밑줄 친 ㉠에 해당하는 설명으로 옳은 것은?

> 백제 근초고왕은 왕위 계승을 안정시켜 왕권을 강화하였어.

> 맞아, 근초고왕은 ㉠ 활발한 정복 활동을 전개하여 영토도 확장시켰지.

① 옥저를 정복하였다.
② 낙랑군을 축출하였다.
③ 고구려의 평양성을 공격하였다.
④ 요동반도와 만주 일대를 장악하였다.
⑤ 대가야를 병합하고 함흥평야까지 진출하였다.

06 🔗 대표 자료 링크
지도와 같은 형세가 이루어진 시기에 있었던 사실로 옳은 것은?

① 소수림왕이 율령을 반포하였다.
② 무령왕이 22담로에 왕족을 보냈다.
③ 무왕이 당의 산둥반도를 공격하였다.
④ 내물왕이 마립간이라는 왕호를 처음 사용하였다.
⑤ 장수왕이 남진 정책을 펼쳐 평양으로 수도를 옮겼다.

07 (가) 국가에 대한 설명으로 옳은 것은?

한국사 신문	2023년 9월 ○○일

(가) **고분군, 유네스코 세계 유산에 등재되다!**

2023년 9월 고령 지산동 고분군, 김해 대성동 고분군, 합천 옥전 고분군 등 고분 유적 7곳을 묶은 (가) 고분군이 유네스코 세계 유산에 등재되었다. 이 고분군은 1세기부터 6세기 중엽 영남과 호남 지역을 중심으로 조성된 것이다.

① 지방을 5경 15부 62주로 정비하였다.
② 중앙 집권 국가로 성장하지 못하였다.
③ 부왕에서 준왕으로 왕위를 세습하였다.
④ 박, 석, 김의 세 성씨가 교대로 왕위를 차지하였다.
⑤ 중국과 한반도 남부 사이에서 중계 무역으로 성장하였다.

08 (가) 왕에 대한 설명으로 옳은 것은?

(가) **의 통치 체제 정비**

• 군사 업무를 담당하는 관청으로 병부를 설치하였다.
• 율령을 반포하고 처음으로 모든 관리의 공복을 만들어 위계를 정하였다.
• 상대등을 설치하여 이찬 철부를 상대등으로 삼고, 귀족 회의를 주관하게 하였다.

① 국학을 설립하였다.
② 금관가야를 병합하였다.
③ 국호를 '신라'로 정하였다.
④ 김씨의 왕위 계승을 확립하였다.
⑤ 북한산, 황초령 등지에 순수비를 세웠다.

09 (가), (나) 시기 사이에 있었던 사실로 옳은 것만을 〈보기〉에서 고른 것은?

> (가) 백제는 고구려 장수왕의 공격을 받아 한성이 함락되어 웅진으로 수도를 옮겼다.
> (나) 신라 진흥왕은 한강 유역을 모두 장악하고, 북쪽으로 함흥평야까지 진출하였다.

┌ 보기 ┐
ㄱ. 고구려에서 태학을 설립하였다.
ㄴ. 신라에서 상대등을 설치하였다.
ㄷ. 고구려가 신라에 침입한 왜를 물리쳤다.
ㄹ. 백제에서 지방의 22담로에 왕족을 파견하였다.

① ㄱ, ㄴ ② ㄱ, ㄷ ③ ㄴ, ㄷ
④ ㄴ, ㄹ ⑤ ㄷ, ㄹ

10 밑줄 친 '과인'의 재위 시기에 있었던 사실로 옳은 것은?

> 과인은 숭고한 왕업을 이어 지킴에 중신들과 나라를 평안하게 하려 하였으니, 어찌 상중에 도성에서 반란이 일어날 줄 생각이나 하였겠는가! 역적의 우두머리 흠돌·홍원·진공 등은 벼슬이 재능으로 오른 것이 아니요, 실로 은혜로운 특전으로 관직에 오른 것이다. …… 나쁜 무리들이 서로 도와 날짜와 기한을 정하여 반란을 일으키려고 하였다. — 「삼국사기」

① 우산국을 정벌하였다.
② 삼국 통일을 달성하였다.
③ 한강 유역을 차지하였다.
④ 유학 교육 기관인 국학을 설립하였다.
⑤ 영토 확장을 알리기 위해 순수비를 세웠다.

중요해 이 문제에서 나올 수 있는 모든 선택지 ✓

11 지도와 같이 지방 행정 조직을 정비한 국가에 대한 설명으로 옳지 않은 것은?

① 감찰 기구로 사정부를 두었다.
② 지방의 요충지에 5소경을 설치하였다.
③ 집사부를 중심으로 정치를 운영하였다.
④ 군사 조직으로 9서당과 10정을 설치하였다.
⑤ 왕위 다툼이 벌어지면서 정치가 혼란해졌다.
⑥ 변한 지역에서 등장하여 연맹 왕국으로 발전하였다.

12 다음과 같은 사건이 일어난 시기에 볼 수 있는 모습으로 가장 적절한 것은?

> • (헌덕왕 14년) 3월, 웅천주 도독 헌창이 아버지 주원이 왕위에 오르지 못한 것을 이유로 반란을 일으켜, 국호를 장안이라 하고 연호를 경운 원년이라 하였다.
> — 「삼국사기」
> • 진성 여왕 3년 나라 안의 여러 주와 군에서 공물과 조세를 보내지 않아 창고가 텅텅 비고 나라 재정이 궁핍해졌다. 왕이 사신을 보내 독촉하니 곳곳에서 도적이 벌 떼처럼 일어났다. 이때 원종과 애노 등이 사벌주에서 반란을 일으켰다. — 「삼국사기」

① 스스로 성주라 칭하는 호족
② 왕을 마립간으로 부르는 관리
③ 기벌포에서 당군과 싸우는 군인
④ 부흥 운동을 펼치는 고구려 유민
⑤ 철기 제품을 판매하는 가야 상인

13 (가)에 들어갈 탐구 주제로 가장 적절한 것은?

수행 평가 보고서

1. 탐구 주제: _____ (가) _____
2. 수집 자료

- 대조영은 본래 고구려의 별종이다. 고구려가 멸망하자 영주로 이주하였는데 …… 그 무리를 이끌고 동으로 가서 계루부의 옛 땅을 차지하고 동모산에 웅거하였다.   - 『구당서』
- 발해는 고구려의 옛 땅에 세운 나라이다. …… 백성에는 말갈이 많고 토인(고구려인)이 적다. 토인이 촌장이 되었다.   - 『유취국사』

---

① 고구려의 남진 정책 추진
② 고구려 부흥 운동의 영향
③ 고구려의 독자적인 천하관
④ 고구려 계승 의식을 표방한 발해
⑤ 산둥 지방을 공격하여 당을 압박하는 발해

이 문제에서 나올 수 있는 모든 선택지 ✓

14 (가) 국가에 대한 설명으로 옳지 <u>않은</u> 것은?

① 대조영이 세웠다.
② 고구려 계승 의식을 내세웠다.
③ 주자감을 두어 관리 양성에 힘썼다.
④ 인안, 대흥 등의 연호를 사용하였다.
⑤ 중앙군인 9서당에 고구려와 백제 유민을 포함하였다.
⑥ 영토를 확장하여 당으로부터 '해동성국'이라 불리기도 하였다.
⑦ 정당성 아래 6부를 둘로 나누어 좌사정과 우사정이 관할하게 하였다.

15 다음 자료에 나타난 역사적 사실이 한반도 정세에 끼친 영향을 서술하시오.

신라가 사신을 보내 아뢰기를, "왜인이 그 국경에 가득차 성과 해자를 부수고 있으니 고구려 왕께 귀의하여 구원을 요청합니다."라고 하였다. 신라의 요청에 응답하여 왕이 보병과 기병 도합 5만 명을 보내 신라를 구원하게 하였다.   - 비문

_____

_____

3단계로 완성하기

16 다음 자료를 보고 발해의 중앙 정치 조직에서 나타난 당과의 유사성과 발해만의 독자성을 서술하시오.

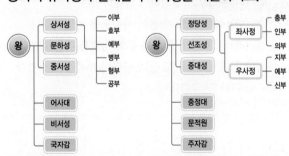

🔺 당의 중앙 정치 조직   🔺 발해의 중앙 정치 조직

1단계 발해와 당의 중앙 정치 조직에서 유사한 점을 찾아보세요.

_____

_____

2단계 발해의 중앙 정치 조직에서 당과 다른 점을 찾아보세요.

_____

_____

3단계 1단계와 2단계에서 정리한 내용을 바탕으로 답안을 완성해 보세요.

_____

_____

1등급 도전하기

01 (가)~(마) 국가에 대한 설명으로 옳은 것은?

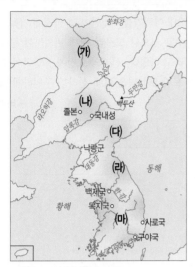

⚠ 철기 시대에 성립된 여러 나라

① (가) – 한의 침략으로 멸망하였다.
② (나) – 5부가 연맹하여 발전하였다.
③ (다) – 마가, 구가 등이 사출도를 관할하였다.
④ (라) – 거서간, 차차웅 등의 왕호를 사용하였다.
⑤ (마) – 읍군, 삼로 등의 군장이 부족을 다스렸다.

02 (가), (나) 시기 사이에 있었던 사실로 옳은 것은?

> (가) (고구려) 왕이 군사 3만 명을 거느리고 와서 도읍 한성을 포위하였다. 개로가 아들 문주에게 말하였다. "나는 당연히 나라를 위해 죽어야 하지만 너는 난리를 피하여 나라를 다시 이어가도록 하라." 이에 문주가 신하들을 데리고 남쪽으로 내려가 웅진에 자리를 잡았다. — 『삼국사기』
>
> (나) (백제) 왕이 군사를 일으키고 신라의 관산성을 공격하였으나 실패하고 전사하였다. — 『삼국사기』

① 고구려가 낙랑군을 몰아냈다.
② 백제가 마한의 남은 세력을 복속시켰다.
③ 백제가 지방의 22담로에 왕족을 파견하였다.
④ 백제가 좌평을 비롯한 관등 체계를 마련하였다.
⑤ 신라가 유학 교육 기관으로 국학을 설치하였다.

03 밑줄 친 '왕'에 대한 설명으로 옳은 것만을 〈보기〉에서 고른 것은?

✦ 창의 융합

문화유산 카드

• 명칭: 단양 신라 적성비
• 위치: 충청북도 단양군
• 국보: 제198호
• 역사: 고구려 영토였던 적성을 신라 왕이 공격하여 차지한 후 세운 비석이다.

┤ 보기 ├
ㄱ. 한강 유역을 장악하였다.
ㄴ. 이사부를 앞세워 우산국을 정벌하였다.
ㄷ. 화랑도를 국가적 조직으로 개편하였다.
ㄹ. 관리의 공복을 제정하여 위계를 명확히 하였다.

① ㄱ, ㄴ   ② ㄱ, ㄷ   ③ ㄴ, ㄷ
④ ㄴ, ㄹ   ⑤ ㄷ, ㄹ

04 밑줄 친 ㉠~㉣에 대한 설명으로 옳은 것만을 〈보기〉에서 고른 것은?

통일 신라와 발해의 통치 체제

구분	통일 신라	발해
중앙	㉠ 집사부 중심	㉡ 3성 6부
지방	㉢ 9주 5소경	㉣ 5경 15부 62주
교육 기관	국학	주자감

┤ 보기 ├
ㄱ. ㉠ – 장관인 대내상이 국정을 총괄하였다.
ㄴ. ㉡ – 당의 제도를 받아들여 정비하였다.
ㄷ. ㉢ – 6부의 명칭에 유교 이념을 반영하였다.
ㄹ. ㉣ – 도독과 자사 등의 관리를 파견하였다.

① ㄱ, ㄴ   ② ㄱ, ㄷ   ③ ㄴ, ㄷ
④ ㄴ, ㄹ   ⑤ ㄷ, ㄹ

수능 준비하기

평가원 기출 | 응용

01 (가) 시대의 사회 모습으로 옳은 것은?

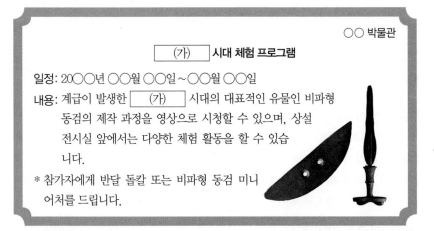

○○ 박물관

| (가) | 시대 체험 프로그램 |

일정: 20○○년 ○○월 ○○일 ~ ○○월 ○○일

내용: 계급이 발생한 (가) 시대의 대표적인 유물인 비파형 동검의 제작 과정을 영상으로 시청할 수 있으며, 상설 전시실 앞에서는 다양한 체험 활동을 할 수 있습니다.

* 참가자에게 반달 돌칼 또는 비파형 동검 미니어처를 드립니다.

① 고인돌이 축조되었다.
② 상평통보가 사용되었다.
③ 농경과 목축이 시작되었다.
④ 팔관회와 연등회가 개최되었다.
⑤ 철제 농기구가 사용되기 시작하였다.

> **수능 만점 한끝**
> 자료에 나타난 유물이 사용된 시대를 파악하고, 해당 시대의 사회 모습을 추론한다.
>
> **문제의 핵심**
> 청동기 시대
>
> | 특징 | 생산력 증대로 잉여 생산물 발생, 계급 발생, 군장 등장 |
> |---|---|
> | 유물과 유적 | 비파형 동검, 반달 돌칼, 고인돌 |

수능 기출 | 응용

02 (가) 국가에 대한 설명으로 옳은 것은?

고구려 유민들이 중심이 되어 동모산 아래에서 나라를 세우고, 그 이름을 진국이라 하였다. 이후 나라 이름을 (가) (으)로 바꾸었다. 제2대 무왕이 군사를 보내 등주를 습격하였다. 이에 화가 난 당 현종이 군사를 동원하여 바다를 건너 공격하도록 하고, 신라의 성덕왕에게는 관작을 더해 주며 (가) 의 남쪽 방면을 치게 하였다.

① 태학을 설립하였다.
② 화랑도를 조직하였다.
③ 5경 15부 62주를 두었다.
④ 가들이 사출도를 독자적으로 다스렸다.
⑤ 박씨, 석씨, 김씨가 돌아가며 왕위에 올랐다.

> **수능 만점 한끝**
> 자료에서 동모산, 무왕 등을 통해 (가) 국가를 파악하고, 해당 국가의 통치 체제와 관련된 내용을 찾아본다.
>
> **이렇게도 출제될 수 있어요!**
> 자료에 해당하는 국가의 대외 관계나 문화유산을 묻는 문제가 출제될 수 있어요.

02 고려의 통치 체제와 정치 변동

핵심 미리 보기
☑ 고려 전기 통치 체제 정비
☑ 문벌 사회와 무신 정권기의 특징
☑ 원 간섭기와 공민왕의 개혁 정책

한끝 더하기

❶ 기인 제도
호족의 자제를 뽑아 수도에 올라와 살게 하여 인질로 삼고, 출신 지역의 일을 자문하도록 한 제도이다.

❷ 사심관 제도
중앙의 고위 관리를 출신 지역의 사심관으로 임명하여 그 지역을 통제하도록 한 제도이다.

❸ 노비안검법
불법으로 노비가 된 사람을 조사하여 양인으로 풀어 준 법이다. 노비는 호족의 경제적·군사적 기반이었으므로 호족의 힘을 약화하는 정책이었다.

❹ 고려의 중앙 정치 조직

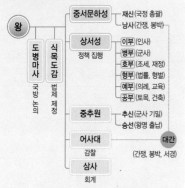

고려는 성종 때 2성 6부로 중앙 정치 제도를 정비하였다.

❺ 대간
왕의 잘못을 논하는 간쟁, 잘못된 왕명을 시행하지 않고 돌려보내는 봉박, 관리의 임명이나 법률을 개정·폐지할 때 동의를 하는 서경 등의 권리를 행사하였다.

1 고려의 성립과 통치 체제 정비

1. 고려의 건국과 후삼국의 통일

(1) **후삼국 성립**: 신라 말 사회 혼란 → 호족인 견훤과 궁예가 독자적 정권 수립

후백제	견훤이 완산주(전주)를 수도로 삼고 후백제 건국(900)
후고구려	궁예가 송악(개성)을 수도로 삼고 후고구려 건국(901) → 철원 천도, 국호를 '태봉'으로 개칭, 호족 탄압 및 미륵 자처

(2) **고려 건국(918)**: 궁예의 독단적 통치에 반발한 호족 세력이 왕건(태조)을 왕으로 추대함 → 국호 '고려'·연호 '천수' 사용, 송악 천도

(3) **후삼국 통일**: 태조는 후백제와 경쟁, 신라와 화친, 발해 유민 포용 → 후백제의 내분으로 견훤이 고려에 귀순(935) → 신라 경순왕의 요청으로 신라를 고려에 통합(935) → 후백제군 격파, 후삼국 통일(936)

2. 왕권 강화와 국가 기틀의 확립

태조	• 호족 통합 정책: 유력한 호족 세력과 혼인, 성씨 하사, 기인 제도❶·사심관 제도❷ 실시(호족 세력 견제 및 지방 통치 보완) • 북진 정책: 고구려 계승 의식 표방 → 서경(평양) 중시, 청천강 유역까지 영토 확장 • 민생 안정 정책: 세금 감면, 호족의 지나친 세금 징수 금지, 흑창 설치(빈민 구제) • 훈요 10조 유훈: 후대 왕들에게 불교 숭상, 서경 중시, 중국 문화의 선택적 수용 등 지켜야 할 사항 당부 **자료 ❶**
광종	노비안검법❸ 실시(호족·공신의 경제력 약화, 국가 재정 기반 확충), 과거제 도입, 관리의 공복 제정(위계질서 확립), 황제 호칭·독자적 연호 사용(광덕·준풍 등)
경종	전시과 실시 → 호족과 공신의 경제 기반 안정
성종	최승로의 시무 28조 수용(유교 이념을 바탕으로 한 정치 실시), 중앙 관제 정비, 지방관 파견, 유학 교육 장려(국자감과 향교 설립), 국가 행사에 유교 의례 도입 **대표 자료**

3. 통치 체제의 정비

중앙 정치❹	2성 6부 체제(중서문하성이 국정 총괄, 상서성이 6부 관리 및 정책 집행, 중추원(비서 기구)·어사대(감찰 기구)·삼사(재정, 회계) 설치, 도병마사·식목도감 운영(고려의 독자적 회의 기구, 중서문하성의 재신과 중추원의 추신이 회의를 통해 정책 결정), 대간❺ 운영(권력의 견제와 균형 추구)
지방 행정 **자료 ❷**	• 정비 과정: 성종 때 12목 설치, 지방관 파견 → 전국을 경기, 5도와 양계로 구획 - 5도: 일반 행정 구역, 안찰사 파견, 도 아래에 주·군·현과 특수 행정 구역(향·부곡·소) 설치 - 양계: 군사 행정 구역(북계와 동계), 병마사 파견, 국방상 요충지에 진 설치 • 운영: 주현(지방관 주재)이 속현(지방관 부재)과 특수 행정 구역 감독, 일부 지방 호족이 향리로 전환하여 지방 행정 실무 담당(세금 징수, 재판과 죄수 관리, 공사 추진)
군사 제도	• 중앙군: 2군(국왕의 친위 부대), 6위(수도 경비와 국경 방어) • 지방군: 주현군(군현에 주둔), 주진군(양계에 주둔)
교육 기관	관리 양성과 유학 교육 목적 → 개경에 국자감 설립, 지방에 향교 설립
관리 등용	• 과거: 시험을 통해 인재 선발, 제술과와 명경과·잡과·승과 실시, 중앙 관리와 일부 향리나 그 자제들이 응시, 무과는 거의 실시되지 않고 별도로 임명 • 음서: 공신이나 5품 이상 고위 관리의 자손 대상, 과거를 거치지 않고 관직 진출

• 대표 자료 • 최승로의 시무 28조 ── ◆ 비판적 사고력

7조	국왕이 백성을 다스림은 집집마다 가서 돌보고 날마다 이를 살피는 것이 아닙니다. …… 청컨대 외관을 두소서.
11조	중국의 제도는 따르지 않을 수 없습니다. …… 예·악, 시·서의 가르침과 군신·부자의 도리는 중국을 모범으로 삼아서 비루한 습속을 개혁하되, 수레나 의복 제도는 토착 풍속을 따를 수 있게 하십시오.
13조	봄에 연등회를 열고 겨울에 팔관회를 열어 매우 번거롭습니다. 이를 축소하여 백성의 수고를 덜어 주십시오.
20조	불교를 믿는 것은 자신을 다스리는 근본이며, 유교를 행하는 것은 나라를 다스리는 근본을 구하는 것입니다. 자신을 다스리는 것은 내세에 복을 구하는 일이며, 나라를 다스리는 것은 오늘의 급한 일입니다. ─「고려사」

최승로는 성종에게 지방관 파견, 유교 진흥, 불교 행사 축소 등을 주요 내용으로 하는 시무 28조를 올렸다. 성종은 이를 받아들여 유교 정치 이념을 바탕으로 중앙 통치 체제를 정비하였으며, 지방에 12목을 설치하고 지방관을 파견하였다.

자료 ❶ 훈요 10조

1조	불교의 힘으로 나라를 세웠으므로, 사찰을 세우고 주지를 파견하여 불도를 닦도록 하라.
5조	서경은 우리나라 땅 형세의 근본이 되니, 백 일 이상 머물러 왕실의 안녕을 이루도록 하라.
6조	나의 지극한 소원은 연등회와 팔관회를 베푸는 데 있다. 후세에 간신들이 이 행사를 더하거나 줄이자고 하여도 결코 들어주지 말라. ─「고려사절요」

태조는 후손들에게 훈요 10조를 남겨 고려 왕조가 나아갈 방향을 제시하였다. 훈요 10조에서는 불교 숭상을 강조하였으며, 거란을 배척하고 서경(평양)을 중시하여 북진 정책을 이어줄 것을 당부하였다.

자료 ❷ 고려의 지방 행정 조직

고려는 성종 때에 이르러 12목을 설치하고 지방관을 파견하면서 지방 행정 조직을 정비하기 시작하였다. 이후 현종 때는 전국을 경기, 5도와 양계로 나누었다. 일반 행정 구역인 5도에는 안찰사가 파견되어 도내를 순시하며 지방관을 감찰하였다. 군사 행정 구역인 북계와 동계에는 병마사가 파견되어 행정과 군사 업무를 처리하였다. 도 아래의 군현은 지방관이 파견되는 주현과 파견되지 않은 속현으로 구분되었다. 군현의 운영은 자율성을 인정하여 지방관의 감독 아래 향리가 주도적 역할을 하였다.

최승로의 시무 28조를 제시하고, 시무 28조에서 제안한 개혁안을 묻거나 성종이 시무 28조를 수용하여 실시한 정책을 묻는 문제가 자주 출제됩니다. 시무 28조의 주요 내용과 성종의 정책을 정리해 두세요.

자료 활용 문제

자료에서 제안한 개혁안의 내용으로 옳은 것은?

① 지방관 파견
② 북진 정책 추진
③ 연등회와 팔관회 개최
④ 중국 문물의 수용 비판
⑤ 불교 중심의 통치 체제 확립

답 ①

개념 확인하기

1 태조 왕건은 호족 세력을 견제하고자 호족의 자제를 뽑아 수도에 올라와 살게 하는 (   )를 실시하였다.

2 다음 괄호 안의 내용 중 알맞은 말에 ○표를 하시오.
(1) (경종, 광종)은 노비안검법을 실시하였다.
(2) 고려는 중앙군으로 (2군, 주현군)을 두었다.
(3) 성종은 최승로의 (시무 28조, 훈요 10조)를 받아들여 통치 체제를 정비하였다.

3 다음에서 설명하는 고려의 기구를 〈보기〉에서 골라 기호를 쓰시오.

┤ 보기 ├
ㄱ. 중추원   ㄴ. 어사대
ㄷ. 도병마사   ㄹ. 중서문하성

(1) 최고 기구로 국정을 총괄하였다. (   )
(2) 관리의 비리를 감찰하는 역할을 하였다. (   )
(3) 재신과 추신이 모여 국방 문제를 논의하였다. (   )
(4) 군사 기밀과 왕명 출납을 담당하며 왕의 비서 기구 역할을 하였다. (   )

고려의 통치 체제와 정치 변동

❶ 문벌

과거와 음서로 관직에 진출하고 국가로부터 녹봉과 공음전을 받았으며, 왕실 및 다른 문벌과 중첩된 혼인 관계를 맺어 권력을 키웠다.

❷ 칭제건원

황제를 칭하고 연호를 사용한다는 의미이다.

❸ 묘청 세력(서경 세력)의 반란

```
□ 묘청의 세력 범위
➡ 묘청의 공격
→ 토벌군의 진로
```

묘청의 난 (1135)

❹ 중방

상장군과 대장군이 모여 군사를 논의하던 무신 회의 기구로, 무신 정변 이후에는 최고 권력 기구가 되었다.

❺ 권문세족

'권문'이란 권세가 있는 가문, '세족'은 대대로 세력을 가진 집안이라는 의미이다. 원 간섭기에 다양한 부류의 친원 세력이 성장하였는데, 이들 중 일부가 기존의 권력층과 함께 권문세족이라 불리며 고려 후기에 지배층을 이루었다.

❻ 위화도 회군(1388)

최영의 요동 정벌에 반대하던 이성계가 요동을 정벌하러 가던 길에 위화도에서 군사를 돌려 권력을 장악한 사건이다.

2 문벌 사회의 전개와 무신 정권

1. 문벌 사회의 형성과 동요

형성	호족 출신과 6두품 계열 유학자 중 여러 대에 걸쳐 고위 관리를 배출한 가문이 문벌❶ 형성
동요	• 이자겸의 난: 외척 이자겸이 막강한 권력 행사 → 인종이 측근 세력을 동원하여 이자겸 공격 → 이자겸과 척준경 등의 반란(1126) → 척준경의 이자겸 제거, 척준경 탄핵 • 묘청의 서경 천도 운동: 인종이 서경 세력(묘청, 정지상 등)을 이용하여 개혁 추진 → 묘청 등이 풍수지리설(풍수 도참사상)을 앞세워 서경 천도 추진, 칭제건원❷과 금국 정벌 주장 → 개경 보수 문벌의 반대로 좌절 → 묘청 세력의 반란❸(1135) → 김부식이 이끄는 관군에 진압됨 (자료 ③)

2. 무신 정권 (자료 ④)

수립	무신 차별에 대한 불만 → 정중부·이의방 등 무신이 정변을 일으켜 정권 장악(무신 정변, 1170)
통치	• 초기: 무신 회의 기구인 중방❹ 중심의 권력 행사, 집권자의 잦은 교체 • 최씨 무신 정권: 최충헌 집권 후 도방 확대, 교정도감(최고 권력 기구) 설치 → 최우의 정방(인사권 장악)·서방(문신 자문 기관)·야별초(사병 기관) 설치
사회혼란	신분제 동요, 무신의 수탈 확대 → 농민과 천민의 봉기(공주 명학소 망이·망소이의 난, 운문·초전 김사미·효심의 난, 만적의 신분 해방 운동 시도 등 저항 발생)

3 원의 간섭과 고려 말 새로운 정치 세력의 성장

1. 원의 간섭과 권문세족

(1) **원의 내정 간섭**: 원의 부마국이 됨(왕실 호칭과 관제 격하), 원이 특산물과 공녀 요구·영토 상실(화주에 쌍성총관부, 서경에 동녕부, 제주에 탐라총관부 설치)·일본 원정에 인력과 물자 동원(정동행성 설치), 교류 활발(고려에 몽골풍 유행, 몽골에 고려양 전파)

(2) **권문세족❺의 성장**: 친원적 성향, 주로 음서를 통해 관직 진출, 도평의사사 장악, 불법으로 농장을 확대하고 농민을 노비로 삼음 → 국가 재정 부족, 농민의 삶이 어려워짐

2. 반원 개혁 정치

(1) **충렬왕의 개혁 노력**: 원 관리의 횡포 저지, 고려 국왕이 정동행성의 장관을 겸직할 것을 요청하여 성사시킴, 동녕부와 탐라총관부를 돌려받음

(2) **공민왕의 개혁 정치**: 14세기 중엽 원의 쇠퇴를 틈타 개혁 추진 (대표 자료)

내용	• 반원 자주 정책: 기철 등 친원 세력 숙청, 정동행성이문소 폐지, 쌍성총관부 공격(철령 이북의 영토 회복), 관제 회복, 몽골풍 금지 • 왕권 강화 정책: 정방 폐지, 성균관 정비(신진 사대부 양성), 전민변정도감 설치(신돈 등용)
결과	홍건적과 왜구의 침입으로 혼란 지속, 권문세족의 반발, 신돈 제거와 공민왕 시해로 개혁 중단

3. 새로운 정치 세력의 성장과 고려 멸망

(1) **새로운 정치 세력의 성장**: 공민왕의 개혁 시기에 신진 사대부가 정계에 진출(성리학 바탕, 권문세족 비판, 명과의 친선 주장), 홍건적과 왜구 격퇴 과정에서 신흥 무인 세력 성장

(2) **신진 사대부의 분열**: 온건파(고려 유지, 폐단 시정)와 급진파(새 왕조 건립)로 분열

(3) **고려 멸망**: 이성계의 위화도 회군❻ → 최영과 우왕을 제거하고 실권 장악 → 정도전 등 급진파와 함께 과전법을 비롯한 개혁 추진 → 온건파 제거 → 조선 건국(1392)

한끝 자료실

· 대표 자료 · 공민왕의 개혁 정치

→ 비판적 사고력

☐ 공민왕 때 수복·확장한 영토

⬆ 고려가 원으로부터 수복한 지역

신돈이 전민변정도감을 둘 것을 청하고 스스로 판사가 되어 전국에 방을 붙여 알렸다. "근래에 기강이 크게 무너져서 …… 권세 있는 가문들이 토지와 노비를 거의 다 점탈해 버렸다. …… 도감을 설치하여 이제까지의 잘못을 바로잡고자 한다. …… 스스로 고치는 자는 죄를 묻지 않을 것이나 기한을 넘겨 발각되는 자는 죄를 조사하여 다스릴 것이다. 멋대로 소송하는 자는 도리어 처벌하겠다." — 「고려사」

공민왕은 기철을 비롯한 친원 세력을 숙청하고 쌍성총관부를 공격하여 영토를 회복하였으며, 왕실의 호칭과 관제를 고려 전기의 체제로 회복하였다. 이후 승려 신돈을 등용하고 전민변정도감을 설치하여 권문세족이 불법으로 빼앗은 토지를 본래의 주인에게 돌려주었고, 강제로 노비가 된 사람을 양민으로 회복시켜 주었다.

· 시험에서는 이렇게 ·

공민왕 때 수복한 지역을 보여 주는 지도 또는 공민왕이 추진한 개혁 내용을 담은 사료를 제시하고, 공민왕의 업적을 고르는 문제가 자주 출제됩니다. 공민왕의 반원 자주 정책과 왕권 강화 정책을 모두 파악해 두세요.

자료 활용 문제

지도와 같이 원으로부터 영토를 수복한 왕의 개혁 정책으로 옳은 것은?

① 도방 확대
② 노비안검법 실시
③ 서경 천도 운동 진압
④ 정동행성이문소 폐지
⑤ 탐라총관부 지역 회복

답 ④

자료 ③ 서경 천도 운동

묘청 등이 왕에게 건의하기를, "저희가 보니 서경 임원역의 땅은 음양가들이 말하는 대화세(명당)입니다. 이곳에 궁궐을 세우고 수도를 옮기면 천하를 다스릴 수 있습니다. 또한 금이 예물을 가져와 스스로 항복할 것이요, 주변 서른여섯 나라가 모두 머리를 조아릴 것입니다."라고 하였다. …… (묘청이 난을 일으키고) 국호를 대위(大爲), 연호를 천개(天開), 그 군대를 천견충의군(天遣忠義軍)이라 불렀다. — 「고려사」

서경 세력은 풍수지리설을 내세워 서경 천도를 추진하면서 칭제건원과 금국 정벌을 주장하였다. 인종도 서경에 대화궁을 짓고 천도할 의지를 보였으나 개경 세력의 반대에 부딪혔다. 이에 묘청은 서경에서 반란을 일으켜 서북 지방의 대부분을 점령하였다. 그러나 김부식이 이끄는 관군에 1년 만에 진압되었다.

자료 ④ 무신 정권의 전개

1170	1174	1179	1183	1196	1219	1249	1257	1258	1268	1270
이의방	정중부	경대승	이의민	최충헌	최우		최항	최의	김준	임연·임유무
중방				교정도감	교정도감·정방					

⬆ 무신 집권자의 변천과 지배 기구

무신 정권 초기에는 최고 권력자가 자주 바뀌어 정치적 불안이 계속되었으나 최충헌이 권력을 잡으면서 정국이 안정되었다. 최충헌은 사병 조직인 도방을 확대하여 호위를 강화하였고, 교정도감을 설치하여 국가의 주요 정책을 결정하였다. 그의 아들 최우는 자신의 집에 인사를 담당하는 정방을 설치하여 인사권을 장악하였다.

개념 확인하기

4 고려 전기에 국가 체제가 안정되면서 일부 가문이 여러 세대에 걸쳐 고위 관리를 배출하며 (   )을 형성하였다.

5 다음 설명이 맞으면 ○표, 틀리면 ×표를 하시오.
(1) 최충헌은 중방을 설치하여 정책을 결정하였다. (   )
(2) 원은 화주에 쌍성총관부를 설치하고 그 지역을 지배하였다. (   )

6 다음 괄호 안의 내용 중 알맞은 말에 ○표를 하시오.
(1) (공민왕, 충선왕)은 기철 등 친원 세력을 숙청하였다.
(2) (묘청, 최우)은/는 정방을 설치하여 인사권을 장악하였다.
(3) (김부식, 이자겸)은 척준경과 함께 반란을 일으켜 왕위를 차지하려고 하였다.

7 다음 〈보기〉의 사건을 일어난 순서대로 나열하시오.

┤ 보기 ├
ㄱ. 무신 정변   ㄴ. 위화도 회군
ㄷ. 이자겸의 난   ㄹ. 서경 천도 운동

01 (가)에 들어갈 내용으로 옳은 것은?

```
        후삼국 통일

   고려 건국
                        (가)
   경순왕이 고려에
     통합 요청
                   고려군의
                 후백제군 격파
```

① 후백제 건국
② 견훤의 고려 귀순
③ 궁예의 후고구려 건국
④ 후고구려의 철원 천도
⑤ 태조의 훈요 10조 유훈

02 다음 유훈을 남긴 왕에 대한 설명으로 옳지 <u>않은</u> 것은?

> 1조 불교의 힘으로 나라를 세웠으므로, 사찰을 세우고 주지를 파견하여 불도를 닦도록 하라.
> 5조 서경은 우리나라 땅 형세의 근본이 되니, 백 일 이상 머물러 왕실의 안녕을 이루도록 하라.
> ─ 『고려사절요』

① 기인 제도를 실시하였다.
② 발해 유민을 포용하였다.
③ 사심관 제도를 마련하였다.
④ 호족 세력과 혼인 관계를 맺었다.
⑤ 청천강 유역까지 영토를 확장하였다.
⑥ 민생 안정을 위해 세금을 감면하였다.
⑦ 12목에 지방관을 처음으로 파견하였다.
⑧ 북진 정책을 추진하여 서경을 중시하였다.

중요해 ★
03 밑줄 친 '왕'의 업적으로 옳은 것만을 〈보기〉에서 고른 것은?

> 왕이 노비를 조사하여 옳고 그름을 분명히 가리도록 명하였다. 이 때문에 주인을 등지는 노비가 매우 많아지고 주인을 업신여기는 풍속이 크게 유행하였다. 사람들이 탄식하고 원망하자 왕후가 간곡히 간하였으나 왕은 받아들이지 않았다.
> ─ 『고려사』

┤ 보기 ├
ㄱ. 과거제를 도입하였다.
ㄴ. 관리들의 공복을 제정하였다.
ㄷ. 2성 6부의 중앙 관제를 정비하였다.
ㄹ. 국가 행사에 유교 의례를 도입하였다.

① ㄱ, ㄴ   ② ㄱ, ㄷ   ③ ㄴ, ㄷ
④ ㄴ, ㄹ   ⑤ ㄷ, ㄹ

대표 자료 링크
04 다음 건의를 수용한 왕이 실시한 정책으로 옳은 것은?

> 7조 국왕이 백성을 다스림은 집집마다 가서 돌보고 날마다 이를 살피는 것이 아닙니다. …… 청컨대 외관을 두소서.
> 11조 예·악, 시·서의 가르침과 군신·부자의 도리는 중국을 모범으로 삼아서 비루한 습속을 개혁하되, 수레나 의복 제도는 토착 풍속을 따를 수 있게 하십시오.
> 20조 불교를 믿는 것은 자신을 다스리는 근본이며, 유교를 행하는 것은 나라를 다스리는 근본을 구하는 것입니다. 자신을 다스리는 것은 내세에 복을 구하는 일이며, 나라를 다스리는 것은 오늘의 급한 일입니다.
> ─ 『고려사』

① 태학을 설립하였다.
② 대가야를 병합하였다.
③ 국자감을 정비하였다.
④ 야별초를 조직하였다.
⑤ 연등회와 팔관회를 장려하였다.

중요해 05 (가), (나) 정치 기구에 대한 설명으로 옳은 것은?

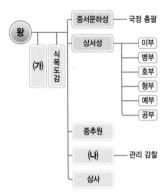

◈ 고려의 중앙 정치 조직

① (가) – 재신과 추신이 참여한 회의 기구였다.
② (가) – 관리의 비리를 감시하는 감찰 기구였다.
③ (나) – 고려만의 독자적 기구였다.
④ (나) – 재정과 회계를 담당하였다.
⑤ (가), (나) – 대간으로 불리며 왕권을 견제하는 관리가 있었다.

06 지도와 같이 지방 행정 조직을 갖춘 시기에 있었던 사실로 옳지 않은 것은?

① 주현이 속현을 감독하였다.
② 5도에 안찰사를 파견하였다.
③ 주현보다 속현의 수가 많았다.
④ 북계와 동계에 병마사를 보냈다.
⑤ 특수 행정 구역으로 22담로가 있었다.

07 다음에서 설명하는 세력의 특징으로 옳지 않은 것은?

┌─────────────────────────────────┐
○○ 사회의 성립

• 형성: 고려에서 대를 이어 재상 등 고위 관리를 배출한 몇몇 가문이 형성
• 대표 인물: 이자겸, 김부식, 윤언이 등
• 문제점: 세력 간 대립이 사회적 모순과 갈등 초래 → 금과 군신 관계를 맺는 문제로 내부 분열, 지방 출신 신진 관리들과 대립
└─────────────────────────────────┘

① 국가로부터 녹봉을 받았다.
② 과거와 음서로 관직에 진출하였다.
③ 왕실과 중첩된 혼인 관계를 맺었다.
④ 경제적으로 공음전의 특권을 누렸다.
⑤ 골품제에 따라 관직 승진에 제약을 받았다.

중요해 08 지도와 같이 전개된 반란을 주도한 인물에 대한 설명으로 옳은 것만을 <보기>에서 고른 것은?

┤ 보기 ├
ㄱ. 교정도감을 설치하였다.
ㄴ. 칭제건원을 주장하였다.
ㄷ. 금을 정벌하자고 주장하였다.
ㄹ. 왕에게 시무 28조를 건의하였다.

① ㄱ, ㄴ   ② ㄱ, ㄷ   ③ ㄴ, ㄷ
④ ㄴ, ㄹ   ⑤ ㄷ, ㄹ

09 다음 사건이 일어난 배경으로 가장 적절한 것은?

> 왕(의종)이 보현원에 행차하였다. …… 이고가 이의방과 함께 앞서가 거짓 왕명을 꾸며 순검군을 모으고는 왕이 보현원에 들어서고 신하들이 곧 물러나려 할 무렵 임종식, 이복기, 한뢰 등을 죽이니 무릇 문관, 대소 신료, 환관이 모두 해를 당하였다. 또 개경의 문신 50여 명을 죽이고 정중부 등이 왕을 환궁시켰다.
>   – 『고려사』

① 원종과 애노가 봉기하였다.
② 지방에서 호족 세력이 성장하였다.
③ 이성계가 위화도 회군을 단행하였다.
④ 신돈이 제거되고 공민왕이 시해되었다.
⑤ 무신이 문신에 비해 차별 대우를 받았다.

10 교사의 질문에 대한 학생의 답변으로 가장 적절한 것은?

이와 같이 집권자가 변천한 시기에 있었던 일을 말해 볼까요?

최충헌 → 최우 → 최항 → 최의

① 2성 6부 체제를 완비하였어요.
② 상대등이 재상의 역할을 하였지요.
③ 정방에서 인사 행정을 장악하였어요.
④ 중방을 중심으로 국정이 논의되었어요.
⑤ 묘청이 칭제건원과 금국 정벌을 주장하였어요.

중요해 ★
11 다음 모의가 있었던 시기에 볼 수 있는 모습으로 가장 적절한 것은?

> 사노비 만적 등 6명이 북산에서 땔나무를 베다가 공·사 노비들을 불러 모아 모의하며 말하기를, "우리나라에서는 무신의 난 이래 고관대작이 천민에서 많이 나왔다. 왕후장상(王侯將相)의 씨가 따로 있는가!"라고 하였다.
>   – 『고려사』

① 김헌창의 난에 가담한 군인
② 왕건을 왕으로 추대하는 호족
③ 불법으로 농장을 확대하는 무신
④ 자신의 딸을 왕에게 시집보내는 문벌
⑤ 원의 공주를 아내로 맞이하는 고려 왕

이 문제에서 나올 수 있는 모든 선택지 ✓
12 밑줄 친 '이 시기'에 있었던 사실로 옳지 않은 것은?

이 시기에는 고려와 원의 인적·경제적·문화적 교류가 활발하였다. 고려 남자들은 몽골식 머리인 변발을 하고 정수리 부분이 납작하고 둥근 원의 모자인 발립을 썼다. 또한 위아래가 붙고 허리에 주름이 있는 철릭을 입었다.

◀ 발립을 쓴 고려 관리

① 제주에 탐라총관부가 설치되었다.
② 화주에 쌍성총관부가 설치되었다.
③ 권문세족이 고위 관직을 독점하였다.
④ 고려 왕실의 호칭과 관제가 격하되었다.
⑤ 원의 일본 원정에 고려인이 동원되었다.
⑥ 도방, 야별초 등의 사병 조직이 운영되었다.
⑦ 고려가 원에 금, 인삼, 매 등을 특산물로 바쳤다.
⑧ 고려가 원에 조공의 명목으로 공녀, 환관 등을 보냈다.

대표 자료 링크

13 지도의 (가) 지역을 원으로부터 수복한 고려 왕에 대한 설명으로 옳은 것은?

① 정동행성을 설치하였다.
② 무신 정변으로 폐위되었다.
③ 이자겸의 난을 진압하였다.
④ 최승로의 건의를 수용하였다.
⑤ 기철을 비롯한 친원 세력을 숙청하였다.

14 (가) 세력에 대한 설명으로 옳은 것은?

지식 Q&A
고려 말에 활동한 (가) 에 대해 알려 주세요.
답변하기
∟ 성리학을 학문적 기반으로 삼았어요.
∟ 공민왕의 개혁을 계기로 성장하였어요.
∟ 주로 과거를 통해 관직에 진출하였어요.

① 친원적 성향을 띠었다.
② 권문세족의 횡포를 비판하였다.
③ 최우가 설치한 서방에서 활동하였다.
④ 홍건적과 왜구를 격퇴하며 성장하였다.
⑤ 도평의사사를 장악하고 국정을 좌우하였다.

15 (가), (나) 정책의 명칭을 쓰고, 두 정책을 실시한 공통적인 목적을 서술하시오.

(가) 국초에 향리의 자제를 뽑아 수도에서 인질로 잡고 그 고을 일의 자문에 대비하였다.　　－『고려사』
(나) 신라 왕 김부가 항복하였으므로 신라국을 없애고 김부를 경주의 사심관으로 삼아 부호장 이하 관직자들의 일을 살피도록 하였다.　　－『고려사』

3단계로 완성하기

16 (가) 기구의 명칭을 쓰고, 다음과 같은 개혁을 실시한 목적을 서술하시오.

신돈이 (가) 을/를 둘 것을 청하고 스스로 판사가 되어 전국에 방을 붙여 알렸다. "근래에 기강이 크게 무너져서 …… 권세 있는 가문들이 토지와 노비를 거의 다 점탈해 버렸다. …… (가) 을/를 설치하여 이제까지의 잘못을 바로잡고자 한다. …… 스스로 고치는 자는 죄를 묻지 않을 것이나 기한을 넘겨 발각되는 자는 죄를 조사하여 다스릴 것이다. 멋대로 소송하는 자는 도리어 처벌하겠다."　　－『고려사』

1단계 (가) 기구의 명칭을 써 보세요.

2단계 위 기구를 통해 추진한 개혁의 목적을 서술하시오.

3단계 1단계와 2단계에서 정리한 내용을 바탕으로 답안을 완성해 보세요.

1등급 도전하기

01 (가) 왕에 대한 설명으로 옳은 것만을 〈보기〉에서 고른 것은?

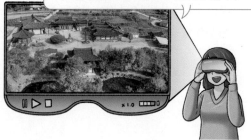

지금 보고 있는 곳은 ☐(가)☐ 이/가 후백제를 제압하고 후삼국을 통일한 것을 기념하여 세운 개태사입니다.

┤보기├
ㄱ. 유력한 호족과 혼인 관계를 맺었다.
ㄴ. 기인 제도를 실시하여 호족을 견제하였다.
ㄷ. 유교 이념을 바탕으로 통치 체제를 정비하였다.
ㄹ. 노비안검법을 실시하여 공신과 호족의 경제력을 약화하였다.

① ㄱ, ㄴ   ② ㄱ, ㄷ   ③ ㄴ, ㄷ
④ ㄴ, ㄹ   ⑤ ㄷ, ㄹ

02 (가), (나) 주장을 내세운 세력에 대한 설명으로 옳은 것은?

(가) 서경 임원역의 땅은 음양가들이 말하는 대화세(명당)에 해당합니다. 이곳에 궁궐을 짓고 옮기면 천하를 다스릴 수 있습니다. 또한 금이 예물을 가져와 스스로 항복할 것이요, 주변 서른여섯 나라가 모두 머리를 조아릴 것입니다.

(나) 금년 여름 서경 대화궁 30여 곳에 벼락이 떨어졌습니다. 서경이 길한 땅이면 그럴 리 없습니다. 서경은 추수가 끝나지 않았으니 (왕께서) 지금 행차하시면 농작물을 짓밟을 것입니다. 이는 백성을 사랑하는 뜻과 어긋납니다.

① (가) – 김부식이 대표적이다.
② (가) – 황제를 칭할 것을 주장하였다.
③ (나) – 이자겸이 주도하였다.
④ (나) – 중방을 중심으로 권력을 행사하였다.
⑤ (나)가 일으킨 반란은 (가)에 진압되었다.

03 (가)~(다) 사건을 일어난 순서대로 나열한 것은?

(가) (묘청이 난을 일으키고) 국호를 대위(大爲), 연호를 천개(天開), 그 군대를 천견충의군(天遣忠義軍)이라 불렀다.

(나) 이때에 남적(南賊)이 봉기하였는데 그중 심한 것이 운문(雲門)에 웅거한 김사미와 초전에 자리 잡은 효심(孝心)으로, 이들은 망명한 무리를 불러모아 주와 현을 노략질하였다.

(다) 이자겸은 십팔자(十八子)가 왕이 된다는 비기를 믿고 왕위를 찬탈하려고 독약을 넣은 떡을 왕에게 바치니, 왕비가 은밀히 왕에게 알리고 그 떡을 까마귀에게 던져 주자 까마귀가 그 자리에서 죽었다.

① (가) – (나) – (다)   ② (가) – (다) – (나)
③ (나) – (가) – (다)   ④ (나) – (다) – (가)
⑤ (다) – (가) – (나)

04 다음은 한국사 퀴즈 대회의 대본이다. 사회자가 한 질문의 답변으로 적절한 것만을 〈보기〉에서 고른 것은?

★창의 융합

(다음 그림이 화면에 나타난 후 질문을 읽는다.)

사회자: 이 그림은 고려 31대 왕과 부인인 노국공주를 그린 것입니다. 왕은 원의 수도에서 지내다가 노국공주와 함께 고려로 돌아와 왕위에 올랐습니다. 그는 개혁 정치를 펼쳤는데요. 어떤 개혁을 추진하였을까요?

┤보기├
ㄱ. 과거제를 처음으로 시행하였습니다.
ㄴ. 신진 사대부를 적극 등용하였습니다.
ㄷ. 철령 이북의 영토를 회복하였습니다.
ㄹ. 요동 정벌을 위해 이성계를 출병시켰습니다.

① ㄱ, ㄴ   ② ㄱ, ㄷ   ③ ㄴ, ㄷ
④ ㄴ, ㄹ   ⑤ ㄷ, ㄹ

수능 준비하기

01 수능 기출 | 응용

01 밑줄 친 '이 왕'에 대한 설명으로 옳은 것은?

> 사진은 고려를 건국한 이 왕의 무덤입니다. 무덤의 명칭은 현릉으로 현재 개성에 있습니다. 이 왕은 후삼국을 통일하고, 지방 호족들을 포용하는 정책을 펼쳤습니다. 또한 고구려 계승 의식을 내세우며 북진 정책을 추진하였습니다.

① 훈요 10조를 남겼다.
② 평양으로 천도하였다.
③ 병부와 상대등을 설치하였다.
④ 과거제를 처음으로 시행하였다.
⑤ 마한의 남은 세력을 복속시켰다.

◆ 수능 만점 한끝

자료에 나타난 고려의 왕을 파악하고, 이 왕이 펼친 정책을 찾아본다.

문제의 핵심

태조의 정책

호족 통합책	사심관·기인 제도 실시
북진 정책	서경 중시, 청천강 유역까지 진출
훈요 10조 유훈	후손들에게 고려 왕조가 나아갈 방향 제시

02 수능 기출 | 응용

02 (가), (나) 시기 사이에 있었던 사실로 옳은 것은?

> (가) 이의방과 이고가 몰래 정중부에게 말하기를, "문신은 우대받아 배부르나 무신은 모두 굶주리고 피곤하니, 이것을 어찌 참겠습니까?"라고 하였다. …… 정중부가 마침내 의종과 태자를 쫓아내고 어린 태손을 죽였다.
>
> (나) 군사가 위화도에 머물면서 좌·우군도통사가 글을 올려 회군을 요청하니 최영이 말하기를, "두 도통사가 있으니 스스로 와서 아뢰는 것이 옳다. 군사를 물리자는 말을 감히 내 입으로 하지 못하겠다."라고 하였다.

① 태학이 설립되었다.
② 북진 정책이 추진되었다.
③ 이자겸의 난이 일어났다.
④ 사비 천도가 이루어졌다.
⑤ 전민변정도감이 설치되었다.

◆ 수능 만점 한끝

(가), (나)에 나타난 시기를 파악하고, 두 시기 사이에 있었던 주요 사건을 추론한다.

이렇게도 출제될 수 있어요!

(가) 또는 (나)에 나타난 사건을 파악한 후, 해당 사건의 배경을 묻거나 해당 사건이 일어난 이후의 일을 묻는 문제가 출제될 수 있어요.

03 조선 사회의 성립과 발전

한끝 더하기

❶ 경연

왕과 신하가 모여 유교 경전과 역사를 공부하면서 학문과 정책을 토론하던 일을 말한다.

❷ 조선의 지방 행정 조직

❸ 상피제

가족이나 가까운 친인척과 같은 관서에 근무하지 않도록 하거나 출신 지역의 지방관에 임명하지 않는 제도이다.

❹ 조선의 과거제

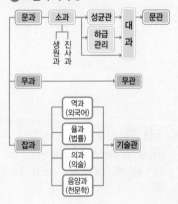

1 조선의 건국과 통치 체제 정비

1. 조선의 건국과 유교 정치 이념의 확립

(1) 조선의 건국: 위화도 회군(1388)으로 이성계와 급진파 신진 사대부의 실권 장악, 과전법 실시(1391) → 정몽주 등 온건파 신진 사대부 제거 → 조선 건국(1392)

(2) 유교 정치 이념의 확립: 통치 이념으로 성리학 채택, 유교적 민본 정치 표방 **대표 자료**

태조	'조선'으로 국호 제정, 한양 천도, 정도전 중용(재상 중심의 정치 운영 강조)
태종	공신과 왕족의 사병 폐지, 6조 직계제 실시(재상의 권한 약화), 양전 사업과 호패법 실시 → 왕권 강화, 국가 재정 확충
세종	이상적인 유교 정치 추구 → 집현전 설치와 경연❶ 활성화, 의정부 서사제 실시(왕권과 신권의 조화 도모), 인사와 군사 업무는 직접 처리, 훈민정음 창제, 『농사직설』 등 각종 서적 편찬
세조	언론 활동 제한(집현전·경연 폐지), 6조 직계제 실시, 『경국대전』 편찬 시작 → 왕권 강화
성종	홍문관 설치와 경연 활성화, 『경국대전』 완성·반포 → 성문법에 바탕을 둔 유교적 통치 체제의 확립 **자료 ❶**

(3) 유교 정치의 실현: 왕도 정치 추구(예를 통한 교화 중시) → 유교 윤리 보급과 의례 정비 사업 전개(세종 때 『삼강행실도』 편찬, 성종 때 『국조오례의』 간행 등)

2. 통치 체제의 정비

(1) 중앙 정치 조직: 권력 분산과 언론 활성화 추구 **자료 ❷**

의정부	국정 총괄, 재상들의 합의로 정책 심의·결정
6조	정책 집행, 고위 관리는 국가의 주요 정책 결정과 경연에 참여
3사	사헌부·사간원·홍문관으로 구성, 왕과 대신들을 견제하는 언론 기능 담당
기타	승정원(국왕의 비서 기관, 왕명 출납), 의금부(국왕 직속의 특별 사법 기관), 한성부(수도 한성의 행정·치안 담당), 춘추관(역사서 편찬), 성균관(최고 교육 기관)

(2) 지방 행정 조직❷

① **조직:** 전국을 8도로 나누고 그 아래 부·목·군·현을 둠, 향·부곡·소 폐지, 상피제❸ 실시

② **운영:** 8도에 관찰사 파견(도의 행정 총괄), 모든 군현에 수령 파견(행정권·사법권·군사권 행사), 향리의 지위 격하(수령에 직속, 행정 실무 담당), 지방 양반의 향촌 자치 부분적 인정(유향소 설치, 수령 업무 보좌·수령과 향리 부정 감시·풍속 교화)

(3) 군사 제도

① **군역:** 16~60세 양인 남성에게 부과, 정군(현역 군인)과 보인(정군의 비용 부담) 편성

② **군사 조직:** 중앙군(5위, 궁궐과 수도 방위), 지방군(영·진 방어, 병마절도사·수군절도사가 지휘), 잡색군(평상시 생업에 종사, 유사시 군사로 동원)

(4) 교통·통신 제도: 봉수제 정비(국경의 상황 전달), 역참제 실시(공문 전달, 공물 수송), 조운제 운영(각 지방에서 거둔 조세를 한성으로 운송)

(5) 관리 등용 제도와 교육 제도

관리 등용 제도	• 과거❹: 문과·무과·잡과 실시, 고위직은 문과 합격 필수, 잡과는 해당 관청에서 실시 • 음서: 고려에 비해 혜택을 받는 대상 축소
교육 제도	성균관과 4부 학당(중앙)·향교(지방) 설치, 사립 교육 기관 설립(서원, 서당) → 유교적 소양을 갖춘 관리 양성

한끝 자료실

대표 자료 · 6조 직계제와 의정부 서사제 — 비판적 사고력

- 의정부의 여러 일을 나누어 6조에 속하게 하였다. …… 처음에 왕(태종)은 의정부의 권한이 무거울 것을 염려하여 이를 없앨 생각이 있었지만, 신중히 여겨 서둘지 않았다가 이때에 이르러 행하였다. …… 의정부가 주관하는 일은 사대문서와 중죄수의 재심에 관한 것뿐이었다. — 『태종실록』
- 6조는 각각 맡은 직무를 의정부에 품의하고, 의정부는 가부를 의논하여 왕에게 아뢴 뒤 (왕의) 분부를 받아 6조에 내려 시행한다. 다만 이조·병조의 관직 제수, 병조의 군사 업무, 형조의 사형수를 제외한 판결 등은 종래와 같이 각 조에서 직접 아뢰어 시행하고 의정부에 보고한다. — 『세종실록』

조선은 이상적인 유교 정치를 구현하기 위해 왕권과 신권이 조화를 이루는 통치 체제를 갖추고자 노력하였다. 그러나 국정 운영의 주도권을 둘러싸고 왕권과 재상권이 갈등을 빚는 과정에서 6조 직계제와 의정부 서사제가 번갈아 실시되었다. 6조 직계제는 6조에서 의정부를 거치지 않고 직접 왕에게 업무를 보고하는 제도로 왕의 국정 주도권을 강화하였다. 한편 의정부 서사제는 6조에서 의정부에 업무를 보고하면 의정부의 재상들이 심의한 후 왕의 재가를 얻는 제도로 재상의 권한을 확대하였다.

자료 ① 『경국대전』의 편찬

- 부모가 불치의 병이 있거나 70세 이상이면 아들 1명의 군역을 면제한다. — 병전
- 해마다 여름에 여러 관사와 종친 및 당상관, 70세 이상의 퇴직 당상관에게 얼음을 나누어 준다. 또한 활인서의 병자들과 의금부, 전옥서의 죄수들에게도 지급하도록 한다. — 예전

조선은 세조 때부터 『경국대전』을 편찬하기 시작하여 성종 때 완성·반포하였다. 『경국대전』은 조선의 중앙 정치 조직인 6조 체제에 맞추어 이전·호전·예전·병전·형전·공전의 6전으로 구성되었으며, 정치·경제·행정·신분·형벌 등 국가 운영 전반에 관한 규정을 정리한 조선의 기본 법전이었다.

자료 ② 조선의 중앙 정치 조직

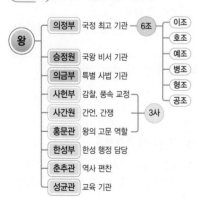

의정부 국정 최고 기관
6조 이조 / 호조 / 예조 / 병조 / 형조 / 공조
승정원 국왕 비서 기관
의금부 특별 사법 기관
사헌부 감찰, 풍속 교정
사간원 간언, 간쟁
홍문관 왕의 고문 역할
한성부 한성 행정 담당
춘추관 역사 편찬
성균관 교육 기관
3사

🔹 조선의 중앙 정치 기구

조선의 중앙 정치 조직은 의정부와 6조를 중심으로 구성되었다. 왕을 중심으로 의정부와 6조의 고위 관리들이 회의나 경연에서 정책을 협의하여 결정하면, 6조는 분야별로 나누어 실행하였다. 언론 기관인 3사는 잘못된 정책 결정을 비판·견제하고 관리와 사족의 여론을 정책에 반영하였다. 사간원은 왕이나 관리의 잘못된 일을 고발하는 일을 주로 맡았고, 사헌부는 관리의 비리를 감찰하였으며, 홍문관은 경연을 담당하였다.

시험에서는 이렇게

각 자료에 나타난 정치 체제를 찾고, 그 정치 체제의 실시 목적 또는 실시한 왕의 업적을 고르는 문제가 자주 출제됩니다. 6조 직계제와 의정부 서사제의 운영 방식, 실시 목적, 각 정치 체제를 실시한 왕 등을 비교하여 정리해 두세요.

자료 활용 문제

두 번째 자료의 정치 체제에 대한 설명으로 옳은 것은?

① 세조 때 실시되었다.
② 6두품 세력의 비판을 받았다.
③ 재상의 국정 주도권을 강화하였다.
④ 시무 28조를 바탕으로 도입되었다.
⑤ 지방을 효율적으로 통치하고자 마련되었다.

답 ③

개념 확인하기

1 다음에서 설명하는 왕을 〈보기〉에서 골라 기호를 쓰시오.

| 보기 |
| ㄱ. 성종 | ㄴ. 세조 |
| ㄷ. 세종 | ㄹ. 태종 |

(1) 훈민정음을 창제하였다. ( )
(2) 『경국대전』을 반포하였다. ( )
(3) 집현전과 경연을 폐지하였다. ( )
(4) 6조 직계제와 호패법을 실시하였다. ( )

2 다음 설명이 맞으면 ○표, 틀리면 ×표를 하시오.
(1) 조선 시대에는 모든 군현에 수령을 파견하였다. ( )
(2) 춘추관은 왕명 출납을 담당하며 왕권을 뒷받침하였다. ( )
(3) 조선의 3사는 언론 활동을 펼쳐 권력의 독점을 견제하였다. ( )
(4) 조선 시대에는 음서의 혜택을 받는 대상을 고려에 비해 확대하였다. ( )

3 조선 시대에는 전국을 8도로 나누고, 각 도에 ( )를 파견하여 도의 행정을 총괄하게 하였다.

03 조선 사회의 성립과 발전

❶ 왕도 정치

통치자의 인격과 덕으로 백성을 교화하는 것을 강조한 정치이다.

❷ 무오사화

연산군 시기 훈구가 김종직이 쓴 「조의제문」을 문제 삼아 사림이 축출된 사건이다. 「조의제문」은 항우가 폐위한 중국 초의 황제인 의제를 애도하는 글이다. 훈구는 김종직이 세조를 항우에 빗대어 비판하였다고 주장하였다.

❸ 향약

향촌민들이 서로 도우며 살아가기 위한 일종의 약속으로, 향촌 사회의 교화와 유교 윤리의 확산에 이바지하였다.

❹ 외척 정치

어린 명종을 대신하여 어머니인 문정 왕후가 수렴청정을 하면서 외척 출신 관료들이 정치적 영향력을 행사한 것을 뜻한다.

❺ 이조 전랑

이조의 정랑과 좌랑을 함께 이르던 명칭이다. 3사의 관리와 하급 관리를 심사하고 자신의 후임자를 천거하는 권한을 가졌다.

❻ 공론

정부 정책 등을 놓고 붕당 내부의 토론을 거쳐 형성된 여론을 말한다.

② 사림의 성장과 붕당 정치의 전개

1. 사림의 성장: 정몽주·길재 등의 학통 계승, 지방에서 학문 연구, 왕도 정치❶와 향촌 자치 추구 → 성종 때 3사에 진출하여 공론 주도, 훈구 비판 → 훈구와 사림의 세력 균형

2. 사화의 발생

연산군 시기	무오사화❷로 사림 축출, 갑자사화로 연산군 생모의 폐위와 관련된 훈구와 사림 제거
중종 시기	조광조를 비롯한 사림 등용 → 조광조의 개혁(현량과 실시, 향약 보급, 일부 훈구의 공훈 삭제 시도 등) → 왕과 훈구의 반발 → 기묘사화로 많은 사림 제거 [자료 ❸]
명종 시기	외척 간 권력 갈등 → 을사사화로 사림이 피해를 입음

3. 붕당 정치의 전개

사림의 세력 확대	서원과 향약❸을 기반으로 향촌 사회에서 세력 확대
붕당 형성	외척 정치❹ 청산과 이조 전랑❺ 임명 문제로 사림 내부에서 대립 → 동인(주로 서경덕·이황·조식의 학문 계승)과 서인(주로 이이와 성혼의 문인 중심)으로 나뉨
붕당 정치	학문적·정치적 입장에 따라 모인 각 붕당이 공론❻을 형성하고 이를 바탕으로 정국을 주도함

③ 왜란과 호란 [대표 자료]

1. 왜란의 전개와 정세 변화

배경	도요토미 히데요시의 전국 시대 통일 → 지방 영주의 불만을 무마하기 위해 대륙 진출 도모
전개	• 임진왜란: 일본의 조선 침략(1592) → 전쟁 초반 한성과 평양 함락, 광해군 중심의 조정 별도 구성, 선조의 의주 피란 → 명에 지원군 요청, 이순신의 수군이 남해에서 활약(해상권 장악), 전국 각지의 의병 활약 → 조명 연합군의 평양 탈환 → 명과 일본이 휴전 협상 전개 • 정유재란: 휴전 협상 결렬 후 일본의 재침입(1597) → 조명 연합군이 일본군의 북진 방어, 이순신의 명량 대첩 → 일본에 전세 불리, 도요토미 히데요시의 사망 → 일본군 철수
전후 정세 변화	• 조선: 국토 황폐화, 인구 감소, 일본에 대한 적개심 고취, 명에 대한 숭상 의식 확대 • 일본: 에도 막부 수립, 조선의 기술자와 학자로부터 인쇄술·도자기 제조법·성리학 수용 • 중국: 명의 국력 약화, 여진의 후금 건국(1616)

2. 광해군의 정책

전개	• 전후 복구 정책: 토지 대장·호적 정비, 성곽·무기 수리, 대동법 실시 • 중립 외교 정책: 후금의 공격을 받은 명이 조선에 지원군을 요청하자 강홍립 파견(상황에 따른 대처 지시) → 명과 후금 사이에서 국가 안정 도모
결과	서인이 중립 외교 정책을 비판하며 광해군을 몰아내고 인조를 왕으로 세움(인조반정, 1623)

3. 호란의 전개

정묘호란	서인의 친명배금 정책 추진, 명군의 가도 주둔 → 후금의 침략(정묘호란, 1627) → 인조의 강화도 피신, 관군과 의병 정봉수 등의 항전 → 화의를 맺고 형제 관계 체결
병자호란	후금이 국호를 청으로 변경하고 조선에 군신 관계 요구 → 주전론(척화론)과 주화론의 대립 → 주전론이 우세하여 청의 요구 거절 → 청 태종의 침략(병자호란, 1636) → 인조가 남한산성에서 항전 → 청에 항복(삼전도에서 군신 관계 체결) [자료 ❹]

• 대표 자료 • 왜란과 호란의 전개 .... ────→ 정보 활용 능력

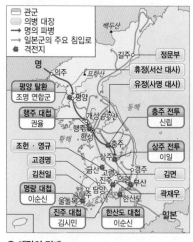

♦ 왜란의 전개

♦ 호란의 전개

조선은 17세기를 전후하여 두 차례나 큰 전쟁에 휘말렸다. 왜란과 호란을 겪은 조선은 정치·경제·사회·문화에 걸쳐 사회 전반에 많은 변화가 일어났다.

자료 ❸ 조광조의 개혁(현량과 실시)

조광조가 아뢰기를, "재행(才行)이 있어 임용할 만한 사람을 천거하여, 대궐의 뜰에 모아 놓고 친히 여러 정책과 관련된 대책 시험을 치르게 한다면 인물을 많이 얻을 수 있을 것입니다. …… 한에서 실시한 현량과의 뜻을 이은 것입니다. 덕행은 여러 사람이 천거하는 바이므로 반드시 헛되거나 그릇되는 것이 없을 것입니다."라고 하였다.
─ 「중종실록」

현량과는 학문과 덕행이 뛰어난 인재를 천거하여 왕이 참석한 가운데 구술시험을 치러 관리로 등용하는 제도였다. 조광조는 현량과를 실시하여 사림의 관직 진출에 도움을 주었다.

자료 ❹ 주전론(척화론)과 주화론

• 명은 우리나라에 있어서 부모의 나라이고, 노적(청)은 부모의 원수입니다. 신하가 되어서 부모의 원수와 형제를 맺고 부모의 은혜를 저버려서야 되겠습니까. 더구나 임진년의 일은 작은 것까지도 모두 황제의 힘입니다. …… 나라가 없어지더라도 의리는 저버릴 수 없습니다.
─ 「인조실록」

• 자기 힘을 헤아리지 않고 가볍게 큰소리를 쳐서 오랑캐의 분노를 사, 백성을 도탄에 빠뜨리고 종묘와 사직에 제사 지내지 못하게 되는 것보다 큰 잘못이 있겠습니까. …… 그리고 군사를 모아 기다리다가 적의 허점을 노리는 것이 우리나라를 위한 계책일 것입니다.
─ 최명길, 「지천집」

후금이 국호를 청으로 바꾸고 조선에 군신 관계를 요구하자, 조선에서는 주전론과 주화론이 대립하였다. 주전론은 오랑캐인 청에 굴복할 수 없으니 무력으로 대응하자는 주장이었고, 주화론은 청의 세력이 강성하니 청과 화의를 맺자는 입장이었다.

• 시험에서는 이렇게 •

왜란 또는 호란의 전개 과정을 보여 주는 지도를 제시하고, 각 전쟁의 배경이나 영향을 묻는 문제가 자주 출제됩니다. 지도에 표시된 양 난의 주요 전투와 인물을 비교하여 파악하고, 양 난의 배경, 전개, 영향을 정리해 두세요.

자료 활용 문제

첫 번째 지도와 같이 전개된 전쟁의 영향으로 옳지 않은 것은?
① 여진이 후금을 세웠다.
② 조선에서 훈구가 성장하였다.
③ 조선의 국가 재정이 악화되었다.
④ 일본의 도자기 문화가 발전하였다.
⑤ 조선에서 명에 대한 숭상 의식이 높아졌다.

답 ②

개념 확인하기

4 다음 설명이 맞으면 ○표, 틀리면 ×표를 하시오.
(1) 중종 때 조광조가 현량과의 실시를 건의하였다. ( )
(2) 왜란 당시 조명 연합군이 평양 탈환에 실패하였다. ( )
(3) 사림은 서원과 향약을 기반으로 향촌 사회에서 세력을 키웠다. ( )
(4) 훈구는 김종직이 쓴 「조의제문」을 문제 삼아 갑자사화를 일으켜 사림을 몰아냈다. ( )

5 다음 괄호 안의 내용 중 알맞은 말에 ○표를 하시오.
(1) (병자호란, 정묘호란)의 결과 조선은 청과 군신 관계를 맺었다.
(2) (남인, 서인)의 친명배금 정책에 자극을 받은 후금은 정묘호란을 일으켰다.
(3) 병자호란 당시 인조는 (강화도, 남한산성)(으)로 피신하여 항전하였다.

6 사림이 동인과 서인으로 나뉜 이후 공론을 내세우고 이를 바탕으로 국정을 주도하면서 ( ) 정치가 전개되었다.

7 왜란 이후 ( )은 명과 후금 사이에서 중립 외교 정책을 펼쳤다.

01 (가), (나) 시기 사이에 있었던 사실로 옳은 것은?

> (가) 고려 우왕과 최영이 추진한 요동 정벌을 반대하던 이성계는 압록강 하류의 위화도에서 군대를 돌려 개경으로 돌아와 권력을 장악하였다.
>
> (나) 급진파 신진 사대부가 이성계를 왕으로 추대하여 조선을 건국하였다.

① 과전법이 제정되었다.
② 집현전이 폐지되었다.
③ 한양 천도가 단행되었다.
④ 전민변정도감이 설치되었다.
⑤ 훈구가 중앙 정치를 장악하게 되었다.

중요해★
02 (가) 왕의 업적으로 옳은 것은?

> **역사 인물 카드**   조선의 제3대 왕, (가)
>
> • 이름: 이방원
> • 재위 기간: 1400~1418년
> • 주요 활동
>   – 왕자의 난으로 즉위
>   – 6조 직계제를 실시하여 재상권을 약화하여 왕권 강화
>   – 양전 사업과 호패법을 실시하여 국가 재정 확충
>
>
> △ 호패

① 정방을 폐지하였다.
② 『경국대전』을 반포하였다.
③ 노비안검법을 제정하였다.
④ 쌍성총관부를 수복하였다.
⑤ 공신과 왕족의 사병을 혁파하였다.

03 다음 법전을 반포한 왕의 재위 기간에 있었던 사실로 옳은 것은?

> **이 달의 책 소개**
>
>
>
> • **책명**: 『○○○○』
> • **특징**: 이·호·예·병·형·공전의 6전으로 구성된 조선의 기본 법전이다. 이 법전이 완성·반포되어 조선의 기본 통치 방향과 유교적 통치 체제가 확립되었다.

① 경연이 폐지되었다.
② 과거제가 도입되었다.
③ 홍문관이 설치되었다.
④ 훈민정음이 창제되었다.
⑤ 사심관 제도가 마련되었다.

🔗 대표 자료 링크
04 다음 자료에 나타난 정치 체제에 대한 설명으로 옳은 것만을 〈보기〉에서 고른 것은?

> 6조는 각각 맡은 직무를 의정부에 품의하고, 의정부는 가부를 의논하여 왕에게 아뢴 뒤 (왕의) 분부를 받아 6조에 내려 시행한다. 다만 이조·병조의 관직 제수, 병조의 군사 업무, 형조의 사형수를 제외한 판결 등은 종래와 같이 각 조에서 직접 아뢰어 시행하고 의정부에 보고한다.

┤ 보기 ├
ㄱ. 세종 때 실시되었다.
ㄴ. 재상의 국정 운영권을 강화하였다.
ㄷ. 의정부의 정치적 권한을 약화하였다.
ㄹ. 최승로의 시무 28조를 토대로 도입되었다.

① ㄱ, ㄴ   ② ㄱ, ㄷ   ③ ㄴ, ㄷ
④ ㄴ, ㄹ   ⑤ ㄷ, ㄹ

중요해 ⭐
05 (가), (나) 기구에 대한 설명으로 옳은 것은?

⬥ 조선의 중앙 정치 기구

① (가) – 국왕의 비서 기구였다.
② (가) – 한성의 행정을 담당하였다.
③ (나) – 권력의 독점과 부정을 막았다.
④ (나) – 재상들의 합의로 정책을 심의·결정하였다.
⑤ (나) – 국왕의 직속 사법 기구로 중죄인을 다스렸다.

06 지도와 같은 지방 행정 조직을 갖춘 국가에 대한 설명으로 옳은 것은?

① 안찰사가 각 도를 관할하였다.
② 모든 군현에 지방관을 파견하였다.
③ 지방의 요충지에 5소경을 설치하였다.
④ 특수 행정 구역인 향·부곡·소를 두었다.
⑤ 수령은 자기 출신 지역에 부임할 수 있었다.

07 (가)에 들어갈 대화 내용으로 가장 적절한 것은?

조선도 고려와 마찬가지로 과거와 음서를 통해 관리를 선발하였지?

응. 하지만 운영 방식에서 고려와 다른 점이 있었지. 예를 들면 조선은 ___(가)___

① 문과를 실시하였어.
② 무과를 제도화하였어.
③ 음서의 대상을 확대하였어.
④ 과거로 기술관을 선발하였어.
⑤ 승려를 대상으로 한 승과를 실시하였어.

이 문제에서 나올 수 있는 모든 선택지 ✓
08 다음 계보로 이어진 세력에 대한 설명으로 옳지 않은 것은?

① 왕도 정치를 추구하였다.
② 향촌 자치를 강조하였다.
③ 성종 때 언관직에 진출하였다.
④ 사화를 통해 세력을 확장하였다.
⑤ 서원과 향약을 세력 기반으로 삼았다.
⑥ 선조 때 중앙 정치의 주도권을 장악하였다.
⑦ 정치적·학문적 입장에 따라 붕당을 형성하였다.

09 밑줄 친 '그'에 대한 설명으로 옳은 것은?

> 경연에서 그가 중종에게 아뢰기를, "재행(才行)이 있어 임용할 만한 사람을 천거하여, 대궐의 뜰에 모아 놓고 친히 여러 정책과 관련된 대책 시험을 치르게 한다면 인물을 많이 얻을 수 있을 것입니다. …… 한에서 실시한 현량과의 뜻을 이은 것입니다. 덕행은 여러 사람이 천거하는 바이므로 반드시 헛되거나 그릇되는 것이 없을 것입니다."라고 하였다.
>
> – 「중종실록」

① 「조의제문」을 작성하였다.
② 척준경과 함께 반란을 일으켰다.
③ 이성계에게 요동 정벌을 명하였다.
④ 일부 훈구 대신의 공훈을 삭제하려 하였다.
⑤ 묘청이 서경에서 일으킨 반란을 진압하였다.

10 다음 자료를 활용한 탐구 활동으로 가장 적절한 것은?

> 김효원이 과거에 장원으로 합격하여 (이조) 전랑의 물망에 올랐으나 (당시 외척 중 한 명인) 윤원형의 문객이었다 하여 심의겸이 반대하였다. 그 후에 심충겸(심의겸의 동생)이 장원 급제를 하여 이조 전랑으로 천거되었으나, 외척이라 하여 김효원이 반대하였다. …… 동인, 서인이라는 말이 여기에서 비롯하였다. 효원의 집은 동쪽 건천동에 있고, 의겸의 집은 서쪽 정릉동에 있었기 때문이다.
>
> – 「연려실기술」

① 붕당의 형성 배경을 알아본다.
② 기묘사화가 끼친 영향을 조사한다.
③ 「경국대전」 반포의 의미를 파악한다.
④ 중종반정이 일어난 원인을 살펴본다.
⑤ 급진파 신진 사대부의 주장을 찾아본다.

중요해
11 대표 자료 링크 지도와 같이 전개된 전쟁이 국내외에 끼친 영향으로 옳은 것은?

① 에도 막부가 멸망하였다.
② 여진이 쇠퇴하고 명이 강성해졌다.
③ 일본에서 인쇄술, 도자기 문화가 발전하였다.
④ 조선에서 일본에 대한 숭상 의식이 높아졌다.
⑤ 조선의 인구가 증가하고 국가 재정이 강화되었다.

이 문제에서 나올 수 있는 모든 선택지 ✓
12 다음 자료에 나타난 전쟁 중에 있었던 사실로 옳지 않은 것은?

> 모든 지역에서 의병이 일어났다. …… 적을 만나기만 하면 모두 패하여 달아났다. 그러다가 유생 등이 조정의 명을 받들어 창의하여 일어나자 듣는 사람들이 격동하여 모여들었다. …… 호남의 고경명, 김천일, 영남의 곽재우, 정인홍 등이 가장 먼저 의병을 일으켰다.

① 인조가 남한산성에서 항전하였다.
② 조선은 명에 지원군을 요청하였다.
③ 조명 연합군이 평양성을 탈환하였다.
④ 권율이 행주산성에서 대승을 거두었다.
⑤ 이순신이 명량에서 일본군을 물리쳤다.
⑥ 조선의 수군이 남해 해상권을 장악하였다.
⑦ 휴전 협상의 결렬로 정유재란이 일어났다.

중요해 ★
13 다음 자료에 나타난 외교 정책에 대한 설명으로 옳은 것만을 〈보기〉에서 고른 것은?

> (왕이) 도원수 강홍립에게 지시하였다. "원정군 가운데 1만은 조선의 정예병만을 선발하여 훈련하였다. 이제 장수와 병사들이 서로 숙달하게 되었노라. …… 그대는 명군 장수들의 명령을 그대로 따르지 말고 신중하게 처신하여 오직 패하지 않는 전투가 되도록 최선을 다하라."

┤ 보기 ├
ㄱ. 인조반정의 배경이 되었다.
ㄴ. 서인의 지지를 받아 추진되었다.
ㄷ. 명과 후금 사이에서 중립을 취하였다.
ㄹ. 명을 도와 후금을 공격할 것을 주장하였다.

① ㄱ, ㄴ   ② ㄱ, ㄷ   ③ ㄴ, ㄷ
④ ㄴ, ㄹ   ⑤ ㄷ, ㄹ

14 지도와 같이 전개된 전쟁 중에 볼 수 있는 모습으로 가장 적절한 것은?

① 삼전도에서 항복하는 인조
② 위화도 회군으로 권력을 장악한 이성계
③ 후금의 군대를 격퇴하는 의병장 정봉수
④ 명의 원군과 함께 평양성을 탈환하는 조선군
⑤ 도요토미 히데요시의 사망으로 철수하는 일본군

15 (가), (나) 정치 체제의 명칭을 쓰고, 두 체제가 왕권과 재상권에 미친 영향을 서술하시오.

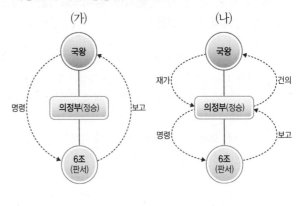

_____
_____
_____

3단계 로 완성하기

16 (가), (나) 주장이 나온 배경을 쓰고, 두 주장을 비교하여 서술하시오.

> (가) 오랑캐의 분노를 사, 백성을 도탄에 빠뜨리고 종묘와 사직에 제사 지내지 못하게 되는 것보다 큰 잘못이 있겠습니까.   – 최명길, 「지천집」
> (나) 명은 우리나라에 있어서 부모의 나라이고, 노적(청)은 부모의 원수입니다. …… 나라가 없어지더라도 의리는 저버릴 수 없습니다.   – 「인조실록」

①단계 (가), (나) 주장이 나온 배경을 써 보세요.

_____
_____

②단계 (가), (나)의 주요 주장을 써 보세요.

_____
_____

③단계 1단계와 2단계에서 정리한 내용을 바탕으로 답안을 완성해 보세요.

_____
_____

1등급 도전하기

01 다음 글을 남긴 왕이 실시한 정책으로 옳은 것만을 〈보기〉에서 고른 것은?

> 우리나라 말이 중국과 달라 한자와는 서로 통하지 아니하여서 이러한 까닭으로 어리석은 백성이 말하고자 하는 바가 있어도 마침내 제 뜻을 능히 펴지 못하는 사람이 많다. 내가 이것을 가엾게 생각하여 새로 스물여덟 글자를 만드니, 모든 사람으로 하여금 쉽게 익혀서 날마다 쓰는 데 편하게 하고자 할 따름이다.

┤ 보기 ├
ㄱ. 의정부 서사제를 실시하였다.
ㄴ. 홍문관을 설치하여 경연을 활성화하였다.
ㄷ. 집현전을 두고 학문과 정책 연구를 담당하게 하였다.
ㄹ. 통치 체제를 확립하고자 『경국대전』을 편찬하기 시작하였다.

① ㄱ, ㄴ   ② ㄱ, ㄷ   ③ ㄴ, ㄷ
④ ㄴ, ㄹ   ⑤ ㄷ, ㄹ

02 다음 제도가 운영된 시대에 볼 수 있는 모습으로 가장 적절한 것은?

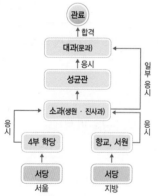

⚠ 교육과 관리 등용 제도

① 제술과에 응시하여 급제한 관리
② 재판 판결문을 작성하는 관찰사
③ 5도와 양계에 관리를 파견하는 왕
④ 제가 회의에서 정책을 결정하는 가들
⑤ 일본으로 원정을 떠나는 정동행성 관리

03 (가), (나) 세력에 대한 설명으로 옳은 것만을 〈보기〉에서 고른 것은?

> (가) 조선 건국, 왕자의 난, 계유정난 등에서 공을 세운 세력으로, 세조 때 권력을 장악하고 막대한 부를 쌓았다.
> (나) 조선 건국 이후 지방에서 성리학 연구와 제자 양성에 힘을 쏟았으며, 성종 때부터 3사에 등용되어 중앙 정계로 진출하였다.

┤ 보기 ├
ㄱ. (가) – 동인과 서인으로 나뉘었다.
ㄴ. (가) – (나) 세력을 공격하여 사화를 일으켰다.
ㄷ. (나) – 공신의 공훈 삭제에 반발하였다.
ㄹ. (나) – 서원을 토대로 결속을 강화하였다.

① ㄱ, ㄴ   ② ㄱ, ㄷ   ③ ㄴ, ㄷ
④ ㄴ, ㄹ   ⑤ ㄷ, ㄹ

★ 창의 융합

04 (가) 전쟁 중에 있었던 사실로 옳은 것은?

그림으로 보는 한국사

이 작품은 ⬚(가)⬚ 당시 조명 연합군이 일본군을 물리치고 전세를 역전시킨 평양성 전투를 그린 병풍 중 일부입니다.

① 인조가 강화도로 피신하였다.
② 명과 일본이 휴전 협상을 벌였다.
③ 명의 모문룡이 가도에 주둔하였다.
④ 강홍립이 이끄는 군대가 후금에 항복하였다.
⑤ 도요토미 히데요시가 전국 시대를 통일하였다.

수능 준비하기

수능 기출

01 (가)에 들어갈 내용으로 가장 적절한 것은?

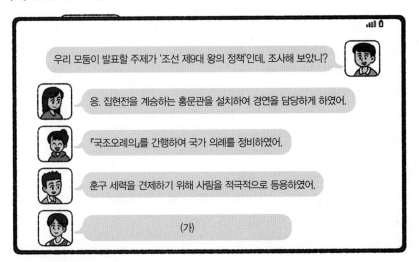

우리 모둠이 발표할 주제가 '조선 제9대 왕의 정책'인데, 조사해 보았니?

응. 집현전을 계승하는 홍문관을 설치하여 경연을 담당하게 하였어.

『국조오례의』를 간행하여 국가 의례를 정비하였어.

훈구 세력을 견제하기 위해 사림을 적극적으로 등용하였어.

(가)

① 대가야를 정복하였어.

② 『경국대전』을 반포하였어.

③ 노비안검법을 실시하였어.

④ 전국에 척화비를 건립하였어.

⑤ 한성 사범 학교를 설립하였어.

○ **수능 만점** 한끝

자료에 나타난 왕을 파악하고, 이 왕이 펼친 정책을 추론한다.

문제의 핵심

조선 성종의 정책

홍문관 설치	집현전 계승, 경연 활성화
『경국대전』 반포	조선 사회의 기본 통치 방향과 이념 제시
『국조오례의』 간행	국가 의례 정비

평가원 기출

02 (가) 전쟁 중에 볼 수 있는 모습으로 가장 적절한 것은?

국립 해양 문화재 연구소는 전남 진도군 명량 대첩로 해역에서 안전을 기원하는 행사를 치르고 오는 10월까지 발굴 조사를 진행한다고 발표하였다. 이전에 수차례에 걸쳐 진행된 발굴 조사에서는 승자총통, 석환 등 많은 유물이 출토된 바 있다. 한편 명량 대첩로 해역은 예로부터 많은 선박이 왕래한 곳이지만, 조류가 빠르게 흘러 배가 지나가기 힘든 항로였다. 이곳의 울돌목은 7년간 전개된 (가) 당시 충무공 이순신의 명량 대첩이 있었던 역사의 현장이다.

① 의병을 이끄는 곽재우

② 귀주 대첩을 보고하는 강감찬

③ 위화도 회군을 단행하는 이성계

④ 적장과 외교 담판을 벌이는 서희

⑤ 평안도 지역에서 난을 일으키는 홍경래

○ **수능 만점** 한끝

자료에서 설명하는 전쟁을 파악하고, 이 전쟁 당시에 일어난 주요 전투와 전쟁에서 활약한 인물을 찾아본다.

이렇게도 출제될 수 있어요!

전쟁의 전개 지도, 전쟁 당시의 활약한 인물이나 주요 전투 등을 제시하고 이 전쟁이 국내외에 끼친 영향을 묻는 문제가 출제될 수 있어요.

04 조선 후기의 새로운 흐름

한끝 더하기

❶ 훈련도감

급료를 받는 직업 군인으로 포수(조총 부대), 사수(활을 쏘는 부대), 살수(창과 칼을 쓰는 부대)의 삼수병으로 구성된 군영이다.

❷ 예송

효종과 효종비가 죽었을 때 효종의 계모인 자의 대비가 상복을 몇 년 입어야 하는지를 둘러싸고 일어난 예법 논쟁이다. 서인은 왕실도 사대부와 같이 『주자가례』에 따를 것을 주장하였고, 남인은 왕실과 사대부의 예는 다르다고 주장하였다.

❸ 탕평비

영조가 특정 붕당에 치우치지 않겠다는 탕평 정치의 의지를 알리기 위해 성균관 앞에 세운 비이다.

❹ 규장각

일종의 왕실 도서관 기능을 담당하였는데, 정조는 강력한 정치 기구로 육성하고자 비서실 기능을 부여하였다. 또 과거 시험과 관리 교육까지 담당하게 하였다.

❺ 초계문신제

젊고 재능 있는 관리들을 선발하여 규장각에서 학문을 연구하게 한 제도이다. 정조는 이를 통해 자신의 세력 기반을 강화하였다.

① 양 난 이후 정치 운영의 변화

1. 통치 체제의 개편

(1) 비변사의 기능 강화: 16세기 초 왜구와 여진의 침입에 대비하기 위한 임시 기구로 비변사 설치, 양 난 이후 국정 총괄(군사·외교·재정·인사 등) → 의정부와 6조 중심의 행정 체계 유명무실화, 왕권 약화 (자료 ❶)

(2) 군사 제도의 변화

중앙군	임진왜란 중에 훈련도감❶ 설치 → 5군영 체제로 개편(훈련도감, 어영청, 총융청, 수어청, 금위영)
지방군	속오군 편성(양반에서 노비까지 포함)

2. 붕당 정치의 전개와 변질 (자료 ❷)

선조 시기	동인과 서인 형성 → 붕당 상호 간 비판과 견제 → 이후 동인이 다시 북인과 남인으로 나뉨
광해군 시기	북인 집권, 전후 복구 사업과 제도 개편 추진
인조 시기	인조반정 이후 서인의 주도하에 남인 참여
현종 시기	서인과 남인 간 두 차례 예송❷ 발생(1차 예송에서는 서인의 주장이, 2차 예송에서는 남인의 주장이 받아들여짐) → 붕당 간 대립 심화
숙종 시기	환국 전개(서인과 남인이 번갈아 집권, 상대 붕당 탄압) → 남인 몰락, 서인이 노론과 소론으로 분열, 특정 붕당의 일당 전제화 경향 대두 → 탕평론 제기

3. 영조와 정조의 탕평 정치와 개혁 정치

(1) 영조의 정치 (대표 자료)

① **탕평 정치(탕평책)**: 탕평비❸ 건립, 탕평파 중심의 정국 운영, 산림의 존재 부정, 붕당의 근원인 서원 대폭 정리, 이조 전랑의 권한 약화

② **개혁 정치**

민생 안정책	균역법 실시, 가혹한 형벌 금지, 태종 때 실시되었다가 폐지된 신문고 부활
문물제도 정비	『속대전』(법전), 『동국문헌비고』 편찬

(2) 정조의 정치

① **탕평 정치(탕평책)**: 외척 세력 제거, 적극적으로 탕평 정치 추진(붕당에 관계없이 능력에 따라 노론·소론·남인 고루 등용)

② **개혁 정치**: 규장각❹ 설치, 초계문신제❺ 실시(젊은 관리 재교육), 친위 부대인 장용영 설치, 수원 화성 건설, 수령이 향약을 직접 주관하게 함(백성에 대한 국가의 통치력 강화), 서얼 출신 학자를 규장각 검서관으로 등용, 통공 정책 시행(시전 상인의 특권 축소로 사상들의 자유로운 상업 활동 보장), 법령 정비(『대전통편』 편찬)

4. 세도 정치의 전개

(1) 배경: 정조 사후 어린 순조 즉위, 왕실과 혼인 관계를 맺은 일부 외척 가문이 정권 장악

(2) 전개: 순조·헌종·철종의 3대 60여 년간 안동 김씨와 풍양 조씨 등이 권력 행사

(3) 특징: 세도 가문이 주요 관직 독점, 여러 군영의 지휘권 장악 → 왕권 약화, 언론 기관의 비판과 견제 기능 약화, 정치적 균형 붕괴

(4) 폐단: 정치 기강 문란(과거 시험에서 부정 극심, 관직 매매 성행), 관리들의 백성 수탈 심화

대표 자료 · 영조의 탕평 정치 · 비판적 사고력

> • 두루 원만하고 편당하지 않는 것은 군자의 공정한 마음이요, 편당하고 두루 사랑하지 않는 것은 곧 소인의 마음이다.
> – 탕평비
> • 붕당의 폐해가 요즈음보다 심한 적이 없었다. …… 우리나라 땅이 본래 협소하고 인재를 등용하는 문도 넓지 못하였다. 그런데 근래에 와서 인재 임용이 같은 당에 속해 있는 사람만으로 이루어지니 …… 관리의 인사를 담당하는 부서에서는 탕평의 정신을 잘 받들도록 하라.
> – 영조의 탕평 교서, 「영조실록」

붕당 간의 극심한 대립이 이어지면서 정치가 불안해지자, 영조는 왕이 중심에 서서 정치 세력 간의 균형을 추구하는 탕평 정치를 실시하였다. 탕평이란 왕의 정치가 어느 한쪽을 편들지 않고 사심이 없으며, 당을 이루지 않는 상태를 의미한다. 영조 통치 후반에는 탕평 정치의 후원 세력으로 중용된 외척의 힘이 강해져 문제점이 드러났다. 영조의 뒤를 이어 즉위한 정조 역시 외척 세력을 억누르고 붕당에 관계없이 능력 있는 사람을 고루 등용하였다. 영조와 정조의 탕평 정치로 왕이 국정을 주도하면서 붕당 간의 대립은 완화되었다.

자료 ❶ 비변사의 기능 강화

> 임시로 비변사를 설치하였는데, …… 이것은 일시적인 전쟁 때문에 설치한 것으로 국가의 중요한 모든 일을 다 맡긴 것은 아니었습니다. 그런데 오늘에 와서는 큰일이건 작은 일이건 중요한 것으로 취급하지 않는 것이 없습니다. 의정부는 한갓 이름만 지니고 6조는 모두 그 직임을 상실하였습니다.
> – 「효종실록」

임시 기구였던 비변사는 임진왜란이 일어나자 전쟁을 효율적으로 수행하기 위해 그 역할이 강화되었다. 왜란이 끝난 후에도 전후 복구 사업과 후금(청)의 침략, 사회적·경제적 변화에 대응하기 위해 비변사의 위상은 그대로 유지되었다. 그 결과 의정부와 6조 중심의 행정 체계는 유명무실해졌고, 왕권도 약해졌다.

자료 ❷ 붕당 정치의 전개와 변질

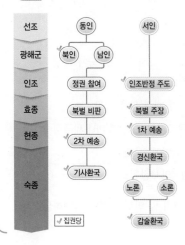

왜란이 끝난 뒤 북인은 권력을 독점하고 광해군의 개혁 정책을 도왔다. 그러나 인조반정으로 북인이 몰락하고 서인이 정권을 장악하였다. 서인은 남인의 정치 참여를 허용하며 붕당 간 공존 관계를 유지하였다. 이러한 가운데 현종 때 예송이 일어나면서 붕당 간 대립이 치열해졌다. 결국 숙종 때는 환국이 여러 차례 일어나면서 남인이 몰락하였고, 서인은 남인에 대한 대응 문제를 놓고 노론과 소론으로 갈라졌다. 이처럼 붕당 정치가 변질되면서 특정 붕당이 정권을 독점하는 일당 전제화가 나타났다.

시험에서는 이렇게 ·

영조의 탕평책이 나타난 자료를 보여 주고, 영조의 정책을 묻는 문제가 자주 출제됩니다. 특히 탕평책을 시행한 정조의 정책이 틀린 선택지로 출제될 수 있으므로, 영조와 정조가 시행한 탕평책의 성격을 비교하여 알아두고, 영조와 정조가 추진한 개혁 정책을 정리해 두세요.

자료 활용 문제

자료의 글을 남긴 왕의 정책으로 옳은 것은?

① 규장각을 설치하였다.
② 수원 화성을 건설하였다.
③ 초계문신제를 실시하였다.
④ 친위 부대인 장용영을 설치하였다.
⑤ 붕당의 근원인 서원을 대폭 정리하였다.

답 ⑤

개념 확인하기

1 다음 괄호 안의 내용 중 알맞은 말에 ○표를 하시오.
(1) 조선 후기에 중앙군은 (5위, 5군영) 체제로 개편되었다.
(2) (영조, 정조)는 탕평비를 세우고 탕평파를 중심으로 정국을 운영하였다.
(3) (규장각, 비변사)은/는 임시 기구였으나 양난을 거치면서 국정을 총괄하였다.

2 다음 설명이 맞으면 ○표, 틀리면 ✕표를 하시오.
(1) 서인과 남인 간에 두 차례 예송이 벌어졌다. (　　)
(2) 현종 때 특정 붕당의 일당 전제화가 대두되었다. (　　)
(3) 정조는 「대전통편」을 편찬하여 법령을 정비하였다. (　　)

3 숙종 때 왕의 주도로 서인과 남인이 번갈아 집권하는 (　　　)이 전개되었다.

4 순조가 즉위하면서 왕실의 외척 세력이 정권을 장악하는 (　　　)가 나타났다.

04 조선 후기의 새로운 흐름

❶ 삼정의 문란

전정에서 부당하게 토지세를 거두고, 군정에서 어린아이와 죽은 사람에게까지 군포를 징수하였다. 환곡의 경우 관청에서 고리대 형식으로 운영하거나 수령과 향리의 부정이 심하였다.

❷ 항조·거세

항조는 소작료를 낮추고 소작 조건을 개선하기 위한 항쟁이고, 거세는 납세를 거부하는 행동이다.

❸ 안핵사

조선 후기에 지방에서 일어난 농민 봉기를 수습하기 위해 중앙에서 파견한 임시 벼슬이다.

❹ 삼정이정청

박규수가 진주 농민 봉기를 조사하고 농민들을 달래기 위해 삼정의 개선을 건의하자 정부가 설치한 임시 기구이다.

❺ 삼군부

군사 업무를 총괄하던 최고 기관으로, 조선 초기에 한때 설치되었던 것을 흥선 대원군이 다시 부활하였다.

❻ 호포제 실시의 결과

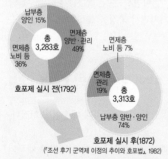

호포제 실시 전(1792)

총 3,283호
납부층 양인 15%
면제층 양반·관리 49%
면제층 노비 등 36%
면제층 노비 등 7%

호포제 실시 후(1872)

총 3,313호
면제층 관리 19%
납부층 양반·양인 74%

(『조선 후기 군역제 이정의 추이와 호포법』, 1982)

⚠ **호포제 실시와 군포 부담층의 변화(경상도 영천)**
흥선 대원군의 호포제 실시로 군포 납부층이 확대되었다.

5. 19세기 농민 봉기의 전개 [대표 자료]

(1) **배경**: 세도 정치 시기 삼정의 문란❶, 자연재해와 전염병 발생, 농민의 의식 성장(소청·벽서 등 소극적 저항 → 항조·거세❷·집단 항의 시위 등 적극적 저항)

(2) **농민 봉기**

① **홍경래의 난(1811)**

배경	평안도민 차별, 상공업 활동 통제, 과도한 세금 부과
전개	몰락 양반 홍경래를 중심으로 다양한 계층이 평안도에서 봉기 → 청천강 이북 지역 점령 → 관군에 진압됨

② **임술 농민 봉기(1862)**

배경	관리들의 부정과 수탈 지속
전개	진주에서 경상 우병사 백낙신의 부정부패에 항의하여 봉기(진주 농민 봉기) → 농민들이 진주성 점령, 관아 습격 → 농민 봉기가 전국으로 확산됨(임술 농민 봉기)
영향	암행어사·안핵사❸ 파견, 삼정이정청❹ 설치 → 농민 봉기의 근본적인 원인을 해결하지 못함

2 흥선 대원군의 개혁 정치

1. 통치 체제의 재정비

(1) **세도 정치 타파**: 안동 김씨 등 세도 가문의 중심인물 축출 → 당파에 관계없이 인재 등용

(2) **권력 기구 정비**: 비변사의 기능 축소·폐지 → 의정부의 기능을 회복하고 삼군부❺를 부활하여 행정권과 군사권을 나누어 맡도록 함으로써 권력 독점 견제

(3) **법전 정비**: 『대전회통』, 『육전조례』 편찬 → 국가의 통치 제도 재정비

2. 경복궁 중건 [자료 ❸]

목적	왕실의 권위를 높이기 위해 임진왜란 때 불탄 경복궁 중건 사업 시작
과정	공사비 마련을 위해 도성 출입 시 통행세 부과, 원납전 강제 징수, 고액 화폐인 당백전 발행, 토목 공사에 강제로 백성 동원, 부족한 목재를 채우기 위해 양반의 묘지림 벌목
영향	양반과 농민 모두의 불만이 높아짐

3. 서원 철폐와 수취 체제 개편 [자료 ❹]

(1) **서원 철폐**

① **배경**: 서원이 면세와 면역의 특권을 누림, 제사를 명목으로 농민 수탈

② **과정**: 47개만 남기고 전국의 서원 철폐, 서원 소유의 토지·노비 몰수로 국가 재정 확충

③ **결과**: 농민의 환영을 받음, 지방 유생들과 양반들의 반발

(2) **수취 체제 개편**: 삼정의 문란을 바로잡아 민생 안정, 국가 재정 확충 도모

전정의 문란 개선	양전 사업 실시 → 토지 대장에 등재되지 않은 토지인 은결을 찾아내 세금 징수
군정의 폐단 제거	호포제 실시❻ → 상민에게만 거두던 군포를 양반에게도 징수
환곡 개혁	사창제 실시 → 지역민의 자치적 운영으로 관리의 부정 감소

4. 흥선 대원군의 개혁 정치가 갖는 의의와 한계: 국가 기강 정비 및 민생 안정에 기여하였으나, 전제 왕권 강화를 목표로 추진된 점에서 한계를 보임

대표 자료 · 19세기 농민 봉기의 전개 ----- 정보 활용 능력 및 비판적 사고력

- 홍경래군의 점령 지역
- 임술 농민 봉기 발생

홍경래의 난 (1811)

용천 선천 박천
정주 가산
함흥

황주

한성
동해
광주 천안 안동
공주 회덕 상주
은진 개령 선산 군위
부안 남원 거창밀양
함평 함양 진주 울산
제주 진주 단성
순천 창원
창녕 남해

진주 농민 봉기(1862)

황해

🔺 19세기의 농민 봉기

- 평서대원수는 급히 격문을 띄우노니 관서 (평안도) 사람들은 모두 이 격문을 들으라. …… 조정에서는 관서 지역을 썩은 흙과 같이 버렸다. 심지어 권세 있는 집의 노비들도 서토(평안도) 사람을 보면 반드시 '평안도 놈'이라고 말한다.   – 『패림』
- 진주 양민이 소동을 일으킨 것은 오로지 전 우병사 백낙신이 탐욕을 부려 수탈하였기 때문이다. …… 한꺼번에 6만 냥의 돈을 집집마다 배정하여 억지로 받으려 하였다.   – 『철종실록』

세도 정치 시기에는 국가 기강이 해이해진 상황에서 삼정의 문란이 극심해지자 대규모의 농민 봉기가 일어났다. 1811년 평안도 지역에서는 평안도민에 대한 차별과 지배층의 수탈에 항거하여 홍경래의 난이 일어났다. 1862년에는 지방관의 지나친 수탈에 항의하며 진주를 비롯하여 전국 각지에서 농민 봉기가 확산하였다(임술 농민 봉기).

자료 ③ 경복궁 중건 비용 마련

(경복궁 중건의) 재정이 메말라 일을 할 수 없게 되자 8도의 부자 명단을 뽑아서 돈을 거두어들였다. …… 이때 거두어들인 돈을 원납전이라 하였는데, 백성들은 입을 비쭉거리면서 "원납전(願納錢)이 아니라 원납전(怨納錢)이다."라고 말하였다.
  – 황현, 『매천야록』

흥선 대원군은 경복궁 중건 비용을 마련하기 위해 원납전이라는 기부금을 강제로 거두어 백성의 원성을 샀다.

자료 ④ 흥선 대원군의 민생 안정책

- 대원군이 영을 내려 나라 안의 서원을 죄다 허물고 서원 유생들을 쫓아내도록 하였다. …… "진실로 백성에게 해되는 것이 있으면 비록 공자가 다시 살아난다 하더라도 나는 용서하지 않겠다. …… 지금은 도둑의 소굴이 되지 않았더냐."   – 박제형, 『근세조선정감』
- 근래에 각 고을 군정의 폐단이 매우 심하다고 한다. 작년부터 흥선 대원군의 분부가 있었기 때문에 양반호는 노비의 이름으로 포를 내게 하였고 …… 군포를 징수함으로 인한 원성이 없으니, …… 화기로운 기운을 이끌어 오는 일이다.   『고종실록』

흥선 대원군은 지방 사족의 세력 기반으로 변질된 서원을 정리하여 전국의 서원 가운데 47개만 남기고 모두 없앴다. 또한 군정의 폐단을 고치고자 호포제를 실시하여 종래 상민에게만 거두었던 군포를 양반에게도 징수하였다.

자료 활용 문제

지도에 나타난 사건들이 발생한 시기의 상황으로 옳지 않은 것은?

① 매관매직이 성행하였다.
② 삼정의 문란이 극심하였다.
③ 여러 차례 환국이 단행되었다.
④ 세도 가문이 권력을 독점하였다.
⑤ 관리들의 부정과 수탈이 지속되었다.

답 ③

개념 확인하기

5 다음 빈칸에 들어갈 내용을 쓰시오.
(1) 흥선 대원군은 전국의 (　　　)을 47개소만 남기고 모두 철폐하였다.
(2) 1811년 평안도 지역에서 정부의 평안도민 차별 등에 반발하며 (　　　)이 일어났다.

6 다음 설명이 맞으면 ○표, 틀리면 ×표를 하시오.
(1) 흥선 대원군은 의정부와 삼군부가 행정권과 군사권을 나누어 맡게 하였다. (　　　)
(2) 1862년 임술 농민 봉기가 일어나자, 정부는 사태를 수습하기 위해 안핵사를 파견하였다. (　　　)
(3) 흥선 대원군은 환곡의 폐단을 없애려고 양전 사업을 실시하여 토지 대장에서 누락된 토지를 찾아 세금을 부과하였다. (　　　)

7 다음 괄호 안의 내용 중 알맞은 말에 ○표를 하시오.
(1) 경복궁 중건 사업 공사비 마련을 위해 고액 화폐인 (당백전, 원납전)이 발행되었다.
(2) 흥선 대원군은 환곡을 개혁하고자 지역민들이 자율적으로 환곡을 운영하도록 하는 (사창제, 호포제)를 시행하였다.

01 (가) 기구에 대한 설명으로 옳은 것은?

> 임시로 [(가)]을/를 설치하였는데, 재신으로서 이 일을 맡은 사람을 지변 재상이라고 불렀습니다. 그러나 이것은 일시적인 전쟁 때문에 설치한 것으로 국가의 중요한 모든 일들을 다 맡긴 것은 아니었습니다. 그런데 오늘에 와서는 큰일이건, 작은 일이건 [(가)]에서 취급하지 않는 것이 없습니다.
>
> — 「효종실록」

① 수도의 치안과 행정을 담당하였다.
② 권력의 독점을 방지하는 기능을 하였다.
③ 국왕의 비서 역할을 하여 왕권을 강화하였다.
④ 의정부와 6조 중심의 행정 체계를 약화하였다.
⑤ 중서문하성과 중추원의 고위 관리로 구성되었다.

02 '조선 후기 통치 체제의 변화'를 주제로 한 한국사 신문의 제목으로 적절하지 않은 것은?

① 5군영 체제, 어떻게 운영되나?
② 속오군에 편성된 노비와의 인터뷰
③ 전격 분석, 비변사의 기능이 쇠퇴한 이유
④ 훈련도감 설치에 대한 군인들의 반응은?
⑤ 의정부와 6조의 행정 체계는 왜 약화되었나?

03 다음 논쟁이 벌어진 시기를 연표에서 옳게 고른 것은?

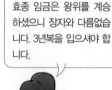

임금께도 사대부의 예를 적용해야 합니다. 효종 임금은 둘째 아들이셨으니 그에 맞게 1년복을 입으셔야 합니다.

효종 임금은 왕위를 계승하셨으니 장자와 다름없습니다. 3년복을 입으셔야 합니다.

(가)	(나)	(다)	(라)	(마)
선조 즉위	광해군 즉위	인조반정	현종 즉위	경신 환국	갑술 환국

① (가) ② (나) ③ (다) ④ (라) ⑤ (마)

(가), (나) 붕당에 대한 설명으로 옳은 것은?

▲ 사림의 분화와 붕당의 형성

① (가) – 인조반정을 주도하였다.
② (가) – 세조의 즉위 과정에서 공을 세웠다.
③ (나) – 광해군 집권기에 정국을 주도하였다.
④ (나) – 숙종 시기에 노론과 소론으로 나뉘었다.
⑤ (가), (나) – 예송을 벌이며 치열하게 대립하였다.

05 밑줄 친 '전하'가 재위한 기간에 있었던 사실로 옳은 것은?

> 전하께서 왕위에 오르신 이후로 사람의 현명함과 우매함은 묻지도 않고서, 한쪽 사람을 임용하면 한쪽만 모두 등용시키고, 한쪽 사람을 물리치면 한쪽만 모두 물리치게 합니다. 등용시키고 물리치는 사이에 그 당화(黨禍)만 증가시키게 되니 그것이 국맥(國脈)을 손상시킴을 어떻게 하겠습니까?

① 환국이 여러 차례 발생하였다.
② 묘청이 서경 천도 운동을 벌였다.
③ 동인이 남인과 북인으로 분열하였다.
④ 기묘사화로 사림 세력이 피해를 입었다.
⑤ 정중부와 이의방 등이 정변을 일으켰다.

06 다음에서 설명하는 조선 시대 정치 형태를 쓰시오.

> 싸움, 시비, 논쟁 따위에서 어느 쪽에도 치우침이 없이 공평하다는 의미로, 당쟁의 폐단을 없애고 정치 세력 간의 균형을 유지하기 위해 각 당파에서 고르게 인재를 등용하던 정책이다.

중요해 ★ 대표 자료 링크

07 다음 비석을 세운 왕이 실시한 정책으로 옳은 것만을 〈보기〉에서 고른 것은?

> 두루 원만하고 편당하지 않는 것은 군자의 공정한 마음이요, 편당하고 두루 사랑하지 않는 것은 곧 소인의 마음이다.

┌─ 보기 ┐
ㄱ. 『대전통편』을 편찬하였다.
ㄴ. 노비안검법을 실시하였다.
ㄷ. 이조 전랑의 권한을 약화하였다.
ㄹ. 탕평파를 중심으로 국정을 운영하였다.
└──────────────────────┘

① ㄱ, ㄴ   ② ㄱ, ㄷ   ③ ㄴ, ㄷ
④ ㄴ, ㄹ   ⑤ ㄷ, ㄹ

08 (가), (나)에 들어갈 내용으로 적절하지 않은 것은?

> • 학습 목표: 영조가 추진한 개혁 정치의 내용을 파악할 수 있다.
> • 학습 내용
>   – 민생 안정책 실시: _____(가)_____
>   – 문물제도 정비: _____(나)_____

① (가) – 균역법을 실시하였다.
② (가) – 가혹한 형벌을 금지하였다.
③ (가) – 시전 상인의 특권을 축소하였다.
④ (나) – 『동국문헌비고』를 펴냈다.
⑤ (나) – 법전인 『속대전』을 편찬하였다.

이 문제에서 나올 수 있는 **모든 선택지** ✓

09 밑줄 친 '이 왕'에 대한 설명으로 옳지 <u>않은</u> 것은?

> 이 그림은 『화성성역의궤』 중 일부로, 거중기를 그린 것입니다. 이 왕의 명령으로 수원 화성을 쌓았을 당시 축조 내용을 기록하였지요.

① 장용영을 설치하였다.
② 통공 정책을 시행하였다.
③ 초계문신제를 실시하였다.
④ 서얼에 대한 차별을 개선하였다.
⑤ 규장각을 정책 기구로 육성하였다.
⑥ 산림의 공론을 부정하고 서원을 정리하였다.
⑦ 붕당에 관계없이 능력 중심으로 인재를 등용하였다.

10 다음 자료를 활용한 탐구 활동으로 가장 적절한 것은?

> 왕의 외척인 박종경은 탐학이 본디 그의 재주요, 호화와 사치를 부려 전혀 분수를 모르고 있습니다. …… 뇌물이 폭주하여 여러 도에서 무리하게 청구하지 않은 것이 없으며, 서울과 지방의 재산이 모조리 그의 주머니로 들어갔다가 흩어지고 있습니다. …… 관작을 모조리 움켜쥐고서 …… 일이 권력과 관계되면 자기의 물건으로 간주하여 사방의 모든 일을 자신이 담당하고 있습니다.
>
> – 『순조실록』

① 훈구의 특징을 알아본다.
② 인조반정이 일어난 배경을 살펴본다.
③ 신진 사대부가 분화한 원인을 파악한다.
④ 병자호란 당시 백성의 생활상을 찾아본다.
⑤ 세도 정치 시기의 정치 운영 방식을 조사한다.

11 다음 격문을 발표하며 일어난 농민 봉기에 대한 설명으로 옳은 것은?

> 평서대원수는 급히 격문을 띄우노니 관서(평안도) 사람들은 모두 이 격문을 들으라. …… 조정에서는 관서 지역을 썩은 흙과 같이 버렸다. 심지어 권세 있는 집의 노비들도 서토(평안도) 사람을 보면 반드시 '평안도 놈'이라고 말한다. …… 이제 격문을 띄워 먼저 여러 고을의 군후에게 알리노니, 절대로 동요하지 말고 성문을 활짝 열어 우리 군대를 맞으라.
> – 『패림』

① 사노비 만적이 계획하였다.
② 전국적인 농민 봉기로 확산하였다.
③ 평안도민에 대한 차별이 배경이 되었다.
④ 특수 행정 구역 주민들이 차별 대우에 항거하였다.
⑤ 경상 우병사 백낙신의 부정부패에 항의하여 봉기하였다.

중요해
12 지도에 나타난 농민 봉기에 대한 설명으로 옳은 것은?

① 홍경래의 난에 영향을 주었다.
② 삼정이정청 설치에 반발하여 일어났다.
③ 수도를 서경으로 옮길 것을 주장하였다.
④ 안핵사가 사태 수습을 위해 파견되었다.
⑤ 김사미와 효심이 농민을 이끌고 정부에 저항하였다.

13 다음 왕들이 재위한 시기에 볼 수 있는 사회 모습으로 적절한 것은?

제23대 순조	→	제24대 헌종	→	제25대 철종

① 관직 매매가 성행하였다.
② 정동행성이 내정을 간섭하였다.
③ 임진왜란과 정유재란이 일어났다.
④ 기묘사화가 일어나 사림이 피해를 입었다.
⑤ 남인과 서인이 예송을 벌이며 대립하였다.

중요해
14 이 문제에서 나올 수 있는 모든 선택지 ✔

(가) 화폐를 발행한 인물의 정책으로 옳지 <u>않은</u> 것은?

> **한국사 신문**
>
>
>
> (가) 발행, 그 효과는?
>
> 법정 가치가 상평통보 1문전의 100배에 달하는 고액 화폐가 다량 발행되었다. 이는 왕실의 실추된 권위를 회복하고자 추진 중인 경복궁 중건 사업에 막대한 공사비가 소요되자 취해진 조치이다. 이번 조치로 부족한 경비가 해결될 수 있을지 귀추가 주목된다.

① 비변사를 폐지하였다.
② 안동 김씨 세력을 축출하였다.
③ 호포제와 사창제를 실시하였다.
④ 전국의 서원을 47개소만 남기고 없앴다.
⑤ 정국을 주도하는 붕당을 급격히 교체하였다.
⑥ 토지 대장에 누락된 땅을 찾아내는 데 힘썼다.
⑦ 군사력을 확충하기 위해 삼군부를 부활하였다.

15 다음 자료에 나타난 정책을 실시한 결과로 옳은 것은?

> 대원군이 영을 내려 나라 안의 서원을 죄다 허물고 서원 유생들을 쫓아내도록 하였다. …… 조정에서는 어떤 변이라도 있을까 하여 대원군에게 "선현의 제사를 받드는 것은 선비의 기풍을 기르는 것이므로 이 명령만은 거두기를 청합니다."라고 간언하였다. 대원군이 크게 노하여 "진실로 백성에게 해되는 것이 있으면 비록 공자가 다시 살아난다 하더라도 나는 용서치 않겠다. 하물며 서원은 우리나라 선현께 제사하는 곳인데 지금은 도둑의 소굴이 되지 않았더냐."라고 하였다. – 박제형, 「근세조선정감」

① 물가가 폭등하였다.
② 국가 재정이 늘어났다.
③ 양반이 군포를 납부하였다.
④ 왕실의 권위가 약화되었다.
⑤ 임술 농민 봉기가 일어났다.

16 다음 제도를 실시한 배경으로 옳은 것은?

> **○○○ 실시**
> • 내용: 민간에서 곡식을 저장해 두었다가 대여해 주는 제도
> • 목적: 농촌 사회 안정, 국가 재정 확충
> • 주관: 마을 안에서 덕망과 경제적 여유를 가진 사람 ('사수'라고 함)
> • 운영 방식
>   – 민간에서 자치적으로 운영함
>   – 양반과 상민을 가리지 않고 동네에 분급된 양을 헤아려 조정함

① 군포 부담이 1필로 줄었다.
② 환곡의 폐단이 발생하였다.
③ 토지 대장에 누락된 땅이 많았다.
④ 경복궁 중건을 위한 비용이 부족하였다.
⑤ 세도 가문이 비변사의 요직을 차지하였다.

17 다음 자료에 해당하는 사건이 무엇인지 쓰고, 이 사건을 수습하기 위한 정부의 정책을 서술하시오.

> 임술년 2월 19일, 진주민 수만 명이 머리에 흰 수건을 두르고 손에는 나무 몽둥이를 들고 무리를 지어 진주 읍내에 모여 서리들의 가옥 수십 호를 불태우고 부수었다. …… 병사가 해산하고자 장시에 나가니 백성이 그를 둘러싸고 재물을 횡령한 조목, 아전들이 세금을 강제로 징수한 일들을 문책하였다. – 「임술록」

_____

_____

3단계 로 완성하기

18 다음 자료에 나타난 정책의 명칭을 쓰고, 이 정책의 실시가 국가 재정에 끼친 영향을 서술하시오.

> 근래에 각 고을 군정의 폐단이 매우 심하다고 한다. 작년부터 흥선 대원군의 분부가 있었기 때문에 양반호는 노비의 이름으로 포를 내게 하였고 …… – 「고종실록」

1단계 자료의 정책이 무엇인지 써 보세요.

_____

2단계 자료의 정책 실시가 국가 재정에 끼친 영향을 다음 그래프를 참고하여 정리해 보세요.

(『조선 후기 군역제 이정과 호포법』, 1982)

_____

_____

3단계 1단계와 2단계에서 정리한 내용을 바탕으로 답안을 완성해 보세요.

_____

_____

1등급 도전하기

01 ✦창의 융합

다음 연극 대본에 나타난 사건의 영향으로 옳은 것은?

> 장면 #1. 남인과 서인 무리가 임금 앞에 서 있고, 그들의
> 대표가 자신들의 주장을 말하고 있다.
> • 남인: 효종 임금께서 둘째 아들이지만 정상적으로 왕
> 위를 계승하셨으므로 일반 사대부의 예를 취하는 것은
> 당치 않습니다. 자의 대비께서는 왕에 대한 예에 맞도
> 록 3년간 상복을 입으셔야 합니다.
> • 서인: 천하의 모든 사람에게 동일한 예를 적용해야 합
> 니다. 효종 임금께서는 둘째 아들로 왕위를 이으셨으
> 므로 3년 상복을 입을 수 없습니다. 자의 대비께서는
> 1년 상복을 입으시면 됩니다.

① 비변사가 설치되었다.
② 홍경래가 난을 일으켰다.
③ 붕당 간 대립이 치열해졌다.
④ 사림이 동인과 서인으로 갈라졌다.
⑤ 왕이 최승로의 시무 28조를 채택하였다.

02 (가), (나) 시기 사이에 있었던 사실로 옳은 것은?

> (가) 탕평파를 중심으로 정국을 운영하고, 붕당의 근거지
> 인 서원을 정리하였으며, 이조 전랑의 권한을 약화
> 하였다.
> (나) 안동 김씨, 풍양 조씨 등 특정 소수의 가문이 권력을
> 독점하면서 정치 기강이 무너지고 삼정의 문란이 극
> 심해졌다.

① 훈민정음이 창제되었다.
② 청과 군신 관계를 맺었다.
③ 삼정이정청이 설치되었다.
④ 초계문신제가 실시되었다.
⑤ 의정부와 삼군부의 기능이 정상화되었다.

03 (가) 기구에 대한 설명으로 옳은 것만을 〈보기〉에서 고른 것은?

(가)

조선 후기 왕실 학문 연구 기구이자 왕실 도서관이다. 역대 왕들의 글과 책을 보관하고 수집하였다.

┤보기├
ㄱ. 서얼이 검서관으로 임명되었다.
ㄴ. 정조가 정책 자문 기구로 삼았다.
ㄷ. 비변사가 폐지되면서 부활하였다.
ㄹ. 향촌에 세워져 덕망 높은 유학자를 제사 지냈다.

① ㄱ, ㄴ ② ㄱ, ㄷ ③ ㄴ, ㄷ
④ ㄴ, ㄹ ⑤ ㄷ, ㄹ

04 다음 자료의 인물에 대한 설명으로 옳은 것은?

> **역사 인물 카드**
> • 시대: 조선
> • 이름: 이하응
> • 생몰 연대: 1820~1898년
> • 신분: 왕족
> • 직업: 정치가
> • 특징: 제26대 왕 고종의 아버지

① 호패법을 처음 시행하였다.
② 명과 후금 사이에서 중립 외교를 펼쳤다.
③ 국왕의 친위 부대인 장용영을 설치하였다.
④ 『대전통편』을 편찬하여 법령을 정비하였다.
⑤ 경복궁 중건 비용을 마련하려고 당백전을 발행하였다.

수능 준비하기

01 (가), (나) 시기 사이에 있었던 사실로 옳은 것은?

> (가) 심의겸과 김효원의 대립이 더욱 심해져서 심의겸을 지지하는 무리는 서인이 되고 김효원을 지지하는 무리는 동인이 되었다. 이로써 조정 신하 가운데 주관이 뚜렷하여 독자적으로 행동하는 사람이 아니면 모두 동인이나 서인으로 나눠지게 되었다.
>
> (나) 임금께서 탕평책을 실시하여, "두루 화합하고 편당을 짓지 않는 것은 군자의 공정한 마음이요, 편당만 짓고 두루 화합하지 않는 것은 소인의 사사로운 뜻이다."라는 글을 써서 내리고 이를 새긴 탕평비를 향석교에 세우도록 하였다.

① 환국이 일어났다.
② 무신 정권이 성립되었다.
③ 위화도 회군이 단행되었다.
④ 성왕이 사비로 천도하였다.
⑤ 홍경래가 다양한 계층을 모아 봉기하였다.

수능 만점 한끝

(가), (나)에 나타난 시기를 파악하고, 두 시기 사이에 재위한 왕들을 열거한 후, 주요 사건들을 시기 순으로 추론한다.

이렇게도 출제될 수 있어요!

(가), (나)가 일어난 시기에 재위한 왕들의 업적을 묻는 문제가 출제될 수 있어요.

02 (가) 인물에 대한 설명으로 옳은 것은?

왕의 아버지로서 권력을 행사한 [(가)]은/는 다양한 왕권 강화 정책을 펼쳤습니다. 그 예를 들어볼까요?

비변사를 사실상 폐지하고 의정부의 기능을 회복하였어요.

경복궁을 중건하여 왕실의 권위를 높이려 하였어요.

① 호포제를 시행하였다.
② 쓰시마섬을 토벌하였다.
③ 노비안검법을 실시하였다.
④ 전민변정도감을 설치하였다.
⑤ 시전 상인의 특권을 축소하였다.

수능 만점 한끝

자료에 해당하는 인물을 파악하고, 이 인물이 추진한 정책을 추론한다.

문제의 핵심

흥선 대원군의 개혁

체제 정비	• 세도 가문 축출 • 비변사 폐지 → 의정부 기능 회복, 삼군부 부활 • 『대전회통』 편찬
경복궁 중건	원납전 강제 징수, 당백전 발행
민생 안정책	서원 철폐, 삼정 개혁(양전 사업, 호포제, 사창제)

대단원 마무리하기

01 (가) 시대에 대한 설명으로 옳은 것은?

> **(가)** 시대 체험 교실
>
> 우리 박물관에서는 농경과 목축이 시작된 **(가)** 시대 사람들의 생활을 체험할 수 있는 기회를 마련하였습니다. 많은 참여 바랍니다.
> - 기간: 20○○년 ○○월 ○○일~○○일
> - 장소: △△ 박물관
> - 운영 프로그램
>   - 부족 사회 체험하기
>   - 빗살무늬 토기 제작하기
>   - 갈돌과 갈판으로 곡식 갈기

① 정착 생활을 하였다.
② 8조법이 시행되었다.
③ 철제 농기구를 사용하였다.
④ 권력을 가진 지배자가 등장하였다.
⑤ 주로 동굴이나 바위 그늘에서 거주하였다.

02 지도와 같은 문화 범위를 가진 국가에 대한 설명으로 옳은 것은?

① 신라에 멸망하였다.
② 왕위가 세습되지 않았다.
③ 천군이 종교 의례를 주관하였다.
④ 철기 문화를 기반으로 성립되었다.
⑤ 상, 대부, 장군 등의 관직을 두었다.

03 다음 자료에서 설명하는 국가의 특징으로 옳은 것은?

> 연노부·절노부·순노부·관노부·계루부의 다섯 집단이 있었다. …… 모든 대가들도 사자·조의·선인을 두었는데, 명단은 왕에게 보고해야 하였다. 대가의 사자·조의·선인은 마치 중국의 경이나 대부의 가신과 같은 것으로, 회합할 때 좌석의 차례에서는 왕가의 사자·조의·선인과 같은 자리에 앉지 못한다. …… 감옥이 없고 범죄자가 있으면 제가들이 모여 회의하여 사형에 처하고 처자는 몰수하여 노비로 삼는다.
> — 『삼국지』, 「위서 동이전」

① 신성 지역인 소도를 두었다.
② 지방에 22담로를 설치하였다.
③ 부족장이 사출도를 통치하였다.
④ 박·석·김씨가 왕위를 배출하였다.
⑤ 중앙 집권적 고대 국가로 발전하였다.

04 삼국의 형세가 지도와 같이 나타난 시기에 있었던 사실로 옳은 것은?

① 백제군이 평양성을 공격하였다.
② 고구려가 수도를 평양으로 옮겼다.
③ 신라가 북한산에 순수비를 건립하였다.
④ 신라가 왕호를 이사금에서 마립간으로 바꾸었다.
⑤ 고구려가 옥저를 정복하고 요동 진출을 꾀하였다.

05 (가) 국가에 대한 설명으로 옳지 <u>않은</u> 것은?

> 고구려 멸망 이후 당은 고구려 옛 땅을 지배하려고 하였다. 이러한 상황에서 대조영이 고구려 유민과 말갈인을 이끌고 ___(가)___ 을/를 건국하며 당에 저항하였다.

① 문왕은 당과 친선 관계를 맺었다.
② 무왕 때 산둥 지방을 공격하였다.
③ 지방을 5경 15부 62주로 정비하였다.
④ 나당 연합군의 공격을 받아 멸망하였다.
⑤ 당의 제도를 변형한 3성 6부제를 실시하였다.

06 (가)에 들어갈 정책으로 옳은 것은?

> **수행 평가 보고서**
> • 제목: 고려 광종의 정책
> • 배경: 태조 사후 왕위 다툼에 따른 불안
> • 목적: 왕권 강화
> • 정책: 관리의 공복 제정, ___(가)___

① 불교 행사 억제
② 노비안검법 실시
③ 전시과 제도 마련
④ 기인 제도의 첫 시행
⑤ 사심관으로 경순왕 임명

07 다음 건의를 수용한 정책으로 옳은 것은?

> 7조 국왕이 백성을 다스림은 집집마다 가서 돌보고 날마다 이를 살피는 것이 아닙니다. 수령을 나누어 보냄으로써 백성의 이익과 손해를 살피게 하는 것입니다. …… 청컨대 외관을 두소서.

① 교정도감을 설치하였다.
② 웅진에서 사비로 수도를 옮겼다.
③ 12목을 설치하고 지방관을 파견하였다.
④ 지방 행정의 요충지에 5소경을 설치하였다.
⑤ 화랑도를 국가적인 조직으로 확대 개편하였다.

08 (가) 인물에 대한 설명으로 옳은 것은?

> ___(가)___ 은/는 예종이 자신의 둘째 딸을 왕비로 삼은 후 빠르게 벼슬이 올랐다. …… ___(가)___ 이/가 태자를 즉위하게 하니, 바로 인종이다. …… 다른 가문 출신이 왕비가 되어 권력과 은혜를 빼앗길 것을 두려워하여 셋째 딸을 왕비로 삼도록 청하였다. 왕이 어쩔 수 없이 따랐다. …… 그 후 또 넷째 딸을 왕비로 보냈다. － 「고려사」

① 위화도에서 회군을 단행하였다.
② 황제 칭호와 연호 사용을 주장하였다.
③ 도평의사사를 중심으로 권력을 행사하였다.
④ 척준경과 함께 난을 일으켰다가 진압되었다.
⑤ 사병 조직인 도방을 확대하여 호위를 강화하였다.

09 (가) 집권 시기에 있었던 사실로 옳은 것만을 〈보기〉에서 고른 것은?

1170	1174	1179	1183	1196		1219		1249	1257 1258		1268	1270
이의방	정중부	경대승	이의민	(가)		최우		최항	최의	김준	임연	임유무

⬥ **무신 정권 집권자의 변천**

┤ 보기 ├
ㄱ. 만적이 신분 해방 운동을 시도하였다.
ㄴ. 교정도감에서 주요 정책을 결정하였다.
ㄷ. 정방을 설치하여 인사권을 행사하였다.
ㄹ. 야별초를 조직하여 군사적 기반으로 삼았다.

① ㄱ, ㄴ   ② ㄱ, ㄷ   ③ ㄴ, ㄷ
④ ㄴ, ㄹ   ⑤ ㄷ, ㄹ

10 다음과 같은 상황이 전개된 시기에 있었던 사실로 옳지 <u>않은</u> 것은?

> 우리나라의 자녀들이 뽑혀서 서쪽(원)으로 가는 것을 거른 해가 없었다. 비록 왕실 친족같이 귀하신 분이라도 (자식을) 숨길 수 없고, 부모와 자식이 한번 이별하면 아득하게 만날 기약이 없었다.
>   – 수령 옹주 묘지명

① 고려에 쌍성총관부가 설치되었다.
② 고려 왕실의 호칭과 관제가 격하되었다.
③ 원이 고려에서 인삼, 매 등을 거두어 갔다.
④ 지방관의 수탈로 망이·망소이 형제가 봉기하였다.
⑤ 원이 정동행성을 설치하여 고려의 내정에 간섭하였다.

11 밑줄 친 '국왕'에 대한 설명으로 옳은 것은?

> <u>국왕</u> 재위 5년 5월 정유일에 대사도 기철, 태감 권겸, 경양부원군 노책이 반역을 도모하다 처단되었으며, 그들의 친당들은 모두 도망쳤다. 궁성은 계엄 중에 있었으므로 정지상을 석방하여 순군제공으로 삼아 왕을 호위하도록 하였다. 그리고 홍언박을 우정승으로, 윤환을 좌정승으로, …… 김일봉과 김용 및 인당을 첨의평리로 임명하였다. 얼마 안 되어 고의로 기철·권겸·노책의 일당을 놓아 주었다는 이유로 원호와 한가귀 및 면성군 구영검을 옥에 가두었다 죽이고 그들의 집을 몰수하였다. 정동행성 이문소를 철폐하였다.
>   – 「고려사」

① 과거제를 도입하였다.
② 전민변정도감을 폐지하였다.
③ 철령 이북의 영토를 회복하였다.
④ 이의민을 제거하고 권력을 차지하였다.
⑤ 광덕, 준풍 등 독자적인 연호를 사용하였다.

12 다음과 같은 중앙 정치 조직을 갖춘 국가에 대한 설명으로 옳은 것은?

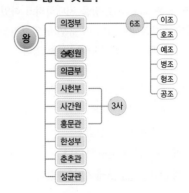

① 지방 중심지에 5소경을 두었다.
② 중앙군을 2군 6위로 편성하였다.
③ 모든 군현에 지방관을 파견하였다.
④ 안찰사를 파견하여 5도의 행정을 살폈다.
⑤ 향·부곡·소의 특수 행정 구역이 존재하였다.

13 밑줄 친 '이들'에 대한 설명으로 옳지 <u>않은</u> 것은?

> <u>이들</u>은 15세기 이후 지방에서 성장한 사족이다. 정몽주, 길재 등의 학통을 이어받아 도덕과 의리를 바탕으로 하는 왕도 정치를 추구하였으며, 향촌 자치를 강조하였다.

① 주로 3사의 언관직에 임명되어 활동하였다.
② 서원과 향약을 바탕으로 세력을 확장하였다.
③ 반대 세력이 「조의제문」을 문제 삼아 큰 피해를 입었다.
④ 세조의 즉위 과정에서 공을 세워 고위 관직을 독점하였다.
⑤ 이조 전랑의 임명 문제를 둘러싸고 두 세력으로 갈라졌다.

14 (가)에 들어갈 제도를 쓰시오.

> ___(가)___ 은/는 조선 중종 때 조광조 등의 제안으로 실시한 제도이다. 수도와 지방에서 인재를 추천하고, 이를 예조가 종합하여 의정부에 보고하면, 추천된 자들은 왕이 참석한 가운데 시정에 대한 대책을 시험 보고 관직에 등용되었다. ___(가)___ 은/는 사림이 관직에 진출하는 데 도움을 주었다.

15 밑줄 친 '전쟁'에 대한 설명으로 옳지 <u>않은</u> 것은?

그림의 인물은 조선 중기의 의병장인 곽재우이다. 곽재우는 <u>전쟁</u> 당시 의령에서 의병을 일으켜 큰 공을 세웠고, 정유재란 때도 의병장으로 출전하였다. 그는 붉은 비단 철릭을 입어 홍의 장군으로 불렸다.

① 3년에 걸쳐 휴전 협상을 벌였다.
② 인조가 남한산성으로 피란하였다.
③ 조선과 명의 연합군이 평양성을 탈환하였다.
④ 이순신이 이끄는 수군이 한산도에서 승리하였다.
⑤ 명이 쇠퇴하고 여진이 성장하는 데 영향을 끼쳤다.

16 (가) 왕의 재위 시기에 있었던 사실로 옳은 것은?

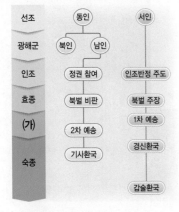

① 『경국대전』이 반포되었다.
② 집권 붕당이 급격히 교체되었다.
③ 서인이 노론과 소론으로 갈라졌다.
④ 탕평파를 중심으로 정국이 운영되었다.
⑤ 왕실의 상복 문제로 서인과 남인이 대립하였다.

17 +단원 통합 (가)에 들어갈 내용으로 적절하지 <u>않은</u> 것은?

다큐멘터리 기획안

• 제목: 고려와 조선 정부의 민생 안정책
• 기획 의도: 고려와 조선 정부가 민생을 안정시키고자 시행한 정책을 알아본다.
• 방송 내용: _____ (가)

① 광해군, 대동법을 실시하다
② 영조, 가혹한 형벌을 금지시키다
③ 공민왕, 전민변정도감을 설치하다
④ 흥선 대원군, 경복궁 중건 사업을 실시하다
⑤ 태조 왕건, 호족의 지나친 세금 징수를 금지하다

18 밑줄 친 '그'에 대한 설명으로 옳은 것은?

'대원위 분부'는 <u>그</u>의 명령이라는 의미예요. 고종의 아버지이자 종친부의 우두머리였던 <u>그</u>는 종친부를 권력 기구로 만들고 각 관서에 '대원위 분부'를 전달하는 방식으로 권력을 행사하였어요.

그가 10년 동안 집권하면서 그 위세를 내외에 떨쳤다. '대원위 분부'라는 다섯 글자가 바람처럼 전국을 횡행하였는데, 우레나 불과 같아서 관리와 백성이 두려워하였다.
– 황현, 『매천야록』

① 『속대전』을 편찬하였다.
② 삼군부의 기능을 부활하였다.
③ 비변사를 정권 유지의 기반으로 삼았다.
④ 청의 군신 관계 요구를 거절하고 항전하였다.
⑤ 초계문신제를 실시하여 개혁 세력을 육성하였다.

근대 이전 한국사의 탐구

✦ 무엇을 배울까?

이 단원에서
배울 내용

☑ **국제 관계와 대외 교류**
고대 국가의 국제 관계, 고려의 다원적 국제 질서 형성, 조선
의 사대교린 정책, 양 난 이후 일본·청과의 관계

☑ **수취 체제와 경제생활**
고대 국가의 경제생활, 고려의 토지·수취 제도, 조선의 수취
제도

☑ **신분제와 사회 구조**
고대 사회의 신분제, 고려의 사회 모습, 조선의 사회 구조
변화

☑ **사상과 문화**
고대 국가의 사상과 문화, 고려 시대의 종교와 학문, 조선 시
대의 새로운 문화 경향

01 국제 관계와 대외 교류

한끝 더하기

❶ 고구려의 독자적 천하관
고구려는 '영락'이라는 연호를 사용하고, 광개토 대왕을 '태왕'으로 칭하는 등 중국과 구별되는 독자적 천하관을 지녔다. 또한 고구려 사람들은 스스로를 하늘의 자손이라 여기고 백제와 신라를 속국으로 인식하였다. 이러한 고구려의 천하관은 광개토 대왕릉비의 비문을 통해 짐작할 수 있다.

❷ 다원적 국제 질서

◎ 10~12세기경 동아시아 정세
고려 전기 동아시아에서는 고려, 송(남송), 거란, 여진 등이 세력 균형을 이룬 다원적 국제 질서가 형성되었다.

❸ 강조의 정변
강조가 목종을 쫓아내고 현종을 즉위시킨 사건이다. 거란은 강조를 문책한다는 명분을 내세워 고려를 침략하였다.

❹ 별무반
윤관의 건의로 만들어진 부대로, 기병인 신기군, 보병인 신보군, 승병인 항마군으로 편성되었다.

1 고대의 국제 관계와 대외 교류

1. 삼국과 가야의 국제 관계

고구려	5세기 중국 남조·북조와 각각 교류 → 외교적 안정 추구, 독자적 천하관❶ 형성
백제	4세기경 중국 동진, 왜와 우호 관계 형성
신라	초기에 고구려, 백제의 도움을 받아 중국과 교류 → 한강 유역 차지 이후 직접 교류
가야	5세기 후반 중국 남조에 사신 파견

2. 동아시아 국제 정세의 변화

(1) **대립 구도의 형성**: 6세기 말 수의 중국 통일 → 남북 세력(고구려-백제-왜-돌궐)과 동서 세력(신라-수·당)의 대립

(2) **고구려와 수·당의 전쟁**: 살수 대첩(을지문덕이 이끄는 고구려군의 수 군대 격퇴, 612), 안시성 싸움(안시성주와 백성의 당군 격퇴, 645) → 고구려의 국력 쇠퇴

(3) **신라와 당의 관계**: 신라 김춘추의 제안으로 나당 동맹 체결 → 나당 연합군이 백제와 고구려를 차례로 멸망시킴 → 당의 한반도 지배 야욕 → 나당 전쟁 발발 → 신라가 당을 몰아내고 삼국 통일(676)

3. 통일 신라·발해의 국제 관계와 대외 교류

통일 신라	당과 조공·책봉 관계 유지 및 활발한 교류(신라방·신라촌 형성), 당항성·사포(울산)가 국제 무역항으로 번성, 장보고가 완도에 청해진 설치(신라-당-일본을 연결하는 해상 무역의 거점으로 삼음)
발해	• 무왕 때 당과 대립 → 문왕 이후 우호 관계, 당이 산둥반도에 발해관 설치 • 일본과 외교 관계를 맺고 교류, 신라와 교통로를 이용하여 교류

2 고려의 국제 관계와 대외 교류

1. 고려 전기의 국제 관계와 대외 교류

(1) **특징**: 다원적 국제 질서❷ 형성, 독자적 천하관('해동 천하' 인식) 대표 자료

(2) **고려 전기의 국제 관계**

송	친선 관계(활발한 교류 전개, 선진 문물 수용)
거란 (요)	• 1차 침입: 거란의 침략(993) → 서희의 외교 담판으로 강동 6주 설치 • 2차 침입: 고려와 송의 친선 지속, 강조의 정변❸ → 거란의 재침략(1010), 개경 함락 → 고려의 저항(현종은 나주로 피신, 양규의 활약으로 거란 격퇴) • 3차 침입: 거란의 강동 6주 반환 요구 → 강감찬이 이끄는 고려군이 귀주에서 거란군 격파(귀주 대첩, 1019) 자료 ❶ • 영향: 고려·거란·송의 세력 균형, 고려가 나성(개경)과 천리장성(국경 지역) 축조
여진 (금)	• 여진 정벌: 12세기 여진의 국경 침범 → 윤관이 별무반❹을 편성하여 여진 정벌 → 동북 지역에 9개의 성 축조 → 여진의 요구와 방어의 어려움으로 9성 반환 자료 ❷ • 금과 사대 관계: 여진의 금 건국·강성(거란을 멸망시키고, 송을 남쪽으로 밀어냄), 고려에 사대(군신) 관계 요구 → 이자겸 등이 정권 유지를 위해 금의 요구 수용

(3) **고려 전기의 대외 교류**: 송·거란·여진·일본과 무역, 아라비아 상인과도 교류 → 예성강 하구의 벽란도가 국제 무역항으로 번성

· 대표 자료 · 고려의 독자적 천하관 ──────────── · 비판적 사고력

⊙ 태조 왕건상

해동 천자이신 지금의 황제는 부처가 돕고, 하늘이 도와 교화를 펼치러 오셨네. 세상을 다스리는 은혜가 깊으니, 예나 지금이나 드문 일이네. 외국에서 친히 찾아와 모두 의지하니 세상이 편안하고 …… 남쪽과 북쪽의 오랑캐가 스스로 찾아와 온갖 보물을 우리 임금의 뜰에 바치는구나.
― 「풍입송」, 『고려사』

고려는 다원적 국제 질서 속에서 대내적으로 독자적 천하관을 형성하였다. 고려 왕은 '해동 천자'를 자처하였으며, 여진과 탐라 등에 조공을 받고 그 대가로 관직을 내려 주기도 하여 중국이나 북방 민족과 구분되는 세계인 '해동 천하'를 형성하고 황제국 체제를 지향하였다. 태조 왕건상은 머리에 중국 황제가 착용하는 통천관을 쓰고 있다. 그리고 광종은 '광덕', '준풍'의 연호를 사용하고 수도 개경을 황제가 사는 황도라 하였으며, 왕의 호칭을 '황제', '폐하', '성상' 등으로 부르게 하였다.

자료 ① 거란의 침입과 격퇴

⊙ 고려의 거란 격퇴

거란군이 귀주를 통과하자 강감찬 등이 동쪽 교외에서 맞아 싸웠다. …… (고려군이) 거란군을 추격하여 석천을 건너 반령에 이르렀는데, 시체가 들을 덮었고 사로잡은 포로, 노획한 말과 낙타, 갑옷, 병장기를 다 셀 수 없을 지경이었다. 살아서 돌아간 자가 겨우 수천 명이었다.
― 『고려사』

거란은 고려를 세 차례에 걸쳐 침입하였다. 거란의 1차 침입 당시 서희는 거란 장수 소손녕과 회담하여 송과 관계를 끊고 거란과 교류하기로 약속하여 강동 6주를 설치하였다. 거란의 3차 침입 때는 강감찬의 군대가 귀주에서 거란군을 격퇴하였다.

자료 ② 여진 정벌

⊙ 「척경입비도」

윤관 휘하의 군사와 좌군이 힘을 합쳐 공격하여 목숨을 걸고 싸워서 대패시켰다. …… 윤관은 대내파지촌부터 37촌을 격파하여 2,120명의 목을 베고 500명을 사로잡았다. 녹사 유형약을 보내 승전을 보고하였다.
― 『고려사절요』

12세기 초 여진이 부족을 통합하고 세력을 확장하는 과정에서 고려를 공격하였다. 고려는 윤관의 건의에 따라 기병이 포함된 특수 부대인 별무반을 조직하고 여진을 정벌하여 동북 9성을 쌓았다. 이후 여진의 거듭된 반환 요구에 고려는 조공을 받는 조건으로 동북 9성을 돌려주었다.

· 시험에서는 이렇게 ·

여러 가지 사례를 통해 고려의 독자적 천하관을 유추하는 문제가 출제됩니다. 고려의 독자적 천하관을 보여 주는 사례를 파악하고, 고구려의 독자적 천하관과 구분해 두세요.

자료 활용 문제

두 자료를 활용한 탐구 주제로 적절한 것은?
① 고려의 독자적 천하관 형성
② 고려의 북진 정책 추진 배경
③ 고려 왕실의 호족 세력 통제 노력
④ 고려의 유교 정치 이념 확립과 영향
⑤ 안찰사와 병마사의 파견 배경과 이들의 역할

답 ①

개념 확인하기

1 다음 설명이 맞으면 ○표, 틀리면 ×표를 하시오.
(1) 고려는 송에서 선진 문물을 수용하였다. ( )
(2) 신라 김춘추의 제안으로 나당 동맹이 성사되었다. ( )
(3) 고려는 여진과 벌인 전쟁에서 패배하여 동북 9성을 빼앗겼다. ( )

2 다음 괄호 안의 내용 중 알맞은 말에 ○표를 하시오.
(1) 고려 시대에는 (당항성, 벽란도)이/가 국제 무역항으로 크게 번성하였다.
(2) 거란은 (강조의 정변, 천리장성 축조)을/를 구실로 고려에 침략하여 개경을 함락하였다.

3 다음 활동을 한 인물을 〈보기〉에서 골라 기호를 쓰시오.

보기	
ㄱ. 서희	ㄴ. 윤관
ㄷ. 강감찬	ㄹ. 을지문덕

(1) 귀주에서 거란군을 격퇴하였다. ( )
(2) 살수에서 수의 군대를 물리쳤다. ( )
(3) 거란과 회담하여 강동 6주를 확보하였다. ( )
(4) 여진을 정벌하고자 별무반 편성을 건의하였다. ( )

01 국제 관계와 대외 교류

❶ 삼별초

최씨 무신 정권기 치안을 담당하였던 좌별초, 우별초와 몽골의 포로가 된 경험이 있던 사람들로 구성된 신의군을 합쳐 부른 것으로, 최씨 무신 정권의 사병 역할을 하였다.

❷ 조공·책봉 체제

중국 주변 국가들이 정기적으로 중국에 사절을 파견하여 예물을 바치는 조공을 하면, 중국은 주변 국가의 왕에게 직책을 내려 주는 책봉과 하사품으로 답례하였다. 조공·책봉 체제는 형식적으로는 국가 간의 상하 관계이지만, 실제적으로는 외교 관계이자 국제 무역의 한 형태였다.

❸ 통신사

◎ 「통신사 행렬도」

에도 막부의 요청에 따라 일본을 방문한 통신사는 학문과 사상, 기술, 예술 등 조선의 문화를 일본에 전달하였다. 일본에서 통신사의 필요성이 줄어들면서 1811년에 마지막 통신사가 파견되었다.

❹ 백두산정계비

조선과 청은 숙종 때인 1712년 백두산정계비를 세워 국경을 확정하였다. 비석에는 서쪽은 압록강, 동쪽은 토문강을 경계로 한다는 내용이 새겨져 있다.

2. 고려 후기의 국제 관계와 대외 교류

(1) 고려 후기의 국제 관계 〔자료 ❸〕

몽골	• 몽골의 침략: 몽골이 자국 사신 피살 사건을 빌미로 고려 침략(1231) • 대몽 항전: 최씨 무신 정권의 강화도 천도, 처인성 전투(김윤후가 몽골 장수 살리타 사살)·충주성 전투 등에서 몽골군 격퇴 • 몽골과 강화: 최씨 정권 몰락 후 몽골과 강화(1259) → 개경 환도(1270) • 삼별초❶의 항쟁: 개경 환도에 반대, 강화도에서 진도와 제주도로 근거지를 옮겨 가며 저항 → 고려 정부와 몽골의 연합군에 진압됨
홍건적·왜구	고려 말 홍건적과 왜구의 침입 → 격퇴 과정에서 신흥 무인 세력 성장

(2) 고려 후기의 대외 교류: 원 간섭기 원과의 물적·인적 교류 활발(다양한 문물 교류, 상인·유학자 등 고려 사람들이 원에 가서 활동)

❸ 조선 전기의 국제 관계와 양 난 이후의 변화

1. 조선 전기의 사대교린 정책 〔대표 자료〕

(1) 명과의 사대 외교

① **명과의 관계 변화**: 건국 초 갈등(태조의 요동 정벌 추진) → 태종 이후 관계 회복

② **사대 외교**: 조공·책봉 체제❷ → 중국과의 관계 안정, 중국 문물의 수용 등 실리 추구

조공	조선이 명에 사신 파견·조공, 명에서 답례품을 받음 → 경제적·문화적 교류
책봉	명 황제가 조선 국왕의 독립적 지위 인정, 명의 연호 사용 → 정치적 안정, 국제적 지위 확보

(2) 주변국과의 관계

① **여진·일본과의 관계**: 교린 정책(회유책과 강경책 병행)

여진	• 회유책: 국경 지역에 무역소 설치(제한적 교류 허용), 귀순 장려 • 강경책: 국경 침범 시 토벌, 세종 때 4군 6진 개척(사민 정책·토관 제도 실시)
일본	• 회유책: 세종 때 3포(부산포, 염포, 제포) 개방 → 왜관 중심의 제한적 교역 허용 • 강경책: 세종 때 이종무가 왜구의 근거지인 쓰시마섬(대마도) 토벌

② **동남아시아 및 류큐와의 관계**: 시암(태국), 자와(인도네시아), 류큐(오키나와) 등은 조선에 조공·진상의 형식으로 토산품을 바치고 답례품을 받아 감

2. 양 난 이후 일본·청과의 관계

(1) 왜란 이후 일본과의 관계

국교 재개	에도 막부의 요청으로 국교 재개, 기유약조 체결(제한된 범위 내에서 무역 허용)
통신사 파견	에도 막부의 사절 파견 요청 → 조선 정부의 통신사❸ 파견(문물 교류의 통로 역할)

(2) 호란 이후 청과의 관계 〔자료 ❹〕

① **북벌론 제기(북벌 운동 전개)**: 효종이 송시열·이완과 함께 북벌 준비 → 실행에 옮기지 못함

② **북학론 제기**: 18세기 일부 실학자 중심, 연행사가 청의 문물을 조선에 소개 → 청으로부터 선진 문물을 수용하자고 주장

③ **국경 분쟁**: 만주 일대에서 활동하는 조선인 증가 → 청과 조선 사이에 국경 분쟁 발생 → 백두산정계비❹ 건립(1712), 국경 확정

한끝 자료실

· 대표 자료 · 조선 전기의 사대교린 정책 ·········· 정보 활용 능력

범례
- ---- 조선 건국 당시의 경계
- ---- 확정된 북쪽 경계
- ○ 3포
- ● 무역소

친명 정책
- 표면: 사대 외교
- 실제: 실리 외교

교린 정책
- 회유책: 무역소 설치
- 강경책: 토벌

교린 정책
- 회유책: 3포 개항
- 강경책: 쓰시마섬 토벌

시암·류큐·자와와 교류

▲ 조선 전기의 국제 관계

조선은 명과 사대 외교를 전개하여 정치적 안정을 이루고 경제적·문화적 실리를 취하였다. 여진, 일본 등과는 교린 관계를 맺어 회유책과 강경책을 함께 펼쳤다. 여진에는 무역소를 설치하여 교역을 허용하는 한편, 세종 때 4군 6진을 개척하여 압록강과 두만강 지역까지 영토를 넓혔다. 일본의 경우 왜구의 침략이 심해지자 세종 때 이종무를 보내 왜구의 근거지인 쓰시마섬을 토벌하였다. 이후 일본이 교역을 요청하자 3포를 열어 제한적으로 교역을 허용하였다.

자료 ③ 몽골의 침략에 맞선 항전

> 몽골병이 오자 충주부사 우종주와 판관 유홍익 등은 모두 성을 버리고 도망갔다. 오직 노비군과 잡류 별초만이 힘을 합하여 이를 격퇴하였다. – 『고려사』

몽골이 여러 차례 고려를 침략해 오자 고려 백성들은 몽골군에 맞서 싸웠다. 처인성에서는 김윤후와 처인 부곡 주민들이 몽골 장수 살리타를 사살하였다. 충주성에서는 노비가 주축이 된 군대가 몽골군을 물리쳤다.

자료 ④ 북벌론과 북학론

> **[북벌론]**
> 전하께서는 저들 오랑캐는 임금과 아버지의 큰 원수이니 차마 같은 하늘 아래 살 수 없다는 원한을 품으십시오. 그리고 원수를 갚으려면 괴로움을 견디며 우선 마음을 바르게 하시고 재물을 절약하며 민력을 펴는 일을 하십시오. – 송시열, 『송자대전』
>
> **[북학론]**
> • 진실로 백성에게 이롭기만 하다면, 성인은 오랑캐에게서 나온 법이라도 따를 것이다. …… 명의 원수를 갚고 우리의 부끄러움을 씻으려면 20년 동안 힘껏 중국을 배운 다음, 함께 의논하여도 늦지 않을 것이다. – 박제가, 『북학의』
> • 혹자는 "지금의 중국을 차지하고 있는 주인은 오랑캐들이다."라고 하면서 배우기를 부끄러워하며, 중국의 옛 법마저도 다 함께 얕잡아 무시해 버린다. …… 진실로 법이 훌륭하고 제도가 아름답다면 오랑캐에게라도 나아가 배워야 하는 법이다. – 박지원, 『연암집』

조선은 병자호란 이후 오랑캐에게 당한 치욕을 씻고 명에 대한 의리를 지키자는 북벌 운동을 전개하였다. 효종은 송시열 등 서인의 지지를 받아 군대를 양성하고 성곽을 수리하였다. 하지만 청의 국력이 강성해지고 문화도 융성하자, 일부 실학자들은 청의 앞선 문물을 수용하여 국가 발전을 이루어야 한다는 북학론을 제기하였다.

· 시험에서는 이렇게 ·

조선이 각 국가를 상대로 전개한 대외 정책을 묻는 문제가 자주 출제됩니다. 조선과 명, 여진, 일본의 관계를 비교하여 정리해 두세요.

자료 활용 문제

지도의 형세가 이루어진 시기 조선이 추진한 대외 정책으로 옳은 것은?

① 통신사 파견 ② 삼별초 조직
③ 동북 9성 축조 ④ 북벌 운동 추진
⑤ 사대 외교 전개

답 ⑤

개념 확인하기

4 다음 설명이 맞으면 ○표, 틀리면 ×표를 하시오.
(1) 여진은 국경 지역에 설치된 무역소에서 조선과 교역하였다. ( )
(2) 몽골의 침략으로 최씨 무신 정권은 남한산성으로 천도하였다. ( )
(3) 조선은 일본에 3포를 개항하고 제한적인 교역을 허용하였다. ( )

5 조선이 다음과 같은 대외 정책을 펼친 국가를 〈보기〉에서 골라 기호를 쓰시오.

보기
ㄱ. 명   ㄴ. 여진   ㄷ. 일본

(1) 쓰시마섬을 토벌하였다. ( )
(2) 4군 6진을 개척하여 영토를 넓혔다. ( )
(3) 조공·책봉의 사대 관계를 맺어 실리를 취하였다. ( )

6 다음 괄호 안의 내용 중 알맞은 말에 ○표를 하시오.
(1) 효종은 송시열, 이완과 함께 (북벌론, 북학론)을 주장하였다.
(2) 조선은 왜란 이후에도 막부의 요청으로 (연행사, 통신사)를 파견하였다.
(3) 고려 말 (몽골, 홍건적)의 침입을 격퇴하는 과정에서 신흥 무인 세력이 성장하였다.
(4) (별무반, 삼별초)은/는 고려 정부의 개경 환도에 반대하여 대몽 항전을 전개하였다.

01 다음 비문을 활용한 탐구 주제로 가장 적절한 것은?

> 시조 추모왕이 나라를 세웠는데 …… 17세손에 이르러 국강상광개토경평안호태왕이 18세에 왕위에 올라 칭호를 영락 태왕이라 하였다. (대왕의) 은혜로운 혜택이 하늘까지 미쳤고 용맹함과 위엄이 사방의 바다에 떨쳤다. 나쁜 무리를 없애니 백성이 각기 생업에 힘쓰고 편안히 살게 되었다. …… 백잔(百殘, 백제)과 신라(新羅)는 예로부터 고구려의 속민으로 조공을 해 왔다.
>
> – 광개토 대왕릉비

① 삼국의 통일 과정
② 고구려의 남진 정책 추진
③ 고구려와 수·당의 무력 충돌
④ 고구려의 독자적 천하관 형성
⑤ 한강 유역을 둘러싼 삼국의 경쟁

02 (가)에 들어갈 내용으로 옳은 것은?

고구려의 대외 관계

고구려가 살수에서 수군 격퇴 → (가) → 나당 연합군의 평양성 공격 → 당이 안동도호부 설치 →

① 고구려의 낙랑군 축출
② 고구려의 백제 수도 한성 함락
③ 고구려가 안시성에서 당군 격퇴
④ 고구려가 중국 남조·북조와 교류
⑤ 고구려가 신라에 침입한 왜 격퇴

03 (가), (나) 국가의 대외 교류 모습으로 옳은 것만을 〈보기〉에서 고른 것은?

> 대조영은 고구려가 멸망한 후 (고구려와 말갈) 무리를 이끌고 …… 동모산에 성을 쌓고 ⎡(가)⎤ 을/를 세웠다. …… 그 지역은 영주 동쪽 2천 리 밖에 있으며, 남쪽은 ⎡(나)⎤ 과/와 서로 접하고 있다. …… 인구는 십여만이고 군사는 수만 명이나 되었다. 풍속은 고구려 및 거란과 같고, 문자로 기록된 책들도 제법 많았다.
>
> – 「구당서」

┌─ 보기 ┐
ㄱ. (가) – 당항성이 무역의 거점으로 번성하였다.
ㄴ. (가) – 신라와 교통로를 이용하여 교류하였다.
ㄷ. (나) – 당의 산둥반도에 설치된 발해관을 이용하였다.
ㄹ. (가), (나) – 많은 유학생과 승려가 당으로 건너갔다.

① ㄱ, ㄴ   ② ㄱ, ㄷ   ③ ㄴ, ㄷ
④ ㄴ, ㄹ   ⑤ ㄷ, ㄹ

04 (가)에 들어갈 내용으로 가장 적절한 것은?

① 서경 천도를 추진한 인물은?
② 웅천주에서 반란을 일으킨 인물은?
③ 왕에게 시무 28조를 건의한 인물은?
④ 인사 담당 기구로 정방을 설치한 인물은?
⑤ 청해진을 두어 해상 무역의 거점으로 삼은 인물은?

중요해
05 (가)에 들어갈 내용으로 가장 적절한 것은?

수행 평가 보고서

• 탐구 주제: [(가)] 조사
• 수집 자료

현릉에서 출토된 태조 왕건상은 통천관을 쓰고 정면을 지긋이 응시하고 있다. 고려 국왕은 중국 황제와 동등하게 12개의 줄이 있는 면류관과 12개의 문장이 있는 곤복을 입고 제사를 지냈다. 또한 황색의 포를 입고 집무하였다.

① 후삼국의 성립 과정
② 고려의 해동 천하 인식
③ 유교 정치 이념의 확립
④ 고려의 고구려 계승 의식
⑤ 중앙 집권적 국가의 성립

07 다음 자료에 나타난 전투가 벌어진 시기를 연표에서 옳게 고른 것은?

거란군이 귀주를 통과하자 강감찬 등이 동쪽 교외에서 맞아 싸웠다. …… (고려군이) 거란군을 추격하여 석천을 건너 반령에 이르렀는데, 시신이 들판에 널렸고, 사로잡은 포로, 노획한 말과 낙타, 갑옷, 병장기를 다 셀 수 없을 지경이었다. 살아서 돌아간 자가 겨우 수천 명이었다.
ㅡ 「고려사」

| 서희의 담판 | (가) | 별무반 편성 | (나) | 묘청의 난 | (다) | 무신 정변 | (라) | 강화도 천도 | (마) | 개경 환도 |

① (가)　② (나)　③ (다)　④ (라)　⑤ (마)

중요해
06 다음 가상 신문의 밑줄 친 '결과'에 대한 설명으로 옳은 것은?

한국사 신문

거란, 고려를 침략하다

고려가 친송 정책을 추진하고, 거란의 옛 영토를 차지하고 있다는 이유로 거란이 침략하였습니다. 서희 장군이 소손녕과 만나 협상을 진행한다고 하니 그 결과를 기다려 봐야겠습니다.

① 거란이 발해를 침략하였다.
② 고려가 강동 6주를 확보하였다.
③ 고려가 거란에 동북 9성을 돌려주었다.
④ 고려와 거란이 귀주에서 전투를 벌였다.
⑤ 고려가 신기군, 신보군, 항마군으로 편성한 특수 부대를 만들었다.

08 교사가 한 질문의 답변으로 가장 적절한 것은?

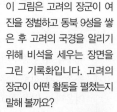

이 그림은 고려의 장군이 여진을 정벌하고 동북 9성을 쌓은 후 고려의 국경을 알리기 위해 비석을 세우는 장면을 그린 기록화입니다. 고려의 장군이 어떤 활동을 펼쳤는지 말해 볼까요?

① 쓰시마섬을 정벌하였어요.
② 교정도감을 설치하였어요.
③ 쌍성총관부를 수복하였지요.
④ 별무반 조직을 건의하였어요.
⑤ 척준경과 함께 반란을 일으켰어요.

09 고려가 (가) 국가에 펼친 외교 정책으로 옳은 것은?

← → 대립
— 친선
··· → 정복
→ 천도

◆ 10~12세기경 동아시아 국제 정세

① 공녀를 선발하여 보냈다.
② 9서당을 설치하여 견제하였다.
③ 동북 지역에 9개의 성을 축조하였다.
④ 군신 관계 요구를 끝까지 거절하였다.
⑤ 정기적으로 연행사를 보내 교류하였다.

이 문제에서 나올 수 있는 모든 선택지 ✓

10 고려와 (가) 국가의 외교 관계에 대한 설명으로 옳지 않은 것은?

> 충주부사 우종주가 매번 문서를 처리하는 과정에서 판관 유홍익과 서로 생각이 달랐는데, ___(가)___ 이/가 쳐들어온다는 말을 듣고 성 지킬 일을 의논하였다. 그런데 의견 차이가 있어 우종주는 양반 별초를 거느리고, 유홍익은 노비군과 잡류 별초를 거느리며 서로 시기하였다. ___(가)___ 이/가 오자, 충주부사 우종주와 판관 유홍익 등은 모두 성을 버리고 도망갔다. 오직 노비군과 잡류 별초만이 힘을 합하여 이를 격퇴하였다. – 『고려사』

① 고려는 (가)의 부마국이 되었다.
② 고려는 (가)와 연합하여 일본 원정에 나섰다.
③ 고려는 (가)에 맞서고자 강화도로 천도하였다.
④ 삼별초는 고려와 (가)의 연합군에 진압되었다.
⑤ 고려는 (가)와 강화를 맺고 개경으로 환도하였다.
⑥ 고려는 (가)의 침입을 방어하고자 천리장성을 축조하였다.

11 삼별초에 대한 설명으로 옳은 것은?

① 몽골과의 강화에 찬성하였다.
② 국경 지대인 양계에 설치되었다.
③ 칭제건원과 금국 정벌을 주장하였다.
④ 고려 말에 홍건적과 왜구를 격퇴하였다.
⑤ 진도, 제주도를 근거지로 몽골에 항전하였다.

12 다음 탐구 활동 계획서의 ㉠~㉤ 내용 중 적절하지 않은 것은?

> **탐구 활동 계획서**
> • 탐구 주제: 조선 전기의 사대교린 정책
> • 탐구 활동
> 1. 명과의 관계: 사대 외교 ···················· ㉠
> 2. 여진과의 관계: 교린 정책
>   (1) 회유책: 국경 지역에 무역소 설치 ·········· ㉡
>   (2) 강경책: 국경 침범 시 토벌 ················· ㉢
> 3. 일본과의 관계: 교린 정책
>   (1) 회유책: 3포를 열어 제한적 교역 허용 ······ ㉣
>   (2) 강경책: 4군 6진 개척 ·················· ㉤

① ㉠   ② ㉡   ③ ㉢   ④ ㉣   ⑤ ㉤

13 지도에 표시된 지역에 대한 설명으로 옳은 것은?

····· 조선 건국 당시의 경계
····· 확정된 북쪽 경계

① 태조 때 정벌을 추진하였다.
② 세종 때 이종무가 토벌하였다.
③ 남부 지방의 주민들을 이주시켰다.
④ 통신사의 이동 경로에 위치하였다.
⑤ 일본과의 제한적인 교역을 허용하였다.

14 밑줄 친 '사절단'에 대한 설명으로 옳은 것은?

> **다큐멘터리 기획안**
> • 기획 의도: 왜란 이후 에도 막부는 조선에 국교 재개
> 와 사절 파견을 요청하였다. 이에 따라 조선에서 파
> 견된 <u>사절단</u>이 어떤 활동을 하였으며, 그 역사적 의
> 의는 무엇인지 재조명하고자 한다.
> • 고증 자료
>
>
>
> ▲ 사절단의 「행렬도」

① 조공 무역의 한 형태였다.
② 3포 개항에 영향을 미쳤다.
③ 조선의 문물을 일본에 전하였다.
④ 별무반이 조직되는 배경이 되었다.
⑤ 북벌론이 대두되는 계기가 되었다.

중요해
15 (가)에 들어갈 내용으로 적절한 것은?

> **지식 Q&A**
> 조선 시대에 제기된 ○○론에 대해 알려 주세요.
> **답변하기**
> ┗ 갑: 18세기경 일부 실학자들이 제기하였어요.
> ┗ 을: 청을 배척하지 말고 청의 발전된 문물을 배우자는
>   주장이에요.
> ┗ 병: (가)

① 연행사의 활동이 기반이 되었어요.
② 효종 때 대외 정책에 반영되었어요.
③ 문벌 사회가 동요하는 계기가 되었어요.
④ 신진 사대부의 학문적 기반이 되었어요.
⑤ 반원 자주 정책의 추진 배경이 되었어요.

16 다음 회담이 일어난 배경과 결과를 서술하시오.

> • 소손녕: 그대 나라는 신라 땅에서 일어났고, 고구려 땅
> 은 우리 땅인데 너희들이 쳐들어와 차지하였다.
> • 서희: 우리는 고구려를 계승하여 나라 이름을 고려라
> 하였다. 땅의 경계를 논한다면 그대 나라의 동경도 다
> 우리 땅이다.

_____
_____

3단계 로 완성하기
17 (가), (나) 주장이 무엇인지 쓰고, 청에 대한 두 주장의
  차이를 서술하시오.

> (가) 우리나라는 명 신종 황제의 은혜를 입어 나라가 이
> 미 폐허가 되었다가 다시 존재하게 되었고 백성이
> 거의 죽었다가 다시 소생했으니 우리나라의 풀 한
> 포기, 나무 한 그루, 백성의 머리털 하나까지도 황제
> 의 은혜를 입은 것입니다. 그런즉 오늘날에 원통·분
> 통해 하는 자가 천하에 그 누가 우리와 같겠습니까?
> (나) 진실로 백성에게 이롭기만 하다면, 성인은 오랑캐에
> 게서 나온 법이라도 따를 것이다. …… 명의 원수를
> 갚고 우리의 부끄러움을 씻으려면 20년 동안 힘껏 중
> 국을 배운 다음, 함께 의논하여도 늦지 않을 것이다.

❶단계 (가), (나) 주장이 무엇인지 써 보세요.
_____

❷단계 청에 대한 두 주장의 차이를 정리해 보세요.
_____

❸단계 1단계와 2단계에서 정리한 내용을 바탕으로 답
  안을 완성해 보세요.
_____
_____

1등급 도전하기

01 밑줄 친 '그'가 활동한 시기에 볼 수 있는 모습으로 적절하지 않은 것은?

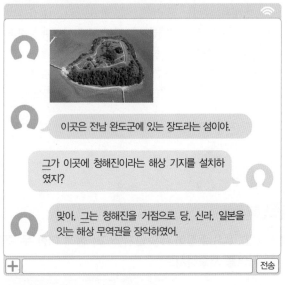

이곳은 전남 완도군에 있는 장도라는 섬이야.

그가 이곳에 청해진이라는 해상 기지를 설치하였지?

맞아. 그는 청해진을 거점으로 당, 신라, 일본을 잇는 해상 무역권을 장악하였어.

① 발해관에 머무르는 발해 사신
② 벽란도를 왕래하는 아라비아 상인
③ 산둥반도의 신라방에 거주하는 신라인
④ 당에서 공부하는 신라와 발해의 유학생
⑤ 교통로를 이용하여 신라로 향하는 발해 상인

02 (가) 지역에 대한 탐구 활동으로 가장 적절한 것은?

① 별무반의 활동을 살펴본다.
② 5소경이 설치된 목적을 분석한다.
③ 안찰사가 파견된 지역을 찾아본다.
④ 기벌포 전투가 일어난 지역을 조사한다.
⑤ 서희와 소손녕의 담판 내용을 알아본다.

창의 융합
03 다음은 고려의 역사를 일어난 순서대로 쓴 책이다. 찢어진 부분에 들어갈 내용으로 가장 적절한 것은?

강조가 목종을 폐위시킨 후 대량군을 내세워 왕으로 삼았다. 이와 동시에 김치양 부자를 죽이고 천추태후와 그 일당을 모두 귀양 보냈다. 1009년에는 폐위시킨 목종을 시해하였다.

덕종의 명령에 따라 축조되기 시작한 장성이 약 12년의 공사 끝에 완성되었다. 이 장성은 북방 민족의 침입에 대비한 것으로, 압록강에서 영흥 지역을 거쳐 동해안에 이르렀다.

① 집사부가 설치되었다.
② 홍경래의 난이 일어났다.
③ 나당 연합군이 결성되었다.
④ 4군 6진을 개척하여 영토를 넓혔다.
⑤ 강감찬이 이끄는 군대가 귀주에서 거란군을 물리쳤다.

04 (가), (나) 주장에 대한 설명으로 옳은 것은?

(가) 혹자는 "지금의 중국을 차지하고 있는 주인은 오랑캐들이다."라고 하면서 배우기를 부끄러워하며, 중국의 옛 법마저도 다 함께 얕잡아 무시해 버린다. …… 진실로 법이 훌륭하고 제도가 아름답다면 오랑캐에게라도 나아가 배워야 하는 법이다.

(나) 전하께서는 저들 오랑캐는 임금과 아버지의 큰 원수이니 차마 같은 하늘 아래 살 수 없다는 원한을 품으십시오. 그리고 원수를 갚으려면 괴로움을 견디며 우선 마음을 바르게 하시고 재물을 절약하며 민력을 펴는 일을 하십시오.

① (가) - 서인의 지지를 받았다.
② (가) - 기묘사화의 원인이 되었다.
③ (나) - 실학자를 중심으로 전개되었다.
④ (나) - 효종이 추진한 북벌 운동의 기반이 되었다.
⑤ (가), (나) - 동인과 서인의 대립을 가져왔다.

수능 준비하기

정답과 해설 15쪽

수능 기출 | 응용

01 (가), (나) 시기 사이에 있었던 사실로 옳은 것은?

> (가) 거란의 대군이 침공하여 왔다. 이에 강감찬을 상원수로, 강민첨을 부원수로 임명하였다. …… 거란군이 귀주를 지날 때 강감찬 등이 이를 크게 격파하였다.
>
> (나) 몽골 원수 살리타가 철주를 공격하였다. 재상들은 최우의 집에 모여 몽골군을 방어하기 위한 대책을 토의하였다. 이에 채송년이 북계 병마사로 임명되었다.

① 윤관이 별무반을 편성하였다.
② 이성계가 위화도 회군을 단행하였다.
③ 홍경래가 평안도에서 난을 일으켰다.
④ 장보고가 완도에 청해진을 설치하였다.
⑤ 을지문덕이 살수에서 수의 군대를 물리쳤다.

◆ 수능 만점 한끝

(가), (나)에 나타난 사건의 시기를 파악하고, 두 시기 사이에 고려와 주변국들 사이에 일어난 주요 사건들을 시기 순으로 추론한다.

◆ 이렇게도 출제될 수 있어요!

자료의 국가를 파악한 후, 고려와 해당 국가와의 국제 관계, 대외 교류를 묻는 문제가 출제될 수 있어요.

평가원 기출 | 응용

02 (가)에 들어갈 내용으로 가장 적절한 것은?

① 우산국을 정벌하여 복속시켰어.
② 수·당의 거듭된 침공을 막아 냈어.
③ 이종무를 보내 쓰시마섬을 토벌하였어.
④ 쌍성총관부를 공격하여 영토를 회복하였어.
⑤ 별무반을 편성하여 북방의 여진을 토벌하였어.

◆ 수능 만점 한끝

자료에 나타난 조선 전기의 국제 관계를 파악하고, 이 시기에 주변국과 있었던 사실을 추론한다.

◆ 문제의 핵심

조선 전기의 국제 관계

명 (사대)	조공·책봉 체제(실리 추구)
여진 (교린)	• 회유책: 무역소 설치 (제한적 교류 허용) • 강경책: 최윤덕과 김종서 파견 → 4군 6진 개척
일본 (교린)	• 회유책: 3포 개방 • 강경책: 쓰시마섬 토벌(이종무)

02 수취 체제와 경제생활

한끝 더하기

❶ 관료전
신문왕 때 문무 관리에게 관직 복무의 대가로 지급한 토지이다. 이전에 귀족들이 지급받은 녹읍은 토지에 부과된 조세를 관리가 국가 대신 거둘 수 있는 수조권 행사와 노동력 징발이 가능하였으나 관료전은 수조권만을 인정하여 귀족의 세력을 약화하였다.

❷ 시전
시장을 감독하는 관청을 말한다. 통일 후 신라에 서시와 남시가 추가로 개설되면서 서시전과 남시전도 설치되었다.

❸ 직역
국가가 부여한 업무를 말한다. 향리, 군인 등은 국가로부터 받은 고유 업무, 즉 직역을 담당하는 자들이었다.

❹ 전지와 시지
전지는 곡식을 거둘 수 있는 논밭(농경지), 시지는 땔감을 얻을 수 있는 땅(임야)이다.

❺ 전시과의 토지 종류

과전	문무 관리에게 지급
공음전	5품 이상 관리에게 지급(세습 가능)
군인전	중앙군의 직업 군인에게 지급(세습 가능)
외역전	지방 향리에게 지급(세습 가능)
구분전	하급 관리와 군인의 유가족에게 지급
한인전	하급 관리의 자제 중 관직에 오르지 못한 자에게 지급

1 고대 국가의 경제 활동

1. 삼국의 경제 활동

(1) **수취 제도**: 조세(재산의 정도에 따라 호를 나누어 징수), 공물(지역의 특산물 징수), 역(15세 이상 남자는 군인으로 복무, 토목 공사에 동원) (자료 ❶)

(2) **경제생활**

농업	철제 농기구 보급, 우경 장려, 수리 시설 확충, 황무지 개간, 농민 구제 정책 시행		
상업	대도시를 중심으로 상업 활동	수공업	관청에 수공업자를 두어 물품 생산

2. 통일 신라와 발해의 경제 활동

(1) **통일 신라의 수취 제도와 토지 제도**

① **수취 제도**: 조세(수확량의 1/10 징수), 공물(촌락 단위로 특산물 징수), 역(15~59세 남성 대상, 군역과 요역 부과)

② **신라 촌락 문서 작성**: 촌주가 3년마다 작성

목적	정책 집행과 재정 운영에 필요한 조세와 공물, 역 부과
내용	인구수·토지 면적·소와 말의 수·나무의 종류와 수 등을 조사하여 기록

③ **토지 제도**: 귀족은 식읍이나 녹읍을 지급받음 → 신문왕 때 관료전❶ 지급·녹읍 폐지(왕권 강화에 기여) → 성덕왕 때 백성에게 정전 지급 (자료 ❷)

(2) **통일 신라의 경제 활동**: 농업 생산량의 증대와 상품 생산의 증가 → 금성에 동시 외 남시와 서시를 추가로 설치하고 시전❷을 둠, 당·일본과 활발한 교역

(3) **발해의 경제 활동**: 농업(밭농사 중심)·목축·수렵 발달, 당·신라·일본과 교역

2 고려의 경제 정책과 경제 활동

1. 고려의 토지 제도

(1) **역분전**: 태조 때 후삼국 통일의 공로를 포상하는 의미로 공신들에게 지급

(2) **전시과 제도** (대표 자료)

① **운영**: 관리나 직역❸ 담당자를 18등급으로 구분, 등급에 따라 전지와 시지❹를 지급하고 수조권을 행사하도록 함, 퇴직이나 사망 시 국가에 반납

② **정비**: 점차 토지 지급 대상 축소, 지급 액수 감소

정비 과정	시정 전시과(경종, 전·현직 관리에게 지급, 인품과 관품 기준) → 개정 전시과(목종, 전·현직 관리에게 지급, 관품 기준) → 경정 전시과(문종, 현직 관리에게 지급, 관품 기준)
토지 종류❺	전시과에 따라 과전, 공음전, 한인전, 군인전 등 지급

③ **붕괴**: 12세기 이후 문벌의 토지 독점·세습 → 무신 집권자들의 대토지 차지로 붕괴

2. 고려의 수취 제도: 양안(토지 대장)과 호적을 토대로 조세, 공물, 역 부과

조세(전세)	토지의 비옥도에 따라 3등급으로 구분 → 수확량의 1/10 징수
공물(공납)	중앙에서 군현 단위로 할당 → 각 군현에서 호(戶) 단위로 특산물(토산물) 징수
역	군역과 요역으로 구분, 16~59세 양인 남성에게 부과

· 대표 자료 · 전시과의 시행 ──────── ◆ 비판적 사고력

고려의 토지 제도는 …… 개간한 토지의 넓이를 헤아려 기름지고 메마른 것을 나누고 문무 관리, 군인, 한인에게 등급에 따라 모두 전지를 나누어 주었다. 또 그 등급에 따라 시지를 주었다. 이를 전시과라 한다. 죽은 다음에는 모두 나라에 다시 바쳐야 하였다. 문종 3년(1049) 5월 양반 공음 전시법을 제정하였다. 1품은 문하시랑평장사 이상으로 전지 25결, 시지 15결이다. …… 5품은 전지 15결, 시지 5결이다. 이를 자손에게 전하여 주게 한다. ─ 「고려사」

전시과는 관리나 직역 담당자들에게 토지를 지급하는 제도로, 경종 때 처음 마련되었다(시정 전시과). 처음에는 인품과 관품을 기준으로 토지를 지급하였다. 이후 목종 때 인품을 제외하고 관품에 따라 18등급을 나누어 토지를 지급하였고(개정 전시과), 문종 때는 나누어 줄 수 있는 토지가 부족해지자 현직 관리에게만 지급하도록 다시 고쳤다(경정 전시과).

자료 ❶ 삼국의 수취 제도

- 고구려: 인두세가 베 5필에 곡식 5석이다. 조세는 상등호는 1석의 세금을 내며, 그보다 못한 가구는 7말을, 가난한 집은 5말을 낸다. ─ 「수서」 동이열전
- 백제: 온조왕 41년, 한수 북부 사람 가운데 15세 이상 된 자를 징발하여 위례성을 수리하였다. ─ 「삼국사기」
- 신라: 내물왕 42년, 가뭄으로 흉년이 들어 1년간의 조세와 진상품을 면제해 주었다. ─ 「삼국사기」

삼국은 중앙 집권 체제를 정비하면서 수취 제도를 마련하였다. 대체로 재산의 많고 적음에 따라 호(戶)를 나누어 곡물과 포를 조세로 거두었고, 그 지역의 특산물을 공물로 징수하였다. 왕궁, 저수지 등을 만드는 데 노동력이 필요하면 15세 이상의 남자를 동원하였다.

자료 ❷ 통일 신라 토지 제도의 변화

- 신문왕 7년(687) 5월에 명을 내려 내려 문무 관리들에게 토지를 차등 있게 주었다. …… 신문왕 9년(689) 봄 정월에 중앙과 지방 관리들의 녹읍을 폐지하고 해마다 조를 차등 있게 주고 이를 법으로 삼았다. ─ 「삼국사기」
- 경덕왕 16년(757) 3월에 중앙과 지방의 여러 관리에게 매달 주던 녹봉을 없애고 다시 녹읍을 나누어 주었다. ─ 「삼국사기」

신문왕은 관료전을 지급하고 녹읍을 폐지하였다. 녹읍의 폐지는 귀족들이 농민의 노동력을 직접 징발하는 것을 막는 조치였다. 그 결과 귀족들의 경제적 기반이 약화되고 왕권은 강화되었다. 그러나 왕권이 약해진 경덕왕 때는 녹읍이 부활하여 귀족들의 경제적 기반이 강화되었다.

· 시험에서는 이렇게 ·

전시과 제도의 특징을 묻는 문제가 출제될 수 있습니다. 전시과 제도의 운영, 정비 과정 등을 정리해 두세요.

자료 활용 문제

자료의 토지 제도에 대한 설명으로 옳은 것은?

① 공신들에게 역분전을 지급하였다.
② 토지를 전지와 시지로 나누어 주었다.
③ 직업 군인들에게 공음전을 지급하였다.
④ 고려 말 신진 사대부의 주도로 시행되었다.
⑤ 수조권과 노동력을 징발할 수 있는 권한을 주었다.

답 ②

개념 확인하기

1 삼국은 농업 생산력을 높이기 위해 소를 이용한 (   )을 장려하였다.

2 신라에서는 촌주가 촌락의 변동 사항을 조사하여 3년마다 (   )를 작성하였다.

3 다음 괄호 안의 내용 중 알맞은 말에 ○표를 하시오.
(1) 통일 신라 신문왕은 관리에게 (녹읍, 관료전)을 지급하였다.
(2) 통일 신라 성덕왕은 백성에게 (식읍, 정전)을 나누어 주었다.
(3) 고려 문종 때 시행된 전시과에서는 지급 대상을 (전직, 현직) 관리로 제한하였다.
(4) 후삼국을 통일한 고려 태조는 공로를 포상하는 의미로 공신들에게 (공음전, 역분전)을 지급하였다.

4 다음 설명이 맞으면 ○표, 틀리면 ×표를 하시오.
(1) 전시과는 고려 경종 때 처음 마련되었다.
( )
(2) 삼국은 농업 생산력을 높이려고 철제 농기구를 보급하였다.
( )
(3) 통일 신라 시기에 금성에 동시라는 시장을 추가로 개설하였다.
( )

수취 체제와 경제생활

❶ 의창과 상평창

의창	백성에게 곡식을 빌려주었다가 추수한 다음 갚도록 한 빈민 구제 기관
상평창	물가 조절 담당 기관

❷ 공법

체계적인 조세 제도를 마련하고자 백성의 의견을 수렴하여 전분6등법과 연분9등법의 공법을 시행하였다.

전분 6등법	토지를 비옥도에 따라 6등급으로 구분
연분 9등법	수확한 해의 풍흉 정도에 따라 9등급으로 구분

❸ 공인

대동법이 실시되면서 시장에서 물품을 대량으로 구매하여 정부에 관수품을 조달한 특허 상인이다.

❹ 결작과 선무군관포

결작은 지주에게 토지 1결당 쌀 2두를 징수한 것이고, 선무군관포는 일부 상류층에게 선무군관의 칭호를 주고 매년 군포 1필을 거둔 것이다.

❺ 지대 납부 방식의 변화

소작농의 지대 납부 방식이 수확의 일정 비율을 내는 방식에서 일정 액수의 지대를 곡물이나 화폐로 내는 방식으로 바뀌어 갔다. 이에 따라 지주와 소작농의 관계도 점차 신분적 종속 관계에서 경제적 계약 관계로 변하였다.

❻ 선대제

상인과 공인이 수공업자에게 원료와 자금을 미리 주고 물품을 대량으로 생산하게 한 제도이다.

3. 고려의 경제 활동

농업	• 농업 장려: 경작지 개간, 수리 시설 확충, 농번기 잡역 동원 금지, 의창·상평창❶ 설치 • 농업 기술 발달: 후기에 소를 이용한 깊이갈이 일반화, 시비법 발달, 2년3작의 돌려짓기 확산, 고려 말 남부 일부 지방에 모내기 보급, 고려 후기에 목화 재배
상업	대도시에 관영 상점 설치, 사원이 상업 활동 전개, 건원중보·활구(은병)·해동통보·삼한통보 등 화폐 발행(널리 유통되지 못함)
수공업	• 전기: 관청 수공업과 소(所) 수공업 발달, 소에서 금·은·철·종이 등을 생산해 공물로 납부함 • 후기: 민간이나 사원 중심의 수공업 발달

❸ 조선의 경제 정책과 경제 활동

1. 조선 전기의 토지 제도와 경제 정책

(1) **토지 제도**: 고려 말 과전법 마련(경기 지역에 한해 전·현직 관리에게 수조권 지급, 사후 반납, 수신전·휼양전 세습 가능) → 분급할 토지 부족 → 직전법 실시(세조, 현직 관리에게만 수조권 지급) → 관수 관급제 시행(성종, 지방 관청에서 조세를 거두어 관리에게 지급) → 직전법 폐지, 녹봉만 지급(16세기 중엽, 지주제 확산)

(2) **경제 정책**: 건국 초부터 농업 장려, 경작지 확대, 세종 때 『농사직설』 간행

2. 조선의 수취 체제 운영과 개편 (자료 ❸)

구분	조선 전기	폐단	양 난 이후
전세	수확량의 1/10 수취, 세종 때 공법❷ 시행	소작인에게 조세 전가	영정법: 풍흉에 관계없이 토지 1결당 쌀 4~6두 수취
공납	호 기준, 왕실과 관청에 필요한 지방의 토산물 수취	방납 성행	대동법: 토지 1결당 쌀·무명·베·동전 등으로 수취 → 공인 등장, 농민 부담 감소
역	군역(16세 이상 정남에게 부과), 요역(가호 기준)	군역에서 대립과 방군수포 성행	균역법: 군포 1필로 경감, 결작과 선무군관포❹로 부족분 보충

3. 조선 후기 농업·수공업·광업의 변화 (자료 ❹)

농업	양 난 이후 모내기법 확산(쌀의 상품화 촉진, 밭을 논으로 전환하는 현상 발생, 광작 유행 → 농민층 분화), 지대 납부 방식 변화❺, 상업적 농업 발달(인삼, 면화, 담배, 채소 등 상품 작물 재배)
수공업	관영 수공업이 쇠퇴하고 민영 수공업 발달, 선대제❻ 활발, 공장제 수공업 확산
광업	민간 광산의 채굴 활발, 은광 개발 활발, 몰래 채굴하는 잠채 성행, 전문 경영인인 덕대가 상인 물주로부터 자본을 조달받아 채굴업자·채굴 노동자 등을 고용하여 광산 운영

4. 조선 후기 상품 화폐 경제의 발달 (대표 자료)

(1) **공인과 사상의 성장**: 대동법 실시로 공인 성장, 육의전을 제외한 시전 상인의 금난전권을 폐지하면서 사상의 활동이 활발해짐 → 독점적 도매상인인 도고로 성장

(2) **장시의 발달**: 전국에 장시 활성화, 보부상의 활동(→ 각 장시를 하나의 유통망으로 묶음)

(3) **국제 무역**: 국경 지역에서 개시(공무역)와 후시(사무역) 무역 전개, 만상(대청 무역)·송상(청과 일본을 연결하는 중계 무역)·내상(대일 무역) 활약

(4) **화폐 유통**: 상평통보가 전국적으로 유통, 상품 거래와 세금·소작료 납부에 이용

상품 화폐 경제의 발달 ──────── ◆ 정보 활용 능력

⊙ 조선 후기 상업과 국제 무역

조선 후기에는 공인이 관수품을 조달하는 과정에서 장시와 수공업이 성장하였고, 보부상은 장시를 이동하며 생산자와 소비자를 이어 주었다. 상품 유통이 활발해지면서 화폐도 전국적으로 널리 사용되었다. 상업 활동이 활발해지면서 국가의 허가를 받지 않은 사상들이 성장하였다. 정조 때 통공 정책으로 육의전을 제외한 시전 상인의 금난전권을 철폐하자 한성의 경강상인, 개성의 송상, 의주의 만상, 동래의 내상 등 사상의 활동이 자유로워졌다. 국내 상업의 발달과 더불어 국제 무역도 활기를 띠어 공무역인 개시는 물론 사무역인 후시도 이루어졌다. 특히 만상은 대청 무역으로, 송상은 청과 일본을 연결하는 중계 무역으로, 내상은 대일본 무역으로 부를 축적하였다.

조선 후기 상업과 국제 무역을 보여 주는 지도를 제시하고, 해당 시기의 경제 상황과 경제 모습을 묻는 문제가 자주 출제됩니다. 사상의 활동 지역, 교역로 등을 파악하고, 조선 후기 상품 화폐 경제의 발달 내용을 정리해 두세요.

자료 활용 문제

지도에 나타난 상업 활동이 전개된 시기에 볼 수 있는 모습으로 적절하지 **않은** 것은?

① 광산을 운영하는 덕대
② 관료전을 지급받는 관리
③ 중강 후시에서 활동하는 만상
④ 여러 장시를 이동하는 보부상
⑤ 장시에서 상평통보로 물건값을 치르는 농민

답 ②

자료 ③ 대동법의 실시

> 강원도에서 대동법을 싫어하는 자가 없는데, 충청도, 전라도에는 좋아하는 자와 싫어하는 자가 있습니다. 왜 그렇겠습니까? 강원도에는 토호가 없으나 충청도, 전라도에는 토호가 있기 때문입니다. 특히 전라도에 싫어하는 자가 더 많은데 이는 토호가 더 많은 까닭입니다. 이렇게 볼 때 토호들만 싫어할 뿐, 백성들은 모두 대동법을 보고 기뻐합니다.
>
> – 조익, 「포저집」

대동법은 공납을 전세화하여 토지 결 수에 따라 쌀, 무명이나 베, 동전 등으로 징수한 제도로, 광해군 때 경기도에서 처음 실시되었다. 이에 토지가 없는 농민은 과세 부담에서 벗어났고, 토지를 가진 농민도 1결당 쌀 12두 정도만 납부하면 되었다. 그러나 많은 토지를 소유한 양반 지주의 반대로 대동법은 전국적으로 시행되는 데 100여 년이 걸렸다.

자료 ④ 민간 광산의 발달

> 올여름에 새로 판 금광이 39곳이고, 비가 와서 채굴을 중지한 금광이 99곳입니다. …… 이번 여름 장마로 대부분이 흩어졌는데도 아직 7백여 곳, 1천5백여 명이 남아 있습니다.
>
> – 「비변사등록」

조선 후기에는 민영 수공업의 발달로 원료인 광물의 수요도 커졌다. 광물은 정부가 백성을 동원하여 채굴하였으나 17세기경부터 세금을 받고 민간 업자에게 채굴을 허용하였다. 광산 개발로 많은 이익을 얻게 되자 정부의 통제에도 불구하고 민간에서 몰래 광산을 개발하는 잠채가 성행하였다. 또한 청과의 무역이 성행하여 결제 수단인 은의 수요가 늘어나면서 은광 개발이 활발해졌다.

개념 확인하기

5 세조 때 분급할 토지가 부족해지자 현직 관리에게만 수조권을 지급한 토지 제도는?

6 다음에서 설명하는 수취 제도를 〈보기〉에서 골라 기호를 쓰시오.

┤ 보기 ├
ㄱ. 균역법 ㄴ. 대동법 ㄷ. 영정법

(1) 1년에 군포를 1필만 내도록 하였다. (　　)
(2) 풍흉에 관계없이 토지 1결당 쌀 4~6두를 거두었다. (　　)
(3) 토지 결 수를 기준으로 쌀, 무명이나 베, 동전 등으로 수취하였다. (　　)

7 조선 후기 수공업에서는 상인 자본의 지원을 받아 제품을 만드는 (　　　　)가 활발해졌다.

8 조선 후기 경제 상황에 대한 설명이 맞으면 ○표, 틀리면 ×표를 하시오.
(1) 공인과 사상이 성장하였다. (　　)
(2) 보부상의 활동이 위축되었다. (　　)
(3) 만상이 대청 무역에서 활약하였다. (　　)
(4) 도고가 상인 물주의 자금으로 광산을 운영하였다. (　　)

실력 다지기

01 (가), (나)에 들어갈 내용으로 가장 적절한 것은?

> **역사 탐구 동아리 보고서 제출 안내**
>
> 1. 주제: 통일 신라와 발해의 경제생활
> 2. 작성 방법: 주제에 해당하는 내용을 조사하고, 정리하여 제출하시오.
> 3. 제출 기한: 20○○년 ○○월 ○○일
> 4. 모둠별 조사할 내용
>
> | 구분 | 보고서 제목 |
> |------|-------------|
> | 1모둠 | 통일 신라, _____(가)_____ |
> | 2모둠 | 발해, _____(나)_____ |

① (가) – 말과 모피를 수출하다
② (가) – 목축과 수렵이 발달하다
③ (가) – 금성에 서시와 남시를 설치하다
④ (나) – 전시과 제도를 실시하다
⑤ (나) – 벽란도가 국제 무역항으로 번성하다

02 밑줄 친 '이 문서'의 작성 목적으로 옳은 것은? <small>중요해★</small>

이 문서는 1933년 일본의 도다이사 쇼소인에서 발견되었다. 이 문서에는 토지 면적, 인구와 가구, 소와 말의 수, 뽕나무·잣나무·가래나무의 수 등이 기록되어 있다.

① 불교의 전파
② 상행위의 감독
③ 당과의 무역 통제
④ 남해의 해상권 장악
⑤ 세금의 정확한 부과

03 (가), (나)에 대한 설명으로 옳은 것만을 〈보기〉에서 고른 것은?

> 신라 신문왕은 문무 관리에게 (가) 관료전을 지급하였다. 이후 내외관의 (나) 녹읍을 혁파하고 매년 조(租)를 내렸다.

│ 보기 │
ㄱ. (가) – 왕권 약화에 영향을 주었다.
ㄴ. (가) – 관리들은 조세만 수취할 수 있었다.
ㄷ. (나) – 귀족들의 경제 기반이 크게 강화되었다.
ㄹ. (나) – 귀족들의 백성에 대한 지배력이 약화되었다.

① ㄱ, ㄴ   ② ㄱ, ㄷ   ③ ㄴ, ㄷ
④ ㄴ, ㄹ   ⑤ ㄷ, ㄹ

[04~05] 다음을 읽고 물음에 답하시오.

> 개간한 토지의 넓이를 헤아려 기름지고 메마른 것을 나누고 문무 관리, 군인, 한인에게 등급에 따라 모두 전지를 나누어 주었다. 또 그 등급에 따라 시지를 주었다. 이를 ____(가)____ (이)라 한다. 죽은 다음에는 모두 나라에 다시 바쳐야 하였다. 문종 3년(1049) 5월 양반 공음 전시법을 제정하였다. 1품은 문하시랑평장사 이상으로 전지 25결, 시지 15결이다. …… 5품은 전지 15결, 시지 5결이다. 이를 자손에게 전하여 주게 한다.

04 (가)에 들어갈 토지 제도를 쓰시오.

05 위 토지 제도를 시행한 국가의 경제 상황으로 옳은 것은? <small>대표 자료 링크</small>

① 연분9등법이 실시되었다.
② 상품 작물 재배가 활발하였다.
③ 광작을 통해 부를 축적한 농민이 나타났다.
④ 당항성과 사포가 국제 무역항으로 번성하였다.
⑤ 국가에서 삼한통보, 해동통보 등을 발행하였다.

06 (가)에 들어갈 대화 내용으로 적절한 것만을 〈보기〉에서 고른 것은?

이 토지 제도에 대해 말해 볼까?

관리나 직역 담당자를 대상으로 전지와 시지를 지급하였어.

(가)

┤보기├
ㄱ. 고려 경종 때 처음 마련되었어.
ㄴ. 경기도 지역의 토지를 지급하였어.
ㄷ. 관직 복무의 대가로 토지의 수조권을 지급하였지.
ㄹ. 토지를 받은 관리가 사망하면 유가족에게 수신전, 휼양전을 지급하였어.

① ㄱ, ㄴ   ② ㄱ, ㄷ   ③ ㄴ, ㄷ
④ ㄴ, ㄹ   ⑤ ㄷ, ㄹ

07 (가) 토지 제도에 대한 설명으로 옳은 것은?

고려의 토지 제도 변천

역분전(태조)

시정 전시과 (경종)

개정 전시과 (목종)

(가)

과전법 (공양왕)

① 관수 관급의 방식을 도입하였다.
② 관품과 인품을 반영하여 지급하였다.
③ 현직 관리에게만 토지를 지급하였다.
④ 삼정의 문란을 시정하고자 개정하였다.
⑤ 개국 공신에게 공로에 따라 지급하였다.

08 다음 화폐를 사용한 시기에 볼 수 있는 모습으로 가장 적절한 것은?

사진은 화폐인 활구(은병)이다. 활구는 은 1근으로 우리나라의 지형을 본떠 만든 것으로, 활구(은병) 한 개의 가치가 쌀 10~50석에 해당하는 고가의 화폐였다.

① 관수품을 조달하는 공인
② 은광 개발에 힘쓰는 덕대
③ 세곡을 한성까지 운반하는 경강상인
④ 장시에서 판매할 담배를 재배하는 농민
⑤ 소에서 관청에 납부할 물품을 생산하는 수공업자

09 다음은 어느 학생의 수행 평가지이다. 옳게 연결한 문항을 고른 것은?

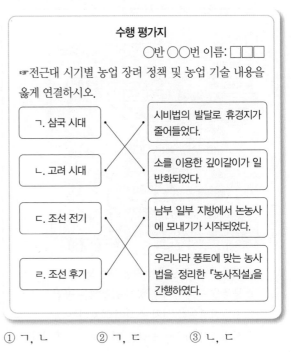

수행 평가지

○반 ○○번 이름: □□□

☞전근대 시기별 농업 장려 정책 및 농업 기술 내용을 옳게 연결하시오.

ㄱ. 삼국 시대 — 시비법의 발달로 휴경지가 줄어들었다.

ㄴ. 고려 시대 — 소를 이용한 깊이갈이가 일반화되었다.

ㄷ. 조선 전기 — 남부 일부 지방에서 논농사에 모내기가 시작되었다.

ㄹ. 조선 후기 — 우리나라 풍토에 맞는 농사법을 정리한 『농사직설』을 간행하였다.

① ㄱ, ㄴ   ② ㄱ, ㄷ   ③ ㄴ, ㄷ
④ ㄴ, ㄹ   ⑤ ㄷ, ㄹ

10 다음에서 설명하는 정책이 실시되면서 나타난 사실로 옳은 것은?

> 18세기 말 정조 때 채제공의 주장을 받아들여 실시한 경제 정책으로, 육의전을 제외한 모든 시전의 금난전권을 폐지하였다. 금난전권은 난전을 금지할 수 있는 권한으로, '난전'이란 판매를 허가받지 않고 물건을 파는 행위 또는 상점을 뜻한다.

① 공인이 등장하였다.
② 녹읍이 폐지되었다.
③ 균역법이 마련되었다.
④ 관영 수공업이 발달하였다.
⑤ 일부 상인들이 도고로 성장하였다.

12 다음 자료를 활용한 탐구 주제로 가장 적절한 것은?

> 10여 만의 민호로 50만의 양역을 감당해야 하니, 한 집에 비록 남자가 4, 5명이 있어도 모두 군역에서 벗어나지 못합니다. …… 도망가거나 죽은 자의 몫을 채울 수 없으니 백골징포, 황구첨정*의 폐단이 생겨나고, 일족과 이웃에게 거두게 되니 죄수가 옥에 가득하게 되고, 원통하여 울부짖는 것이 갈수록 심해져 화기를 상하게 합니다.
> ― 『영조실록』
>
> *백골징포, 황구첨정: 죽은 자나 어린아이에게도 군포를 징수한 일이다.

① 균역법의 시행 배경
② 탕평책의 실시 목적
③ 6조 직계제의 운영 방법
④ 붕당 정치의 변질과 환국
⑤ 전분6등법과 연분9등법의 시행

중요해 ⭐ 🔗 대표 자료 링크
11 지도에 나타난 경제 활동이 이루어진 시기에 볼 수 있는 모습으로 적절하지 <u>않은</u> 것은?

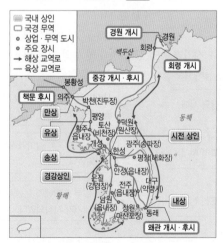

① 지방 주요 도시에서 활동하는 보부상
② 물품을 구매하여 관청에 납부하는 공인
③ 전민변정도감 설치 소식에 환호하는 농민
④ 선대제 방식으로 물품을 생산하는 수공업자
⑤ 물주로부터 자금을 받아 광산을 운영하는 덕대

중요해 ⭐ 이 문제에서 나올 수 있는 모든 선택지 ✓
13 (가) 제도에 대한 설명으로 옳지 <u>않은</u> 것은?

> 강원도에서 ▢▢(가)▢▢ 을/를 싫어하는 자가 없는데, 충청도, 전라도에는 좋아하는 자와 싫어하는 자가 있습니다. 왜 그렇겠습니까? 강원도에는 토호가 없으나 충청도, 전라도에는 토호가 있기 때문입니다. 특히 전라도에 싫어하는 자가 더 많은데 이는 토호가 더 많은 까닭입니다. 이렇게 볼 때 토호들만 싫어할 뿐, 백성들은 모두 ▢▢(가)▢▢ 을/를 보고 기뻐합니다. ― 조익, 『포저집』

① 상품 화폐 경제 발달에 기여하였다.
② 광해군 때 경기도에서 처음 실시되었다.
③ 전국적으로 확산되는 데 100년이 걸렸다.
④ 특산물 대신 쌀, 베 등으로 납부하게 하였다.
⑤ 관청에 물품을 조달하는 공인이 등장하게 되었다.
⑥ 집집마다 부과하던 것을 소유한 토지 면적에 따라 거두었다.
⑦ 풍년과 흉년에 관계없이 토지 1결당 쌀 4~6두를 징수하였다.

14 (가) 농법의 확산에 따라 나타난 변화로 옳지 <u>않은</u> 것은?

> • ___(가)___ 은/는 노동력이 논에 직접 벼를 심는 직파법보다 5분의 4나 절약이 된다. 따라서 집안에 아이들을 비롯하여 부릴 수 있는 노동력이 조금이라도 있는 사람들은 경작을 거의 무한으로 할 수 있다.
> — 이익, 『성호사설』
>
> • ___(가)___ 을/를 실시하는 것은 세 가지 이유가 있다. 김매기의 노력을 더는 것이 첫째요, 두 땅의 힘으로 하나의 모를 기르는 것이 둘째요, 좋지 않은 것을 솎아 내고 튼튼한 것을 고를 수 있는 것이 셋째이다.
> — 서유구, 『임원경제지』

① 쌀의 상품화가 촉진되었다.
② 광작을 하는 농민들이 생겨났다.
③ 벼와 보리의 이모작이 가능해졌다.
④ 대다수 농민이 부농으로 성장하였다.
⑤ 밭을 논으로 바꾸는 현상이 나타났다.

이 문제에서 나올 수 있는 모든 선택지✓
15 다음 상황이 전개된 시기에 있었던 사실로 옳지 <u>않은</u> 것은?

> 올여름에 새로 판 금광이 39곳이고, 비가 와서 채굴을 중지한 금광이 99곳입니다. …… 이번 여름 장마로 대부분이 흩어졌는데도 아직 7백여 곳, 1천5백여 명이 남아 있습니다.
> — 『비변사등록』

① 민영 수공업이 발달하였다.
② 사상의 활동이 활발해졌다.
③ 사무역인 후시가 활기를 띠었다.
④ 은광 개발이 활발히 이루어졌다.
⑤ 상평통보가 전국적으로 유통되었다.
⑥ 농민층의 분화로 부농이 등장하였다.
⑦ 직전법이 실시되어 현직 관리에게만 수조권이 지급되었다.
⑧ 지대는 일정 액수로 고정하여 납부하는 방식으로 변화하였다.

16 밑줄 친 '대책'을 두 가지 서술하시오.

> 왕이 양역을 절반으로 줄이라고 명하셨다. "구전은 한 집안에서 거둘 때 주인과 노비의 명분이 문란해지고, 결포는 이미 정해진 비율이 있어 더 부과하기 어렵다. …… 이제는 1필로 줄이는 것으로 온전히 돌아갈 것이니 경들은 대책을 강구하라."
> — 『영조실록』

_____

3단계로 완성하기
17 (가) 제도의 명칭을 쓰고, 이 제도 실시에 대한 양반과 농민의 반응을 서술하시오.

> ___(가)___ 실시의 배경
> 각 고을에서 공물을 상납하려 할 때 각 관청의 사주인(방납인)들이 농간을 부려 좋은 것도 불합격 처리하기 때문에 바칠 수가 없습니다. 이리하여 사주인은 자기가 가지고 있는 물품으로 관청에 대신 내고 그 고을 농민들에게는 자기가 낸 물건값을 턱없이 높게 쳐서 열 배의 이득을 취하니 이것은 백성의 피땀을 짜내는 것입니다.
> — 『선조실록』

1단계 (가) 제도의 명칭을 쓰고, 그 내용을 정리해 보세요.

_____

2단계 (가) 제도 실시에 대한 양반과 농민의 반응을 추론해 보세요.

_____

3단계 1단계와 2단계에서 정리한 내용을 바탕으로 답안을 완성해 보세요.

_____

1등급 도전하기

01 (가)~(다) 전시과에 대한 설명으로 옳은 것만을 〈보기〉에서 고른 것은?

전시과 개정에 따른 지급 액수 변화

(단위: 결)

시기		등급	1	4	7	10	13	18
경종 (976)	(가)	전지	110	95	80	65	50	33
		시지	110	95	80	65	50	25
목종 (998)	(나)	전지	100	85	70	55	40	20
		시지	70	55	40	30	20	–
문종 (1076)	(다)	전지	100	80	65	50	35	17
		시지	50	35	24	15	8	–

(『고려사』)

① (가) – 관품과 함께 인품도 고려되었다.
② (가) – 신진 사대부의 주도로 마련되었다.
③ (나) – 관리에게 토지의 소유권을 주었다.
④ (나) – 지급 대상을 현직 관리로 제한하였다.
⑤ (다) – 지주제가 확산하는 배경이 되었다.

02 밑줄 친 '이 시기'의 경제 상황으로 옳은 것은?

한국사 신문

목화, 의생활에 큰 변화를 가져오다

이 시기에 문익점이 원에서 목화씨를 가지고 들어와 목화 재배에 성공하였다. 점차 재배법이 널리 보급되면서 의생활에 큰 변화를 가져왔다. 목화 재배 이후 농민들은 목화로 만든 솜옷과 솜이불로 겨울을 따뜻하게 보낼 수 있게 되었다.

① 백성에게 정전이 지급되었다.
② 민간의 광산 개발이 허용되었다.
③ 모내기법이 전국으로 확산하였다.
④ 사원 중심의 수공업이 이루어졌다.
⑤ 토지 면적, 인구수 등을 조사한 촌락 문서가 작성되었다.

03 (가)~(다) 수취 제도에 대한 설명으로 옳은 것만을 〈보기〉에서 고른 것은?

(가) 풍흉에 관계없이 토지 1결당 쌀 4~6두를 징수한 제도이다.
(나) 농민들이 1년에 부담해야 하는 군포 부담을 1필로 줄여 준 제도이다.
(다) 각 호마다 토산물을 징수하던 것을 토지 결 수에 따라 쌀, 삼베, 무명, 동전 등으로 수취한 제도이다.

┤보기├
ㄱ. (가) – 거둔 쌀은 공인에게 지급하여 물품을 조달하였다.
ㄴ. (나) – 영조 때 실시하였다.
ㄷ. (다) – 방납의 폐단을 막기 위해 시행하였다.
ㄹ. (다) – 수공업 생산이 침체되는 결과를 가져왔다.

① ㄱ, ㄴ   ② ㄱ, ㄷ   ③ ㄴ, ㄷ
④ ㄴ, ㄹ   ⑤ ㄷ, ㄹ

창의 융합

04 다음 자료에서 알 수 있는 조선 후기의 경제 상황으로 옳은 것은?

허생은 만금을 얻어 생각하기를, "저 안성은 기(畿)·호(湖)의 어우름이요, 삼남의 어귀이다."라고 하고는 이에 머물러 살았다. 그리하여 대추, 밤, 감, 배, 석류, 귤, 유자 등의 과실을 모두 두 배 값으로 사서 저장하였다. 허생이 과실을 몽땅 사들이자 온 나라가 잔치나 제사를 치르지 못하게 되었다. 그런지 얼마 아니 되어서 두 배 값을 받은 장사들이 도리어 열 배의 값을 치렀다. – 박지원, 『허생전』

① 관영 수공업이 발달하였다.
② 빈민 구제를 위해 의창을 설치하였다.
③ 독점적 도매상인인 도고가 등장하였다.
④ 공납은 각 지역의 특산물을 현물로 징수하였다.
⑤ 명과의 조공 무역을 통해 서적, 도자기 등을 들여왔다.

수능 준비하기

평가원 기출 | 응용

01 밑줄 친 '이 법'이 시행된 결과로 옳은 것은?

> 관청에서 공물로 정한 것이 비록 토산물이라 하더라도 백성이 직접 바치지 못하게 하고 방납으로 이득을 취하는 자들이 있습니다. 이들이 대납하고는 몇 배의 대가를 받아 내니 그 폐해가 이루 말할 수 없습니다. …… 경기(京畿)에서 이 법을 우선 시행하여 공물을 쌀, 베 등으로 징수하니 백성들이 편리하게 여겼습니다. 각 도에 확대 시행하면 방납하는 무리가 꾀를 부릴 곳이 없어질 것입니다.

① 결작을 징수하였다.
② 공인이 성장하였다.
③ 당백전이 발행되었다.
④ 전시과 제도가 운영되었다.
⑤ 전세를 미곡 4두로 고정하였다.

수능 만점 한끝
자료에서 설명하는 수취 제도를 파악하고, 해당 제도의 결과를 추론한다.

이렇게도 출제될 수 있어요!
자료에서 설명하는 수취 제도의 실시 배경이나 실시에 대한 당시 사람들의 반응을 묻는 문제가 출제될 수 있어요. 또한 해당 수취 제도를 처음 실시한 왕의 업적을 묻는 문제도 출제될 수 있어요.

수능 기출 | 응용

02 다음 자료에 나타난 시기의 경제 상황으로 가장 적절한 것은?

> • 근래 전황(錢荒)이 매우 심합니다. 그 폐단을 바로잡으려면 돈을 더 만들어야 합니다. 만약 상평통보를 주조하는 데 필요한 재료의 양보다 적은 양으로 새로운 화폐를 주조하여 함께 통용한다면, 돈이 유통되지 않는 폐단을 바로잡을 수 있을 것입니다.
> • 이른바 신해년의 통공이 있고 나서 금난전권을 상실한 시전 상인들은 평시서가 예전대로 국역을 부과하고 있는 것에 불만을 토로하고 있습니다. 평시서를 혁파한다면 그 폐단을 제거할 수 있을 것입니다.

① 녹읍이 폐지되었다.
② 전민변정도감이 설치되었다.
③ 관리들에게 전지와 시지가 지급되었다.
④ 담배를 비롯한 상품 작물이 재배되었다.
⑤ 송의 상인들이 벽란도에 와서 무역하였다.

수능 만점 한끝
자료에 나타난 시기를 파악하고, 해당 시기의 경제 상황을 찾아본다.

문제의 핵심
조선 후기 농업의 변화

농업 방식의 변화	모내기법 확산 → 노동력 절감 → 광작 성행, 쌀의 상품화 촉진
상품 작물 재배	인삼, 담배, 채소 등 상품 작물 재배·판매

03 신분제와 사회 구조

한끝 더하기

❶ 상급 향리
상급 향리는 호장, 부호장이 되어 지방 행정을 장악하고 지방군을 통솔하였으며, 과거를 통해 중앙 관리로 진출할 수 있었다.

❷ 향·부곡·소
향·부곡 주민은 주로 농업에 종사하였고, 소 주민은 구리, 철, 자기, 종이, 먹 등을 생산하여 국가에 바쳤다.

❸ 노비의 구분

사노비	개인이 소유한 노비로, 주인집에 살면서 잡일을 하는 솔거 노비와 주인과 따로 살면서 신공을 바치는 외거 노비가 있었다
공노비	국가에 속한 노비로 관청의 잡역에 종사하면서 급료를 받는 입역 노비와 토지를 경작하며 얻은 수입 중 일부를 신공으로 납부하는 외거 노비가 있었음

❹ 정호
향리, 하급 장교, 기인 등 국가로부터 일정한 직역을 받아 수행한 사람들이다. 이들은 직역 부담의 대가로 국가로부터 일정 단위의 토지인 전정을 받았다.

❺ 향·부곡·소와 군현 차별
향·부곡·소의 주민은 일반 군현민에 비해 차별을 받았다. 이곳의 주민은 거주지 제한이 있었고, 과거 응시가 원칙적으로 금지되었다. 또한 형벌을 받을 때도 노비와 같은 취급을 받았고, 일반 군현 주민보다 조세나 역의 부담이 컸다.

1 고대 신분제의 형성과 사회 모습

1. 삼국의 신분 구성과 사회 모습

(1) 삼국 시대의 신분 구성과 특징

① 구성: 크게 귀족 및 관인층(지배층), 평민과 천민(피지배층)으로 구분

② 특징: 신분 세습, 개인의 사회적 지위는 능력보다 혈통에 따라 결정

(2) 삼국의 사회 모습

고구려	엄중한 형벌 시행(전쟁에서 항복하거나 패한 자 사형), 진대법 실시(농민 몰락 방지), 왕족인 고씨와 5부 출신 귀족들로 지배층 구성
백제	엄중한 형벌 시행(반역자·전쟁에서 패한 자·살인자 사형), 왕족인 부여씨와 8성의 귀족들로 지배층 구성
신라	• 초기 부족 사회 전통 유지: 귀족 회의체인 화백 회의 존재, 원시 사회의 청소년 집단에서 유래한 화랑도 존재 • 골품제 운영: 골품에 따라 개인의 정치적·사회적 활동 범위 제한 **대표 자료**

2. 통일 신라와 발해의 사회 모습

(1) 통일 신라: 골품제가 유지되었으나 골품의 구분이 점차 희미해져 3~1두품이 평민화됨

(2) 발해: 고구려 유민과 말갈인으로 구성, 고구려계가 지배층의 핵심

2 고려의 신분 구성과 사회 모습

1. 고려의 신분 구성: 양인, 천인으로 구분

(1) 신분별 특징

	지배층	왕족, 중앙의 고위 관리(지속적으로 재상을 배출하는 가문은 문벌 형성), 상급 향리❶
양인	중간 계층	• 구성: 서리, 남반, 향리, 하급 장교 등 • 특징: 직역 세습(국가에서 토지를 지급받음), 일부 향리는 과거를 통한 중앙 관직 진출 가능
	양민(평민)	• 군현민: 농민(백정, 조세·공납·역 부담, 과거 응시 가능), 상인, 수공업자 • 향·부곡·소❷ 주민: 특수 행정 구역 거주, 백정보다 많은 조세와 역 부담
천인		• 구성: 대다수 노비, 재산으로 간주(매매·상속·증여 가능), 일천즉천의 원칙 적용 • 노비의 구분❸: 사노비(솔거 노비, 외거 노비), 공노비(입역 노비, 외거 노비)

(2) 신분의 유동성: 신라 골품제보다 개방적, 제한적 신분 상승 가능 **자료 ❶**

정호❹	과거에 합격하여 고위 관리가 되거나 군공을 세워 무관으로 출세
백정	과거를 통해 하급 관리가 되거나 정호에 빈자리가 생기면 백정 중에서 선발
노비	국가에 큰 공을 세우거나 주인에게 재물을 바쳐 양인이 되기도 함

2. 고려의 지역에 따른 사회적 지위

(1) 본관제 시행: 호적 작성 시 성 앞에 출신 지역 표기 → 거주지 이전은 원칙적으로 금지(효율적인 지방 사회 통제), 개인의 사회적 지위에 영향

(2) 지역 차별: 향·부곡·소와 군현 차별❺, 주현과 속현 간 차이 존재, 주민의 잘잘못에 따라 승격이나 강등 가능 **자료 ❷**

· 대표 자료 · 신라의 골품제

정보 활용 능력

등급	관등명	골품				복색
		진골	6두품	5두품	4두품	
1	이벌찬					자색
2	이 찬					
3	잡 찬					
4	파진찬					
5	대아찬					
6	아 찬					비색
7	일길찬					
8	사 찬					
9	급벌찬					
10	대나마					청색
11	나 마					
12	대 사					황색
13	사 지					
14	길 사					
15	대 오					
16	소 오					
17	조 위					

⚑ 신라의 골품과 관등표

삼국은 관등제를 정비하여 각 부의 지배 세력을 중앙 귀족으로 편제하였다. 이렇게 형성된 지배층은 세력의 크기에 따라 서열화하였는데, 신라의 골품제가 대표적이다. 골품제는 지배층을 성골과 진골, 6~1두품으로 구분하여 위계를 엄격히 하였다. 통일 이후에도 골품제는 여전히 유지되었으나 3~1두품은 점차 평민으로 간주되었다. 신라인들은 골품에 따라 정치 활동의 범위가 결정되었을 뿐만 아니라 가옥, 수레의 크기 등 일상생활도 규제를 받았으며, 신분 상승이 불가능하였다.

· 시험에서는 이렇게 ·

골품제 도표를 제시하고, 골품제의 특징을 묻거나 이를 운영한 신라의 사회 모습을 묻는 문제가 출제될 수 있습니다. 골품제의 특징을 정리하고, 화백 회의, 화랑도 등 신라만의 사회 모습을 파악해 두세요.

자료 활용 문제

자료의 제도를 운영한 국가에서 시행한 것은?
① 과거제   ② 진대법
③ 전시과   ④ 화백 회의
⑤ 노비안검법

답 ④

자료 ❶ 고려 시대 신분의 유동성

• 이영의 아버지 이중선은 안성군의 호장으로 경군으로 선발되었다. …… 이영이 정조주사에게 서류를 제출하면서 읍만 하고 절을 하지 않으니 주사가 노여워하며 욕하였다. 이영이 즉시 그 서류를 찢어 말하기를 "내가 급제하여 조정에 출사할 수 있거늘, 어찌 너 같은 무리에게 예를 차리겠는가?"라고 하였다. 숙종 때 (과거 시험에) 합격하여 직사관이 되었다. …… 인종 초에는 보문각 학사가 되었다.   - 『고려사』

• 평량은 평장사 김영관의 노비로 견주(경기도 양주)에 살면서 농사에 힘써 부유해지자, 권세가 있는 고관에 뇌물을 바쳐 천인에서 벗어나 양민이 되어 산원동정(하급 명예직)의 벼슬을 얻었다.   - 『고려사』

고려 사회는 제한적이나마 지위와 신분을 상승할 수 있는 가능성이 열려 있었다. 정호가 과거에 급제하여 중앙 관리로 출세할 수 있었고, 양인 피지배층이 과거에 합격하여 하급 관리가 되거나 전쟁에서 공을 세워 무관이 될 수도 있었다. 노비들도 국가에 큰 공을 세우거나 주인에게 재물을 바쳐 신분을 상승하기도 하였다.

자료 ❷ 고려 시대 지역 차별

• 향·부곡의 자손들이 과거에 응시하는 것을 허락하지 않는다.   - 『고려사』

• 유청신은 장흥부 고이부곡 사람이다. …… (유청신이) 몽골어를 배워서 여러 번 사신을 따라 원에 가서 응대를 잘하였으므로, …… 왕이 이르기를 …… 고이부곡을 고흥현으로 승격시키도록 하라고 하였다.   - 『고려사』

고려 시대에는 거주 지역에 따라 사람들의 사회적 지위에 차별을 두었다. 특수 행정 구역에 거주하는 주민은 일반 군현에 거주하는 주민에 비해 차별을 받았고, 주현과 속현 간에도 차이가 있었다. 그러나 공을 세워 특수 행정 구역이 군현으로, 속현이 주현으로 승격되기도 하였다. 적에게 항복하거나 반란을 일으킨 군현은 속현이나 특수 행정 구역으로 강등되기도 하였다.

개념 확인하기

1 다음 설명이 맞으면 ○표, 틀리면 ×표를 하시오.
(1) 발해 주민은 고구려 유민과 말갈인으로 구성되었다.   (   )
(2) 신라의 화랑도는 삼국 통일 이후 조직된 청소년 집단이다.   (   )
(3) 고구려 지배층은 왕족인 부여씨와 8성의 귀족으로 이루어졌다.   (   )
(4) 통일 이후 신라에서는 골품제가 유지되었으나, 3~1두품은 점차 평민과 동등하게 여겨졌다.   (   )

2 고려의 (   )는 국가로부터 일정한 직역을 받아 수행하여 국가로부터 전정을 받았다.

3 다음 괄호 안의 내용 중 알맞은 말에 ○표를 하시오.
(1) 고려의 신분 제도는 신라의 골품제보다 (개방적, 폐쇄적)이었다.
(2) 고려의 (서리, 향리)는 호장과 부호장 등 여러 등급으로 구분되었다.
(3) 고려 시대 군현에 거주하는 농민은 (백정, 정호)(이)라고 불리며 전세, 공납, 역을 부담하였다.
(4) (솔거 노비, 외거 노비)는 주인에게 직접 노동력을 제공하지 않고 신공이라는 몸값을 바쳤다.

03 신분제와 사회 구조

❶ 상피제
일정한 범위 내의 친족이 동일한 관청에 함께 근무하지 못하게 한 제도이다.

❷ 신량역천
양인 중에 수군, 역졸 등 천한 일을 담당하는 계층을 이르던 말이다.

❸ 향회
유향소를 운영하는 향촌 사족의 명부인 향안에 이름이 올라 있는 지방 양반들의 총회이다. 이를 통해 사족 간 결속을 강화하고 향촌 사회에서 영향력을 행사하였다.

❹ 납속과 공명첩
납속은 나라에 곡물을 바치는 대가로 상이나 벼슬을 주던 정책이고, 공명첩은 이름을 적는 곳이 비어 있는 관직 임명장이다.

❺ 노비종모법
아버지가 천인이라도 어머니가 양인이면 자식은 양인이 될 수 있도록 한 법이다.

❻ 향전
조선 후기에 구향과 신향이 향권을 장악하려고 대립한 것을 말한다. 일부 지역에서는 부농층 외에 서얼이나 향리층이 신향을 이루어 구향과 향전을 벌이기도 하였다. 향전은 사족 중심의 향촌 지배 질서가 무너지고 지방관의 통제가 강화된 18세기 이후에 집중적으로 발생하였다.

3. 고려의 가족 제도 [자료 ❸]

가족·친족 관계	상피제❶ 적용 범위·음서 자격·정호의 직역 세습 등에서 아버지와 어머니 쪽의 권리와 의무 동등, 친족 용어 동일
여성의 지위	남성과 여성의 관계가 비교적 수평적(여성도 호주 가능, 태어난 순서대로 호적 기입, 이혼과 재혼 가능, 사위의 처가살이가 일반적, 제사 의무 동등, 재산 균등 상속 등)

❸ 조선의 양반 중심 신분제 사회 성립과 변화

1. 조선 전기 신분 질서
(1) **양천제**: 법제상 신분제, 양인(자유민, 조세와 국역 담당, 과거 응시 가능)과 천인(부자유민, 천역 담당, 관직 불가능)으로 구분
(2) **반상제**: 양반, 중인, 상민, 천민의 네 신분층으로 점차 정착

양반	주요 관직 차지, 국역 면제, 많은 토지와 노비 소유, 과전과 녹봉을 지급받음
중인	하급 관리(서리, 향리 등)·역관·의원 등(직역 세습), 서얼 차별(문과 응시 불가능)
상민	농민·수공업자·상인, 조세·공납·역 부담, 법제상 과거 응시 가능, 신량역천❷ 존재
천민	대부분 노비(주인의 재산으로 취급), 백정, 광대, 무당 등

2. 조선 전기 양반 중심의 향촌 지배 체제: 유향소 설치(수령 보좌·견제, 백성 교화 담당, 향회❸ 개최), 서원 설립(공론 형성, 학문의 기반 마련), 향촌 주민의 자치 규약인 향약 운영(풍속 교화, 향촌 질서 유지)

3. 조선 후기 신분 질서의 변화 [대표 자료]

양반	몰락 양반 증가(향반, 잔반 등)
중인	• 서얼: 집단 상소 운동 전개 → 정조가 서얼을 규장각 검서관으로 임용 • 기술직 중인: 소청 운동 전개 → 큰 성과를 거두지 못함
상민	부농층이 납속·공명첩❹·족보 위조로 신분 상승, 다수 농민이 소작농·임노동자로 몰락
노비	도망·납속·군공 등으로 신분 상승, 노비종모법❺ 시행, 공노비 해방

4. 조선 시대 가족 제도의 변화
(1) **조선 전기**: 부계와 모계가 함께 영향을 미침
(2) **조선 후기**
① **배경**: 성리학적 지배 질서가 강화되며 부계 중심의 가족 제도 확산
② **특징**: 장자 중심의 제사와 재산 상속, 양자 제도의 보편화, 시집살이의 보편화, 과부의 재가가 어려워짐

5. 조선 후기 향촌 지배 체제의 변화
(1) **향전❻의 전개** [자료 ❹]

배경	양반 사족 중심의 향촌 질서 약화, 양반으로 신분 상승한 일부 부농층이 신향 형성
전개	신향이 향촌 사회의 지배권에 도전 → 구향과 신향 사이에 향전 발생 → 수령의 신향 지원
영향	구향의 세력 약화, 수령과 향리의 권한 강화, 향회가 수령의 세금 부과 자문 기구로 변질

(2) **양반 사족의 권위 유지 노력**: 동족(동성) 마을 형성, 동 단위 자치 조직인 동약 시행

한끝 자료실

• 대표 자료 • 조선 후기 신분 질서의 변화 ────────── ✦ 비판적 사고력

• 근래 세상의 도리가 점점 썩어 가서 돈 있고 힘 있는 백성이 군역을 피하고자 한다. 간사한 아전, 임장(호적 담당 임시직)과 한통속이 되어 뇌물을 쓰고 호적을 위조하여 유학(幼學)이라고 거짓으로 올리고 역을 면하거나 다른 고을로 옮겨 가서 스스로 양반 행세를 한다. ─ 「일성록」

• 옷차림은 신분의 귀천을 나타내는 것이다. 그런데 어찌 된 까닭인지 근래 이것이 문란해져 상민과 천민이 갓을 쓰고 도포를 입는 것이 마치 조정의 관리나 선비같이 한다. 진실로 한심스럽기 짝이 없다. 심지어 시전 상인이나 군역을 지는 상민까지도 서로 양반이라고 부른다. ─ 「일성록」

양 난 이후 많은 양반이 권력에서 밀려나 향촌 사회에서 겨우 위세를 유지하는 향반이나 농민과 다를 바 없는 잔반이 되어 양반층의 분화가 일어났다. 상민 중 일부는 축적한 재산으로 합법 또는 비합법적인 방법으로 양반 신분을 얻었다. 노비는 도망을 가거나 납속과 군공 등으로 신분을 상승하였다. 이에 따라 조선 후기에는 국역을 면제받는 양반의 수가 크게 늘고 상민과 노비의 수는 줄었다.

자료 ❸ 고려 시대 여성의 지위

(박유가) "청컨대, 여러 신하와 관료로 하여금 여러 처를 두게 하되, 품위에 따라 그 수를 점차 줄이도록 하여 보통 사람에 이르러서는 1처 1첩을 둘 수 있도록 하십시오." 라고 하였다. 어떤 노파가 그를 손가락질하면서 "여러 처를 두고자 요청한 자가 저놈의 늙은이다."라고 하니, …… 거리마다 여자들이 무더기로 손가락질하였다. 당시 재상 중에 부인을 무서워하는 자들이 있었기 때문에 그 건의를 정지하고, 결국 실행되지 못하였다. ─ 「고려사」

제시된 자료는 고려 시대에 일부일처제가 일반적이었음을 보여 준다. 고려 시대에는 가족 제도에서 남성과 여성의 관계가 비교적 수평적이어서 혼인 후 신랑이 신부 집에서 사는 경우가 많았고, 호적에는 남녀 차별 없이 태어난 순서대로 기록하였다.

자료 ❹ 향전의 전개

영덕의 오래된 가문은 사족으로 모두 남인이며, 이른바 신향은 모두 서리와 품관의 자손으로 자칭 서인이라고 하는 자들입니다. 근래 신향들이 향교를 주관하면서 구향들과 서로 마찰을 빚었습니다. 주자의 영정 그림이 비로 인해 훼손되자 신향의 무리가 혹여 구향이 죄를 물을까 염려하여 남인에게 죄를 전가할 계책을 세웠습니다. ─ 「승정원일기」

조선 후기에 구향(양반 사족)과 신향(양반으로 신분 상승을 한 부농층) 사이에 향전이 일어났다. 수령은 재정 위기를 해결하고자 신향을 지원하면서 구향의 세력이 약화하였다. 하지만 신향이 향촌 사회를 완전히 장악하지 못하였기 때문에 수령의 권한이 강해졌다.

• 시험에서는 이렇게 •

조선 후기 신분 질서의 변화를 보여 주는 자료를 제시하고, 해당 시기의 사회 모습을 묻는 문제가 자주 출제됩니다. 조선 후기의 사회 모습을 조선 전기와 비교하여 정리해 두세요.

자료 활용 문제

자료의 상황이 나타난 시기에 있었던 사실로 옳은 것은?

① 여성이 호주가 될 수 있었다.
② 정호가 중앙의 관리가 되었다.
③ 일부 부농층이 신향을 형성하였다.
④ 사족 중심의 향촌 질서가 강화하였다.
⑤ 훈구와 사림의 대립으로 사화가 발생하였다.

답 ③

개념 확인하기

4 고려 사회의 모습에 대한 설명이 맞으면 ○표, 틀리면 ×표를 하시오.
(1) 양자 제도가 보편화되었다. ( )
(2) 재산은 장남에게 우선 상속되었다. ( )
(3) 여성은 재가와 이혼을 자유롭게 할 수 있었다. ( )
(4) 어머니 쪽 조상에 힘입어 음서의 혜택을 받을 수 있었다. ( )

5 다음에서 설명하는 조선의 신분을 〈보기〉에서 골라 기호를 쓰시오.

| 보기 |
| ㄱ. 상민   ㄴ. 양반 |
| ㄷ. 중인   ㄹ. 천민 |

(1) 하급 관리가 속하고 직역을 세습하였다. ( )
(2) 주요 관직을 차지하고 국역을 면제받았다. ( )
(3) 대부분 노비였으며, 백정과 광대 등도 해당하였다. ( )
(4) 조세·공납·역을 부담하였고, 신량역천이 존재하였다. ( )

6 조선 정부가 부족한 재정을 확보하기 위해 발급한 것으로, 이름을 적는 곳이 비어 있는 관직 임명장은?

실력 다지기

01 다음 회의가 운영되었던 국가의 사회 모습으로 옳은 것은?

> 나라에 큰일이 있을 때는 반드시 여러 사람이 모여 의논한 후에 결정하였다. 이를 화백이라고 하였다. 한 사람이라도 반대하는 의견을 내는 사람이 있으면 통과되지 못하였다.
> – 『신당서』

① 청소년 집단인 화랑도가 존재하였다.
② 진대법을 실시하여 빈민을 구제하였다.
③ 문벌은 음서와 공음전의 혜택을 누렸다.
④ 서얼은 관직 진출에 법적 제한을 받았다.
⑤ 16세 이상의 남자들은 호패를 발급받았다.

중요해 ⊂⊃ 대표 자료 링크
02 다음 도표에 나타난 제도에 대한 설명으로 옳은 것은?

등급	관등명	골품				복색
		진골	6두품	5두품	4두품	
1	이벌찬					자색
2	이 찬					
3	잡 찬					
4	파진찬					
5	대아찬					
6	아 찬					비색
7	일길찬					
8	사 찬					
9	급벌찬					
10	대나마					청색
11	나 마					
12	대 사					황색
13	사 지					
14	길 사					
15	대 오					
16	소 오					
17	조 위					

① 신라 촌락 문서를 근거로 운영되었다.
② 골품에 따라 정치 활동의 범위가 결정되었다.
③ 골품 간에 자유로운 신분 이동이 가능하였다.
④ 연맹 왕국으로 발전하는 과정에서 성립되었다.
⑤ 개인의 일상생활에는 영향을 미치지 못하였다.

중요해 ★
03 (가) 신분에 대한 설명으로 옳은 것만을 〈보기〉에서 고른 것은?

> 각 역(驛)의 [(가)]을/를 나누어 6과(科)로 하였다. …… 1과는 정(丁) 75, 2과는 정 60, 3과는 정 45, 4과는 정 30, 5과는 정 12, 6과는 정 7이다. …… 토지가 있으나 [(가)]의 수가 부족하면 백정 자제 중에서 지원하는 자로 충당한다.
> – 『고려사』

┤ 보기 ├
ㄱ. 토지를 받고 직역을 담당하였다.
ㄴ. 군공을 세워 무관이 될 수 있었다.
ㄷ. 특수 행정 구역의 주민에 속하였다.
ㄹ. 대부분 농민으로 조세와 역을 부담하였다.

① ㄱ, ㄴ   ② ㄱ, ㄷ   ③ ㄴ, ㄷ
④ ㄴ, ㄹ   ⑤ ㄷ, ㄹ

04 밑줄 친 두 지역에 사는 주민의 공통점으로 옳지 않은 것은?

> • 고종 42년(1255)에 다인철소의 주민들이 몽골군을 방어하는 데 공을 세웠으므로, 소를 익안현(翼安縣)으로 승격하였다.
> – 『고려사』
> • 유청신은 고이부곡 사람이다. …… (유청신이) 몽골어를 배워서 여러 번 사신을 따라 원에 가서 응대를 잘하였으므로, …… 왕이 이르기를 …… 고이부곡을 고흥현으로 승격시키도록 하라고 하였다.
> – 『고려사』

① 신분상 양인이었다.
② 과거에 응시할 수 없었다.
③ 거주지 이동이 제한되었다.
④ 형벌을 받을 때 노비와 같은 취급을 받았다.
⑤ 일반 군현민과 동등한 조세와 역을 부담하였다.

05 밑줄 친 '이들'이 속한 신분에 대한 설명으로 옳은 것은?

> • 만적이 말하기를, "경인년(1170)과 계사년(1173) 이래 이들에서 높은 관직이 많이 나왔으니, 장상에 어찌 처음부터 씨가 있겠는가. 때가 되면 누구나 차지할 수 있는 것이다. 어찌 우리라고 뼈 빠지게 일만 하면서 채찍 아래에서 고통만 당하겠는가."라고 하였다.　－「고려사」
>
> • 옛날 우리 시조께서 후사 자손에게 훈계를 내려 이르기를, "무릇 이들은 종자가 따로 있는 것이니 삼가 이 부류가 양인이 되지 못하도록 하라. 만약 양인이 되는 것을 허락하면 뒤에 반드시 벼슬을 하게 되고 점점 요직을 구하여 국가를 어지럽힐 것이다."라고 하였다.
> 　－「고려사」

① 향·부곡·소에 거주하였다.
② 전세, 공납, 역을 부담하였다.
③ 2군 6위의 장군직 등에 복무하였다.
④ 큰 공을 세워 신분을 상승하기도 하였다.
⑤ 국가로부터 직역 부담의 대가로 토지를 받았다.

06 (가)에 들어갈 내용으로 가장 적절한 것은?

> ### ○○시 한국사 특강
> • 개요: 고려 시대에 살았던 인물의 사례를 통해 고려 사회의 모습을 알아봅니다.
> • 주제: ＿＿＿＿＿＿＿＿＿(가)＿＿＿＿＿＿＿＿＿
> • 강의 내용
> 　1강 － 천인 출신으로 장군이 된 이의민
> 　2강 － 최의의 사노비로 낭장에 임명된 이공주
> 　3강 － 몽골어 통역관 출신으로 장군이 된 조인규
> • 장소: 시청 대강당

① 고려 본관제의 시행
② 신진 사대부의 성장
③ 고려 신분제의 유동성
④ 특수 지역 출신에 대한 차별
⑤ 6두품의 한계와 반국가적 성향

07 다음 상황이 일반적으로 일어난 시기의 가족 관계에 대한 설명으로 옳지 <u>않은</u> 것은?

이 문제에서 나올 수 있는 모든 선택지 ✔

> 순비 허씨는 공암현 사람으로 중찬 허공의 딸이다. 일찍이 평양공 왕현에게 시집가서 3남 4녀의 자녀를 낳았다. 남편이 죽었다. 충선왕이 허씨를 부인으로 맞이하여 순비로 책봉하였다.

① 여성이 호주가 될 수 있었다.
② 제사의 의무는 아들에게 있었다.
③ 여성의 요구로 이혼이 가능하였다.
④ 호적은 태어난 순서대로 기록되었다.
⑤ 사위가 처가에 들어가 사는 경우가 많았다.
⑥ 외가로부터 음서의 혜택을 받을 수 있었다.
⑦ 재산은 아들과 딸에게 균등하게 상속되었다.

08 밑줄 친 ㉠이 속한 신분에 대한 설명으로 옳은 것은?

> 지금 전하께서 ㉠ <u>의원과 역관</u>을 권장하고자 하시어 그 재주에 정통한 자를 특별히 동반과 서반에 뽑도록 하셨으니, 신 등은 그 까닭을 알지 못하겠습니다. …… 옛 법을 변경하여 선대의 규범을 훼손하여 조정을 낮추고 군자를 욕되게 하시고, 선왕의 제도를 버리시어 미천한 사람을 높이려고 하시니, 신 등은 그것이 옳은지를 알지 못하겠습니다. 엎드려 바라건대, 속히 명을 거두시어 신민의 소망에 부응케 하소서.　－「성종실록」

① 직역을 세습하였다.
② 신량역천이 존재하였다.
③ 조세, 공납, 역의 부담을 졌다.
④ 재산으로 취급되어 상속의 대상이 되었다.
⑤ 향촌에서 유향소를 조직하여 수령을 보좌하였다.

09 (가) 신분에 대한 설명으로 옳은 것은?

> (가) 의 매매는 관청에 신고하여야 한다. 사사로이 몰래 매매하였을 경우에는 관청에서 그 대가로 받은 물건을 모두 몰수한다. 나이 16세 이상 51세 이하는 가격이 저화 4천 장이고, 15세 이하 50세 이상은 3천 장이다.
>
> – 『경국대전』, 「형전」

① 법으로 과거 응시가 가능하였다.
② 중인과 같은 신분적 대우를 받았다.
③ 관청의 서리나 지방 향리가 해당하였다.
④ 과거, 음서, 천거로 주요 관직을 차지하였다.
⑤ 재산으로 취급되어 매매, 상속, 증여의 대상이 되었다.

11 (가)에 들어갈 내용으로 가장 적절한 것은?

> **수행 평가 보고서**
> • 탐구 주제: 조선 시대의 사회 변동
> • 조사 자료
>
>
>
> 정부가 발행한 관직 임명장으로, 받는 사람의 이름 쓰는 곳이 비어 있다.
> • 자료 분석 결과: _____(가)_____

① 몽골풍이 유행하였다.
② 신분 질서가 흔들렸다.
③ 양반의 수가 감소하였다.
④ 호족 세력이 약화하였다.
⑤ 6두품 세력이 호족과 결탁하였다.

중요해★
10 다음 규약을 주도적으로 운영한 세력에 대한 설명으로 옳은 것만을 〈보기〉에서 고른 것은?

> **향약의 처벌 대상**
> • 염치를 돌보지 않고 선비의 기풍을 허물고 더럽히는 자 ……
> • 유향소의 결정에 복종하지 않고 원망을 품는 자 ……
> • 서인(벼슬이 없는 일반 사람)으로 사족을 능멸하는 자
>
> – 이황, 『퇴계 선생 문집』

┤ 보기 ├
ㄱ. 친원적 성향을 가졌다.
ㄴ. 향회를 열어 결속력을 다졌다.
ㄷ. 전민변정도감의 견제를 받았다.
ㄹ. 유향소를 세워 수령을 보좌하였다.

① ㄱ, ㄴ
② ㄱ, ㄷ
③ ㄴ, ㄷ
④ ㄴ, ㄹ
⑤ ㄷ, ㄹ

🔗대표 자료 링크
12 다음 자료와 같은 모습이 나타난 시기에 있었던 사실로 옳지 않은 것은?

> 근래 세상의 도리가 점점 썩어 가서 돈 있고 힘 있는 백성이 군역을 피하고자 한다. 간사한 아전, 임장(호적 담당 임시직)과 한통속이 되어 뇌물을 쓰고 호적을 위조하여 유학(幼學)이라고 거짓으로 올리고 역을 면하거나 다른 고을로 옮겨 가서 스스로 양반 행세를 한다. – 『일성록』

① 동족 마을이 각지에 생겨났다.
② 수령을 중심으로 하는 관권이 강화되었다.
③ 양반 신분 내부에서 계층 분화가 일어났다.
④ 농민이 백정으로 불리며 조세, 공납, 역을 부담하였다.
⑤ 향촌 주도권을 둘러싸고 구향과 신향이 향전을 벌였다.

13 이 문제에서 나올 수 있는 모든 선택지 ✓
다음 그래프와 같은 변화가 생긴 배경으로 적절하지 않은 것은?

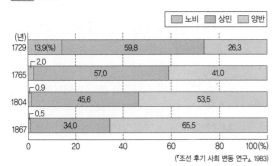

(년)	노비	상민	양반
1729	13.9(%)	59.8	26.3
1765	2.0	57.0	41.0
1804	0.9	45.6	53.5
1867	0.5	34.0	65.5

(『조선 후기 사회 변동 연구』, 1983)

🔺 신분별 호구 구성비 변화(울산 호적)

① 납속이 실시되었다.
② 공명첩이 발급되었다.
③ 상피제가 시행되었다.
④ 공노비가 해방되었다.
⑤ 족보 위조가 이루어졌다.
⑥ 노비종모법이 실시되었다.

14 교사의 질문에 대한 학생의 답변으로 가장 적절한 것은?

이 그림은 김홍도의 「신행」이에요. 그림이 그려진 시기에는 신부가 혼인 후 곧바로 신랑 집에서 생활하는 경우가 많았어요. 이 시기의 가족 제도에 대해 말해 볼까요?

① 과부의 재가가 자유로웠어요.
② 자녀가 돌아가며 부모의 제사를 지냈어요.
③ 부모의 재산이 자녀에게 균등하게 배분되었어요.
④ 아들과 딸 구분 없이 태어난 순서대로 호적에 기재하였어요.
⑤ 아들이 없는 집안에서 같은 성씨의 양자를 들이는 일이 보편화하였어요.

15 ㉠ 사건이 가져온 향촌 사회의 변화를 서술하시오.

영덕의 오래된 가문은 사족으로 모두 남인이며, 이른바 신향은 모두 서리와 품관의 자손으로 자칭 서인이라고 하는 자들입니다. ㉠ 근래 신향들이 향교를 주관하면서 구향들과 서로 마찰을 빚었습니다. 주자의 영정 그림이 비로 인해 훼손되자 신향의 무리가 혹여 구향이 죄를 무를까 염려하여 남인에게 죄를 전가할 계획을 세웠습니다.

_____

_____

3단계 로 완성하기

16 (가), (나)의 신분 변화 사례를 쓰고, 이를 통해 알 수 있는 고려 사회의 특징을 서술하시오.

(가) 이영의 자는 대년이니 안성군 사람이다. 아버지 이중선은 안성군 호장이었다. …… 이영은 숙종 때 을과에 급제하고 직사관으로 임명되었다. — 「고려사」
(나) 평량은 평장사 김영관의 노비로 견주(경기도 양주)에 살면서 농사에 힘써 부유해지자, 권세가 있는 고관에 뇌물을 바쳐 천인에서 벗어나 양민이 되어 산원동정(하급 명예직)의 벼슬을 얻었다. — 「고려사」

①단계 (가)의 신분 변화 사례를 써 보세요.

_____

_____

②단계 (나)의 신분 변화 사례를 써 보세요.

_____

③단계 1단계와 2단계 사례로 알 수 있는 고려 사회의 특징을 정리해 보세요.

_____

_____

1등급 도전하기

01 (가)에 들어갈 내용으로 가장 적절한 것은?

수행 평가 보고서

• 자료 수집

조원정은 옥을 다듬는 기술자의 아들이다. 어머니와 할머니가 관청에 소속된 기생이었다. 원래 관직이 7품으로 제한되었지만, 정중부의 난(무신 정변) 때 이의방을 도와 낭장과 장군을 맡았다. 명종 때 공부 상서로 임명되었고, 이후 추밀원 부사가 되었다.

– 『고려사』

• 자료 분석: _____ (가) _____

---

① 향리는 신분을 세습하였다.
② 고려 신분제는 신라 골품제보다 개방적이었다.
③ 천민인 노비는 매매, 증여, 상속의 대상이 되었다.
④ 향·소·부곡 주민은 일반 군현민보다 차별을 받았다.
⑤ 고려 시대에 여성과 남성은 가정에서 거의 대등한 위치에 있었다.

02 다음 자료를 통해 추측한 당시 사회 모습으로 적절한 것만을 〈보기〉에서 고른 것은?

`창의` `융합`

지금은 부인과 결혼하면 남자가 여자의 집으로 가 모든 것을 부인의 집에 의지하니 장모와 장인의 은혜가 친부모님 같습니다. 아! 장인이시여, 저를 돈독하게 대우하시고 필요한 것을 마련해 주셨는데 저를 두고 돌아가시니 앞으로 누구에게 의지하겠습니까? – 이규보, 『동국이상국집』

┤ 보기 ├
ㄱ. 부모의 제사는 장남이 전담하였다.
ㄴ. 성리학적 사회 규범이 정착되었다.
ㄷ. 사위가 처가에 장가들어 살기도 하였다.
ㄹ. 음서의 혜택이 외손자에게도 적용되었다.

① ㄱ, ㄴ   ② ㄱ, ㄷ   ③ ㄴ, ㄷ
④ ㄴ, ㄹ   ⑤ ㄷ, ㄹ

03 조선 전기 (가), (나) 신분에 대한 설명으로 옳은 것은?

(가) 하늘이 백성을 낳았는데 …… 그중 가장 귀한 것이 선비이다. 농사짓지 않고 장사도 하지 않으며, 문사(文史)를 대강 섭렵하면 크게는 문과에 급제하고 작게는 진사가 된다.
(나) 경대부(卿大夫)의 자식인데 오직 어머니가 첩이라는 이유만으로 대대로 이들의 벼슬길을 막았다. 비록 훌륭한 재주와 쓸만한 자질이 있어도 이를 발휘할 수 없게 하였으니, 참으로 안타깝다.

---

① (가) – 신량역천으로 분류되었다.
② (가) – 양반 첩의 자식이 포함되었다.
③ (나) – 매매, 상속, 증여의 대상이 되었다.
④ (나) – 과거를 치를 때 문과 응시가 금지되었다.
⑤ (나) – 주인과 떨어져 살며 독립적인 가계를 꾸리고 신공을 바쳤다.

04 다음 주장이 제기된 배경으로 옳은 것만을 〈보기〉에서 고른 것은?

향회라는 것이 …… 수령의 손 아래 놀아나는 좌수, 별감들이 통문을 돌려 불러 모은 것에 불과합니다. 향회에서는 관의 비용이 부족하다는 핑계로 돈을 거두고 법을 만드니, 일의 원통함이 이보다 심한 것이 없습니다.

– 『질암유고』

┤ 보기 ├
ㄱ. 수령의 권한이 강화되었다.
ㄴ. 망이·망소이 등 하층민이 봉기하였다.
ㄷ. 향촌 주도권을 둘러싸고 향전이 일어났다.
ㄹ. 정호에서 신분 이동이 활발하게 일어났다.

① ㄱ, ㄴ   ② ㄱ, ㄷ   ③ ㄴ, ㄷ
④ ㄴ, ㄹ   ⑤ ㄷ, ㄹ

수능 준비하기

01 (가) 신분에 대한 설명으로 옳은 것은?

> 태조께서 창업하신 초기에 일부 신하들은 전쟁에 나가서 포로를 얻거나, 혹은 빚을 갚지 못한 이들을 재물로 사서 ____(가)____ (으)로 삼았습니다. …… 광종 때에 이르러 ____(가)____ 들을 안검(按檢)*하여 본래 그 신분이 아니었던 자들을 가려내도록 하니, 모든 공신들이 탄식하고 원망하였습니다.
>
> * 안검(按檢): 자세히 조사하여 살핌

① 매매·상속·증여의 대상이 되었다.
② 유향소에서 향리의 비리를 감찰하였다.
③ 양반과 상민 사이에 있는 중간 계층이었다.
④ 개경에 거주하며 음서와 공음전의 혜택을 누렸다.
⑤ 화백 회의에 참여하여 국가 중대사를 논의하였다.

수능 만점 한끝

자료에서 전쟁의 포로를 얻거나 빚을 갚지 못한 이들을 재물로 사서 삼은 (가) 신분을 추론해 보고, 해당 신분의 특징을 찾아본다.

이렇게도 출제될 수 있어요!

자료의 상황이 일어난 국가의 사회 모습을 묻거나 자료 속 노비안검법을 실시한 고려 광종의 업적을 묻는 문제가 출제될 수 있어요.

02 다음 자료를 활용한 탐구 주제로 가장 적절한 것은?

> • 흉년 때마다 공명첩을 발매하여 진휼에 보탭니다. 근래 공명첩 가격이 매우 낮아서 아무리 신분이 낮은 자라도 문반 가선대부, 무반 절충장군의 품계를 받을 수 있습니다. 이에 새로 신분을 상승한 사람들이 가난한 양반들을 함부로 멸시하니 명분이 무너지고 있습니다.
> ─ 「정조실록」
>
> • 중인과 서얼의 벼슬길이 막혀 원통하고 답답함을 품은 지 이미 몇 백 년이 되었다. 근래 서얼은 조정의 은혜를 입어 문관은 승문원, 무관은 선전관에 임용되고 있는데, 우리 중인만은 함께 은혜를 입지 못하니 어찌 그냥 있을 수 있겠는가.
> ─ 「상원과방」

① 조선 전기 과전법의 운영
② 조선 후기 신분제의 변동
③ 고려 전기 노비안검법의 시행
④ 통일 신라 시대 골품제의 폐단
⑤ 고려 무신 집권기 하층민의 저항

수능 만점 한끝

자료에서 공명첩 발매, 서얼은 조정의 은혜를 입어 승문원, 선전관에 임용되고 있음 등을 통해 두 자료에 해당하는 시기와 공통 주제를 추론한다.

문제의 핵심

조선 시대 신분 질서의 변화

양반	몰락 양반 증가
중인	신분 상승 노력 → 큰 성과를 거두지 못함
상민	부농층이 납속·공명첩 등으로 신분 상승, 다수 농민이 소작농·임노동자로 몰락
노비	납속책, 군공 등으로 신분 상승

04 사상과 문화

① 화엄 사상
모든 존재가 서로 의존하며 조화를 이루고 있다는 사상이다. 의상은 「화엄일승법계도」에서 '하나가 전체요, 전체가 하나다.'라는 화엄 사상을 강조하였다.

② 9산선문
신라 말에서 고려 초에 세워진 대표적인 9개의 선종 사원이다. 지방 문화의 발달에 영향을 주었고, 새로운 사회 건설의 사상적 바탕이 되었다.

③ 승탑

🔺 화순 쌍봉사 철감 선사 탑
각 선문의 제자들이 스승을 기리면서 사리를 봉안한 탑이다.

④ 발해 석등과 이불 병좌상

🔺 발해 석등   🔺 이불 병좌상
발해 석등은 연꽃무늬에서 고구려 미술의 특징이 보이고, 이불 병좌상은 두 부처가 나란히 앉은 불상으로 고구려 후기 불교 양식의 영향을 받았다.

⑤ 최치원
당에서 황소의 난이 일어나자 「토황소격문」을 지어 문장가로 이름을 떨쳤다. 귀국 후 신라 진성 여왕에게 개혁안을 올렸으나 받아들여지지 않자 관직을 버리고 전국을 떠돌아다녔다.

1 고대 국가의 사상과 문화

1. 불교의 수용과 발달

(1) 삼국 시대의 불교: 중앙 집권화 과정에서 불교를 수용하여 사상 통일 (자료 ①)

① **수용과 공인**

고구려	소수림왕 때 중국 전진에서 불교 수용	백제	침류왕 때 중국 동진에서 불교 수용
신라	법흥왕 때 이차돈의 순교를 계기로 불교 공인		

② **역할**: 왕권 강화(불교식 왕명 사용, 왕즉불 사상 강조), 신분 질서 합리화(업설 강조)

③ **특징**: 호국적 성격의 불교 → 대규모 사찰과 탑 제작(백제의 미륵사, 신라의 황룡사 9층 목탑 등), 불교 행사 개최

(2) 통일 신라의 불교

① **삼국 통일 전후**: 교리에 대한 이해 심화, 교종 중심, 불교문화 융성

원효	일심 사상과 화쟁 사상 주장(여러 종파의 사상적 대립 해결 노력), 아미타 신앙 전파('나무아미타불'을 외우면 극락왕생한다고 주장, 불교의 대중화에 기여)
의상	신라 화엄종 개창(「화엄일승법계도」로 교리 체계화, 화엄 사상❶ 강조), 부석사 등 사찰 건립(제자 양성), 관음 신앙 전파('관세음보살'을 부르면 현세의 고난에서 구제받는다고 주장)
혜초	중앙아시아와 인도 지역을 순례한 후 『왕오천축국전』 저술(여러 나라의 풍물 기록)

② **신라 말 선종의 유행**: 참선 수행을 통한 깨달음 추구, 왕실·귀족·호족의 지원으로 성장(9산선문❷ 설립), 승탑❸과 탑비 건립

(3) 발해의 불교: 왕실과 귀족 중심 유행, 왕실 권위 향상에 이용(불교식 왕명 사용), 상경성을 비롯한 주요 지역에 사찰 건립, 고구려 불교 계승(석등, 이불 병좌상❹ 제작), 당 문화 수용(영광탑 건립)

2. 유학의 수용과 학문의 발달

(1) 삼국 시대: 중국에서 유학 수용

① **유학 교육**: 국가 주도로 교육 기관 설립 → 유학적 소양을 갖춘 인재 양성 (대표 자료)

고구려	수도에 태학 설립(유교 경전과 역사서 교육), 지방에 경당 설립(유교 경전과 무술 교육)
백제	오경박사를 두어 유학 교육 담당
신라	임신서기석에 유학 공부를 한 사실 기록, 진흥왕 순수비에 『서경』과 『논어』 인용

② **역사서 편찬**: 국력 과시, 왕실의 권위를 높여 백성의 충성심 고취 목적

(2) 통일 신라와 발해

① **통일 신라**: 유교를 정치 이념으로 채택, 유교 진흥 (자료 ②)

정책	신문왕 때 국학 설립(교육 기관), 원성왕 때 독서삼품과 실시(관리 선발, 유교 경전 이해 수준 평가)
유학자	강수(6두품 출신, 외교 문서 작성에 능함), 설총(6두품 출신, 이두를 체계적으로 정리), 김대문(진골 출신, 『화랑세기』와 『고승전』 저술) 등

② **발해**: 유교 이념 중시, 주자감 설립(귀족 자제에게 유교 경전 교육), 중앙 정치 조직인 6부의 명칭에 유교 덕목 반영

③ **당 유학생의 활약**: 통일 신라와 발해 유학생들이 빈공과에 응시, 통일 신라의 최치원❺ 등 신라 유학생들이 귀국 후 골품제 사회 비판 및 새로운 정치 이념 제시

· 대표 자료 · 삼국 시대 유학의 발달 ─────────── ✦ 비판적 사고력

임신년 6월 16일에 두 사람이 함께 맹세하고 기록한다. 하늘 앞에 맹세하기를 지금부터 3년 이후까지 충성의 도리를 지켜 잘못을 저지르지 않기로 맹세한다. 만약에 이를 저버리면 하늘의 큰 벌을 받을 것을 맹세한다. …… 세상이 어지러워져도 충도를 행할 것을 맹세한다. …… 또 따로 신미년 7월 22일에 맹세하였다. 『시경』, 『상서』, 『예기』, 『춘추전』 등을 차례로 3년 안에 습득할 것을 맹세하였다.

◀ 임신서기석   – 임신서기석 기록

임신서기석에는 신라의 두 청년이 나라에 충성을 바치며 유교 경전을 공부하고, 그것을 몸소 실행하겠다는 맹세가 새겨져 있다. 이를 통해 유학이 나라에 충성하고 자신을 수양하는 데 중요한 역할을 하였음을 알 수 있다. 삼국은 중국과 교류하면서 충과 효를 강조하는 유학을 받아들여 국가 체제를 정비하고 인재를 양성하였다.

자료 ❶ 삼국 불교의 역할과 특징

• 진평왕이 왕위에 올랐다. 이름은 백정(석가모니의 아버지)이고 진흥왕의 태자 동륜의 아들이다. …… 왕비는 김씨 마야 부인(석가모니의 어머니)으로 갈문왕 복승의 딸이다.   – 『삼국사기』

• 자장이 말하였다. "…… 고구려, 백제가 번갈아 국경을 침범하여 마음대로 돌아다닙니다. 이것이 백성들의 걱정입니다." 신인이 말하였다. "황룡사의 불법을 수호하는 용이 나의 맏아들이다. …… 귀국하여 절 안에 구층 탑을 조성하면 이웃 아홉 나라가 항복하고 조공하여 나라가 영원히 평안할 것이다. 탑을 건립한 후 팔관회를 베풀고 죄인을 사면하면 곧 외적이 해를 가할 수 없을 것이다."   – 『삼국유사』

삼국은 불교를 이용하여 왕권을 이념적으로 뒷받침하고 지배 질서를 확립하였다. 특히 신라 왕들은 불교식 왕명을 짓고 왕실을 석가모니 집안의 환생으로 내세웠다. 삼국은 사찰을 짓고 불교 행사를 열어 국가의 안녕과 발전을 빌었는데, 이는 당시 불교가 호국적 성격을 띠었음을 보여 준다.

자료 ❷ 독서삼품과의 시행

(국학의) 학생은 글을 읽어 세 등급으로 벼슬길에 나아갔다. 『춘추좌씨전』이나 『예기』, 또는 『문선』을 읽어 통달하고 『논어』와 『효경』에도 밝은 자를 상(上)으로, 『곡례』, 『논어』, 『효경』을 읽은 자를 중(中)으로, 『곡례』, 『효경』을 읽은 자를 하(下)로 하였다. 오경과 삼사와 제자백가의 책을 모두 통달한 자는 등급을 넘어 발탁하였다.   – 『삼국사기』

삼국 통일 이후 신라는 왕권 강화와 국가 체제 안정을 위해 유학을 정치 이념으로 삼고 유교를 진흥하였다. 신문왕은 국학을 설립하여 유학을 교육하였고, 원성왕은 국학의 학생들을 대상으로 독서삼품과를 시행하여 유교 경전의 이해 수준을 상·중·하품으로 평가해 관리 선발에 활용하였다.

· 시험에서는 이렇게 ·

임신서기석 기록을 제시하고, 이를 통해 알 수 있는 사실이나 유학에 대해 묻는 문제가 자주 출제됩니다. 임신서기석의 내용과 유학의 특징을 정리해 두세요.

자료 활용 문제

자료를 통해 알 수 있는 신라의 사회 모습으로 옳은 것은?

① 무예를 숭상하였다.
② 유교 경전을 공부하였다.
③ 독자적 천하관을 형성하였다.
④ 호국적 성격의 불교가 유행하였다.
⑤ 선종이 새로운 사회 건설의 기반이 되었다.

답 ②

개념 확인하기

1 다음 설명이 맞으면 ○표, 틀리면 ×표를 하시오.
(1) 신라는 법흥왕 때 이차돈의 순교로 불교를 공인하였다.   (   )
(2) 고구려는 오경박사를 두어 유학 교육을 담당하게 하였다.   (   )
(3) 발해는 국학을 세우고 귀족 자제에게 유교 경전을 교육하였다.   (   )
(4) 통일 신라 원성왕 때 독서삼품과를 실시하여 관리를 선발하고자 하였다.   (   )

2 다음 괄호 안의 내용 중 알맞은 말에 ○표를 하시오.
(1) 삼국 시대에는 호국적 성격을 띤 (불교, 유교)가 발달하였다.
(2) 원효는 아미타 신앙을 전파하여 불교의 (귀족화, 대중화)에 기여하였다.
(3) 발해 석등과 이불 병좌상을 통해 발해 불교가 (고구려, 백제) 불교의 영향을 받았음을 알 수 있다.
(4) 혜초는 중앙아시아와 인도를 다녀온 뒤 『화랑세기』, 『왕오천축국전』)을/를 저술하여 여러 나라의 풍물을 기록하였다.

3 당에서 「토황소격문」을 지어 문장가로 이름을 떨쳤고, 귀국 후 신라 진성 여왕에게 개혁안을 올린 인물은?

04 사상과 문화

한끝 더하기

❶ 우리나라와 일본의 불상

왼쪽은 삼국 시대에 만들어진 금동 미륵보살 반가 사유상, 오른쪽은 일본 고류사 목조 미륵보살 반가 사유상이다. 두 불상은 재료만 다를 뿐 형태가 매우 유사하다.

❷ 국사와 왕사 제도

왕실이 명망 있는 승려를 국사와 왕사로 삼아 예우한 제도이다.

❸ 팔관회

팔관회는 불교와 다양한 토착 신앙이 어우러진 행사이다. 불교에서 금하는 8가지 계율을 지키는 의식에 하늘의 신령과 산, 강, 용 등을 섬기는 행사가 결합되었다.

❹ 교관겸수

불교의 이론적 교리 공부(교)와 실천적 수행(관)을 함께 닦아야 한다는 이론이다.

❺ 결사 운동

무신 정권기에 선종 승려를 중심으로 불교계를 개혁하기 위해 불교 본연의 자세를 확립할 것을 주장한 운동이다.

3. 도교와 풍수지리설 자료 ❸

도교	• 수용: 불로장생과 현세 구복 추구로 귀족 사회를 중심으로 유행 • 문화유산: 고구려 고분 벽화의 사신도, 백제의 산수무늬 벽돌, 백제 금동 대향로 등
풍수지리설	신라 말 도선 등이 수용, 도참사상과 결합 → 수도 금성(경주) 중심의 통치 질서와 지리 인식 탈피, 지방 호족의 세력 확대에 이용(송악 길지설 등)

4. 국제적인 문화 교류

(1) **문화 교류**: 서역 궁전 벽화에서 고구려 사신으로 추정되는 인물 그림 발견, 백제에서 중국 남조의 영향을 받은 벽돌무덤(무령왕릉) 축조, 신라 무덤에서 서역 유리병과 금제 장식 보검 발견 등

(2) **일본으로의 문화 전파**

내용	백제(한자와 유학 전파, 화가와 공예 기술자들이 건너가 활약), 고구려(담징이 종이와 먹 제조법 전파), 신라(배 만드는 기술 전파), 가야(토기가 일본 스에키에 영향을 줌) 등이 전파
영향	삼국 문화를 바탕으로 일본 고류사 목조 미륵보살 반가 사유상❶ 제작, 삼국·가야 문화는 아스카 문화 발전에 기여, 통일 신라 유교 문화·불교 사상이 하쿠호 문화 발전에 기여

2 고려 시대 종교와 학문의 발달

1. 불교와 불교 예술의 발달

(1) **불교의 발달**: 건국 초부터 국가에서 적극 지원

① **숭불 정책**: 국사와 왕사 제도❷ 마련, 승과 실시(승계 부여), 연등회와 팔관회❸ 개최

② **불교 통합 운동**: 교종과 선종의 분열 극복 노력 대표 자료

의천		해동 천태종 창시(교종 중심의 선종 통합 도모), 교관겸수❹ 주장
결사 운동❺	지눌	정혜결사(후에 수선사로 개칭) 결성, 선교 일치 주장(선종 중심의 교종 포용), 돈오점수와 정혜쌍수 주장
	요세	천태종 중심, 백련결사 결성, 참회와 염불 수행 강조, 지방민의 호응을 얻음
혜심		유불 일치설 주장 → 성리학 수용의 사상적 기반 마련

③ **원 간섭기 이후 불교계의 폐단**: 불교의 세속화(막대한 토지와 노비 소유, 고리대로 백성의 재물 탈취)에 따른 폐단 심화 → 성리학자들의 비판을 받음

(2) **대장경 조판과 인쇄술 발달**: 목판 인쇄술을 바탕으로 거란 침입 때 초조대장경·몽골 침입 때 팔만대장경 조판 자료 ❹

(3) **불교 예술**: 불화와 철불·거대한 불상 제작, 사원 건축(안동 봉정사 극락전, 영주 부석사 무량수전), 석탑 건립(평창 월정사 8각 9층 석탑, 개성 경천사지 10층 석탑)

2. 도교와 풍수지리설, 유교(유학)의 발달

도교	귀족과 왕실 중심으로 발달, 도교 사원 건립, 초제(도교식 제사) 거행
풍수지리설	도참사상과 결합하여 유행, 북진 정책·서경 천도 운동 등의 사상적 근거(서경 길지설)
유교(유학)	• 정치 이념: 유교의 민본 사상 중시, 과거제 실시, 유교 이념에 따른 통치 체제 정비 • 교육: 국자감(개경)·향교(지방) 설립, 최충의 9재 학당 설립 이후 사학 12도 융성 • 성리학 수용: 원 간섭기 안향이 소개, 신진 사대부가 개혁 사상으로 수용

· 대표 자료 · 의천과 지눌의 불교 통합 노력 ———————————— + 비판적 사고력

△ 대각 국사 의천

[의천의 주장]

· 교리만 강조하거나 참선만 주장하는 사람은 한쪽에 치우친 것이다.
· 교학(불교의 이론적 교리 공부)과 선(실천적 수행)을 함께 해야 한다(교관겸수).

△ 보조 국사 지눌

[지눌의 주장]

· 항상 선정과 지혜를 닦고 예불과 독경, 노동에 힘써야 한다.
· 선과 교학을 치우침 없이 고루 닦아야 한다(정혜쌍수). 한순간에 깨달음을 얻더라도, 꾸준히 수행해야 한다(돈오점수).

고려 전기에 불교는 교종과 선종으로 나뉘어 대립하였다. 이에 의천은 화엄종을 중심으로 교종을 통합하고 해동 천태종을 창시하여 선종까지 포섭하려 하였다. 그러나 그가 죽은 뒤 불교 교단은 다시 분열되었고, 이후 무신 정권 시기에는 불교가 세속화되었다. 지눌은 불교계를 개혁하고자 정혜결사를 결성하고 선종을 중심으로 교종을 포용하는 선교 일치의 사상 체계를 정립하였으며, 돈오점수와 정혜쌍수를 제시하였다.

자료 ❸ 도교의 발달

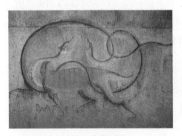

△ 강서대묘의 사신도 중 현무도

△ 백제의 산수무늬 벽돌

△ 백제 금동 대향로

삼국 시대에 도교는 예술에도 영향을 주었다. 고구려 고분 벽화에는 죽은 자의 사후 세계를 지켜 준다는 도교의 상상 속 동물인 사신이 그려져 있다. 백제의 산수무늬 벽돌에는 자연과 더불어 살아가고자 하는 도교의 관념이 담겨 있고, 백제 금동 대향로에는 불교적 요소 외에 신선, 용, 봉황 등 도교적 요소도 반영되어 있다.

자료 ❹ 대장경의 조판

◁ **팔만대장경판**

고려는 부처에 대한 신앙을 기반으로 외세의 침략을 물리치고자 대장경을 조판하였다. 현종 때 거란의 침략을 물리치기 위해 초조대장경을 조판하였고, 고종 때 몽골의 침략으로 초조대장경이 불타자 팔만대장경을 만들어 몽골을 물리치고자 하였다. 팔만대장경판은 15세기경에 지은 합천 해인사 장경판전에 보관 중이다.

· 시험에서는 이렇게 ·

의천과 지눌에 관한 자료를 제시하고, 의천과 지눌의 활동을 묻는 문제가 자주 출제됩니다. 고려의 대표적 승려인 의천, 지눌, 요세, 혜심이 주장한 내용과 활동을 비교하여 파악해 두세요.

자료 활용 문제

첫 번째 자료의 주장을 펼친 인물에 대한 설명으로 옳은 것은?

① 백련결사 제창
② 화쟁 사상 전파
③ 해동 천태종 창시
④ 『왕오천축국전』 저술
⑤ 정혜쌍수와 돈오점수 제시

답 ③

개념 확인하기

4 고려의 사회 모습에 대한 설명이 맞으면 ○표, 틀리면 ×표를 하시오.

(1) 정부의 정책으로 불교가 융성하였다.
( )
(2) 무신 정권기에 불교계를 개혁하려는 결사 운동이 일어났다. ( )
(3) 원 간섭기에 권문세족은 성리학을 개혁 사상으로 수용하였다. ( )
(4) 부처의 힘을 빌려 몽골의 침입을 막으려는 염원을 담아 팔만대장경을 만들었다.
( )

5 다음에서 설명하는 인물을 〈보기〉에서 골라 기호를 쓰시오.

| 보기 |
| ㄱ. 의천 ㄴ. 요세 |
| ㄷ. 지눌 ㄹ. 혜심 |

(1) 교관겸수를 내세웠다. ( )
(2) 백련결사를 결성하였다. ( )
(3) 유불 일치설을 주장하였다. ( )
(4) 돈오점수와 정혜쌍수를 제시하였다. ( )

6 고려 시대에 도참사상과 결합하여 유행한 것으로, 북진 정책과 서경 천도 운동 등에 영향을 준 사상은?

04 사상과 문화

❶ 임제종

선종의 한 일파로, 참선을 위한 실마리인 화두(話頭)를 이용하여 진리를 깨닫고자 하는 수행 방법을 택하였다.

❷ 조선 전기의 자주적 문화

지도	「혼일강리역대국도지도」 제작(태종, 세계 지도)
천문학	• 태조: 「천상열차분야지도」 제작(천문도) • 세종: 측우기(강우량 측정 기구), 앙부일구(해시계), 자격루(물시계) 제작
역법	「칠정산」 편찬(세종, 한양을 기준으로 한 자주적 역법서)
의학	「향약집성방」 편찬(세종, 국산 약재와 치료법 소개)

❸ 농업 중심 개혁론자의 토지 개혁론

유형원의 균전론	신분에 따라 차등을 두어 일정한 면적의 토지 분배
이익의 한전론	생활에 필요한 최소한의 토지 매매 금지
정약용의 여전제	토지를 공동으로 경작한 뒤 그 수확량을 분배

❹ 동학의 교리

시천주	모든 사람이 존귀하고 평등하며 마음속에 하느님을 모시고 있다는 사상
후천 개벽	낡은 세계가 끝나고 곧 새로운 세상이 열린다는 주장

3. 역사서 편찬

전기	「왕조 실록」을 편찬하였으나 전하지 않음
중기	김부식의 「삼국사기」 편찬(유교적 합리주의 사관, 기전체 형식)
후기	• 무신 정변과 몽골의 침입 이후: 자주 의식을 드러내는 역사 서술 → 이규보의 「동명왕편」(고구려 계승 의식 표방), 일연의 「삼국유사」·이승휴의 「제왕운기」(단군을 민족의 시조로 서술) 편찬 • 고려 말: 성리학적 유교 사관 대두로 이제현의 「사략」 편찬(정통성과 대의명분 강조)

4. 국제 교류 속 문화 발달

전기	• 송과 교류: 불경·차 문화 수용, 송의 대성악이 궁중 음악인 아악으로 발전 • 거란과 교류: 거란 대장경 제작이 고려 대장경에 영향을 줌
후기	원과 교류: 임제종❶·건축 양식·불탑 양식 수용, 고려 불화가 원의 지배층에게 인기를 얻음, 만권당에서 고려와 원의 학자 교류

③ 조선 시대 성리학의 발달과 새로운 문화 경향

1. 성리학의 발달: 통치와 일상생활의 지배 이념, 유교를 토대로 자주적 문화❷ 발전

이황	도덕적 행위의 근거로 심성 중시, 근본적·이상주의적 경향, 「주자서절요」·「성학십도」 저술 → 이황의 사상이 일본에 전파됨
이이	현실적·개혁적 경향, 「동호문답」·「성학집요」 저술, 통치 체제 정비·수취 제도 개혁 등 다양한 개혁 방안 제시

2. 성리학의 절대화: 양 난 이후 서인이 성리학적 명분론 강화, 주자 학설의 절대화 → 윤휴·박세당 등이 유교 경전의 재해석 시도, 사문난적으로 배척

3. 새로운 사상의 발달

(1) **실학의 발달:** 실증적 연구 방법으로 사회 모순 해결 노력 대표 자료

① **농업 중심 개혁론자❸:** 토지 제도 개혁을 통한 농촌 사회의 안정 도모 → 유형원의 균전론, 이익의 한전론, 정약용의 여전제 주장

② **상공업 중심 개혁론자:** 청의 문물 수용과 상공업 진흥 주장 → 유수원(직업의 평등 강조), 홍대용(기술 혁신과 문벌제도 폐지 주장), 박지원(수레와 선박, 화폐 유통의 필요성 강조), 박제가(수레와 선박 이용, 소비 촉진을 통한 경제 활성화 강조)

③ **국학의 발달:** 우리의 역사(안정복의 「동사강목」 저술), 지리(이중환의 「택리지」 편찬, 김정호의 「대동여지도」 제작), 언어 연구 활발

(2) **천주교의 확산과 동학의 창시**

천주교	17세기 서학으로 소개 → 18세기 후반 신앙으로 수용(인간 평등 주장, 제사 거부)
동학❹	최제우가 창시(1860), 시천주 사상(인간 평등 강조)·후천 개벽 주장(사회 변혁 예언), 최시형의 교단 정비 → 농촌을 중심으로 빠르게 확산 자료 ❺

4. 서민 문화의 발달 자료 ❻

(1) **배경:** 조선 후기 서민들의 사회적 지위 향상, 서당 교육 확대

(2) **내용:** 한글 소설(서민의 소망을 담음), 사설시조(서민 감정 묘사), 판소리와 탈놀이(양반의 위선 비판), 풍속화(일상생활 표현)와 민화(생활 공간 장식) 유행

· **대표 자료** · 조선 후기 실학의 발달 ─────────── ◆ 비판적 사고력

- 농사를 짓는 사람에게는 토지를 갖게 하고 농사를 짓지 않는 사람에게는 토지를 갖지 못하게 하려면 여전제를 실시해야 한다. …… 무릇 1여(閭)의 토지는 1여의 인민이 공동으로 경작하도록 한다. …… 여장은 매일 개개인의 노동량을 장부에 기록해 두었다가 …… 장부에 근거하여 노동 일수에 따라 여민들에게 분배한다.
  – 정약용, 「여유당전서」

- 대체로 재물은 비유하건대 샘과 같은 것이다. 퍼내면 차고, 버려두면 말라 버린다. …… 기교를 숭상하지 않아서 나라에 공장(수공업자)이 기술을 익히지 않게 되면 기예가 사라지게 되며, 농사가 황폐해져서 그 법을 잃게 되므로 …… 서로 구제할 수 없게 된다.
  – 박제가, 「북학의」

양 난 이후 조선은 사회·경제적 변화에 제대로 대처하지 못하고 많은 문제점을 안고 있었다. 이러한 상황에서 성리학이 현실의 모순을 해결하지 못하자, 실학자들은 실증적인 연구 방법으로 사회 문제를 해결하고자 하였다. 농업 중심 개혁론자들은 토지 제도를 개혁하여 자영농을 육성함으로써 농촌 사회를 안정시키고자 하였다. 상공업 중심 개혁론자들은 청의 문물 수용과 상공업 진흥을 주장하였다.

· **시험에서는** 이렇게 ·

조선 후기 실학자들의 개혁론이 담긴 자료를 보여 주고, 개혁론의 내용을 묻거나 해당 내용을 주장한 실학자의 활동을 묻는 문제가 자주 출제됩니다. 농업 중심 개혁론자들과 상공업 중심 개혁론자들의 주장과 활동을 비교하여 정리해 두세요.

자료 활용 문제

두 번째 자료의 주장을 한 실학자에 대한 설명으로 옳은 것은?

① 균전론을 제시하였다.
② 「대동여지도」를 제작하였다.
③ 문벌제도 폐지를 주장하였다.
④ 수레와 배의 이용을 주장하였다.
⑤ 유교 경전의 재해석을 시도하였다.

답 ④

자료 ⑤ 동학의 창시와 확산

◎ 「동경대전」과 「용담유사」

사람이 곧 하늘이라. 그러므로 사람은 평등하며 차별이 없나니 사람이 마음대로 귀천을 나눔은 하늘을 거스르는 것이다. 우리 도인은 모든 차별을 없애고 선사의 뜻을 받들어 생활하기를 바라노라.
– 최시형의 최초 설법(1865)

조선 후기 천주교가 확산되고 지배 체제의 모순이 심해지자, 경주의 몰락 양반인 최제우가 동학을 창시하였다. 동학은 '사람이 곧 하늘'이라는 인간 평등을 강조하고 후천 개벽을 주장하여 사회 변혁을 바라는 농민들 사이에 급속히 전파되었다. 정부는 동학을 사교로 규정하고 최제우를 처형하였으나 동학의 확산세는 더욱 커져 갔다.

자료 ⑥ 조선 후기 서민 문화의 발달

두꺼비 파리를 물고 두엄더미 위에 뛰어올라 앉아 / 건너편 산을 바라보니 송골매가 떠 있어서 / 가슴이 섬뜩하여 펄쩍 뛰어 내리다가 두엄더미 아래 자빠졌구나. / 마침 내가 날래기 망정이지 멍이 들뻔했구나.
– 김천택, 「청구영언」

조선 후기에는 서민들의 사회적 지위가 향상되면서 서민 문화가 발달하였다. 문학에서는 『홍길동전』, 『춘향전』과 같은 한글 소설과 기존의 시조 형식에 구애받지 않는 사설시조 등이 유행하였다. 판소리와 탈놀이에는 양반의 위선을 비판하거나 사회 부정과 비리를 풍자하는 내용이 많았다. 또한 사람들의 일상생활을 그린 풍속화와 생활 공간을 장식한 민화가 유행하였다.

개념 확인하기

7 고려 시대에 유교적 합리주의 사관에 따라 『삼국사기』를 편찬한 인물은?

8 다음 설명이 맞으면 ○표, 틀리면 ×표를 하시오.
(1) 이황의 사상은 일본 성리학에 영향을 주었다. ( )
(2) 조선 후기에는 양반의 위선을 비판한 탈놀이가 유행하였다. ( )
(3) 정약용은 신분에 따라 차등을 두어 일정한 면적의 토지를 분배하자고 주장하였다. ( )

9 다음 괄호 안의 내용 중 알맞은 말에 ○표를 하시오.
(1) (이이, 이황)의 사상은 현실적이고 개혁적인 경향을 보였다.
(2) 유수원, 홍대용 등은 (농업, 상공업) 중심의 개혁론을 펼쳤다.
(3) (동학, 천주교)은/는 서양의 학문으로 소개되었다가 신앙으로 수용되었다.

10 인간 평등을 강조하며 모든 사람이 마음속에 하느님을 모시고 있다고 한 동학의 교리는?

01 다음 자료를 통해 알 수 있는 삼국의 모습으로 적절한 것은?

> 신인이 말하였다. "황룡사의 불법을 수호하는 용이 나의 맏아들이다. …… 귀국하여 절 안에 구층 탑을 조성하면 이웃 아홉 나라가 항복하고 조공하여 나라가 영원히 평안할 것이다. …… "
> – 『삼국유사』

① 불교가 대중화되었다.
② 6두품 유학생들이 활약하였다.
③ 승탑과 탑비가 많이 제작되었다.
④ 호국적 성격의 불교가 발달하였다.
⑤ 불로장생을 추구하는 도교가 발달하였다.

중요해 02 밑줄 친 '그'에 대한 설명으로 옳은 것은?

> 그가 수많은 촌락에서 노래하고 춤추며 교화하고 읊고 돌아오니 가난하고 무지몽매한 무리들도 모두 부처의 이름을 알고 모두 '나무아미타불'을 외우게 되었다. 그의 법화가 컸던 것이다.

① 화엄종을 열었다.
② 『왕오천축국전』을 저술하였다.
③ 법흥왕의 불교 공인에 영향을 끼쳤다.
④ 화쟁을 통해 종파 간 대립을 완화하였다.
⑤ '관세음보살'을 부르면 구제를 받는다고 하였다.

03 다음 주장을 펼친 인물에 대한 설명으로 옳은 것은?

> 하나 가운데 일체의 만물이 다 들어 있고 만물 속에는 하나가 자리 잡고 있으니, 하나가 곧 일체의 만물이고 만물은 곧 하나에 귀속되어 있는 것이다. – 「화엄일승법계도」

① 일심 사상을 제시하였다.
② 『토황소격문』을 저술하였다.
③ 왕실에서 국사로 삼아 우대하였다.
④ 9산선문으로 대표되는 사찰을 건립하였다.
⑤ 부석사를 건립하고 관음 신앙을 전파하였다.

중요해 04 다음 비석에 대한 설명으로 옳은 것은?

> 임신년 6월 16일에 두 사람이 함께 맹세하고 기록한다. …… 신미년 7월 22일에 맹세하였다. 『시경』, 『상서』, 『예기』, 『춘추좌씨전』을 3년 안에 차례로 습득하기를 맹세하였다.

① 금관가야의 쇠퇴 상황을 보여 준다.
② 신라가 유학을 수용한 사실을 알려 준다.
③ 진흥왕의 영토 확장을 기념하여 건립되었다.
④ 백제에서 오경박사를 둔 사실이 기록되어 있다.
⑤ 신라인들이 현세 구복을 추구하였음이 드러나 있다.

05 다음 문화유산에 반영된 사상에 대한 설명으로 옳지 않은 것은?

① 불로장생을 추구하였다.
② 현세에서 복을 구하였다.
③ 사신이 사후 세계를 지켜 준다고 믿었다.
④ 호족 세력이 근거지를 마련할 때 활용하였다.
⑤ 산천 숭배, 민간 신앙 등과 결합하여 발전하였다.

06 (가), (나)에 들어갈 내용을 옳게 연결한 것은?

> 통일 이후 신라는 유교를 정치 이념으로 삼았다. 신문왕은 ___(가)___ 을 세워 유학을 교육하였다. 또한 원성왕은 유교 경전의 이해 수준을 평가하여 관리를 선발하는 ___(나)___ 을/를 시행하였다.

	(가)	(나)		(가)	(나)
①	국학	9재 학당	②	국학	독서삼품과
③	태학	9산선문	④	태학	9재 학당
⑤	주자감	독서삼품과			

07 다음 주장을 펼친 승려에 대한 설명으로 옳은 것은?

교리만 강조하거나 참선만 주장하는 사람은 한쪽에 치우친 것이니 교학과 선을 함께 해야 한다.

① 백련결사를 결성하였다.
② 유불 일치설을 주장하였다.
③ 참회와 염불 수행을 강조하였다.
④ 화엄종을 중심으로 교종을 통합하였다.
⑤ 불교의 세속화를 비판하며 정혜결사를 조직하였다.

[08~09] 다음을 읽고 물음에 답하시오.

(가) 기전체 서술 방식을 따랐으며, 유교에서 강조하는 충·효의 도덕을 바탕으로 후세에 교훈이 되도록 역사를 서술하였다. 삼국의 정치적인 흥망과 변천을 중심으로 통일 신라까지 편찬하였다.

(나) 불교 신앙을 중심으로 전설이나 야사, 신화적인 내용을 주로 다루었다. 고조선을 처음으로 서술하였고, 단군을 비롯한 역대 왕조 시조들의 신비로운 탄생과 업적을 강조하였다.

08 (가), (나) 역사서가 무엇인지 각각 쓰시오.

09 (가), (나) 역사서에 대한 설명으로 옳은 것은?

① (가) - 김부식이 저술하였다.
② (가) - 자주 의식을 드러냈다.
③ (나) - 이승휴가 저술하였다.
④ (나) - 성리학적 유교 사관이 반영되었다.
⑤ (나) - 동명왕의 업적을 서사시로 칭송하였다.

10 다음 자료에 반영된 사상에 대한 탐구 활동으로 가장 적절한 것은?

묘청 등이 왕에게 건의하기를, "저희가 보니 서경 임원역의 땅은 음양가들이 말하는 대화세(명당)입니다. 만약 이곳에 궁궐을 세우고 수도를 옮기면 능히 천하를 다스릴 수 있습니다. 또한 금이 공물을 바치고 스스로 항복할 것이며, 36개 나라가 모두 신하가 될 것입니다."라고 하였다.
– 『고려사』

① 국사와 왕사 제도를 연구한다.
② 왕실에서 주관한 초제를 조사한다.
③ 개경과 서경에서 열린 팔관회를 분석한다.
④ 서경 천도 운동이 추진된 배경을 찾아본다.
⑤ 신진 사대부의 개혁에 기반이 된 사상을 알아본다.

11 중요해 ★ 이 문제에서 나올 수 있는 모든 선택지 ✓
다음 주장을 펼친 인물에 대한 설명으로 옳지 <u>않은</u> 것은?

하루는 같이 공부하는 사람 10여 인과 더불어 약속하였다. 명예와 이익을 버리고 산림에 은둔하여 같은 모임을 맺자. 항상 선(禪)을 익혀 지혜를 고르는 데 힘쓰고, 예불하고 경전을 읽으며, 나아가서는 노동하기에 힘쓰자. 각자 맡은 바 임무에 따라 경영하고, 인연에 따라 심성을 수양하며 한평생을 자유롭고 호쾌하게 지내자.
– 『권수정혜결사문』

① 돈오점수를 주장하였다.
② 선교 일치를 주장하였다.
③ 해동 천태종을 창시하였다.
④ 불교의 세속화를 비판하였다.
⑤ 정혜결사(수선사 결사)를 결성하였다.
⑥ 수행 방법으로 정혜쌍수를 제시하였다.
⑦ 참선과 교학을 고루 해야 한다고 주장하였다.

12 교사의 질문에 대한 학생의 답변으로 가장 적절한 것은?

(가) 사상에 대해 말해 볼까요?

(가)
• 고려 말 원으로부터 수용됨
• 이제현 등이 원의 학자들과 교류하며 심화함

① 도참사상과 결합하여 유행하였어요.
② 김부식의 『삼국사기』에 반영되었지요.
③ 교종과 선종으로 나뉘어 대립하였어요.
④ 신선술과 불로장생을 목표로 연구되었지요.
⑤ 신진 사대부가 사회 개혁 사상으로 수용하였어요.

13 밑줄 친 '이것'에 대한 설명으로 옳은 것은?

지금 보고 있는 건물은 15세기경에 지은 합천 해인사 장경판전으로, 이것을 보관 중입니다.

① 몽골의 침입 때 소실되었다.
② 거란의 침입 때 만들어졌다.
③ 초조대장경의 제작에 영향을 주었다.
④ 외적을 물리치려는 염원이 담겨 있다.
⑤ 유교 경전의 내용을 집대성한 것이다.

14 (가)에 들어갈 인물로 옳은 것은?

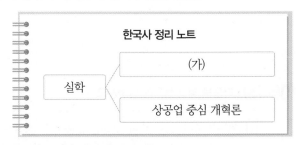

한국사 인물 카드
• 이름: (가)
• 호: 퇴계(退溪)
• 주요 활동
　– 『주자서절요』, 『성학십도』 저술
　– 일본의 성리학에 영향을 줌

① 윤휴　　　② 이이　　　③ 이황
④ 박세당　　⑤ 송시열

15 (가)에서 내세운 주장으로 옳은 것은?

한국사 정리 노트
실학 ─ (가)
　　　└ 상공업 중심 개혁론

① 토지 제도의 개혁을 꾀하였다.
② 외척 정치의 청산을 강조하였다.
③ 청의 문물을 적극 수용하고자 하였다.
④ 청을 정벌하여 명에 대한 의리를 지키자고 하였다.
⑤ 소비를 촉진하여 경제를 활성화하자고 제안하였다.

중요해
16 다음 주장을 펼친 인물에 대한 설명으로 옳은 것은?

대체로 재물은 샘과 같은 것이다. 퍼내면 차고, 버려두면 말라 버린다. …… 기교를 숭상하지 않아서 …… 서로 구제할 수 없게 된다.

① 동학을 창시하였다.
② 여전제를 내세웠다.
③ 고려에 성리학을 들여왔다.
④ 상공업 진흥을 주장하였다.
⑤ 직업의 평등을 강조하였다.

17 밑줄 친 '종교'에 대한 설명으로 옳은 것만을 〈보기〉에서 고른 것은?

제시된 책들은 이 <u>종교</u>의 기본 경전이다. 교리와 교단을 정비한 최시형의 노력으로 이 <u>종교</u>는 농촌 사회에 더욱 퍼져 나갔다.

▲『동경대전』과『용담유사』

┤ 보기 ├
ㄱ. 시천주 사상을 바탕으로 하였다.
ㄴ. 후천 개벽을 내세워 사회 변혁을 바랐다.
ㄷ. 17세기에 서양 학문의 하나로 소개되었다.
ㄹ. 남인 계열의 실학자에 의해 신앙으로 수용되었다.

① ㄱ, ㄴ   ② ㄱ, ㄷ   ③ ㄴ, ㄷ
④ ㄴ, ㄹ   ⑤ ㄷ, ㄹ

18 (가)에 들어갈 내용으로 적절하지 <u>않은</u> 것은?

수행 평가 활동지
• 활동 내용: 양 난 이후의 사회·경제적 변화 속에서 유행한 서민 문화를 주제로 카드 뉴스를 제작한다.
• 카드 뉴스 주제
 - 1모둠: 일상생활을 그린 풍속화가 제작되다
 - 2모둠: 이야기에 가락을 얹은 판소리가 성행하다
 - 3모둠: _____(가)_____

① 생활 공간을 장식한 민화가 그려지다
② 천문도인 「천상열차분야지도」가 제작되다
③ 서민의 소망이 담긴 한글 소설이 성행하다
④ 형식이 비교적 자유로운 사설시조가 등장하다
⑤ 양반의 위선을 해학적으로 풍자한 탈놀이가 유행하다

19 다음 자료를 통해 알 수 있는 문화 교류의 내용과 영향을 서술하시오.

왼쪽은 삼국 시대에 만들어진 금동 미륵보살 반가 사유상이고, 오른쪽은 일본 고류사 목조 미륵보살 반가 사유상이다. 두 불상은 재료만 다를 뿐 형태가 매우 유사하다.

_____
_____

3단계로 완성하기

20 (가), (나) 개혁안을 비교하고, 두 개혁안의 공통적인 목적을 서술하시오.

(가) 토지 몇 부(負)를 1호의 영업전(永業田)으로 하여 …… 땅이 많은 자는 줄이지 않고 미치지 못하는 자도 더 주지 않으며, …… 땅이 많아 팔고자 하는 자는 영업전 몇 부 이외에는 허락하여 준다.　　－ 이익
(나) 무릇 1여(閭)의 토지는 1여의 인민이 공동으로 경작하도록 한다. …… 여장은 매일 개개인의 노동량을 장부에 기록해 두었다가 …… 장부에 근거하여 노동 일수에 따라 여민들에게 분배한다.　　－ 정약용

① 단계　(가), (나) 개혁안의 주요 내용을 써 보세요.
_____
_____

② 단계　(가), (나) 개혁안의 공통적인 주장을 써 보세요.
_____
_____

③ 단계　1단계와 2단계에서 정리한 내용을 바탕으로 답안을 완성해 보세요.
_____
_____

1등급 도전하기

01 (가) 종파에 대한 설명으로 옳은 것만을 〈보기〉에서 고른 것은?

> **우리 동네 문화유산 소개**
>
>
>
> • 명칭: 화순 쌍봉사 철감선사 탑
> • 지정 번호: 국보 제57호
> • 설명: ____(가)____ 이/가 신라에서 유행하면서 많이 조성된 승탑 중 하나이다. 탑의 형태는 8각 원당형이다.

┌ 보기 ┐
ㄱ. 서경 길지설의 이론적 근거가 되었다.
ㄴ. 참선 수행을 통한 깨달음을 강조하였다.
ㄷ. 호족의 후원을 받아 교세를 확장하였다.
ㄹ. 백제 산수무늬 벽돌의 문양에 반영되었다.

① ㄱ, ㄴ   ② ㄱ, ㄷ   ③ ㄴ, ㄷ
④ ㄴ, ㄹ   ⑤ ㄷ, ㄹ

02 (가)에 들어갈 내용으로 가장 적절한 것은?

> 수업 시간에 배운 만권당에 대해 조사한 내용을 말해 볼까?
>
> 충선왕이 원의 수도에 세운 독서당이에요.
>
> 맞아. 만권당에서 고려와 원의 학자들이 교류하면서 ○○○에 대한 이해를 넓혀 갔어. 그런데 원에서 수용한 사상인 ○○○은 고려에 어떤 영향을 주었을까?
>
> (가)
>
> [＋] [_____] [전송]

① 국자감 설치에 기여하였어요.
② 유학이 보수화하는 데 영향을 주었지요.
③ 최충의 9재 학당 등 사학 12도가 융성하였어요.
④ 도참사상과 결합하여 서경의 중요성이 강조되었지요.
⑤ 고려 사회의 문제점을 개혁하는 사상적 바탕이 되었어요.

03 밑줄 친 '종교'에 대한 설명으로 옳은 것은?

> 죽은 사람 앞에 술과 음식을 차려 놓는 것은 이 종교에서 금하는 바입니다. 살아 있을 동안에도 영혼은 술과 밥을 받아먹을 수 없거늘, 죽은 뒤에 영혼이 어떻게 하겠습니까? …… 사람의 자식이 되어 어찌 허위와 가식의 예로써 돌아가신 부모님을 섬기겠습니까?   – 정하상, 『상재상서』

① 불로장생을 추구하였다.
② 시천주 사상을 내세웠다.
③ 서원을 기반으로 확산하였다.
④ 청에 다녀온 사신들이 학문으로 소개하였다.
⑤ 외적의 침입을 물리치려고 대장경을 조판하였다.

창의 융합

04 다음 문학 작품이 유행한 시기에 있었던 사실로 옳지 않은 것은?

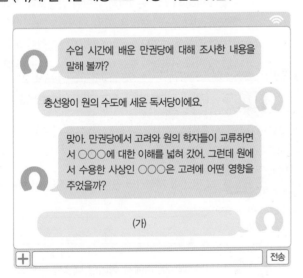

> **시조로 보는 한국사**
>
> 두꺼비 파리를 물고 두엄더미 위에 뛰어올라 앉아
> 건너편 산을 바라보니 송골매가 떠 있어서
> 가슴이 섬뜩하여 펄쩍 뛰어내리다가 두엄더미 아래 자빠졌구나.
> 마침 내가 날래기 망정이지 멍이 들뻔했구나.
>   – 김천택, 『청구영언』
>
> [작품 해설] '두꺼비'는 양반 탐관오리를, '파리'는 힘없는 민중을 가리킵니다. 두꺼비가 올라앉은 '두엄더미'는 부정부패를 의미하며, '송골매'는 중앙 관리, 외세 등 더 큰 세력을 가리킵니다. 두꺼비가 송골매에 놀라 뛰어내리다가 자빠졌다는 표현에서 양반을 풍자하였음을 알 수 있습니다.

① 홍대용은 기술 혁신과 문벌제도 폐지를 주장하였다.
② 박지원은 수레와 선박, 화폐 유통의 필요성을 내세웠다.
③ 안정복은 『동사강목』을 저술하여 우리 역사를 체계화하였다.
④ 김정호는 산천, 도로망 등을 정밀하게 표시한 「대동여지도」를 제작하였다.
⑤ 이이는 통치 체제 정비, 수취 제도 개혁 등 다양한 개혁 방안을 제시하였다.

수능 준비하기

정답과 해설 22쪽

수능 기출 | 응용

01 (가)에 들어갈 내용으로 가장 적절한 것은?

고려 시대에 나온 저술 중 민족의 자주 의식이 반영된 것으로는 무엇이 있을까요?

일연의 『삼국유사』가 있어요.

이규보의 『동명왕편』이 있어요.

(가)

① 박제가의 『북학의』가 있어요.
② 유득공의 『발해고』가 있어요.
③ 안정복의 『동사강목』이 있어요.
④ 이승휴의 『제왕운기』가 있어요.
⑤ 이황의 『주자서절요』가 있어요.

> **수능 만점 한끝**
>
> 자료의 고려 시대, 민족의 자주 의식을 통해 고려의 역사서에 대한 내용임을 파악하고, 고려의 역사서 중 민족의 자주 의식이 담긴 저술을 찾아본다.
>
> **문제의 핵심**
>
> 고려 후기의 역사서
>
> | 특징 | 몽골의 침입 이후 이를 극복하고자 하는 자주 의식 표출 |
> | --- | --- |
> | 저술 | 『동명왕편』(이규보), 『삼국유사』(일연), 『제왕운기』(이승휴) |

수능 기출 | 응용

02 다음 자료를 활용한 탐구 주제로 가장 적절한 것은?

우리나라 선비들은 "지금 중국 땅의 주인은 오랑캐인 청이다."라고 하면서 중국으로부터 배우기를 부끄러워한다. 저 오랑캐들이 살고 있는 중국 땅에는 중화의 전통이 지속되고 있으며, 청은 중화의 문물이 이로운 것임을 알아 이를 활용하고 있다. 그러나 정작 우리는 "지금의 중국은 예전의 중국이 아니다."라고 하면서 청에 계승된 훌륭한 법과 제도마저 배척하고 있다. 청으로부터 배우지 않는다면 장차 어디에서 본받아 행하겠는가? 이러한 생각을 하며 연경에서 돌아왔을 때, 마침 박제가가 자신이 지은 책을 보여 주었다. 이 책의 주장은 나의 『열하일기』와 조금도 어긋남이 없었다.

① 불교 개혁과 정혜결사
② 실학의 대두와 북학 사상
③ 선종의 유행과 9산선문의 성립
④ 조선 성리학의 발달과 절대화 경향
⑤ 풍수지리설과 묘청의 서경 천도 운동

> **수능 만점 한끝**
>
> 자료의 청으로부터 배워야 한다는 주장에 담긴 사상을 추론하고, 이 사상과 관련된 주제를 고른다.
>
> **이렇게도 출제될 수 있어요!**
>
> 자료의 실학자 박제가, 박지원이 주장한 상공업 중심의 개혁론을 묻거나 그들의 저술, 활동을 묻는 문제가 출제될 수 있어요.

대단원 마무리하기

01 (가), (나) 시기 사이에 있었던 사실로 옳은 것은?

> (가) 살수에 이르러 수 군대가 살수를 반쯤 건너자, 을지
> 문덕이 군사를 진격시켜 공격하였다. …… 처음 요
> 하를 건넜을 때 수 군사가 30만 5,000명이었는데,
> 돌아온 것은 단지 2,700명이었다.
> (나) 신라와 당의 군대가 백제의 수도를 포위하려고 소부
> 리 벌판으로 나아갔다. 당의 소정방이 전진하지 않
> 자 김유신이 그를 달래서, 두 나라의 군사가 용감하
> 게 네 길로 나누어 진격하였다.

① 당이 안동도호부를 설치하였다.
② 고구려가 평양으로 수도를 옮겼다.
③ 가야가 중국 남조에 사신을 보냈다.
④ 신라가 기벌포 전투에서 승리하였다.
⑤ 고구려가 안시성에서 당군을 물리쳤다.

02 (가)에 들어갈 내용으로 가장 적절한 것은?

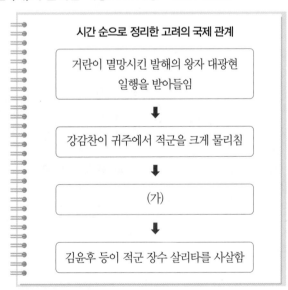

① 삼별초가 항쟁함
② 서희가 강동 6주를 확보함
③ 원이 공녀와 환관을 뽑아 감
④ 일본 원정을 위해 정동행성이 설치됨
⑤ 윤관이 별무반을 이끌고 여진을 정벌함

03 고려가 (가) 국가에 대항하여 펼친 활동으로 옳은 것은?

> 김윤후는 고종 때의 사람으로 일찍이 중이 되어 백현원
> 에 있었다. (가) 의 군대가 쳐들어오자, 김윤후는
> 처인성으로 난을 피하였다. (가) 의 원수 살리타
> 가 와서 성을 치자 김윤후가 그를 사살하였다. 왕은 그
> 공을 가상히 여겨 상장군의 벼슬을 주었으나 사양하고
> 받지 않았다.
> ─ 『고려사』

① 별무반을 편성하여 정벌하였다.
② 국경 지역에 천리장성을 축조하였다.
③ 우왕과 최영이 요동 정벌을 추진하였다.
④ 삼별초가 개경 환도에 반대하며 항전하였다.
⑤ 강감찬이 이끄는 군대가 귀주에서 격퇴하였다.

04 (가), (나)에 들어갈 내용으로 옳은 것은?

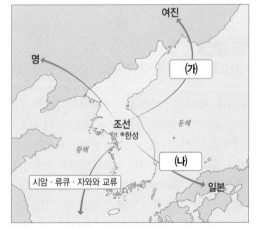

△ 조선 전기의 국제 관계

① (가) – 통신사를 정기적으로 파견
② (가) – 책봉을 받아 국제적 지위 확보
③ (나) – 김종서를 보내 6진 개척
④ (나) – 이종무를 보내 쓰시마섬 토벌
⑤ (나) – 귀순을 장려하고 무역소를 설치하여 제한적인
　　교역 허용

05 다음 주장이 제기된 시기에 있었던 사실로 옳은 것은?

> 청이 천하를 차지한 지 1백 년이 지났다. 여기에 사는 사람들을 모조리 오랑캐라 하고 중국의 법마저 폐기해 버린다면 크게 옳지 않다. 진실로 백성에게 이롭기만 하다면, 그 법이 비록 오랑캐에게서 나왔다 하더라도 성인은 취할 것이다. — 박제가, 『북학의』

① 몽골풍이 유행하였다.
② 연행사가 파견되었다.
③ 동북 9성이 설치되었다.
④ 정동행성이 내정을 간섭하였다.
⑤ 묘청이 서경 천도 운동을 전개하였다.

06 (가) 국가에 대한 설명으로 옳은 것은?

> 통일 후 (가) 에서는 물품 수요가 늘어나 금성의 동시 외에 서시와 남시를 추가로 설치하고, 시전을 두어 시장을 감독하게 하였다. 시전의 설치는 금성에만 국한된 것이 아니었다. 9주 5소경을 설치하면서 각 소경과 지방의 주요 거점 도시에도 시전을 개설하였다.

① 『농사직설』을 간행하였다.
② 3년마다 촌락 문서를 작성하였다.
③ 직업 군인에게 군인전을 지급하였다.
④ 전시과를 제정하여 전제 개혁을 단행하였다.
⑤ 특수 행정 구역인 소에서 여러 물품을 생산하였다.

07 다음 서술형 평가의 답안에 들어갈 내용으로 적절하지 <u>않은</u> 것은?

> **서술형 평가** ○반 ○○번 이름: □□□
> ☞ (가) 국가의 경제생활을 서술하시오.
>
> (가) 국왕은 제사를 지낼 때 중국 황제와 동일한 12개의 줄이 있는 면류관과 12개의 문장이 있는 곤복을 입었다. 황제가 입는 통천관과 강사포를 착용한 채 축하를 받았고, 황색의 포를 입고 집무하였다. 현릉에서 출토된 태조 왕건상에서도 통천관을 착용한 모습을 확인할 수 있다.
>
> 답안:

① 대도시에 관영 상점이 설치되었다.
② 원에서 들여온 목화를 재배하였다.
③ 모내기법이 전국적으로 확산하였다.
④ 관리에게 전지와 시지를 지급하였다.
⑤ 벽란도가 국제 무역항으로 번성하였다.

08 밑줄 친 '폐단'으로 가장 적절한 것은?

① 방군수포가 성행하였다.
② 귀족들의 녹읍이 부활하였다.
③ 관리들이 수조권을 남용하였다.
④ 관리에게 지급할 토지가 부족해졌다.
⑤ 5품 이상의 관리에게 공음전을 지급하였다.

09 (가) 국가의 사회 모습으로 적절한 것은?

> (가) 국왕이 불교를 일으키고자 하였으나 여러 신하들이 불교를 믿지 않았다. …… 이차돈의 목이 잘린 곳에서 피가 솟구쳤는데 우윳빛이었다. 여러 사람이 괴이하게 여겨 다시는 불교에서 행하는 일을 헐뜯지 않았다.
> – 「삼국사기」

① 중앙의 고위 관리들이 문벌을 형성하였다.
② 가, 대가 등은 호민을 통해 읍락을 지배하였다.
③ 농민의 몰락을 방지하고자 진대법을 실시하였다.
④ 왕족인 부여씨와 8성의 귀족들이 지배층을 형성하였다.
⑤ 골품에 따라 개인의 정치적·사회적 활동 범위를 제한하였다.

+단원 통합

10 밑줄 친 '국가'의 사회 모습으로 적절한 것만을 〈보기〉에서 고른 것은?

> 국가가 도병마사를 설치하여 시중·평장사·참지정사·정당문학·지문하성사를 판사로 삼고, 판추밀 이하를 사(使)로 삼아 큰일이 있을 때 회의하였기 때문에 합좌(合坐: 당상관이 모여 중대한 일을 의논하는 일)라는 이름이 있게 되었다. 그런데 이는 한 해에 한 번 모이기도 하고 여러 해 동안 모이지 않기도하였다. – 「역옹패설」

| 보기 |
ㄱ. 제사와 재산 상속이 장자 중심으로 이루어졌다.
ㄴ. 사위가 처가로 장가들어 사는 일이 일반적이었다.
ㄷ. 남녀 구별 없이 태어난 순서대로 호적에 기재하였다.
ㄹ. 아들이 없는 경우 양자를 들이는 것이 보편적이었다.

① ㄱ, ㄴ ② ㄱ, ㄷ ③ ㄴ, ㄷ
④ ㄴ, ㄹ ⑤ ㄷ, ㄹ

11 다음 자료에 나타난 농업이 이루어진 시기에 볼 수 있는 모습으로 적절하지 않은 것은?

> 밭에 심는 모든 곡식은 그 땅에 알맞아야 한다. …… 대개 그 종류는 9가지 곡식뿐만이 아니다. 모시·삼·참외·오이와 채소, 온갖 약초를 심어 농사를 잘 지으면 한 이랑 밭에서 얻는 이익은 헤아릴 수 없이 크다. 도회지 주변의 파밭, 마늘밭, 배추밭, 오이밭에서는 10무의 땅으로 수만 전의 수입을 올릴 수 있다. – 정약용, 「경세유표」

① 포구에 물건을 실어 나르는 경강상인
② 국경에서 청 상인과 거래를 하는 사상
③ 장시에서 상평통보로 물건값을 치르는 농민
④ 물주로부터 자금을 받아 광산을 운영하는 덕대
⑤ 무역 통제에 반발하여 3포 왜란을 일으키는 일본인

12 다음 내용에 해당하는 종파에 대한 설명으로 옳은 것만을 〈보기〉에서 고른 것은?

> • 불교의 한 종파이다.
> • 경전에 의존하지 않고 자기 안에 존재하는 불성을 깨우치는 것을 강조하였다.
> • 고려의 지눌은 이 종파를 중심으로 불교를 통합하고자 하였다.

| 보기 |
ㄱ. 백제에서 미륵사를 건립하였다.
ㄴ. 교리와 계율을 통한 수행을 강조하였다.
ㄷ. 승탑과 탑비가 유행하는 데 영향을 주었다.
ㄹ. 신라 말 지방의 호족 세력에게 큰 호응을 얻었다.

① ㄱ, ㄴ ② ㄱ, ㄷ ③ ㄴ, ㄷ
④ ㄴ, ㄹ ⑤ ㄷ, ㄹ

13 (가), (나)에 대한 설명으로 옳지 <u>않은</u> 것은?

> 유학 진흥 정책으로 신라에서는 (가) <u>6두품 출신의 뛰어난 학자들</u>이 많이 배출되었다. 발해 역시 유학을 강조하여 6부의 명칭을 유교 덕목으로 정하고, (나) <u>유학과 관련된 기관</u>을 설립하였다.

① (가) – 설총은 이두를 정리하였다.
② (가) – 최치원은 당의 빈공과에 급제하였다.
③ (가) – 신라 말 호족과 연계하여 활동하였다.
④ (나) – 유교 서적 관리를 위해 국학을 설치하였다.
⑤ (나) – 주자감을 설립하여 귀족의 자제들에게 유교 경전을 가르쳤다.

14 다음은 어느 학생의 수행 평가지이다. 옳게 연결한 문항을 고른 것은?

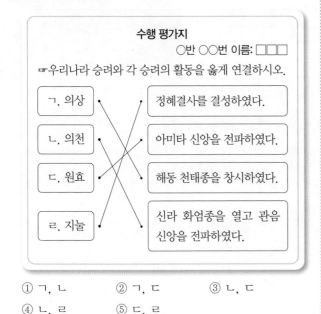

① ㄱ, ㄴ　　　② ㄱ, ㄷ　　　③ ㄴ, ㄷ
④ ㄴ, ㄹ　　　⑤ ㄷ, ㄹ

15 다음 자료들의 공통점으로 가장 적절한 것은?

> • 이중환의 『택리지』
> • 안정복의 『동사강목』
> • 김정호의 『대동여지도』

① 서민 문화가 발달하였음을 보여 준다.
② 조선 왕조의 정당성을 확보하고자 하였다.
③ 우리의 전통과 현실에 대한 관심이 반영되었다.
④ 주자의 이론을 우리의 현실에 맞게 체계화하였다.
⑤ 외적의 침략을 겪으면서 자주 의식을 드러내려 하였다.

[16~17] 다음을 읽고 물음에 답하시오.

> 토지 몇 부(負)를 1호의 영업전(永業田)으로 하여 …… 돈이 있어 사고자 하는 자는 비록 천백 결이라도 허락하여 주고, 땅이 많아 팔고자 하는 자는 영업전 몇 부 이외에는 허락하여 준다.
> – 『곽우록』

16 위와 같이 주장한 인물에 대한 설명으로 옳은 것은?

① 균전론을 제시하였다.
② 한전론을 주장하였다.
③ 기술 혁신과 문벌제도 폐지를 내세웠다.
④ 소비를 권장하여 생산을 촉진하자고 하였다.
⑤ 토지를 공동으로 경작한 뒤 그 수확물을 분배하자고 하였다.

17 위와 같은 취지의 개혁론을 주장한 실학자들에 대한 설명으로 옳은 것은?

① 수레와 배의 이용을 강조하였다.
② 화폐 유통의 필요성을 내세웠다.
③ 청의 문물을 수용할 것을 주장하였다.
④ 대표적인 인물로는 유수원, 홍대용 등이 있었다.
⑤ 토지 제도를 개혁하여 농촌 사회를 안정시키고자 하였다.

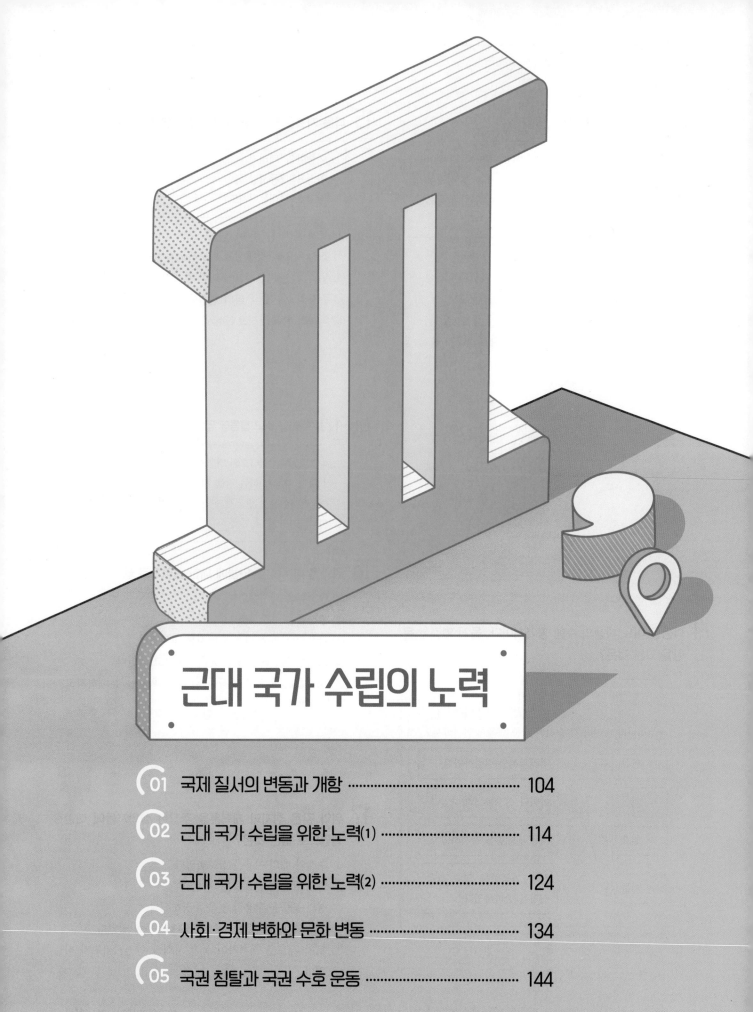

근대 국가 수립의 노력

✦ 무엇을 배울까?

이 단원에서
배울 내용

☑ **국제 질서의 변동과 개항**
제국주의, 병인양요, 신미양요, 척화비, 운요호 사건,
강화도 조약, 조미 수호 통상 조약

☑ **근대 국가 수립을 위한 노력(1)**
개화 정책, 위정척사 운동, 임오군란, 갑신정변, 거문도
사건, 조선 중립화론

☑ **근대 국가 수립을 위한 노력(2)**
동학 농민 운동, 갑오·을미개혁, 독립 협회, 대한 제국,
광무개혁

☑ **사회·경제 변화와 문화 변동**
청·일본 등 열강의 경제 침탈, 화폐 정리 사업, 상권 수호
운동, 개항 이후의 변화, 교육 입국 조서

☑ **국권 침탈과 국권 수호 운동**
을사늑약, 항일 의병 운동, 의열 투쟁, 애국 계몽 운동, 국채
보상 운동, 독도와 간도

01 국제 질서의 변동과 개항

1 제국주의 열강의 동아시아 침략과 개항

1. 제국주의의 등장: 19세기 후반 독점 자본주의 성장, 배타적·침략적 민족주의 등장 → 서구 열강이 군사력을 이용하여 대외 팽창 정책 추진❶, 사회 진화론❷과 백인 우월주의로 식민지 지배를 정당화함

2. 청의 개항 자료 ❶

제1차 아편 전쟁 (1840~1842)	• 배경: 18세기 중반 이후 청이 공행 무역에서 많은 이익을 얻음, 영국의 대청 무역 적자 심화 • 전개: 영국이 인도산 아편을 청에 밀수출 → 청 정부의 아편 단속 → 영국의 청 침입 • 결과: 청의 패배 → 난징 조약 체결(청이 영국에 배상금 지불, 상하이 등 5개 항구 개항, 홍콩 할양 등)
제2차 아편 전쟁 (1856~1860)	• 전개: 청과의 무역량 저조 → 영국과 프랑스 연합군의 청 공격 • 결과: 톈진 조약·베이징 조약 체결(항구 추가 개방, 외국 공사의 베이징 주재 허용)

3. 일본의 개항: 미국 페리 제독의 무력시위에 개항(1853) → 미일 화친 조약❸ 체결(2개 항구 개항, 최혜국 대우❹ 인정, 1854), 미일 수호 통상 조약 체결(영사 재판권 인정, 1858)

2 양요의 발발과 통상 수교 거부 정책

1. 외세의 침략적 접근과 저항 대표 자료

병인박해 (1866)	흥선 대원군이 러시아 견제를 위해 프랑스 세력과 교섭 실패, 천주교 세력과의 접촉이 알려지며 흥선 대원군의 정치적 위기, 천주교 금지 여론 고조 → 프랑스 선교사들과 수많은 신자 처형
제너럴셔먼호 사건 (1866)	무장한 미국 상선 제너럴셔먼호가 평양에서 통상 요구 → 제너럴셔먼호가 조선의 관리 감금, 사상자 발생 → 평안도 관찰사 박규수, 관군과 주민들이 제너럴셔먼호를 공격하여 침몰시킴
병인양요 (1866)	• 배경: 병인박해를 구실로 로즈 제독을 보내 문호 개방 요구, 강화도 공격 • 전개: 프랑스군 갑곶진 상륙, 강화부 점령 및 약탈 → 문수산성에서 한성근 부대, 정족산성에서 양헌수 부대가 프랑스군 격파 • 결과: 프랑스군 퇴각(강화도 주요 시설 파괴, 외규장각 의궤 등 문화유산 약탈) → 흥선 대원군의 통상 수교 거부 정책, 천주교 박해 강화, 강화도 포대 설치, 병력 강화
오페르트의 도굴 시도 (1868)	• 전개: 조선이 독일 상인 오페르트의 통상 요구 거절 → 오페르트 일행이 조선과의 통상을 목적으로 흥선 대원군의 아버지 남연군의 묘(충남 덕산) 도굴 시도 → 실패 • 영향: 서양에 대한 조선인의 반감 확산, 흥선 대원군의 통상 수교 거부 의지 강화
신미양요 (1871)	• 배경: 제너럴셔먼호 사건을 계기로 미국이 조선에 배상금 지불과 개항 요구 → 청을 통한 교섭을 흥선 대원군이 거부 • 전개: 미국 로저스 제독의 함대 침공 → 초지진과 덕진진 점령, 광성보 공격(어재연의 수비대가 항전했으나 패배) → 조선 정부의 통상 수교 협상 불응 → 미군 퇴각

2. 통상 수교 거부 정책 자료 ❷

(1) **척화비❺ 건립:** 흥선 대원군의 통상 수교 거부 정책 천명

(2) **영향:** 서양 세력의 침략을 일시적으로 저지, 조선의 근대화 지연

한끝 더하기

❶ 제국주의 열강의 아시아 침략
제국주의 열강은 아프리카, 인도를 거쳐 동아시아 지역으로 진출하였다. 열강의 침략이 본격화되면서 동아시아 국가들은 문호를 개방하게 되었다.

❷ 사회 진화론
찰스 다윈이 제시한 생물학적 진화론을 바탕으로 인간 사회를 이해하려는 이론이다. 인간 사회에도 약육강식, 적자생존의 법칙이 적용된다고 보았다.

❸ 미일 화친 조약(1854)
미국 선박에 연료 및 식량을 공급, 2개 항구의 개항과 영사의 주재를 인정, 미국에 최혜국 대우를 인정한다는 내용 등이 담겨 있다.

❹ 최혜국 대우
한 나라가 제3국에 부여하고 있는 가장 유리한 조건을 조약 상대국에도 자동적으로 부여하는 것이다.

❺ 척화비

서양 오랑캐와 화친을 주장하지 말고 맞서 싸우자는 글이 쓰여 있다.

한끝 자료실

·대표 자료· 병인양요와 신미양요 ———————— 정보 활용 능력

🔺 병인양요의 전개

🔺 신미양요의 전개

프랑스가 강화도를 침략하자 한성근과 양헌수 부대가 각각 문수산성과 삼랑성(정족산성)에서 프랑스군을 물리쳤다(병인양요). 이후 미국이 조선에 통상을 요구하며 강화도를 침략하였다. 어재연 등이 이끄는 조선의 수비대가 격렬하게 항전하였으나 광성보는 함락되었다. 그럼에도 불구하고 흥선 대원군이 통상 수교 협상에 응하지 않자 미군은 퇴각하였다(신미양요).

자료❶ 청과 일본의 개항

[난징 조약(1842)]	[미일 수호 통상 조약(1858)]
• 5개 항구의 통상을 허용한다.	• 5개 항구를 개항하고 오사카의 시장을 개방한다.
• 홍콩을 영국에 할양한다.	
• 공행을 폐지하고 자유롭게 통상한다.	• 일본의 관세를 상호 협의하여 결정한다.
• 양국 협의하에 출입 관세를 설정한다.	• 미국의 영사 재판권을 인정한다.

제국주의 열강들이 아시아에 접근하면서 청과 일본은 각각 영국, 미국과 불평등 조약을 맺었다. 이에 따라 청과 일본은 항구를 개방하고 영사 재판권과 최혜국 대우 등 많은 특권을 조약 상대국에 허용하였다.

자료❷ 흥선 대원군의 통상 수교 거부 정책

• 서양 오랑캐들이 여러 나라를 침략한 것은 본래 있었지만, 지금까지 몇백 년간 적들은 감히 뜻을 이루지 못하였다. …… 괴로움을 참지 못하고 화친을 허락한다면 이는 나라를 파는 것이다. 교역을 허락한다면 이는 나라를 망하게 하는 것이다. 적이 경성에 다다를 때 도성을 버리고 간다면 이는 나라를 위태롭게 하는 것이다. – 『용호한록』
• 서양 오랑캐가 쳐들어왔는데 싸우지 않는 것은 곧 화의하는 것이요, 화의를 주장하는 것은 나라를 파는 일이다. 우리 만대의 자손에게 경고한다. 병인년에 만들어, 신미년에 세운다. – 척화비

흥선 대원군은 전국 곳곳에 척화비를 세워 통상 수교 거부 의지를 밝혔다. 이러한 정책은 서양의 침략을 일시적으로 막았으나, 급변하는 국제 정세에 제대로 대응하지 못하여 조선의 근대화가 늦어지는 결과를 가져왔다는 평가를 받기도 하였다.

·시험에서는 이렇게·

병인양요와 신미양요의 지도를 제시하고 각 사건의 전개, 결과, 영향을 묻는 문제가 자주 출제됩니다. 병인박해부터 척화비 건립으로 이어지는 흐름과 한성근(문수산성)·양헌수(정족산성), 어재연(광성보) 등의 활동을 정리해 두세요.

자료 활용 문제

첫 번째 지도에 나타난 사건의 영향으로 옳은 것은?

① 국학이 설립되었다.
② 4군 6진이 개척되었다.
③ 외규장각 도서가 약탈되었다.
④ 정동행성이문소가 폐지되었다.
⑤ 거란군이 귀주에서 퇴각하였다.

답 ③

개념 확인하기

1 서구 열강이 경제력과 군사력을 바탕으로 약소국을 식민지로 점령하는 대외 팽창 정책을 ( )라고 한다.

2 다음 설명이 맞으면 ○표, 틀리면 ×표를 하시오.
(1) 제1차 아편 전쟁의 결과 난징 조약이 체결되었다. ( )
(2) 일본은 미일 화친 조약에서 미국에 최혜국 대우를 인정하였다. ( )
(3) 청 정부가 인도산 아편을 몰수하자 미국이 청을 침입하여 제1차 아편 전쟁을 일으켰다. ( )
(4) 흥선 대원군은 병인박해 때 많은 미국 선교사를 처형하여 미국과 외교 문제가 발생하였다. ( )

3 다음 괄호 안의 내용 중 알맞은 말에 ○표를 하시오.
(1) 신미양요 때 (박규수, 어재연) 부대가 활약하였다.
(2) 제너럴셔먼호는 (한성, 평양)에서 통상을 요구하였다.
(3) 강화도에 침입한 (미국군, 프랑스군)은 퇴각 과정에서 외규장각을 비롯한 문화유산을 약탈하였다.

01 국제 질서의 변동과 개항

❶ 이와쿠라 사절단

이와쿠라 사절단은 미국과 유럽의 제도, 문물을 시찰하고 돌아와 일본의 근대화를 주도하였다.

❷ 『해국도지』

청의 위원이 지은 세계 지리서로, 지리뿐만 아니라 역사, 종교, 산업, 정치 등 거의 모든 분야를 서술하였다.

❸ 포함 외교

강대국이 군함을 이용하여 무력시위로 다른 나라에 압력을 가함으로써 유리한 조건을 얻어 내는 제국주의 열강의 외교 방식이다.

❹ 영사 재판권(치외법권)

영사가 외국에서 자국 국민이 저지른 사건을 자국 법률에 의거하여 재판할 수 있는 권리를 말한다.

❺ 거중 조정

조약을 맺은 국가가 제3국과 분쟁이 있을 경우 조약을 맺은 상대국이 중간에서 해결을 주선하는 일을 뜻한다.

❸ 문호 개방과 서구 열강과의 수교

1. 중국과 일본의 근대화 운동

중국	양무운동: 이홍장을 비롯한 한인 관료 중심, 부국강병 목표, 중체서용의 원칙 → 서양의 군사 기술 수용, 근대적 산업 시설 설립(강남제조총국 등) → 뚜렷한 성과를 거두지 못함
일본	• 존왕양이 운동: 개항 이후 막부의 권위 추락 → 하급 무사들의 존왕양이 운동 주도, 개항과 서양 문물의 도입 필요성 강조 • 메이지 유신: 천황 중심의 메이지 정부 수립(1868) → 문명개화와 부국강병을 목표로 근대 개혁 추진(입헌 군주제 수립, 신분제 폐지, 징병제 실시, 근대 산업 육성, 근대 시설 도입, 국민 의무 교육 실시, 미국과 유럽에 이와쿠라 사절단❶ 파견 등) → 일본 제국 헌법 공포(1889), 의회 설립 → 대외 팽창 추진

2. 조선의 문호 개방

(1) **통상 개화(수교)론의 대두**: 청의 양무운동과 일본의 메이지 유신이 일어나는 시기에 문호를 개방하여 서양과 통상하자는 통상 개화(수교)론 등장

(2) **개화파의 형성**: 북학파 실학자의 사상을 이어받은 박규수(사신으로 청 왕래), 오경석(역관, 『해국도지』❷, 『영환지략』 도입), 유홍기 등이 통상 개화(수교)론 주장 → 김옥균, 박영효, 김윤식 등 양반 자제들에게 소개 → 개화파 형성

(3) **강화도 조약(조일 수호 조규) 체결** 〔대표 자료〕

배경	• 대외적 배경: 메이지 유신 이후 일본은 대마도주를 통해 대등한 외교 관계 요구 → 조선의 거부 → 일본 내에 정한론 발생 • 대내적 배경: 고종의 직접 정치(통상 수교 거부 정책 완화, 개화파 인물 등용) → 문호 개방 여론 형성
전개	• 운요호 사건(1875): 일본이 미국의 포함 외교❸를 본떠 군함 운요호 파견 → 강화도 수비대의 포격 → 일본군의 영종도 상륙, 살인 및 약탈 → 운요호 포격을 구실로 문호 개방 요구 • 조선 내 박규수 등 통상 개화(수교)론자들의 의견을 수용하여 개항 결정 → 강화도 조약(조일 수호 조규) 체결(1876)
내용	조선이 자주국임을 명시, 부산을 비롯한 3개 항구 개항, 해안 측량권 허용, 영사 재판권(치외법권)❹ 인정
결과	동아시아의 전통적인 조공·책봉 체제에서 『만국 공법』의 내용에 근거한 조약 체제로 나아갈 수 있는 계기가 됨 〔자료 ❸〕
성격	조선이 외국과 맺은 최초의 근대적 조약, 불평등 조약

(4) **강화도 조약의 부속 조약 체결**

① **조일 수호 조규 부록**: 개항장 내 일본인 거류지 설정, 일본 화폐 유통 허용

② **조일 무역 규칙**: 양곡의 수출입 허용

3. 서구 열강과의 수교

(1) **조미 수호 통상 조약의 체결(1882)** 〔자료 ❹〕

배경	청이 일본·러시아 견제를 위해 권유, 수신사로 일본에 갔던 김홍집이 가져온 『조선책략』이 퍼지며 수교 여론 확산 → 조미 수호 통상 조약 체결(1882)
내용	거중 조정❺, 관세 부과 조항 포함, 최혜국 대우 인정, 영사 재판권 허용

(2) **서양 각국과의 수교**: 영국, 독일, 러시아, 프랑스(천주교 선교 활동 인정) 등과 조약 체결 → 서구 열강의 이권 침탈 발판 마련

한끝 자료실

· 대표 자료 ·   강화도 조약(조일 수호 조규, 1876) ──────── ✦ 비판적 사고력

제1조   조선은 자주국이며 일본과 평등한 권리를 보유한다.
제4조   부산 이외에 제5조에 기재하는 2개 항구를 개항하고 일본인이 왕래 통상함을 허가한다.
제7조   조선의 연해 도서는 위험하므로 일본의 항해자가 자유로이 해안을 측량함을 허가한다.
제10조   일본 인민이 조선이 지정한 각 항구에서 죄를 범한 것이 조선 인민과 관계되는 사건일 때는 모두 일본 관원이 재판할 것이다.   - 「고종실록」

조선 정부는 통상 개화(수교)론을 수용하여 개항을 결정하고 일본과 강화도 조약을 체결하였다. 강화도 조약은 조선이 외국과 맺은 최초의 근대적 조약이자 조선에 불평등한 조약이었다. 제1조의 자주국이라는 표현은 청이 조선에 대해 종주권을 주장할 것을 우려하여 명기하였다. 제4조로 인해 부산 이외에 원산, 인천의 항구를 개항하였다. 제7조의 해안에 대한 측량권은 조선의 주권을 심각하게 침해한 것이며, 제10조의 영사 재판권(치외법권) 또한 일본에 유리한 조항이다.

자료 ❸   『만국 공법』

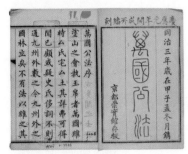

⊙ 중국에서 간행된 『만국 공법』

『만국 공법』은 오늘날의 '국제법'을 번역한 말로, 조약을 통하여 주권 국가 사이의 대등한 관계를 지향한다. 동아시아의 질서는 중국 중심의 조공·책봉 체제였으나 『만국 공법』 내용에 근거해 서구 열강과 대등한 관계를 수립할 수 있음을 기대하였다. 하지만 제국주의 열강들은 불평등 조약을 합리화 하는 근거로 이를 사용하였다.

자료 ❹   조미 수호 통상 조약(1882)

제1조   조선과 미국은 …… 만약 조약 상대국이 어떤 불공평하고 경시당하는 일이 있으면 한 번 통지를 거쳐 반드시 서로 도와준다.
제5조   조선에 오는 미국 상인과 상선은 모든 수출입 상품에 대해 관세를 지불해야 한다.
제14조   조선이 어느 때든지 어느 국가에 항해, 통상, 기타 어떤 것을 막론하고 본 조약에 부여되지 않은 어떤 권리 또는 특혜를 허가할 때에는 이와 같은 권리, 특권 및 특혜는 미국의 관민 상인에게도 무조건 균점된다.   - 「고종실록」

조선은 『조선책략』의 유포와 청의 알선으로 조미 수호 통상 조약을 체결하게 되었다. 조미 수호 통상 조약은 조선이 서양과 맺은 최초의 조약으로, 거중 조정, 관세 부과 조항이 포함되었지만, 최혜국 대우와 영사 재판권(치외법권)을 허용한 불평등 조약이었다.

· 시험에서는 이렇게 ·

강화도 조약이나 제국주의 열강의 침략과 관련한 지도를 통해 조선의 개항 과정을 확인하고, 개항 전후의 상황을 묻는 문제가 자주 출제되고 있어요. 강화도 조약 체결 과정, 조약의 내용과 그 영향을 정리해 두세요.

자료 활용 문제

자료의 조약에 대한 설명으로 옳은 것은?
① 일본에 영사 재판권을 허용하였다.
② 『조선책략』의 영향으로 체결되었다.
③ 강동 6주를 확보하는 배경이 되었다.
④ 비변사가 설치되는 결과를 가져왔다.
⑤ 양인이었다가 불법적으로 노비가 된 사람을 풀어주었다.

답 ①

개념 확인하기

4   다음 설명이 맞으면 ○표, 틀리면 ×표를 하시오.
(1) 청은 중체서용의 원칙 아래 양무운동을 전개하였다.   (   )
(2) 일본은 메이지 유신 과정에서 이와쿠라 사절단을 조선에 파견하였다.   (   )
(3) 일본은 강화도 조약 이후 부속 조약을 체결하여 조선의 경제 침탈을 이어갔다.   (   )

5   다음 괄호 안의 내용 중 알맞은 말에 ○표를 하시오.
(1) 조선은 조미 수호 통상 조약을 맺어 (최혜국 대우, 해안 측량권)을/를 인정하였다.
(2) 조선이 외국과 체결한 최초의 근대적 조약은 (강화도 조약, 조미 수호 통상 조약)이다.
(3) 일본은 (운요호 사건, 제너럴셔먼호 사건)을 빌미로 조선에 침입하여 강화도 조약을 맺었다.

6   북학파 실학자의 영향을 받은 박규수, 오경석, 유홍기 등은 문호를 개방하고 다른 나라와 교역을 확대하자는 (   )을 주장하였다.

7   수신사 김홍집이 조선으로 들여온 (   )이 퍼지며 미국과의 수교 여론이 확산되었다.

01. 국제 질서의 변동과 개항   **107**

실력 다지기

01 밑줄 친 '정책'의 배경으로 적절한 것만을 <보기>에서 고른 것은?

> 19세기 중후반 서구 열강은 경제력과 군사력을 토대로 대외 팽창을 펼치며 약소국을 식민지로 점령하는 <u>정책</u>을 추구하였다.

┤ 보기 ├
ㄱ. 『만국 공법』의 확산
ㄴ. 독점 자본주의 형성
ㄷ. 배타적·침략적 민족주의 대두
ㄹ. 백인 우월주의에 대한 비판 제기

① ㄱ, ㄴ 　② ㄱ, ㄷ 　③ ㄴ, ㄷ
④ ㄴ, ㄹ 　⑤ ㄷ, ㄹ

02 다음 두 조약의 공통점에 대한 설명으로 옳은 것은?

> • 홍콩을 영국에 할양한다. / 공행을 폐지하고 자유롭게 통상한다.
> • 미국 선박에 연료 및 식량을 공급한다. / (일본은) 미국에 최혜국 대우를 인정한다.

① 전쟁의 결과 체결되었다.
② 영사 재판권을 인정하였다.
③ 운요호 사건의 영향을 받았다.
④ 당사국이 개항하는 계기가 되었다.
⑤ 제국주의가 등장하는 배경이 되었다.

03 (가) 시기의 동아시아 국제 정세로 옳은 것은?

미일 화친 조약 체결 (1854) → (가) → 미일 수호 통상 조약 체결(1858)

① 청이 공행을 폐지하였다.
② 청이 영국에 의해 개항되었다.
③ 제2차 아편 전쟁이 발발하였다.
④ 청이 열강과 톈진 조약을 체결하였다.
⑤ 미국 함대가 조선의 강화도를 침공하였다.

04 (가) 사건에 대한 설명으로 옳은 것은?

> 러시아가 아편 전쟁 전후 처리 과정에서 연해주를 얻어 조선과 국경을 접하게 되었다. 그러자 흥선 대원군은 프랑스 세력을 끌어들여 러시아를 견제하려고 하였으나 뜻대로 되지 않았다. 이후 흥선 대원군은 ____(가)____ 을/를 일으켜 정치적 위기를 피하려고 하였다.

① 전국에 척화비를 건립하였다.
② 신분제를 폐지하고 징병제를 실시하였다.
③ 중체서용의 원칙 아래 근대화 정책을 추진하였다.
④ 미국에 최혜국 대우를 인정하는 조약을 체결하였다.
⑤ 조선 내 천주교 신자와 프랑스 선교사를 박해하였다.

05 밑줄 친 '이 지역'에서 일어난 사실로 옳지 <u>않은</u> 것은?

지도에 나타난 <u>이 지역</u>은 수도 외곽을 방어하는 데 중요한 곳이었어요. 이 지역에 위치한 한강 하구에서 배를 이용해 한양 도성에 갈 수 있었기 때문이에요.

① 병인양요가 전개되었다.
② 신미양요가 발생하였다.
③ 외규장각 도서를 약탈당하였다.
④ 오페르트가 남연군 묘를 도굴하려다 실패하였다.
⑤ 양헌수 부대가 서양 열강의 침입에 맞서 항전하였다.

06 밑줄 친 '이 사건'에 대한 설명으로 옳은 것은?

그림으로 보는 한국사

이 그림은 프랑스 종군 화가로 참여한 주베르가 남긴 것이다. 이 사건 당시 프랑스군이 갑곶진으로 상륙할 때의 모습을 시각적으로 생생하게 담아낸 것이 특징이다. 그림을 통해 프랑스와 조선 간의 갈등과 긴장감을 느낄 수 있다.

① 평양에서 발생하였다.
② 병인박해가 일어나는 계기가 되었다.
③ 박규수의 지휘로 외국군을 격퇴하였다.
④ 문수산성에서 한성근 부대가 전투를 벌였다.
⑤ 조선은 프랑스의 통상 수교 요구를 수용하였다.

07 다음 지도와 같이 전개된 전쟁에 대한 설명으로 옳은 것은?

→ 미국 함대의 침입(1871)
✶ 격전지

강화도
마니산

① 외규장각 문화유산이 약탈되었다.
② 어재연의 수비대가 광성보에서 항전하였다.
③ 미일 수호 통상 조약이 체결되는 계기가 되었다.
④ 프랑스의 선교사가 피살된 사건이 발단이 되었다.
⑤ 조선의 통상 수교 거부 정책이 약화되는 결과를 가져왔다.

08 (가), (나) 사이에 있었던 사실로 옳지 않은 것은?

(가) 흥선 대원군이 프랑스 선교사와 접촉한 사실이 알려진 이후 자신에 대한 비판 여론을 무마하기 위해 프랑스 선교사들과 수많은 신자를 처형하였다.
(나) 미국 함대가 광성보를 공격하였다.

① 전국 각지에 척화비가 세워졌다.
② 프랑스군이 강화도를 침공하였다.
③ 외규장각 의궤가 해외로 유출되었다.
④ 미국 상선 제너럴셔먼호가 통상을 요구하였다.
⑤ 오페르트의 무리가 남연군 묘 도굴을 시도하였다.
⑥ 정족산성에서 양헌수 부대가 프랑스군에 항전하였다.

09 다음 조선의 개항 과정에서 있었던 (가)~(라)의 사건을 일어난 순서대로 나열한 것은?

(가) 조선 내 천주교 금지 여론이 높아지자, 흥선 대원군은 프랑스 선교사 및 수많은 신자를 처형하였다.
(나) 미국 함대는 초지진과 덕진진을 점령하였고, 결국 어재연이 이끄는 조선 수비대와 전투를 시작하였다.
(다) 미국 상선 제너럴셔먼호가 평양까지 들어와 조선에 통상을 요구하자 당시 평안도 관찰사였던 박규수는 물러가기를 요구하였다.
(라) 양헌수가 프랑스군을 향해 힘을 다해 방어하면서 총포를 일제히 쏘니 큰 전투가 벌어져, 말을 탄 자들은 총알을 맞아 쓰러졌다.

① (가) – (나) – (다) – (라)
② (가) – (다) – (나) – (라)
③ (가) – (다) – (라) – (나)
④ (다) – (가) – (라) – (나)
⑤ (다) – (나) – (가) – (라)

10 밑줄 친 '이 운동'에 대한 설명으로 옳은 것은?

> 이 사진은 중체서용의 원칙으로 추진된 이 운동의 영향으로 군수 물자를 생산했던 공장의 모습입니다.

① 아편 전쟁의 패배로 종료되었다.
② 강화도 조약의 영향을 받아 전개되었다.
③ 서양의 무기와 기술을 도입하려고 하였다.
④ 농민층이 주도한 아래로부터의 개혁이었다.
⑤ 입헌 군주제의 정치 체제로 변화시키려 하였다.

11 밑줄 친 '개혁 정책'의 내용으로 옳지 <u>않은</u> 것은?

> 메이지 정부는 서구 근대 국가를 모델로 부국강병을 위한 정치·경제·사회 분야에서 개혁 정책을 실시하였다.

① 신분제 폐지
② 징병제 실시
③ 의무 교육 실시
④ 이와쿠라 사절단 파견
⑤ 에도 막부 중심의 정부 수립

12 밑줄 친 두 인물의 공통된 주장으로 가장 적절한 것은?

> • 박규수는 박지원의 손자로, 청에 사신으로 다녀오면서 청의 문호 개방 과정을 목격하였다. 이후 젊은 양반 자제들을 대상으로 세계정세를 소개하였다.
> • 오경석은 역관으로 청을 왕래하면서 신학문에 눈을 떠 『해국도지』, 『영환지략』 등의 서적을 들여왔다.

① 토지 제도를 개혁하여 민생을 안정시키자.
② 성리학적 이념을 강화하여 신분 질서를 바로잡자.
③ 흥선 대원군의 통상 수교 거부 정책을 적극 지지하자.
④ 자주적으로 문호를 개방하여 서양 문물을 받아들이자.
⑤ 부국강병을 위해서 국왕을 내세우고 외세를 배격하자.

중요해
13 대표 자료 링크
다음 조약의 내용으로 옳은 것은?

> 제1조 조선은 자주국이며 일본과 평등한 권리를 보유한다.
> 제4조 부산 이외에 제5조에 기재하는 2개 항구를 개항하고 일본인이 왕래 통상함을 허가한다.
> 제7조 조선의 연해 도서는 위험하므로 일본의 항해자가 자유로이 해안을 측량함을 허가한다.

① 영사 재판권이 인정되었다.
② 최혜국 대우가 포함되었다.
③ 일본군의 한성 주둔이 허용되었다.
④ 수출입 상품에 대한 관세가 규정되었다.
⑤ 내륙에서 외국 상인의 매매가 가능하게 하였다.

14 다음 두 조약이 체결되면서 나타난 변화로 적절하지 <u>않은</u> 것은?

> • 제4관 부산항에서 일본인이 통행할 수 있는 도로의 거리는 부두에서 동서남북 각 직경 10리(조선의 이법)로 정한다.
>   제7관 일본국 인민은 본국에서 사용하는 여러 화폐로 조선국 인민이 보유하고 있는 물자와 교환할 수 있다.
> • 제6칙 조선국 항구에 거주하는 일본인은 쌀과 잡곡을 수출, 수입할 수 있다.
>   제7칙 (상선을 제외한) 일본국 정부에 속한 모든 선박은 항세를 납부하지 않는다.

① 조선에 일본인 거류지가 설정되었다.
② 일본 선박이 조선의 해안을 측량하였다.
③ 조선으로 유입되는 일본 상품이 늘어났다.
④ 일본 상인이 조선의 쌀을 대량으로 수입하였다.
⑤ 조선 개항장에서 일본 화폐의 유통이 허용되었다.

15 밑줄 친 '조약'에 대한 설명으로 옳지 <u>않은</u> 것은?

이 문제에서 나올 수 있는 모든 선택지✓

이곳은 강화도의 연무당 옛터입니다. 연무당은 강화를 지키는 군영인 진무영의 부속 건물로 군사 훈련을 목적으로 만들어진 건물이었습니다. 이곳에서 조선과 일본의 근대적 <u>조약</u>이 최종으로 조인되었습니다.

① 일본에 유리한 불평등 조약이다.
② 거중 조정의 내용을 인정하였다.
③ 운요호 사건을 계기로 체결하였다.
④ 영사 재판권 조항을 포함하고 있다.
⑤ 조선이 맺은 최초의 근대적 조약이다.
⑥ 부산 외 2개 항구의 개항 내용을 포함하고 있다.
⑦ 일본이 조선 해안을 측량할 수 있도록 허용하였다.

16 다음 조약에 대한 설명으로 옳은 것은?

제1조 조선과 미국은 …… 만약 조약 상대국이 어떤 불공평하고 경시당하는 일이 있으면 한 번 통지를 거쳐 반드시 서로 도와준다.
제5조 조선에 오는 미국 상인과 상선은 모든 수출입 상품에 대해 관세를 지불해야 한다.

① 난징 조약 체결의 배경이 되었다.
② 미일 화친 조약 체결에 영향을 주었다.
③ 조선에 대한 미국의 군사적 개입을 허용하였다.
④ 『조선책략』의 유포로 조약 체결 여론이 형성되었다.
⑤ 조선에서 동아시아의 전통적 외교 질서가 강화되는 결과를 가져왔다.

17 (가) 사건의 배경을 서술하시오.

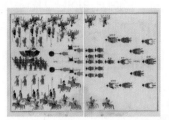

위의 자료는 [(가)] 사건 당시 프랑스로 유출되었다가 한국에 돌아온 외규장각 의궤이다. 외규장각 의궤는 장기 임대의 형식으로 국내에 돌아왔다.

3단계 로 완성하기

18 (가), (나)를 규정한 조약의 명칭을 각각 쓰고, 조선이 18세기 이후 외국과 체결한 조약의 성격을 서술하시오.

(가) 일본 인민이 조선이 지정한 각 항구에서 죄를 범하고 조선 인민에게 관계되는 사건은 모두 일본 관원이 재판할 것이다.
(나) 조선이 어느 때든지 어느 국가에 항해, 통상, 기타 어떤 것을 막론하고 본 조약에 부여되지 않은 어떤 권리 또는 특혜를 허가할 때에는 이와 같은 권리, 특권 및 특혜는 미국의 관민 상인에게도 무조건 균점된다.

①단계 (가), (나)를 규정한 조약의 명칭을 써 보세요.

②단계 조선이 18세기 이후 외국과 체결한 조약의 성격을 정리해 보세요.

③단계 1단계와 2단계에서 정리한 내용을 바탕으로 답안을 완성해 보세요.

1등급 도전하기

01

다음은 조선의 개항 과정에서 일어난 사건을 표시한 지도이다. (가), (나) 국가에 대한 설명으로 옳은 것은?

① (가) - 서양 최초로 조선과 통상 조약을 체결하였다.
② (가) - 조선에서 천주교 포교 활동의 인정을 요구하였다.
③ (나) - 전쟁을 일으켜 청을 개항시켰다.
④ (나) - 인도, 호주로 가장 먼저 진출하여 식민 지배하였다.
⑤ (가)가 (나)보다 먼저 조선과 조약을 체결하였다.

02

밑줄 친 부분이 가리키는 사건에 대한 설명으로 옳은 것은?

> 너희 나라와 우리나라의 사이에는 애당초 소통이 없었고, 또 서로 은혜를 입거나 원수진 일도 없었다. 그런데 이번 덕산 묘소에서 저지른 변고야말로 어찌 인간의 도리상 차마 할 수 있는 일이겠는가. …… 이런 지경에 이르렀기 때문에 우리나라 신하와 백성들은 단지 힘을 다하여 한마음으로 너희 나라와는 한 하늘을 이고 살 수 없다는 것을 다짐할 따름이다.
> – 「고종실록」

① 한성근 부대가 활약하였다.
② 척화비 건립에 영향을 주었다.
③ 병인박해를 구실 삼아 일어났다.
④ 조선에 문호 개방 여론을 확대시켰다.
⑤ 제너럴셔먼호 사건의 계기를 제공하였다.

03

(가), (나) 사건에 대한 설명으로 옳은 것만을 〈보기〉에서 있는 대로 고른 것은?

대화형 인공지능을 활용한 수행평가 보고서

• 주제: 해외에 반출된 우리 문화유산

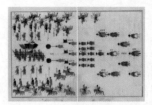

▲ (가) 사건 당시 해외로 유출된 외규장각 의궤

▲ (나) 사건 당시 미군이 가져간 수자기

• 개요: 이번 보고서를 통해 문화유산의 해외 반출 과정과 국내 반환 과정에 대해 조사하고자 한다. 정확한 정보와 신뢰성을 고려하여 대화형 인공지능의 제안 내용을 비판적으로 검토하며 작성한다.

┤ 보기 ├
ㄱ. (가) - 양헌수 부대가 활약하였다.
ㄴ. (가) - 쓰시마섬 토벌이 이루어졌다.
ㄷ. (나) - 운요호가 초지진을 포격하였다.
ㄹ. (나) - 조선에서 북학론이 형성되는 배경이 되었다.

① ㄱ   ② ㄴ   ③ ㄴ, ㄷ
④ ㄷ, ㄹ   ⑤ ㄱ, ㄷ, ㄹ

04

(가) 조약에 대한 설명으로 옳은 것은?

> 한국사 신문
>
> **5. 22. 서양과 최초로 조약 체결**
>
> 1882년 5월 22일은 조선과 ○○ 사이에 [(가)]이/가 체결된 날이다. [(가)]은/는 우리가 서양 국가와 맺은 최초의 조약이다. [(가)]을/를 시작으로 영국, 독일, 이탈리아 등과 차례로 외교 관계를 수립하였다.

① 프랑스와 체결한 조약이다.
② 영사 재판권을 인정하지 않았다.
③ 최초로 최혜국 대우를 규정하였다.
④ 관세 부과 조항을 포함하지 않았다.
⑤ 임술 농민 봉기가 발생하는 계기가 되었다.

수능 준비하기

정답과 해설 27쪽

01 (가)에 들어갈 내용으로 가장 적절한 것은?

외세의 침략적 접근과 대응

운요호 사건

현재의 초지진

일본 군함 운요호가 허락 없이 강화도에 접근하자, 조선군이 경고 사격을 하였고, 일본군은 함포 사격으로 초지진을 파괴했습니다. 이어 일본군은 영종도에 상륙하여 살인과 약탈을 저질렀습니다. 이를 운요호 사건이라고 합니다. 이 사건의 영향으로 _____ (가)

① 인조반정이 일어났습니다.
② 병인양요가 발발하였습니다.
③ 조일 수호 조규가 체결되었습니다.
④ 정동행성이문소가 폐지되었습니다.
⑤ 제너럴셔먼호 사건이 발생하였습니다.

◆ **수능 만점** 한끝

운요호 사건, 강화도, 일본 등을 통해 (가)에 들어갈 내용이 무엇인지 추론하여 올바른 선택지를 고른다.

문제의 핵심

운요호 사건의 영향이 아닌 배경을 묻거나 제너럴셔먼호 사건과 비교하여 옳은 선택지를 고르는 문제가 출제될 수 있어요.

02 밑줄 친 '이 조약'에 대한 설명으로 옳은 것은?

청의 알선으로 서양 국가와 최초로 체결한 이 조약에 대해 말해 볼까?

수신사 김홍집이 일본에서 가져온 『조선책략』이 조약 체결에 영향을 주었지.

이 조약으로 미국 공사가 파견되자 조선에서는 답례로 사절단을 보냈어.

① 최혜국 대우 조항을 포함하였다.
② 통감부가 설치되는 계기가 되었다.
③ 베트남 전쟁 파병의 배경이 되었다.
④ 러일 전쟁 중에 강제로 체결되었다.
⑤ 대한 제국 군대의 해산을 규정하였다.

◆ **수능 만점** 한끝

청의 알선으로 최초로 체결, 『조선책략』이 조약 체결에 영향, 미국 공사가 파견되었다는 점을 통해 밑줄 친 '이 조약'이 무엇인지 파악하고, 조약의 특징에 해당하는 선택지를 고른다.

문제의 핵심

조미 수호 통상 조약

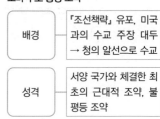

배경	『조선책략』 유포, 미국과의 수교 주장 대두 → 청의 알선으로 수교
성격	서양 국가와 체결한 최초의 근대적 조약, 불평등 조약

02 근대 국가 수립을 위한 노력(1)

한끝 더하기

❶ 통리기무아문

1880년에 의정부와 별도의 기구로 조직되어 외교, 무역, 군사 등 부국강병과 관련된 개화 정책을 주관하였다.

❷ 별기군

신식 무기를 지급받고 일본인 교관에게 훈련을 받았다. 급료와 복장 등에서 구식 군대의 군인보다 대우가 좋았다.

❸ 기기창

한성에 세워진 우리나라 최초의 근대식 무기 제조 공장이었다.

❹ 위정척사

바른 학문인 성리학과 성리학적 사회 질서를 지키고, 성리학 이외의 종교와 사상을 배격한다는 주장이다.

❺ 묄렌도르프

대한 제국의 외교 고문이다. 이홍장의 추천으로 1882년 조선에 오게 되었으며, 조선의 집권 세력을 도와 러시아와 밀약을 추진하다가 청에 의해 해임되었다.

1 개화 정책의 추진과 반발

1. 개화 정책의 추진

(1) **관제 개편**: 통리기무아문❶(개화 정책 총괄 기구), 12사(12개 부서에서 외교·통상·군사 등 실무 담당) 설치

(2) **군제 개편**: 5군영을 2영(무위영·장어영)으로 통합, 신식 군대인 별기군❷ 창설(1881)

(3) **사절단 파견**

수신사	• 1차(1876): 김기수 일행이 일본의 근대 시설 시찰 • 2차(1880): 강화도 조약 개정 목적으로 김홍집 일행 파견 → 조약 개정 실패, 일본의 발전상 파악, 김홍집이 『조선책략』을 가지고 귀국
조사 시찰단 (1881)	일본에 박정양·어윤중 등을 비밀리에 파견 → 근대 시설 시찰, 근대적 법률 제도와 조세 제도 등 파악 → 귀국 이후 보고서 작성, 정부의 개화 정책 뒷받침
영선사 (1881)	청에 김윤식 등을 파견 → 청에서 근대 무기 제조 기술과 군사 훈련법 습득 → 재정 부족과 임오군란의 발발로 조기 귀국 → 기기창❸ 설치에 기여
보빙사 (1883)	미국의 공사 파견에 대한 답례로 미국에 파견(민영익, 유길준, 홍영식 등) → 각종 근대 시설 시찰

2. 위정척사❹ 운동의 전개 [자료 ❶]

(1) **주도 세력**: 보수적 유생 중심

(2) **주요 주장**: 서구 열강의 침략과 조선 정부의 개항, 개화 정책 추진에 반발

(3) **전개**

1860년대	서양의 통상 요구 → 통상 반대 운동 전개, 이항로·기정진 등이 척화 주전론 주장(흥선 대원군의 통상 수교 거부 정책 뒷받침)
1870년대	강화도 조약 체결 추진 → 최익현 등이 왜양일체론을 주장하며 일본의 개항 요구에 반대
1880년대	『조선책략』 유포 → 이만손 중심의 영남 유생들이 만인소를 올려 정부의 개화 정책 및 미국과의 수교 반대 [대표 자료]

(3) **성격과 의의**: 일본의 경제적·군사적 침략에 반대하는 반외세·반침략 운동 → 이후 일본의 침략에 저항하는 항일 의병 운동으로 이어짐

3. 임오군란(1882)

배경	• 정부의 개화 정책 추진 → 재정 지출 증가, 백성의 조세 부담 증가, 개항 이후 일본으로 쌀이 수출되어 쌀값 급등 → 도시 하층민을 중심으로 정부와 일본에 대한 반감 고조 • 구식 군대는 신식 군대에 비해 낮은 대우를 받음
전개	• 발발: 13개월 만에 구식 군대에게 급료로 지급된 쌀에 겨와 모래가 섞여 있자 분노한 구식 군대의 군인들이 난을 일으킴(임오군란, 1882) • 과정: 구식 군대가 정부 고관의 집 습격, 일본 공사관 공격, 별기군의 일본인 고관 살해(한성 주변의 도시 하층민 가담) → 명성 황후 피신, 흥선 대원군 재집권(통리기무아문 폐지 등 개화 정책 중단) • 결과: 민씨 세력이 청에 군대 파병 요청 → 청군이 군란 진압, 청이 흥선 대원군을 청으로 끌고 감
영향	• 청과의 관계: 조선에 청군 주둔, 조청 상민 수륙 무역 장정 체결(청 상인의 양화진과 한성 진출 허용), 마건상과 묄렌도르프❺를 고문으로 파견하여 내정과 외교에 간섭 • 일본과의 관계: 제물포 조약 체결(일본에 배상금 지급, 일본군이 공사관 호위를 위해 한성에 주둔하는 것 허용 [자료 ❷])

한끝 자료실

• 대표 자료 • 『조선책략』 ────────────────── ← 비판적 사고력

러시아가 영토를 넓히려고 한다면 반드시 조선이 첫 번째 대상이 될 것이다. …… 러시아를 막는 책략은 무엇인가? 중국과 친하고(親中國) 일본과 맺고(結日本), 미국과 이어짐(聯美國)으로써 자강을 도모하는 길뿐이다. 또 부산 등지에 학교를 세우고 서양인을 맞아들여 교습시킴으로써 무비(武備)를 널리 닦아야 한다. 참으로 이렇게 한다면 조선 자강의 터전은 이로부터 이룩될 것이다.

– 황준헌, 「조선책략」

1880년 김홍집이 일본에 수신사로 다녀오면서 가져온 황준헌의 『조선책략』에는 러시아를 견제하기 위해 청, 일본과 손을 잡는 것은 물론 더 나아가 조선이 미국과 이어져야 한다는 내용(친중국, 결일본, 연미국)이 담겨 있다. 이에 조선은 청의 알선으로 미국과 조미 수호 통상 조약을 체결하였다. 조선 정부가 개화 정책을 추진하면서 『조선책략』을 배포하자 유생들은 『조선책략』의 내용에 반발하여 영남 만인소 운동을 벌이기도 하였다.

자료 ① 위정척사 운동

• 양이의 화가 금일에 이르러 홍수나 맹수의 해로움보다도 더 심합니다. 전하께서는 …… 안으로 사학의 무리를 잡아 베게 하시고, 밖으로 바다를 건너오는 적을 정벌하게 하소서.

– 이항로, 「화서집」

• 저들이 비록 왜인이라고 하나 실은 서양의 적이옵니다. 강화가 한번 이루어지면 …… 얼마 안 가서 사학이 온 나라 안에 퍼지게 될 것입니다.

– 최익현, 「면암집」

• 수신사 김홍집이 가져와 유포한 황준헌의 사사로운 책자를 보노라면, 어느새 털끝이 일어서고 쓸개가 떨리며 울음이 북받치고 눈물이 흐릅니다. …… 러시아·미국·일본은 같은 오랑캐입니다. 그들 사이에 누구는 후하게 대하고 누구는 박하게 대하기는 어려운 일입니다.

– 영남 만인소, 「고종실록」

1860년대 이항로 등은 척화 주전론을 펼쳤고, 강화도 조약 체결 무렵에는 왜양일체론이 제기되면서 개항 반대 운동이 전개되었다. 1880년대 정부가 개화 정책을 추진하고 『조선책략』을 유포하며 미국과 수교하려 하자, 영남 유생들은 이만손을 중심으로 만인소를 올려 개화 및 미국과의 수교에 반대하였다.

자료 ② 제물포 조약

제3조 조선국은 5만 원을 내어 해를 당한 일본 관리들의 유족 및 부상자에게 주도록 한다.
제5조 일본 공사관에 군인 약간을 두어 경비한다. 그 비용은 조선국이 부담한다.

– 「고종실록」, 1882

일본은 임오군란 당시 일본 공사관이 습격받은 일을 구실로 대규모의 군대를 파견하여 조선에 제물포 조약의 체결을 강요하였다. 이 조약으로 일본은 조선에 배상금을 물리고 공사관을 호위한다는 명분을 내세워 일본군을 한성에 주둔하게 하였다.

• 시험에서는 이렇게 •

『조선책략』이 조선에 유포되면서 위정척사 운동, 조미 수호 통상 조약 체결 등에 영향을 주었다는 사실이 많이 출제되므로 해당 내용을 정리해 두세요.

자료 활용 문제

자료가 유포되면서 일어난 사건으로 옳은 것은?

① 병인양요가 발발하였다.
② 홍경래의 난이 일어났다.
③ 군국기무처가 설치되었다.
④ 조미 수호 통상 조약이 체결되었다.
⑤ 김홍집이 수신사로 일본에 파견되었다.

답 ④

개념 확인하기

1 19세기 조선 정부는 개화 정책을 총괄하는 (   )을 설치하고 그 아래 실무를 담당하는 12사를 두었다.

2 다음 설명이 맞으면 ○표, 틀리면 ×표를 하시오.
(1) 강화도 조약 체결 무렵 최익현은 왜양일체론을 내세우며 개항을 반대하였다. (   )
(2) 조선은 조사 시찰단의 보고서를 참고하여 근대적 무기 공장인 기기창을 설치하였다. (   )
(3) 신식 군대에 비해 차별을 받던 구식 군대 군인들의 분노가 폭발하여 임오군란이 일어났다. (   )

3 19세기 보수적 유생들을 중심으로 전개되어 서양 문물의 수용을 거부하고 성리학적 질서를 지키려고 했던 민족 운동은?

4 다음 임오군란의 결과로 체결된 조약만을 〈보기〉에서 있는 대로 골라 기호를 쓰시오.

┌─ 보기 ├─
ㄱ. 톈진 조약
ㄴ. 한성 조약
ㄷ. 제물포 조약
ㄹ. 조청 상민 수륙 무역 장정

02 근대 국가 수립을 위한 노력(1)

① 동도서기론(東道西器論)
전통적인 제도와 사상[동도(東道)]은 지키면서 서양의 과학 기술[서기(西器)]을 받아들이자는 주장이다.

② 문명개화론(文明開化論)
서양의 사상·문물·기술·제도를 적극적으로 받아들이자는 주장이다.

③ 조러 비밀 협약
고종은 청의 지나친 내정 간섭에서 벗어나고자 러시아와 우호적인 관계를 강화하기 위한 비밀 협약을 추진하였다. 이 협약에 러시아가 영흥만을 조차하는 대가로 조선에 군사 교관을 파견한다는 내용이 포함되었다.

④ 조선을 둘러싼 열강의 대립

2 갑신정변과 국내외 정세의 변화

1. 개화파의 분화:

① **배경**: 청에 대한 입장과 개화 정책의 추진 방법을 둘러싸고 분화 (자료 ③)

② **온건 개화파와 급진 개화파**

구분	온건 개화파	급진 개화파
중심인물	김홍집, 김윤식, 어윤중 등	김옥균, 박영효, 홍영식, 서광범 등
개화 모델	청의 양무운동	일본의 메이지 유신
개화 방법	동도서기론❶ 입장, 점진적 개혁 추구 → 전통 유교 질서 유지, 서양의 기술만 수용	문명개화론❷ 입장, 적극적인 근대화 추구 → 서양의 기술과 더불어 사상과 제도 수용
청과의 관계	전통적 우호 관계(사대 관계) 유지	사대 관계 청산, 청의 내정 간섭 탈피 추구

2. 갑신정변의 전개

(1) 과정 (대표 자료)

배경	• 개화 정책 추진으로 예산 부족(당오전 발행 추진) → 김옥균의 차관 도입 시도(실패) • 베트남 문제로 청프 전쟁이 발발하며 한성에 주둔한 청군의 절반 철수, 급진 개화파의 위축 → 급진 개화파에 대한 일본의 군사적 지원 약속
전개	• 정변의 발발: 김옥균 등 급진 개화파가 우정총국 개국 축하연을 이용하여 정변을 일으킴(갑신정변, 1884) → 개화당 정부 수립 • 개혁 정강 발표: 청에 대한 사대 청산, 내각 제도의 수립, 인민 평등권 보장, 재정의 일원화, 지조법 개혁 등 • 정변의 결과: 청군의 개입과 일본군의 철수로 실패

(2) 의의와 한계

의의	자주적 근대 국가 건설을 목표한 최초의 정치 개혁 운동, 근대적 정치·사회 체제 구축 추진, 이후 갑오개혁과 독립 협회의 활동에 영향을 줌
한계	소수의 개혁 관료들이 중심이 된 위로부터의 근대화 운동, 일본의 군사적 지원에 의존, 민중의 지지 부족

(3) 영향

① **한성 조약 체결(조선·일본, 1884)**: 일본 공사관의 신축비와 배상금 지불 규정

② **텐진 조약 체결(청·일본, 1885)**: 조선에서 양국 군대 철수, 조선에 군대 파병 시 상대국에 미리 알릴 것을 규정

3. 갑신정변 이후 국내외 정세의 변화

(1) **거문도 사건**: 고종이 청을 견제하기 위해 조러 비밀 협약❸ 추진 → 러시아와 대립하던 영국이 거문도를 불법 점령(거문도 사건, 1885) → 청의 중재로 영국은 조선에 진출하지 않겠다는 러시아의 약속을 받고 거문도에서 철수(1887)

(2) **조선 중립화론 대두**: 조선을 둘러싼 열강의 대립❹ 심화 → 조선에 주재하고 있던 독일 외교관 부들러와 미국에서 돌아온 유길준이 조선에 중립화 건의(정책에 반영되지 않음) (자료 ④)

(3) **고종의 자주적 개화 정책**: 내무부 설치(군사, 재정, 외교 등 업무 총괄), 박문국 재설치(한성주보 간행), 육영 공원·연무 공원 등 설립(외국인 교사와 군사 교관 초빙), 일본과 미국에 조선의 공사관 설립(대외적으로 독립국임을 증명, 청의 간섭 벗어나려 함) → 친청파 관료들의 비판과 청의 간섭으로 성과 미흡

· 대표 자료 · 갑신정변 당시 발표된 개혁 정강 ─────── ✦ 비판적 사고력

> 1. 잡혀간 흥선 대원군을 곧 돌아오게 하고 청에 조공하는 허례를 폐지한다.
> 2. 문벌을 폐지하여 인민 평등권을 제정하고 능력에 따라 관리를 임명한다.
> 3. 지조법을 개혁하여 부정을 막고 백성을 보호하며 재정을 넉넉하게 한다.
> 9. 혜상공국(보부상 관할 기관)을 혁파한다.
> 12. 재정은 모두 호조에서 관할하게 하고 그 밖의 재무 관청은 폐지한다.
> 13. 대신과 참찬은 궁궐 내의 의정소에서 회의하고 국왕에게 아뢰어 정령을 집행한다.
> 14. 의정부와 6조 외의 불필요한 기관을 없애고, 대신과 참찬이 논의하여 보고한다.
>
> ─ 김옥균, 「갑신일록」

급진 개화파는 갑신정변을 일으킨 후 개화당 정부를 구성하고 자신들의 개혁 의지를 담은 개혁 정강을 발표하였다. 정강의 내용은 문벌 폐지, 인민 평등권 제정, 재정의 일원화, 지조법 개혁, 내각제 수립 등이었다. 개혁안에 대한 고종의 재가가 강요에 의한 것이라서 법령인 '정령'이 아닌 '정강'이라고 불린다.

자료 ❸ 개화파의 형성과 분화

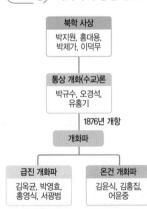

북학 사상
박지원, 홍대용,
박제가, 이덕무

↓

통상 개화(수교)론
박규수, 오경석,
유홍기

↓ 1876년 개항

개화파

↓

급진 개화파	온건 개화파
김옥균, 박영효, 홍영식, 서광범	김윤식, 김홍집, 어윤중

⬆ 개화파의 분화

임오군란 이후 조선에서는 청에 대한 입장 차이와 개화 정책의 추진 방법 등을 놓고 개화파가 온건 개화파와 급진 개화파로 나뉘었다. 김윤식, 김홍집, 어윤중 등 온건 개화파는 청의 양무운동을 본받은 동도서기론을 내세우며 청과의 우호 관계를 유지하여 열강의 침략으로부터 조선의 자주성을 지키고자 하였다. 반면 김옥균, 박영효, 홍영식 등 급진 개화파는 메이지 유신을 본받아 서양의 기술뿐만 아니라 사상이나 제도까지 받아들이자고 하며 입헌 군주제 실시를 목표로 하였다.

자료 ❹ 조선 중립화론

> 우리나라가 아시아의 중립국이 된다면 실로 러시아를 방어하는 큰 기틀이자 아시아의 여러 대국이 서로 보전하는 정략이 될 수 있다. …… 오직 중립 한 가지만이 진실로 우리나라를 지키는 방책이다. 그러나 우리가 먼저 제창할 수 없으니 중국에 요청하여 이를 맡아 처리해 주도록 해야 한다. ─ 유길준, 「유길준전서」

갑신정변 이후 조선을 두고 열강의 대립이 거세지자 조선에 주재하던 독일 외교관 부들러는 조선 정부에 중립화안을 건의하였다. 또한 미국 유학에서 돌아온 유길준도 청을 중심으로 열강이 조선의 중립을 보장하여 독립을 보존해야 한다는 한반도 중립론을 주장하였다. 그러나 그의 중립론은 대외적으로 발표되지 못하였고, 정부 정책에 반영되지 않았다.

· 시험에서는 이렇게 ·

개혁 정강을 제시하고, 이를 주도한 세력에 대해 묻거나 갑신정변과 관련된 내용을 파악하는 문제가 많이 출제됩니다. 갑신정변의 배경, 과정, 결과를 정리해 두세요.

자료 활용 문제

자료를 발표한 세력에 대한 설명으로 옳지 않은 것은?
① 인민 평등권의 제정을 주장하였다.
② 김옥균, 박영효 등이 중심이 되었다.
③ 우정총국 개국 축하연에서 정변을 일으켰다.
④ 동도서기론에 바탕을 둔 개혁을 주장하였다.
⑤ 청의 내정 간섭과 청에 의존하려는 정부 정책에 반대하였다.

답 ④

개념 확인하기

5 일본은 갑신정변으로 일본 공사관이 불타고 사상자가 발생한 책임을 물어 조선과 (   )을 맺고 배상금과 공사관 신축비를 받아 냈다.

6 다음 설명이 맞으면 ○표, 틀리면 ×표를 하시오.
(1) 갑신정변 후 청과 일본은 톈진 조약을 체결하였다.   (   )
(2) 온건 개화파는 청의 양무운동을 개화 모델로 삼았다.   (   )
(3) 갑신정변의 결과 조선은 일본과 제물포 조약을 체결하였다.   (   )
(4) 김옥균 등 급진 개화파는 임오군란을 일으켜 개화당 정부를 수립하였다.   (   )

7 1888년 러시아를 막는다는 구실로 거문도를 불법 점령한 나라는?

8 갑신정변 이후 조선에 대한 열강들의 각축이 심화되는 상황에서 부들러와 유길준 등은 (   )을 구상하였다.

01 (가)에 들어갈 대화 내용으로 적절한 것은?

조선 정부가 근대화를 추진하면서 군사 제도를 개편하였지.

응! 정부는 (가)

① 지방군으로 속오군을 두었어.
② 2군 6위의 중앙군을 배치하였어.
③ 중앙군으로 훈련도감을 설치하였지.
④ 5군영을 무위영과 장어영으로 통합하였어.
⑤ 9서당에 고구려계와 백제계를 포함하였지.

02 (가)~(다)에 들어갈 내용을 옳게 연결한 것은?

개항 이후 조선 정부는 일본에 조사 시찰단 등을 보내고 청에 (가) 를 파견하여 근대 문물을 배우게 하였다. 또한 군제를 개편하여 신식 군대인 (나) 을 창설하였다. 그러나 이러한 근대화 정책은 1882년 구식 군대 군인들의 불만으로 일어난 (다) 으로 제동이 걸렸다.

	(가)	(나)	(다)
①	수신사	별기군	갑신정변
②	수신사	별기군	임오군란
③	영선사	별기군	임오군란
④	영선사	통리기무아문	갑신정변
⑤	영선사	통리기무아문	위정척사 운동

03 (가), (나) 시기 사이에 있었던 사실로 옳은 것은?

(가) 정부는 일본의 근대화된 모습과 국제 정세를 파악하기 위해 수신사 김기수를 파견하였다. 김기수 일행은 일본의 주요 인사를 만나고 근대 시설을 살펴본 후 돌아왔다.

(나) 고종은 조사 시찰단을 파견하면서 이들을 암행어사로 임명하였다. 조사 시찰단은 동래부에 집결하여 일본으로 건너갔고 일본의 정부 기관과 산업 군사 등 근대 시설을 살펴보고 돌아왔다.

① 김홍집이 일본에 파견되었다.
② 흥선 대원군이 재집권하였다.
③ 최익현이 왜양일체론을 내세웠다.
④ 조미 수호 통상 조약이 체결되었다.
⑤ 묄렌도르프가 조선에 외교 고문으로 파견되었다.

중요해 04 다음 자료에 대한 설명으로 옳은 것만을 〈보기〉에서 고른 것은?

수신사 김홍집이 들여와 …… 어느새 머리카락이 곤두서고 가슴이 떨리며 이어 통곡하면서 눈물을 흘렸습니다. …… 미국을 끌어들일 경우 그들이 재물을 요구하고 우리의 약점을 알아차려 어려운 청을 하거나 과도한 경우를 떠맡긴다면 응하지 않을 도리가 없습니다. 러시아는 우리와 혐의가 없는 바, 공연히 남의 말만 들어 틈이 생기게 된다면 우리의 위신이 손상될 뿐만 아니라 만약 이를 구실로 침략해 온다면 구제할 길이 없습니다.

– 「일성록」

┤보기├
ㄱ. 미국과의 수교를 주장하였다.
ㄴ. 정부의 개화 정책에 반대하였다.
ㄷ. 「조선책략」의 유포로 제기되었다.
ㄹ. 자주적 근대 국가를 건설하고자 하였다.

① ㄱ, ㄴ   ② ㄱ, ㄷ   ③ ㄴ, ㄷ
④ ㄴ, ㄹ   ⑤ ㄷ, ㄹ

05 (가)에 들어갈 내용으로 적절한 것만을 <보기>에서 있는 대로 고른 것은?

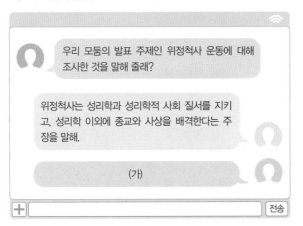

> 우리 모둠의 발표 주제인 위정척사 운동에 대해 조사한 것을 말해 줄래?
>
> 위정척사는 성리학과 성리학적 사회 질서를 지키고, 성리학 이외에 종교와 사상을 배격한다는 주장을 말해.
>
> (가)

＋ [_____] 전송

┌ 보기 ┐
ㄱ. 신식 군대의 창설을 주장하였지.
ㄴ. 반외세·반침략 운동의 성격을 띠었어.
ㄷ. 최익현은 왜양일체론을 내세우며 개항에 반대하였지.
ㄹ. 척화 주전론을 토대로 통상 수교 거부 정책을 지지하였어.

① ㄱ　　　　② ㄴ, ㄷ　　　　③ ㄷ, ㄹ
④ ㄱ, ㄷ, ㄹ　　　⑤ ㄴ, ㄷ, ㄹ

06 (대표 자료 링크) 다음 내용을 담은 서적이 끼친 영향으로 가장 적절한 것은?

> 조선의 땅은 실로 아시아의 요충에 자리 잡고 있어 열강이 서로 차지하려고 할 것이다. 조선이 위태로우면 동아시아의 형세도 위급해진다. 러시아가 강토를 공략하려 한다면 조선이 첫 번째 대상이 될 것이다. …… 러시아를 막을 수 있는 조선의 책략은 무엇인가? 오직 중국과 친하고[親中] 일본과 맺고[結日] 미국과 연합[聯美]함으로써 자강을 도모하는 길뿐이다. …… 또 부산 등지에 학교를 세우고 서양인을 맞아들여 교습시킴으로써 무비(武備)를 널리 닦아야 한다.

① 갑신정변이 발생하였다.
② 영남 만인소가 제기되었다.
③ 통리기무아문이 설치되었다.
④ 조일 수호 조규가 체결되었다.
⑤ 일본이 조선 해안 측량권을 확보하였다.

이 문제에서 나올 수 있는 모든 선택지✔

07 밑줄 친 '이 사건'의 영향으로 적절하지 않은 것은?

> 그림은 이 사건 이후 청이 조선의 내정에 간섭하는 상황을 표현한 것입니다. 이 사건은 구식 군대의 군인에 대한 차별 대우가 원인이 되어 일어났습니다.

① 한성 조약이 체결되었다.
② 흥선 대원군이 청에 끌려갔다.
③ 청이 조선에 군대를 주둔시켰다.
④ 조청 상민 수륙 무역 장정이 체결되었다.
⑤ 마건상과 묄렌도르프가 고문으로 파견되었다.
⑥ 일본군이 공사관 호위를 위해 한성에 주둔하였다.

08 (가)에 들어갈 내용으로 적절한 것은?

> 인물로 보는 한국사
>
> ○○○의 주요 활동
> - 서원 철폐를 비롯한 흥선 대원군의 정책을 비판함
> - 강화도 조약 체결에 반대하며 위정척사 운동을 전개함
> - _____(가)_____
> - 대표적인 시문집으로 『면암집』이 있음

① 『조선책략』을 소개함
② 왜양일체론을 주장함
③ 척화 주전론을 내세움
④ 경복궁 중건을 추진함
⑤ 서경 천도 운동을 전개함

중요해
09 다음 상황이 전개된 시기를 연표에서 옳게 고른 것은?

(가)	(나)	(다)	(라)	(마)

고종 즉위 / 운요호 사건 / 갑신 정변 / 아관 파천 / 러일 전쟁 발발 / 국권 피탈

① (가) ② (나) ③ (다) ④ (라) ⑤ (마)

10 (가)에 들어갈 내용으로 가장 적절한 것은?

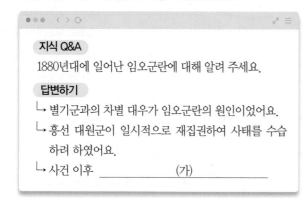

지식 Q&A

1880년대에 일어난 임오군란에 대해 알려 주세요.

답변하기
└ 별기군과의 차별 대우가 임오군란의 원인이었어요.
└ 흥선 대원군이 일시적으로 재집권하여 사태를 수습하려 하였어요.
└ 사건 이후 _____ (가)

① 도병마사가 설치되었어요.
② 임진왜란이 발발하였어요.
③ 9서당 10정이 편성되었어요.
④ 정동행성이문소가 폐지되었어요.
⑤ 조청 상민 수륙 무역 장정을 체결하였어요.

11 다음은 개화파의 형성과 분화를 나타낸 도표이다. (가) 세력에 대한 설명으로 옳지 않은 것은?

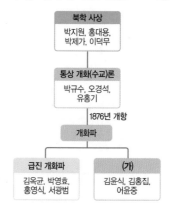

북학 사상 / 박지원, 홍대용, 박제가, 이덕무
통상 개화(수교)론 / 박규수, 오경석, 유홍기
1876년 개항
개화파
급진 개화파 / 김옥균, 박영효, 홍영식, 서광범
(가) / 김윤식, 김홍집, 어윤중

① 갑신정변을 일으켰다.
② 동도서기론을 내세웠다.
③ 점진적인 개혁을 추구하였다.
④ 유교 질서를 지키고자 하였다.
⑤ 양무운동을 개화 모델로 삼았다.
⑥ 서양의 과학 기술을 수용하자고 주장하였다.
⑦ 청과 전통적인 우호 관계를 유지하고자 하였다.

12 다음 자료를 활용한 탐구 주제로 적절한 것은?

임오군란 이후 조선에 대한 청의 내정 간섭이 심해지면서 개화 정책이 지연되었다. 이러한 가운데 급진 개화파의 김옥균은 개화 정책 추진에 필요한 자금을 마련하기 위해 미국과 일본 등에서 차관을 도입하려 하였다. 그러나 이 계획이 실패하면서 급진 개화파의 정치적 입지가 약해졌다.

① 갑신정변의 배경
② 당백전 발행의 목적
③ 통상 수교 거부 정책의 결과
④ 서원 철폐와 국가 재정의 확보
⑤ 조청 상민 수륙 무역 장정 체결의 영향

13 다음과 같이 전개된 사건에 대한 설명으로 옳은 것만을 〈보기〉에서 있는 대로 고른 것은?

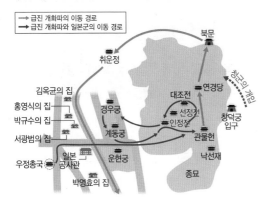

┤보기├
- ㄱ. 일본이 지원하였다.
- ㄴ. 청의 개입으로 실패하였다.
- ㄷ. 청일 전쟁 당시 전개되었다.
- ㄹ. 청과 일본이 톈진 조약을 체결하는 배경이 되었다.

① ㄱ, ㄴ   ② ㄱ, ㄹ   ③ ㄱ, ㄴ, ㄷ
④ ㄱ, ㄴ, ㄹ   ⑤ ㄴ, ㄷ, ㄹ

14 다음 주장이 제기될 당시 국내외 정세로 옳은 것은?

> 우리나라가 아시아의 중립국이 된다면 실로 러시아를 방어하는 큰 기틀이자 아시아의 여러 대국이 서로 보전하는 정략이 될 수 있다. …… 오직 중립 한 가지만이 진실로 우리나라를 지키는 방책이다. 그러나 우리가 먼저 제창할 수 없으니 중국에 요청하여 이를 맡아 처리해 주도록 해야 한다.

① 일본이 운요호 사건을 일으켰다.
② 영국이 거문도를 불법 점령하였다.
③ 고종이 러시아 공사관으로 거처를 옮겼다.
④ 프랑스군이 외규장각 의궤 등을 약탈하였다.
⑤ 외교 문서의 형식 문제로 정한론이 등장하였다.

15 다음을 읽고 물음에 답하시오.

> 1. 잡혀간 흥선 대원군을 곧 돌아오게 하고 청에 조공하는 허례를 폐지한다.
> 2. 문벌을 폐지하여 인민 평등권을 제정하고 능력에 따라 관리를 임명한다.
> 3. 지조법을 개혁하여 부정을 막고 백성을 보호하며 재정을 넉넉하게 한다.
> 13. 대신과 참찬은 궁궐 내의 의정소에서 회의하고 국왕에게 아뢰어 정령을 집행한다.

(1) 위의 자료가 발표된 사건을 쓰시오.

_____

(2) (1) 사건의 의의와 한계를 서술하시오.

_____
_____

16 다음 자료에 나타난 운동은 무엇인지 쓰고, 그 운동의 성격과 의의를 서술하시오.

> 서양의 문물은 거의 대부분이 음탕한 것을 조장하고 욕심을 이끌며 윤리를 망치고 사림의 정신이 천지와 통하는 것을 어지럽히니, 귀로 들으면 내장이 뒤틀리고 눈으로 보면 창자가 뒤집히며 코로 냄새를 맡거나 입술에 대면 마음이 바뀌어 본성을 잃게 됩니다.

1단계 자료에 나타난 운동은 무엇인지 써 보세요.

_____

2단계 자료에 나타난 운동의 성격과 영향을 각각 써 보세요.

_____

3단계 1단계와 2단계에서 정리한 내용을 바탕으로 답안을 완성해 보세요.

_____
_____

1등급 도전하기

01 (가)~(라) 사절단에 대한 설명으로 옳은 것은?

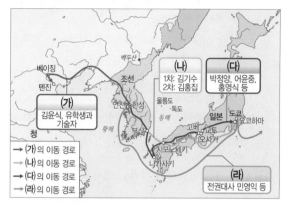

🔺 조선 정부의 사절단 파견

① (가)-조청 상민 수륙 무역 장정 체결 이후 파견되었다.
② (나)-일본과 맺은 조약 내용의 개정을 추진하였다.
③ (다)-왜양일체론을 내세웠다.
④ (라)-기기창 설치의 기반을 마련하였다.
⑤ (나), (다)-정부가 비밀리에 파견하였다.

03 (가) 사건에 대한 설명으로 옳은 것은?

✦ 창의 융합

오늘 방문한 곳은 조선 정부가 근대적 우편 업무를 시작한 곳이다. 우정총국 개국 축하연을 틈타 ⟨ (가) ⟩이/가 일어났을 때 폐쇄되었다가, 128년 만인 2012년 우편 업무를 다시 시작하여 본래의 기능을 회복하였다.
#김옥균 #홍영식 #역사탐방 #종로구

① 구식 군대의 군인들이 주도하였다.
② 톈진 조약이 체결되는 계기가 되었다.
③ 부산 등 3개 항구를 개항하는 결과를 낳았다.
④ 흥선 대원군이 다시 권력을 잡아 수습하였다.
⑤ 제2차 아편 전쟁이 전개되던 시기에 일어났다.

02 밑줄 친 ⑦의 상황이 나타난 이유로 가장 적절한 것은?

⑦ 국가 재정이 부족합니다. 상평통보의 5배 가치에 해당하는 당오전을 만들어 씁시다!

당오전 발행은 오히려 물가 폭등을 초래할 것입니다. 일본으로부터 300만 원의 차관을 얻는 것이 유리하오!

① 환곡의 폐단이 심하였다.
② 제너럴셔먼호 사건이 일어났다.
③ 정부가 개화 정책을 추진하였다.
④ 경복궁 중건 사업이 실시되었다.
⑤ 조세를 화폐로 납부하게 하였다.

04 교사의 질문에 대한 학생의 답변으로 가장 적절한 것은?

사진은 영국군 장교와 거문도 주민들의 모습으로 영국이 거문도를 점령한 시기에 찍은 것입니다. 영국군이 거문도에 주둔한 이유는 무엇이었을까요?

① 『조선책략』이 유포되었어요.
② 조러 비밀 협약이 추진되었어요.
③ 일본이 청과의 전쟁에서 승리하였어요.
④ 고종이 러시아 공사관으로 거처를 옮겼어요.
⑤ 미국과 거중 조정 조항이 포함된 조약을 체결하였어요.

수능 준비하기

01 수능 기출

(가)에 들어갈 내용으로 가장 적절한 것은?

학습 주제: ___(가)___

이항로 등은 열강의 통상 요구를 거부하고 침략에 맞서 싸우자고 주장했어.

최익현은 왜양일체론을 내세우며 개항에 반대했어.

이만손 등 영남의 유생들은 만인소를 올려 서양 열강과의 수교를 반대했지.

① 새마을 운동의 목적
② 애국 계몽 운동의 내용
③ 위정척사 운동의 전개
④ 물산 장려 운동의 영향
⑤ 6·10 만세 운동의 결과

● **수능 만점** 한끝

세 학생의 대화에 담긴 열강의 통상 요구 거부, 왜양일체론, 영남 유생들의 만인소와 관련한 운동이 무엇인지 추론한다.

● **이렇게도 출제될 수 있어요!**

최익현의 왜양일체론이나 영남 유생들이 영남 만인소를 제기한 배경을 묻는 등의 구체적인 사례가 답이 되는 문제가 출제될 수 있어요.

02 평가원 기출

(가) 사건의 영향으로 가장 적절한 것은?

> 사료로 읽는 한국사
>
> – 흥선 대원군을 가까운 시일 내에 돌아오게 하고, 청에 대한 조공의 허례를 폐지할 것
> – 문벌을 폐지하여 인민 평등의 권리를 제정하고, 사람으로써 벼슬을 택하되 벼슬로써 사람을 택하지 말 것
> – 모든 국가 재정을 호조가 관할하게 하며 그 밖의 재무 관청은 폐지할 것
>
> [해설] 위 사료는 ___(가)___ 을/를 일으킨 김옥균, 박영효 등 급진 개화파가 구상한 개혁 정강의 일부이다. 이들은 청의 간섭 배제, 국가 체제의 개편 등을 목표로 과감한 변혁을 시도했으나, 청군의 개입으로 인해 3일 만에 실패하였다.

① 삼별초가 봉기하였다.
② 규장각이 설치되었다.
③ 임오군란이 발발하였다.
④ 한성 조약이 체결되었다.
⑤ 백두산정계비가 건립되었다.

● **수능 만점** 한끝

흥선 대원군의 귀국, 문벌의 폐지, 인민 평등권 등을 통해 (가) 사건을 추론하고, (가) 사건의 결과에 해당하는 선택지를 고른다.

● **문제의 핵심**

급진 개화파의 개혁 정강

내용	청에 대한 사대 청산, 내각 제도의 수립, 인민 평등권 보장, 재정의 일원화, 지조법 개혁 등

03 근대 국가 수립을 위한 노력(2)

한끝 더하기

❶ 포접제
전국을 포와 접으로 나누어 관리한 동학의 조직망이다. 마을이나 군 단위로 접을 조직하고 수십 개의 접을 포로 묶어 포교의 기초 조직으로 삼았다.

❷ 교조 신원 운동
교조 최제우의 억울함을 풀고 포교의 자유를 얻기 위해 전개하였다.

❸ 4대 강령
'사람을 죽이거나 가축을 잡아먹지 말 것, 충효를 다하여 세상을 구하고 백성을 편안하게 할 것, 일본 오랑캐를 몰아내고 나라의 정치를 깨끗이 할 것, 군대를 몰고 서울로 들어가 권세가와 귀족을 모두 없앨 것'을 주요 내용으로 하였다.

❹ 시모노세키 조약(1895)
청일 전쟁에서 승리한 일본이 청과 맺은 조약이다. 청은 조선이 자주독립 국가임을 인정하였으며 일본에 랴오둥반도, 타이완 등을 할양하고 배상금을 지불하기로 하였다.

❺ 삼국 간섭(1895)
청일 전쟁에서 승리한 일본은 청으로부터 랴오둥반도를 할양받았는데, 러시아, 프랑스, 독일이 일본에 압력을 가하여 랴오둥반도를 청에 돌려주도록 한 사건이다.

❻ 아관 파천(1896)
일본군이 의병 진압을 위해 지방으로 파견되자, 고종이 이를 틈타 러시아 공사관으로 거처를 옮긴 사건이다.

1 동학 농민 운동

1. 배경

(1) **농민층의 동요**: 개화 정책 추진과 일본에 배상금 지급 등으로 국가 재정 악화(→ 조세 부담 증가), 일본으로의 곡물 유출로 물가 폭등, 관리들의 부패와 수탈 심화 → 전국에서 잦은 농민 봉기 발생

(2) **동학의 확산**: 동학의 교세 확장, 2대 교주 최시형의 포접제❶ 정비, 경전 간행 → 교세 확장, 교조 신원 운동❷ 전개(삼례·보은·금구 등지에서 집회 개최, 점차 정치적 성격을 보임)

2. 전개 [대표 자료]

고부 농민 봉기 (1894. 1.)	고부 군수 조병갑의 부정부패와 횡포(만석보를 쌓아 물세 징수) → 전봉준 등이 사발통문을 돌려 농민들과 고부 관아 점령, 수탈의 상징인 만석보 파괴
제1차 봉기 (1894. 3.)	안핵사 이용태의 동학 탄압 → 무장 봉기, 백산 집결(4대 강령❸), 보국안민과 제폭구민을 담은 격문 발표) → 황토현과 황룡촌 전투에서 승리, 전주성 점령 → 청군과 일본군의 조선 출병 → 전주 화약 체결 → 집강소 설치(폐정 개혁 실시) [자료 ❶]
제2차 봉기 (1894. 9.)	• 배경: 일본의 경복궁 점령과 내정 간섭, 청일 전쟁 발발(시모노세키 조약❹ 체결) • 전개: 농민군 재봉기(반침략, 항일 구국 투쟁) → 북접군(손병희 주도)과 남접군(전봉준 주도)이 논산 집결 후 서울을 향해 진격 → 공주 우금치 전투에서 농민군이 일본군과 관군의 연합 부대에 패배

3. 의의: 반봉건·반침략 운동, 폐정 개혁안이 갑오개혁에 반영, 항일 의병 투쟁으로 계승

2 갑오개혁

1. 제1차 갑오개혁(1894)

전개	조선 정부의 교정청 설치(독자적 개혁 추진) → 일본군의 경복궁 점령 → 흥선 대원군을 섭정으로 하는 김홍집 내각 수립 → 군국기무처 설치(개혁 법안 제정·공포)
내용	공문서에 개국 기년 사용, 의정부와 궁내부 분리, 8아문제 실시, 탁지아문으로 재정 일원화, 화폐로 조세 납부, 은본위제 채택, 노비제·과거제·연좌제 폐지, 과부의 재가 허용

2. 제2차 갑오개혁(1894~1895)

전개	청일 전쟁에서 승기를 잡은 일본이 조선 내정에 간섭 → 군국기무처 폐지, 흥선 대원군 실각, 박영효·김홍집 연립 내각이 제2차 갑오개혁 추진
내용	홍범 14조 반포(1895), 의정부를 내각으로 개편, 8아문을 7부로 개편, 8도를 23부로 개편, 지방 행정 구역 명칭을 '군'으로 통일, 재판소 설치, 교육 입국 조서 반포(1895) [자료 ❷]

3. 제3차 갑오개혁(을미개혁, 1895)

전개	삼국 간섭❺으로 일본 세력 약화 → 친러·친미 내각 구성 → 을미사변 → 김홍집, 유길준 중심의 친일 내각 수립
내용	친위대(중앙)와 진위대(지방) 신설, 태양력과 '건양' 연호 사용, 종두법과 단발령 실시, 소학교 설립, 우편 사무 재개 → 을미의병 봉기 → 아관 파천❻으로 김홍집 내각 붕괴(개혁 중단)

4. 의의와 한계: 갑신정변과 동학 농민 운동의 요구 반영(봉건적 통치 체제 개혁 추구) ⇔ 개혁 주도 세력이 일본에 의지, 국방력 강화와 공업 진흥 등에 소홀

• 대표 자료 • 동학 농민 운동의 전개   ➜ 정보 활용 능력

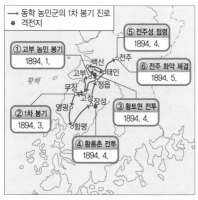

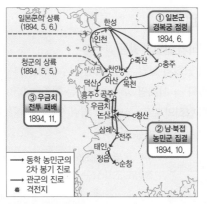

⬆ 제1차 봉기의 전개   ⬆ 제2차 봉기의 전개

제1차 봉기 때 동학 농민군은 무장에서 봉기하여 백산에 집결한 뒤 황토현 전투, 황룡촌 전투 등에서 승리하고 전주성까지 함락하였다. 청군과 일본군이 조선에 상륙하자 농민군은 정부와 전주 화약을 맺고 해산하였다. 이후 일본군의 경복궁 침입에 농민군은 반침략 기치를 내걸고 다시 봉기하였으나, 공주 우금치 전투에서 패배하였다.

자료 1 폐정 개혁안

> 1. 전운소를 혁파하고 이전과 같이 각 읍에서 조세를 상납하게 할 것
> 3. 탐관오리를 징계하고 쫓아낼 것
> 6. 각종 항목의 결세액은 평균 분배하되 마구 걷지 말 것
> 9. 각국 상인은 항구에서만 매매하게 하되, 한성에 점포를 열거나 각지에서 임의로 행
>   상하지 못하게 할 것
> 10. 보부상의 폐단이 많으니 혁파할 것
> 13. 대원군이 국정에 간여하면 백성의 마음이 돌아올 수 있을 것 – 정교, 「대한계년사」

폐정 개혁안에는 탐관오리 처벌, 부당한 세금 폐지 등이 포함되어 있었다. 동학 농민군은 전주 화약 이후 전라도 각지에 자치 기구인 집강소를 설치하여 치안을 유지하고 폐정 개혁안을 실천하였다.

자료 2 홍범 14조

> 1. 청국에 의존하는 관념을 버리고 자주 독립의 기초를 세운다.
> 3. 대군주는 대신과 논의하여 국정을 결정하고, 종실과 외척의 간섭을 금한다.
> 4. 왕실 사무와 국정 사무를 분리하여 뒤섞이는 것을 금한다.
> 10. 지방 관제를 시급히 개정하여 이로써 지방 관리의 직권을 한정한다.
> 14. 문벌 및 지벌에 구애되지 말고, 선비를 두루 구하여 인재를 등용한다. - 「관보」, 1894

제2차 갑오개혁이 실시되자 고종은 홍범 14조를 반포하였다. 이를 통해 행정 사무, 국가 재정, 인재 등용 등에 관한 사항을 규정하였다.

• 시험에서는 이렇게 •

동학 농민 운동의 전개 지도를 제시하고 해당 운동에 대한 전개 과정, 폐정 개혁안의 내용, 성격 등을 묻는 문제가 자주 출제됩니다. 동학 농민군의 제1차 봉기와 제2차 봉기 전개 과정을 비교하여 정리해 두고, 각 봉기에서 발표된 격문이나 개혁안 등을 파악해 두세요.

자료 활용 문제

지도에 나타난 민족 운동에 대한 설명으로 옳은 것은?

① 갑신정변에 영향을 주었다.
② 청의 개입으로 중단되었다.
③ 위정척사 운동의 하나로 일어났다.
④ 한성 조약을 체결하는 계기가 되었다.
⑤ 양반 중심의 신분제를 바꾸고자 하였다.

답 ⑤

개념 확인하기

1 동학 교도들은 처형당한 교조 최제우의 억울함을 풀어주고 동학의 종교적 자유를 얻으려는 (　　　)을 벌였다.

2 동학 농민군에 대한 설명이 맞으면 ○표, 틀리면 ✕표를 하시오.
⑴ 반봉건과 반침략의 기치를 내걸었다. (　)
⑵ 자치적 개혁 기구로 군국기무처를 설치하였다. (　)
⑶ 아관 파천에 반대하여 제2차 봉기를 일으켰다. (　)
⑷ 전주성을 점령한 후 폐정 개혁을 조건으로 정부와 전주 화약을 맺었다. (　)

3 제2차 갑오개혁에서 추진한 개혁 내용만을 〈보기〉에서 있는 대로 기호를 쓰시오.
┌ 보기 ┐
ㄱ. 단발령 실시
ㄴ. '건양' 연호 사용
ㄷ. 8아문을 7부로 개편
ㄹ. 교육 입국 조서 반포

근대 국가 수립을 위한 노력(2)

 더하기

❶ 독립문

독립 협회는 청에 대한 자주독립을 상징하는 의미로, 청의 사신을 맞이하던 영은문이 헐린 자리 부근에 독립문을 세웠다.

❷ 중추원

1894년에 전직 고위 관료들로 구성한 기관이다. 내각에서 의뢰한 법률이나 칙령 등을 심의·의결하였다. 중추원 관제 개편에 따라 의관은 50명으로 하되, 25명은 정부에서 추천하고 25명은 독립 협회 등에서 선출하기로 하였다. 그러나 1899년에 중추원의 의결 기능은 폐지되었다.

❸ 황국 협회

1898년 대한 제국 황제의 측근 관료들이 독립 협회를 견제하기 위해 보부상들을 내세워 조직한 단체이다. 독립 협회가 해산되자 더불어 해산되었다.

❹ 환구단

천자인 황제가 하늘에 제사를 지내는 둥근 제단이다. 고종이 대한 제국의 황제로 즉위하면서 환구단을 쌓고 즉위식을 거행한 후 국호를 대한 제국으로 변경하였다.

❺ 지계

토지 소유권을 증명하는 문서로, 오늘날의 토지 등기부와 같은 역할을 하였다. 토지의 측량과 관리, 조세 부과를 일원화하기 위해 발행하였다.

3 독립 협회

1. 독립 협회의 설립과 활동 자료 ❸

(1) **독립 협회의 설립**: 아관 파천 이후 조선에 대한 러시아의 영향력 강화, 열강의 이권 침탈 가속화 → 서재필 등이 독립신문 창간(1896. 4.) → 독립 협회 설립(1896. 7.)

(2) **독립 협회의 활동**: 독립문❶ 건립, 기관지 『대조선 독립 협회 회보』 간행, 독립관에서 토론회 개최 등 국민 계몽 활동

자주 국권 운동	만민 공동회 개최(러시아의 내정 간섭과 이권 요구 규탄 → 러시아의 재정 고문 철수, 절영도 조차 요구 철회)
자유 민권 운동	신체의 자유 및 재산권 보호와 언론·출판·집회·결사의 자유 요구, 국민 참정권 운동
의회 수립 운동	입헌 군주정 체제 수립 목표, 관민 공동회 개최(헌의 6조 결의) → 고종의 수용으로 중추원❷ 관제 개편(법률 및 칙령 제정 및 폐지, 정부의 주요 안건 심사·의결) 대표 자료

(3) **독립 협회의 해산**: 보수 세력이 독립 협회가 공화정 수립을 꾀한다고 모함 → 고종이 황국 협회❸와 군대를 동원하여 만민 공동회 진압 → 독립 협회 강제 해산(1898. 12.)

2. 독립 협회 활동의 의의와 한계

의의	국민 계몽 노력, 자주권 수호와 민권 의식 신장에 기여, 근대 국민 국가를 지향한 국정 개혁 추진
한계	러시아에 국한된 외세 배척 운동 전개(미국, 영국, 일본 등에 우호적)

4 대한 제국과 광무개혁

1. 대한 제국의 수립(1897)

배경	고종의 환궁 요구 상소, 러시아와 일본의 세력 균형, 자주독립 국가 천명의 여론 고조
전개	고종의 경운궁(덕수궁) 환궁 → '광무' 연호 사용, 환구단❹에서 황제 즉위식 거행, 대한 제국 수립 선포

2. 광무개혁: 구본신참의 원칙에 따라 추진

(1) 전개

정치	황제권 강화: 대한국 국제 제정(자주독립 국가 천명, 전제 군주제 지향, 1899), 내장원(궁내부의 재정 기관)의 재원 흡수, 전환국을 황제 직속으로 전환 등 자료 ❹
경제	• 양전 사업 실시: 조세 수입 증대, 지계❺ 발급 • 상공업 진흥 정책: 근대적 시설과 회사 설립, 상공 학교와 광무 학교 설립, 유학생 파견, 전화 가설, 우편 제도 정비, 전차 부설
외교	대한국·대청국 통상 조약 체결, 만국 우편 연합·국제 적십자사 등 국제기구 가입, 대한 제국 「칙령 제41호」(1900) 공포(독도 관할), 이범윤 간도 관리사 임명
군사	원수부 설치, 친위대와 진위대 증강, 무관 학교 설립, 징병제 시행 준비

(2) 의의와 한계

의의	한국의 근대화 촉진, 근대적 토지 소유권 제도 확립, 상공업 진흥
한계	민권 보장 개혁 미흡, 집권 세력의 부정부패와 열강의 간섭 등으로 큰 성과를 거두지 못함, 토지 측량과 조세 징수 등의 과정에서 농민 수탈

• 대표 자료 • 헌의 6조   ✦ 비판적 사고력

> 1. 외국인에게 의지하지 말고 관민이 합심하여 황제권을 공고히 할 것
> 2. 외국과의 이권에 관한 계약과 조약은 해당 부처의 대신과 중추원 의장이 함께 날인하여 시행할 것
> 3. 재정은 탁지부에서 전담하여 맡고 예산과 결산을 국민에게 공포할 것
> 4. 중대한 범죄는 공판하고 피고의 인권을 존중할 것
> 5. 칙임관은 정부에 그 뜻을 물어 과반수가 동의하면 임명할 것
> 6. 갑오개혁 이후 공포된 법령을 실천할 것　　　　　　　　 – 「일성록」

독립 협회는 1898년 종로에서 정부 대신과 시민이 함께 참석한 관민 공동회를 열었다. 관민 공동회에서 국권 수호, 민권 보장 등을 강조하며 관민이 협력하여 국정을 운영하자는 헌의 6조를 결의하였고, 황제가 이를 수락하였다. 이에 따라 중추원 관제가 개편되어 중추원은 법률 및 칙령을 제정하거나 폐지하고, 정부의 주요 안건을 심사하거나 의결하였다.

자료 ❸ 독립 협회의 활동

> 나라가 나라답기 위해서 두 가지 필요한 조건이 있는데, 그 하나는 자립(自立)하여 다른 나라에 의지하지 않는 것이며, 다른 하나는 우리 스스로 정치와 법률을 온 나라에 바르게 행하는 것입니다. 이 두 가지는 하늘에서 우리 폐하에게 부여해 준 하나의 큰 권한입니다. 이 권한이 없으면 그 나라가 없는 것입니다. – 「구국 운동 상소문」, 「고종실록」

독립 협회는 재정·군사·인사권을 자주적으로 행사하여 자주독립을 지켜야 한다는 '구국 운동 상소문'을 올렸다. 이후 만민 공동회를 열어 자주 국권을 비롯한 민중 계몽, 자유 민권, 의회 수립 운동을 전개하였다.

자료 ❹ 대한국 국제

> 제1조　대한국은 세계 만국이 공인한 자주독립 제국이다.
> 제2조　대한 제국의 정치는 만세토록 불변할 전제 정치이다.
> 제3조　대한국 대황제는 무한한 군권을 지니고 있다.
> 제4조　대한국 신민이 군권을 침해하는 행위가 있으면 신민의 도리를 잃은 자로 인정한다.
> 제6조　대한국 대황제는 법률을 제정하여 반포와 집행을 명하고 대사, 특사, 감형, 복권을 명한다.
> 제9조　대한국 대황제는 각 조약국에 사신을 파견하고 선전, 강화 및 관련 약조를 체결한다.　　　　　　 – 「관보」

대한국 국제는 대한 제국이 만국에 공인된 자주독립 국가임을 밝혔으며, 주권이 황제에게 있는 전제 군주국임을 명확히 하였다. 또한 황제가 군 통수권, 입법권, 행정권, 사법권 등 모든 권한을 가진다고 규정하였다.

▶ 시험에서는 이렇게

헌의 6조를 제시하고, 독립 협회의 활동을 묻는 문제가 자주 출제됩니다. 독립 협회의 의회 수립 운동으로 관민 공동회를 열고 헌의 6조를 결의하였다는 점을 정리해 두세요. 헌의 6조를 고종이 승인하면서 새로운 중추원 관제가 반영되었다는 사실도 함께 알아 두세요.

자료 활용 문제

자료를 결의한 단체에 대한 설명으로 옳은 것은?

① 영남 만인소를 올렸다.
② 단발령 실시에 반발하였다.
③ 일본 공사관을 공격하였다.
④ 제너럴셔먼호의 통상 요구를 거부하였다.
⑤ 관민 공동회에서 국정 개혁안을 채택하였다.

답 ⑤

개념 확인하기

4 서재필 등이 창립한 (　　　)는 독립문 건립, 만민 공동회 개최 등의 활동을 전개하였다.

5 '옛것을 기본으로 하고 새로운 것을 참작한다.'라는 의미로, 대한 제국이 내세운 광무개혁의 기본 방향을 일컫는 말은?

6 다음 설명이 맞으면 ○표, 틀리면 ×표를 하시오.
(1) 독립 협회는 중추원을 근대식 의회로 개편하려고 하였다. (　　)
(2) 대한 제국은 전제 군주제를 기반으로 개혁을 추진하였다. (　　)
(3) 관민 공동회는 정부 관료만 참여할 수 있었다는 점에서 한계를 보였다. (　　)
(4) 고종은 경운궁으로 환궁한 후 연호를 건양으로 바꾸고 황제로 즉위하였다. (　　)

7 다음 독립 협회의 주장으로 옳은 것만을 〈보기〉에서 있는 대로 기호를 쓰시오.

┤ 보기 ├
ㄱ. 신분제 폐지
ㄴ. 중추원 관제 개편
ㄷ. 대한국 국제 반포
ㄹ. 러시아의 절영도 조차 요구 저지

01 (가)에 들어갈 내용으로 적절한 것만을 <보기>에서 고른 것은?

개항 이후 정부가 개화 정책을 추진하고 일본에 배상금을 지급하면서 국가 재정이 어려워지고 농민들의 조세 부담이 늘어났다. 또한 _____ (가) _____ 농민들이 큰 타격을 입었다. 게다가 관리들의 부패와 수탈이 심해지자 전국에서 농민 봉기가 자주 일어났다.

⊣ 보기 ⊢
ㄱ. 일본으로 곡물이 유출되자
ㄴ. 경복궁 중건 사업이 시작되자
ㄷ. 영국산 면직물이 대거 유입되면서
ㄹ. 일본으로부터 차관 도입이 실패하자

① ㄱ, ㄴ　　② ㄱ, ㄷ　　③ ㄴ, ㄷ
④ ㄴ, ㄹ　　⑤ ㄷ, ㄹ

02 (가)에 들어갈 내용으로 적절한 것은?

동학은 평등 사상을 내세워 지배층의 수탈에 시달리던 농민층에게 큰 호응을 얻었다. 동학이 확산된 다른 이유가 있을까?

응! _____ (가) _____ 포교에 힘쓰면서 경상도, 전라도, 충청도까지 확산하였어.

① 포접제를 정비하고
② 『조선책략』을 유포하고
③ 왜양일체론을 내세우고
④ 동도서기론을 주장하고
⑤ 통리기무아문을 설치하고

03 (가), (나) 시기 사이에 있었던 사실로 옳은 것은?

(가) 1894년에 고부 지역에서는 관아를 쳐부수고 한성으로 진격하자는 움직임이 일어났다. 농민들은 "났네, 났어, 난리가 났어.", "에이 참 잘되었지. 그냥 이대로 지내서야 백성 한 사람이나 어디 남아 있겠나!"라며 분노하였다.

(나) 수령들의 탐학이 갈수록 심해지니 어찌 백성이 곤궁해지지 않겠는가. 백성은 나라의 근본인바, 근본이 쇠약해지면 나라도 쇠약해진다. …… 우리는 초야에서 사는 백성이지만, 나라의 위태로움을 좌시할 수 없다. 이제 보국안민의 의로운 깃발을 들어 죽기를 각오하고 맹세하노라.

① 삼정이정청이 설치되었다.
② 마건상이 고문으로 파견되었다.
③ 최익현이 태인에서 의병을 일으켰다.
④ 흥선 대원군이 개화 정책을 폐지하였다.
⑤ 안핵사 이용태가 동학교도를 탄압하였다.

04 다음 강령이 발표된 시기를 연표에서 옳게 고른 것은?

우리는 4대 강령을 정한다.
1. 사람을 죽이거나 가축을 잡아먹지 말라.
2. 충효를 다하여 세상을 구하고 백성을 편안케 하라.
3. 일본 오랑캐를 몰아내고 나라의 정치를 깨끗이 한다.
4. 군대를 몰고 서울로 들어가 권세가와 귀족을 모두 없앤다.

(가)	(나)	(다)	(라)	(마)
강화도 조약 체결	임오군란 발발	고부 농민 봉기	전주 화약 체결	을미사변	아관 파천

① (가)　② (나)　③ (다)　④ (라)　⑤ (마)

05 (가)에 들어갈 내용으로 적절한 것은?

동학 농민 운동 다큐멘터리 기획안

- 기획 의도: 전봉준의 행적을 중심으로 동학 농민 운동 의 역사적 의미를 조명한다.
- 구성 방안: 동학 농민 운동의 전개 과정을 시간의 흐름 에 따라 5부작으로 구성한다.

| 1부: 고부 지방의 접주로 임명되다 |
| 2부: 사발통문을 돌려 봉기를 계획하다 |
| 3부: (가) |
| 4부: 집강소를 설치하고 폐정 개혁을 추진하다 |
| 5부: 공주에서 관군과 일본군 부대에게 패배하다 |

① 우정총국에서 정변을 일으키다
② 황토현에서 관군과 싸워 승리하다
③ 평등사상을 바탕으로 동학을 창시하다
④ 구식 군대의 군인들과 궁궐을 공격하다
⑤ 일본이 경복궁을 점령하자 다시 봉기하다

06 다음 개혁안이 발표된 민족 운동 과정에서 있었던 사실로 옳은 것은?

중요해

1. 전운소를 혁파하고 이전과 같이 각 읍에서 조세를 상 납하게 할 것
3. 탐관오리를 징계하고 쫓아낼 것
6. 각종 항목의 결세액은 평균 분배하되 마구 걷지 말 것
9. 각국 상인은 항구에서만 매매하게 하되, 한성에 점포 를 열거나 각지에서 임의로 행상하지 못하게 할 것
10. 보부상의 폐단이 많으니 혁파할 것
13. 대원군이 국정에 간여하면 백성의 마음이 돌아올 수 있을 것 – 정교, 『대한계년사』

① 을미사변이 일어났다.
② 집강소가 설치되었다.
③ 별기군이 조직되었다.
④ 한성 조약이 체결되었다.
⑤ 묄렌도르프가 고문으로 파견되었다.

07 교사의 질문에 대한 답변으로 적절한 것은?

대표 자료 링크

① 일본군이 농민군을 진압하려고 하였어요.
② 일제가 대한 제국의 군대를 해산하였어요.
③ 운요호가 영종도에서 살인과 약탈을 저질렀어요.
④ 오페르트가 남연군 묘를 도굴하려고 시도하였어요.
⑤ 공사관 보호 명목으로 일본군이 한성에 주둔하였어요.

08 밑줄 친 '개혁'에 해당하는 내용으로 옳지 않은 것은?

이 문제에서 나올 수 있는 모든 선택지 ✓

그림으로 보는 한국사

이 그림은 군국기무처의 회의 모습을 그린 그림입니다. 일본군이 경복궁을 점령한 후 세운 김홍집 내각은 군 국기무처를 설치하여 개혁 을 추진하였습니다.

① 8아문을 설치하였다.
② 은본위제를 채택하였다.
③ 과부의 재가를 허용하였다.
④ 의정부와 궁내부를 분리하였다.
⑤ 노비제, 과거제, 연좌제를 폐지하였다.
⑥ 중국 연호 대신 건양을 연호로 사용하였다.
⑦ 국가 재정을 탁지아문에서 관할하게 하였다.

09 다음 자료를 활용한 탐구 활동으로 가장 적절한 것은?

> 1. 청국에 의존하는 관념을 버리고 자주독립의 기초를 세운다.
> 3. 대군주는 대신과 논의하여 국정을 결정하고, 종실과 외척의 간섭을 금한다.
> 4. 왕실 사무와 국정 사무를 분리하여 뒤섞이는 것을 금한다.
> 10. 지방 관제를 시급히 개정하여 이로써 지방 관리의 직권을 한정한다.
> 13. 민법과 형법을 엄격하게 제정하여 인민의 생명과 재산을 보전한다.
> 14. 문벌 및 지벌에 구애되지 말고, 선비를 두루 구하여 인재를 등용한다.

① 대한국 국제에 담긴 내용을 분석한다.
② 과부의 재가를 허용한 시기를 조사한다.
③ 의정부를 내각으로 개편한 이유를 파악한다.
④ 개화당 정부가 발표한 개혁 정강을 살펴본다.
⑤ 집강소에서 추진한 폐정 개혁의 내용을 분석한다.

10 밑줄 친 '개혁'의 내용으로 옳지 <u>않은</u> 것은?

> 박영효가 명성 황후 폐위 음모 혐의로 일본에 망명하자, 고종은 친러·친미적인 인물들로 내각을 구성하였다. 이에 위기를 느낀 일본은 미우라 고로를 조선에 공사로 파견하여 을미사변을 일으켰다. 그 결과 김홍집을 중심으로 한 친일 내각이 수립되어 <u>개혁</u>을 추진하였다.

① 소학교를 설립하였다.
② 군국기무처를 설치하였다.
③ 태양력을 처음 사용하였다.
④ 종두법을 전국적으로 확대 실시하였다.
⑤ 중앙에 친위대, 지방에 진위대를 편성하였다.

11 다음 건축물을 건립한 단체에 대한 설명으로 옳은 것은?

이 사진의 오른쪽 부분은 준공 직후의 독립문이다. 청의 사신을 맞이하던 영은문의 돌기둥 앞에 우뚝 서 있는 이 문은 대내외에 천명한 조선의 자주와 독립을 상징한다.

① 갑신정변을 일으켰다.
② 왜양일체론을 내세웠다.
③ 통리기무아문을 설치하였다.
④ 의회 수립 운동을 주도하였다.
⑤ 제폭구민, 보국안민 등을 개혁의 구호로 삼았다.

중요해
12 (가) 단체에 대한 설명으로 옳은 것만을 〈보기〉에서 고른 것은?

이 단체는 독립문을 건립하고, 교육과 산업 진흥, 자주독립 등의 주제로 토론회를 열어 민중을 계몽하였어.

한국사 스피드 퀴즈

(가)

┤ 보기 ├
ㄱ. 러시아의 절영도 조차 요구를 저지하였다.
ㄴ. 자발적으로 해체한 후 황국 협회를 결성하였다.
ㄷ. 관민 공동회를 개최하여 헌의 6조를 결의하였다.
ㄹ. 보수적 성향의 관료들이 단체의 창립을 주도하였다.

① ㄱ, ㄴ   ② ㄱ, ㄷ   ③ ㄴ, ㄷ
④ ㄴ, ㄹ   ⑤ ㄷ, ㄹ

13 다음 법령에 대한 설명으로 옳은 것은?

> 제1조 대한국은 세계 만국이 공인한 자주독립 제국이다.
> 제2조 대한 제국의 정치는 만세토록 불변할 전제 정치이다.
> 제3조 대한국 대황제는 무한한 군권을 지니고 있다.
> 제6조 대한국 대황제는 법률을 제정하여 반포와 집행을 명하고 대사, 특사, 감형, 복권을 명한다.
> 제9조 대한국 대황제는 각 조약국에 사신을 파견하고 선전, 강화 및 관련 약조를 체결한다.

① 갑오개혁 때 반포되었다.
② 입헌 군주제를 추구하였다.
③ 교육 입국 조서에 반영되었다.
④ 독립 협회 설립에 영향을 주었다.
⑤ 황제에게 입법권, 사법권 등을 부여하였다.

이 문제에서 나올 수 있는 모든 선택지 ✔

14 밑줄 친 '개혁'에 대한 설명으로 옳지 <u>않은</u> 것은?

> 사진은 황궁우와 환구단의 모습이다. 황궁우는 천지신과 태조의 신위를 모신 곳이며, 환구단은 천자가 하늘에 제사를 지낸 곳이다. 고종은 환구단에서 황제 즉위식을 하고, <u>개혁</u>을 추진하였다.

① 원수부를 설치하였다.
② 호포제를 실시하였다.
③ 상공 학교와 광무 학교를 세웠다.
④ 근대적 시설과 회사를 설립하였다.
⑤ 전화를 가설하고 전차를 부설하였다.
⑥ 구본신참의 원칙에 따라 추진하였다.
⑦ 양전 사업을 추진하고 지계를 발급하였다.
⑧ 근대 기술 습득을 위해 유학생을 파견하였다.

15 다음 자료에 나타난 민족 운동의 성격을 서술하시오.

> • 심문자: 무슨 일로 다시 봉기하였는가?
> • 주도자: 장흥 부사 이용태가 안핵사로 본 읍에 와서 의거한 인민을 동학도로 통칭하고 체포하여 살육하였기 때문에 다시 일어났다.
> • 심문자: 1894년 9월에 다시 군사를 일으킨 것은 무슨 이유인가?
> • 주도자: 일본이 군대를 거느리고 우리 서울에 들어와 밤중에 왕궁을 공격하여 임금을 놀라게 하였다. 이에 초야의 선비와 백성들이 충군애국의 마음으로 의병을 규합하고 일본인과 접전하여 그 책임을 묻고자 함이었다.

_____

_____

3단계 로 완성하기

16 다음 개혁안의 명칭을 쓰고, 이 개혁안을 황제가 수락하면서 개편된 관제를 서술하시오.

> 1. 외국인에게 의지하지 말고 관민이 합심하여 황제권을 공고히 할 것
> 2. 외국과의 이권에 관한 계약과 조약은 해당 부처의 대신과 중추원 의장이 함께 날인하여 시행할 것
> 3. 재정은 탁지부에서 전담하여 맡고 예산과 결산을 국민에게 공포할 것 ……
> 6. 갑오개혁 이후 공포된 법령을 실천할 것

①단계 개혁안의 명칭이 무엇인지 써 보세요.

_____

②단계 개혁안을 황제가 수락하면서 중추원 관제가 변화된 내용을 써 보세요.

_____

_____

③단계 1단계와 2단계에서 정리한 내용을 바탕으로 답안을 완성해 보세요.

_____

_____

1등급 도전하기

01 다음 격문이 발표된 이후 일어난 사실로 옳은 것은?

> 일본 오랑캐가 구실을 만들어 군대를 동원하여 우리 임금을 핍박하고 우리 백성을 근심케 하니 어찌 그대로 참을 수 있겠습니까. …… 지금 조정의 대신들을 보건대 망령되이 자기의 안전만을 생각하여 위로는 임금을 위협하고 아래로는 백성을 속여서 일본 오랑캐와 손을 잡아 남쪽의 백성에게 원한을 펴서 망령되이 임금의 군사를 동원하여 선왕의 백성을 해치려 하니 참으로 무슨 뜻이며 끝내 무엇을 하려는 것 입니까.

① 교조 최제우가 처형당하였다.
② 농민군이 4대 강령을 발표하였다.
③ 농민군이 정부와 전주 화약을 맺었다.
④ 황룡촌 전투에서 농민군이 관군에 승리하였다.
⑤ 공주 우금치에서 관군과 일본군의 연합 부대에 농민군이 패배하였다.

02 다음 정책을 마련한 내각에 대한 설명으로 옳은 것만을 〈보기〉에서 있는 대로 고른 것은?

양력 사용 알림
- 병신년(1896)을 건양 원년으로 선포함
- 구력 11월 17일을 양력 1월 1일로 선포함

┤ 보기 ├
ㄱ. 소학교를 설립하였다.
ㄴ. 친일 관료로 구성되었다.
ㄷ. 아관 파천 시기에 개혁을 추진하였다.
ㄹ. 중앙에 친위대, 지방에 진위대를 신설하였다.

① ㄱ, ㄴ ② ㄱ, ㄷ ③ ㄱ, ㄴ, ㄷ
④ ㄱ, ㄴ, ㄹ ⑤ ㄴ, ㄷ, ㄹ

✦창의 융합

03 (가) 민족 운동에 대한 탐구 활동으로 가장 적절한 것은?

> ○○신문 2023년 ◇월 △일
>
> ### [(가)] 기록물, 유네스코 세계 기록 유산으로 등재
>
> 2023년 [(가)]의 기록물이 유네스코 세계 기록 유산으로 등재되었다. …… 기록물은 총 185점으로 1894~1895년 당시 농민군의 각종 문서들과 지도자 전봉준에 대한 기록들이다. 접주급 인물이었던 한달문이 어머니에게 보낸 한글 편지도 눈에 띈다. 이러한 기록물이 유네스코 세계 유산에 등재되면서 [(가)]의 세계사적 중요성을 인정받게 되었다.

① 삼정이정청 설치의 이유를 분석한다.
② 부산 등 3개 항구가 개항한 배경을 파악한다.
③ 일본군이 한성에 주둔하게 된 계기를 조사한다.
④ 흥선 대원군이 다시 권력을 잡은 과정을 알아본다.
⑤ 제폭구민, 보국안민을 구호로 삼은 이유를 살펴본다.

04 밑줄 친 '새로운 나라'에서 볼 수 있는 모습으로 적절한 것은?

> 고종이 머물렀던 러시아 공사관의 모습이에요. 환궁 후 고종은 연호를 바꾸고, 황제로 즉위한 뒤 새로운 나라의 수립을 선포하였어요.

① 독립신문 창간호를 쓰는 기자
② 일본 교관에게 훈련을 받는 별기군
③ 관민 공동회에 참여하여 연설을 듣는 관리
④ 정변 실패로 일본으로 도망가는 급진 개화파
⑤ 조러 비밀 협약에 반발하여 거문도를 점령하는 영국군

수능 준비하기

01 수능 기출
밑줄 친 '창의군'에 대한 설명으로 옳은 것은?

> <u>창의군</u>의 영수 전봉준이 충청 감사에게 글을 올립니다.
> 일본 도적놈이 전쟁을 일으키고 군사를 움직여 우리 임금을 핍박하고 우리 백성을 어지럽히고 있는데, 차마 무슨 말을 할 수 있겠습니까?
> …… 일편단심 죽음을 무릅쓰고 조선 왕조 오백 년 동안 길러 주신 은혜에 보답하겠습니다. 삼가 바라건대 충청 감사께서도 창의군과 의(義)로써 함께한다면 매우 다행이겠습니다.
>
> 갑오(甲午)년 논산에서 삼가 드립니다.

① 베트남 전쟁에 파병되었다.
② 안시성 전투에서 승리하였다.
③ 한산도에서 대승을 거두었다.
④ 인천 상륙 작전을 수행하였다.
⑤ 우금치에서 일본군과 전투를 벌였다.

◆ 수능 만점 한끝
전봉준, 일본 도적놈이 전쟁을 일으키고, 갑오(甲午)년 논산 등으로 밑줄 친 '창의군'이 어떤 군대인지 파악하여 해당 군대의 활동에 관한 선택지를 고른다.

◆ 이렇게도 출제될 수 있어요!
해당 자료와 관련된 유적지를 제시하고 그곳에서 전개된 민족 운동의 배경, 전개, 결과 및 영향을 묻는 문제로 출제될 수 있어요.

02 평가원 기출
(가)에 들어갈 내용으로 가장 적절한 것은?

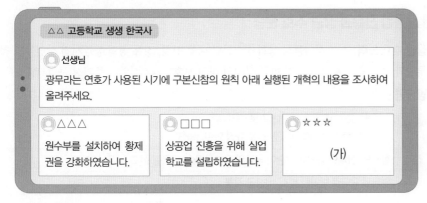

① 노비안검법을 시행하였습니다.
② 새마을 운동을 전개하였습니다.
③ 전민변정도감을 설치하였습니다.
④ 산미 증식 계획을 추진하였습니다.
⑤ 양전을 실시하고 지계를 발급하였습니다.

◆ 수능 만점 한끝
광무라는 연호, 구본신참, 원수부 등으로 (가)에 들어갈 개혁의 내용을 추론하고, 해당 개혁 시기의 경제와 관련된 설명을 찾아본다.

◆ 문제의 핵심
광무개혁

정치	대한국 국제 제정
경제	상공업 진흥 정책, 근대적 회사 설립
사회	전화 가설, 우편 제도 정비, 전차 부설
군사	원수부 설치, 친위대와 진위대 증강

04 사회·경제 변화와 문화 변동

한끝 더하기

❶ 거류지
개항장에서 외국인의 거주와 무역권을 인정한 지역으로, 치외법권 지역이었다.

❷ 청일 상인의 무역 경쟁

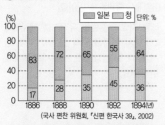

⬥ 조선의 청일 양국에 대한 수입액 비율
1882년 조청 상민 수륙 무역 장정이 체결된 이후 청 상인이 무역을 확대해갔으며, 청일 전쟁에서 일본이 승리하면서 일본 상인의 세력이 강화되었다.

❸ 열강의 이권 침탈

일본은 철도 부설권에 관심을 기울여 미국으로부터 경인선 부설권을 인수하였고 경부선 부설권을 확보하였으며, 프랑스로부터 경의선 부설권도 넘겨받았다. 경의선과 경부선은 러일 전쟁을 거치면서 군용 철도 명목으로 부설되었다.

❹ 상회사
같은 업종의 상인들이 자본을 투자하여 만든 합자 회사로, 1880년대 초부터 외국 상인의 상권 침투에 맞서 조선 상인들이 세웠다.

1 열강의 경제 침탈

1. 개항 후 일본 상인의 무역

(1) **거류지❶ 무역**: 부산·원산·인천에 외국인과 무역 가능한 개항장 형성, 개항장에서 10리 (4km) 이내로 활동 범위 제한 → 객주·보부상의 중개 무역 전개, 일본의 약탈적 무역 전개 (화폐 사용·무관세·영사 재판권 등 행사)

(2) **무역 내용**: 강화도 조약, 조일 수호 조규 부록, 조일 무역 규칙의 체결 → 일본이 영국산 면제품 중계 무역, 조선의 곡물 대량 수입 → 조선인의 경제 상황 악화

2. 청·일본 상인의 상권 침탈 〔대표 자료〕

(1) **조청 상민 수륙 무역 장정 체결(1882)**: 청 상인의 내륙 진출(한성과 양화진에 점포 설립), 개항장 밖에서 활동 가능, 영사 재판권 규정 등

(2) **조일 통상 장정 체결(1883)**: 일본에 최혜국 대우 인정 → 일본 상인의 내륙 진출

(3) **영향**: 외국 상인의 내륙 시장 진출, 청일 상인의 무역 경쟁❷ 심화, 객주·보부상 등 중개 상인과 면방직 공업 몰락, 조선 상인들의 상권이 위협을 받음 → 청일 전쟁 이후 일본 상인의 세력 강화

3. 열강의 이권 침탈❸: 아관 파천 이후 최혜국 대우 조항을 내세워 이권 침탈(철도 부설권, 광산 채굴권, 삼림 채벌권, 해운·어업·전기 등의 이권)

4. 일본의 금융 지배와 토지 수탈

금융	• 화폐 정리 사업(1905): 재정 고문 메가타의 주도 → 상평통보와 백동화 등을 일본 제일 은행권으로 교환하게 함, 백동화의 가치 평가 절하·교환 거부, 사업 자금을 일본 차관으로 조달 → 국내 상인 몰락, 거액의 국채 발생 〔자료 ❶〕 • 재정 장악: 징세 업무 관장, 토지의 소작료와 홍삼 전매 수입을 국유화
토지	일본 상인들의 한국 토지 매입, 러일 전쟁 후 철도 부지와 군용지 확보를 명분으로 대규모 토지 수탈 → 동양 척식 주식회사가 국유화한 황실 소유 토지를 일본인들에게 싼값에 판매함

2 상공업 진흥과 상권 수호 운동

1. 상권 수호 노력: 조선 상인들의 상회사❹ 설립(대동 상회, 장통 상회 등), 시전 상인들의 철시 투쟁과 황국 중앙 총상회 조직(한국 상인의 상권 보호), 경강상인의 증기선 구입 〔자료 ❷〕

2. 방곡령 선포

배경	• 일본으로 곡물 수출 → 국내 곡물 가격 폭등 • 조일 통상 장정 체결(방곡령 선포 규정 마련, 1883)
전개	함경도·황해도 등의 지방관이 곡물의 유출을 막는 방곡령 선포
결과	일본의 요구로 방곡령 철회, 배상금 지불

3. 근대적 기업 육성: 상인층과 전·현직 관료 주도

(1) **근대적 회사 설립**: 금융 기관(한국 상인과 기업 지원 목적 → 조선은행, 한성은행, 대한 천일 은행 등), 제조업 회사(해운 회사, 철도 회사, 종로 직조사 등) 설립

(2) **의의와 한계**: 근대적 산업 자본 성장, 화폐 정리 사업으로 타격, 외국 자본의 침투와 정부 지원 정책 부족으로 성장 미흡

대표 자료 · 개항 이후 청과 일본의 경제 침탈 ──── 비판적 사고력

[조청 상민 수륙 무역 장정(1882)]

제2조 조선의 개항장에서 청의 상무위원이 청 상인에 대한 재판권을 행사한다.

제4조 조선의 양화진, 한성에 영업소를 개설할 경우를 제외하고, 각종 화물을 내지로 운반하여 상점을 차리고 파는 것을 허가하지 않는다. 단, 내지에서 물건을 살 경우 지방관의 허가서를 받아야 한다. ─ 「고종실록」

[조일 통상 장정(1883)]

제37관 조선국에서 …… 일시적으로 곡물 수출을 금지하려고 할 때에는 반드시 1개월 전에 지방관이 일본 영사관에게 통지하여 …… 일본 상인들에게 전달하여 일률적으로 준수하는 데 편리하게 한다.

제42관 조선 정부에서 어떠한 권리와 특전 및 혜택과 우대를 다른 나라 관리와 백성에게 베풀 때에는 일본국 관리와 백성도 마찬가지로 일체 그 혜택을 받는다. ─ 「고종실록」

청 상인은 조청 상민 수륙 무역 장정에 따라 허가를 받으면 조선의 개항장 밖에서도 활동할 수 있었다. 일본은 조일 통상 장정을 체결하여 조선의 관세 자주권을 일부 인정하였으나, 최혜국 대우를 인정받게 되면서 내륙으로 진출하여 상권을 확대할 수 있었다.

자료 ① 화폐 정리 사업

제3조 구 백동화의 품질, 무게, 인상(印象), 모양이 정화(正貨)로 인정받을 만한 것(갑종)은 1개당 2전 5리의 가격으로 신화폐로 교환해 준다. 이 기준에 합당하지 않은 부정 백동화(을종)는 1개당 1전의 가격으로 정부에서 매수한다. …… 단, 형태나 품질이 조악한 백동화(병종)는 매수하지 않는다. ─ 「관보」, 1905. 6. 24.

재정 고문 메가타는 화폐 정리 사업을 실시하여 상평통보와 백동화 등을 일본 제일 은행권으로 교환하게 하였는데, 이 과정에서 백동화의 가치가 제대로 인정되지 않았다. 그 결과 일본의 금융 장악이 가속화되었다.

자료 ② 상권 수호 운동

한성 시전 상인들이 그저께부터 상점 문을 닫고 독립 협회와 황국 중앙 총상회의 목적을 따라 군밤 장사하는 이들까지 모두 한마음이 되어 화중 소청에 가서 합동하였다. 이에 경무관이 순검을 많이 데리고 다니면서 상인들을 압제하여 억지로 상점을 열라고 하자, 상인 제씨가 "우리도 충애하는 마음으로 소청에 가서 합동하겠는지라, 지금은 이전과 달라 관인의 무례한 압제를 받지 않겠다."라고 하니 경무관도 어찌할 수 없는 것으로 알았다고 하더라. ─ 독립신문, 1898. 10. 13.

청과 일본의 상인들이 서울에 점포를 열고 상권을 침탈하자, 큰 타격을 받은 시전 상인들은 철시 투쟁을 벌였다. 1898년에 황국 중앙 총상회를 조직하여 외국인의 불법적인 상업 활동을 막고, 상권 수호 운동을 이어갔다.

시험에서는 이렇게 ·

조청 상민 수륙 무역 장정, 조일 통상 장정 등을 제시하고 조약의 체결이 미친 영향을 묻는 문제가 자주 출제됩니다. 조청 상민 수륙 무역 장정이 체결된 후 조선이 청의 영사 재판권과 내지 통상권을 인정했다는 점, 조일 통상 장정에는 방곡령과 최혜국 대우 관련 규정이 있다는 내용을 정리해 두세요.

자료 활용 문제

첫 번째 조약에 대한 설명으로 옳지 않은 것은?

① 임오군란을 계기로 체결되었다.

② 청 상인의 한성 진출이 허용되었다.

③ 조선이 청의 영사 재판권을 허용하였다.

④ 청 상인이 조선에 본격적으로 진출하는 계기가 되었다.

⑤ 객주, 보부상 등을 매개로 거류지 무역이 전개되는 결과를 가져왔다.

답 ⑤

개념 확인하기

1 다음 설명이 맞으면 ○표, 틀리면 ×표를 하시오.

(1) 톈진 조약에 따라 청과 일본 상인이 조선의 내륙으로 진출할 수 있었다. ( )

(2) 거류지 무역이 전개되면서 객주는 중개 무역으로 부를 축적하기도 하였다. ( )

(3) 조일 수호 조규 부록의 체결로 개항장 내에서 일본 화폐의 사용이 가능해졌다. ( )

(4) 조청 상민 수륙 무역 장정이 체결되면서 청상인은 조선의 개항장 밖에서 활동할 수 있었다. ( )

2 개항 초기 외국 상인은 개항장 10리 이내에서만 상업 활동을 할 수 있었는데, 이를 ( ) 무역이라고 한다.

3 제1차 한일 협약에 따라 재정 고문으로 파견된 ( )는 화폐 정리 사업을 추진하였다.

4 외국 상인의 상권 침투에 맞서 같은 업종의 조선 상인들이 자본을 투자하여 만든 합자 회사는?

04 사회·경제 변화와 문화 변동

한끝 더하기

❶ 근대 문물의 도입

통신	• 전신: 일본~부산(일본, 1884), 인천~서울~의주(청, 1885) 개통 • 전화: 경운궁에 최초 설치 (1896) • 우편: 우편사무 재개(1895)
교통	• 전차: 한성 전기 회사가 서대문~청량리 노선 부설(1899) • 철도: 경인선(1899), 경부선 (1905), 경의선(1906) 개통
기타	기기창, 전환국 설립

❷ 의식주의 변화

의복	관리들의 서양식 예복과 제복 착용, 개량 한복 등장, 장옷과 쓰개치마가 사라짐
음식	커피 보급, 중국의 호떡·찐빵, 일본의 우동·어묵·초밥 등 소개
주거	서양·일본 건축 양식 도입 → 러시아 공사관, 덕수궁 석조전 등

❸ 신소설

순한글로 쓰인 계몽적 성격의 소설이다. 이인직의 『혈의 누』는 여주인공이 미국으로 건너가 신여성이 된다는 내용이고, 안국선의 『금수회의록』은 동물을 의인화하여 인간의 도덕성 타락과 혼란을 비판하는 내용이다.

❹ 유교구신론

유교의 문제점을 세 가지로 지적하고 개혁 방향을 제시한 논문이다. 박은식은 새로운 시대에 유교를 전승·보급하기 위해서는 교화 활동과 실천적인 유교 정신이 중요함을 강조하였다.

❺ 신문지법(1907)

통감부가 정부에 공포하도록 한 법으로, 한국인이 발행하는 신문을 탄압하기 위한 목적에서 제정되었다.

3 개항 이후 사회·문화적 변화

1. 근대 문물의 도입❶: 통신(전신·우편 사업 도입, 전화 설치), 교통(전차 운행, 철도 개통), 의료(광혜원 설립, 종두법 실행)

2. 의식주의 변화❷: 의복의 서양화·간소화, 새로운 음식 보급, 서양·일본 건축 양식 도입

3. 문예와 종교계의 변화

문예	• 문학: 역사·전기 소설(박은식, 장지연), 신체시(『해에게서 소년에게』), 신소설❸(『혈의 누』, 『금수회의록』) 등 유행 • 예술: 음악(서양식 곡에 우리말 가사를 붙인 창가·창극 유행, 서양식 군악대 설치, 의병 창의가·용병가 등장), 미술(서양 화풍 도입 → 유화 제작), 연극(서양식 극장인 원각사 설립 → 『은세계』 등 공연)
종교계	• 유교: 박은식의 『유교구신론』❹ 제기 • 불교: 한용운의 『조선 불교 유신론』 저술, 조선 불교의 혁신 주장 • 동학: 손병희가 천도교로 개칭, 교육·언론 사업 등 계몽 운동 • 대종교: 나철, 오기호 등이 단군 신앙을 기반으로 창시 → 만주 지역으로 포교 확대 • 천주교: 프랑스와의 수교로 포교의 자유 획득, 고아원·양로원 등 설립 및 운영 • 개신교: 선교 활동 목적으로 학교와 병원 설립 → 근대 교육과 의료 발달에 기여

4 국민 의식과 민권 의식의 확산

1. 근대 교육의 확산: 외국의 선진 학문 수용, 민권 의식·평등사상·민족의식 고취

(1) **1880년대:** 원산 학사(민간), 동문학·육영 공원(정부), 배재 학당·이화 학당(개신교) 설립

(2) **갑오개혁 시기:** 교육 입국 조서 반포 → 소학교, 한성 사범 학교 등 관립 학교 설립 `대표 자료`

(3) **광무개혁 시기:** 상공업 진흥책에 따라 많은 실업 학교 설립

(4) **을사늑약 전후:** 대성 학교·오산 학교 등 설립, 여학교 설립 → 통감부의 사립 학교령(1908)으로 탄압, 교과서 검정 제도 도입

2. 근대 언론의 발달: 민권 의식과 민족의식 고취, 신문지법❺으로 탄압받음

한성순보(1883)	우리나라 최초의 신문, 박문국에서 순 한문체로 발행
독립신문(1896)	서재필 등이 정부의 지원을 받아 창간, 순한글 사용, 영문판 발행
제국신문(1898)	순한글로 간행, 하층민과 부녀자 대상, 국민 계몽 노력
황성신문(1898)	국한문 혼용체 발행, 외국의 독립과 망국의 역사 등으로 민족의식 고취 노력
대한매일신보(1904)	양기탁과 영국인 베델이 창간, 순한글·국한문·영문판 발행, 강력한 항일 논조

3. 국학의 발달: 국어와 한국사 연구로 민족의식 고취 추구

한국사	• 정부: 갑오개혁 이후 『조선 역사』 편찬(애국심, 자주독립 의식 고취) • 박은식: 『동명왕실기』, 『천개소문전(연개소문전)』 등 저술 • 신채호: 『수군 제일 위인 이순신전』, 『을지문덕』 등 지음, 『독사신론』 저술(민족을 역사 전개의 주체로 강조, 민족주의 사학의 연구 방향 제시) `자료 ❸`
국어	국문 연구소 설치, 『대한문전』(유길준)·『국어문법』(주시경) 편찬

4. 민권 의식의 신장: 갑오개혁 때 신분제 철폐, 재판 제도 개혁, 독립 협회의 활동 등으로 민권 의식 성장, 여성의 권리 주장(『여권통문』 발표, 여성 학교 설립) `자료 ❹`

· 대표 자료 · 교육 입국 조서 ──────── **+ 비판적 사고력**

> • 아, 백성을 가르치지 않으면 나라를 굳건히 하기가 매우 어렵다. 세상 형편을 돌아보건대 부유하고 강하여 우뚝 독립한 나라들은 모두 그 나라 백성의 지식이 개명하다. 지식이 개명함은 교육이 잘되었기 때문인즉 교육이 국가를 보존하는 근본이다.
> ─ 『고종실록』, 1895
>
> • 세계의 정세를 보면 부강하고 독립하여 사는 모든 나라는 다 국민의 지식이 밝기 때문이다. 이제 짐은 정부에 명하여 널리 학교를 세우고 인재를 길러 새로운 국민의 학식으로써 국가 중흥의 큰 공을 세우고자 하니, 국민은 나라를 위하는 마음으로 덕과 체와 지를 기를지어다. 왕실의 안전이 국민의 교육에 있고, 국가의 부강도 국민의 교육에 있도다.
> ─ 『관보』, 1895

제2차 갑오개혁 때 고종은 교육 입국 조서를 발표하여 국가의 보존과 중흥을 위해 교육이 중요함을 밝혔다. 이후 정부는 학부 관제, 한성 사범 학교 관제, 외국어 학교 관제 등을 발표하였다. 이에 따라 한성 사범 학교가 세워졌고, 소학교와 외국어 학교를 비롯한 여러 관립 학교가 설립되었다.

· 시험에서는 이렇게 ·

교육 입국 조서가 반포된 시기나 조서의 반포로 각종 관립 학교가 설립되었음을 묻는 문제가 자주 출제됩니다. 교육 입국 조서의 반포 시기와 교육 입국 조서 반포의 결과로 나타난 사실을 정리해 두세요.

자료 활용 문제

자료에 나타난 조서의 영향으로 옳은 것은?

① 국자감이 세워졌다.
② 관립 소학교가 설립되었다.
③ 함경도에 원산 학사가 세워졌다.
④ 사립 학교인 이화 학당이 설치되었다.
⑤ 상류층 자제를 가르치기 위한 육영 공원이 설립되었다.

답②

자료 ③ 신채호의 「독사신론」

> 국가의 역사는 민족의 소장성쇠(消長盛衰)를 서술해야 한다. 민족을 버리면 역사가 없고, 역사를 버리면 민족의 국가 관념이 크지 않을 것이다. …… 역사를 집필하는 자는 반드시 그 국가의 주인 종족을 골라 이를 주제로 삼은 후 그 정치·실업·무공·습속·외교 등을 서술해야 역사라 말할 수 있을 것이다. 그렇지 않으면 정신 빠진 역사라. 정신 빠진 역사는 …… 정신 빠진 국가를 만들 것이니. ─ 「독사신론」, 1908. 8. 27.

신채호는 대한매일신보에 독사신론을 연재하였다. 그는 이 글에서 민족을 역사 전개의 주체로 강조하여 민족주의 역사 서술의 기본 틀을 제시하였다. 또한 식민 사관의 영향을 받아 편찬된 일부 국사 교과서를 비판하였다.

개념 확인하기

5 조선 정부는 갑오개혁 이후 과거제를 폐지하고 ( )를 반포하여 소학교, 한성 중학교, 한성 사범 학교 등 각종 근대적 관립 학교를 세웠다.

6 다음 설명이 맞으면 ○표, 틀리면 ×표를 하시오.
(1) 1899년 서대문과 청량리 사이에 전차가 운행되었다. ( )
(2) 조선 정부는 1885년에 우리나라 최초의 근대식 병원인 광혜원을 설립하였다. ( )
(3) 1880년대 개화파 관료와 함경도 덕원 주민들은 최초의 근대식 학교인 동문학을 세웠다. ( )

자료 ④ 민권 의식의 성장

> 나라가 진보되어 가는지 안 가는지 첫째 보이는 것은 그 나라 사람들이 자기들의 백성된 권리를 찾으려고 하는 것이라. …… 누구든지 그 나라에 사는 사람은 모두 그 나라 백성이라. 백성마다 얼마만큼 하느님이 주신 권리가 있는데 그 권리는 아무도 빼앗지 못하는 권리요. …… 자주독립을 하려면 먼저 백성의 권리부터 보호할 생각들을 하시오. ─ 독립신문, 1897. 3. 9.

독립 협회의 활동으로 근대적 민권 의식이 빠르게 확산되었다. 독립 협회는 천부 인권 사상을 앞세워 신체의 자유, 재산권 보장, 양성평등 등을 주장하였고, 국민 주권론에 따른 참정권을 내세웠다. 민권 의식이 성장하면서 여성의 권리에 대한 인식도 점차 높아져 한성의 부인들은 「여권통문」을 통해 양성평등과 여학교 설립을 주장하였다.

7 다음과 같은 특징을 가진 신문을 <보기>에서 골라 기호를 쓰시오.

┤ 보기 ├
ㄱ. 대한매일신보   ㄴ. 제국신문
ㄷ. 한성순보   ㄹ. 황성신문

(1) 국한문 혼용체 사용 ( )
(2) 우리나라 최초의 신문 ( )
(3) 하층민과 부녀자 계몽 추구 ( )
(4) 영국인 베델이 창간에 참여 ( )

01 (가)에 들어갈 내용으로 가장 적절한 것은?

> 강화도 조약 체결로 개항한 부산, 원산, 인천에는 외국인
> 과의 무역을 허용한 개항장이 형성되었다. 개항 초기 외
> 국 상인들은 _____(가)_____
> 그렇기 때문에 조선은 객주를 매개로 다른 나라와 거래
> 하는 거류지 무역을 하였다.

① 금난전권을 행사하였다.
② 정부에 여러 물품을 공급하였다.
③ 황국 중앙 총상회를 조직하였다.
④ 장시를 이동하며 물건을 판매하였다.
⑤ 개항장 10리 이내에서만 활동할 수 있었다.

02 교사의 질문에 대한 학생의 답변으로 적절한 것만을 〈보기〉에서 고른 것은?

개항 초기 인천 제물포항의 모습입니다. 개항 이후 조선에서 쌀값이 많이 오르고, 농촌의 수공업이 큰 타격을 받았습니다. 이러한 상황이 나타난 배경에 대해 발표해 볼까요?

┤ 보기 ├
ㄱ. 삼정의 문란이 심화되었어요.
ㄴ. 곡물이 대량으로 일본에 유출되었어요.
ㄷ. 안핵사 이용태가 농민들을 탄압하였어요.
ㄹ. 일본이 영국산 면직물을 조선에 판매하였어요.

① ㄱ, ㄴ   ② ㄱ, ㄷ   ③ ㄴ, ㄷ
④ ㄴ, ㄹ   ⑤ ㄷ, ㄹ

03 (가) 철도에 대한 설명으로 옳은 것은?

① 미국이 처음 부설권을 얻었다.
② 간도 협약의 결과로 설치되었다.
③ 군국기무처의 주도로 추진되었다.
④ 일본이 군사적 목적으로 부설하였다.
⑤ 건설 자금 마련을 위한 당백전이 발행되었다.

중요해 04 다음 조약을 체결한 배경으로 적절한 것은?

대표 자료 링크

> 제1조 청의 상무위원을 서울에 파견하고 조선 대관을
>   톈진에 파견한다. 청의 북양 대신과 조선 국왕은
>   대등한 지위를 가진다.
> 제2조 조선의 개항장에서 청의 상무위원이 청 상인에
>   대한 재판권을 행사한다.
> 제4조 조선의 양화진, 한성에 영업소를 개설할 경우를
>   제외하고, 각종 화물을 내지로 운반하여 상점을
>   차리고 파는 것을 허가하지 않는다. 단, 내지채판
>   이 필요할 경우 지방관의 허가서를 받아야 한다.
>   – 『고종실록』

① 임오군란이 일어났다.
② 집강소가 설치되었다.
③ 광무개혁이 추진되었다.
④ 통리기무아문이 설치되었다.
⑤ 개화당 정부의 개혁 정강이 발표되었다.

05 다음 원칙이 적용된 정책이 추진된 시기를 연표에서 옳게 고른 것은?

> 제3조 구 백동화의 품질, 무게, 인상(印象), 모양이 정화(正貨)로 인정받을 만한 것(갑종)은 1개당 2전 5리의 가격으로 신화폐를 교환해 준다. 이 기준에 합당하지 않은 부정 백동화(을종)는 1개당 1전의 가격으로 정부에서 매수한다. …… 단, 형태나 품질이 조악한 백동화(병종)는 매수하지 않는다.
>
> － 「관보」

(가)	(나)	(다)	(라)	(마)
강화도 조약 체결	거문도 사건 발발	아관 파천	만민 공동회 개최	러일 전쟁 발발	한일 병합 조약 체결

① (가)　　② (나)　　③ (다)　　④ (라)　　⑤ (마)

06 밑줄 친 '상회사'에 대한 설명으로 옳은 것은?

> 한성순보　　　　　　　　　　　1883년 10월 1일
>
> 요즈음 서양에서는 회사를 설립하고 있는데, 이는 부강의 기초이다. …… 동방의 상인들은 지금까지 4,000여 년을 지내 오는 동안, 단지 한 사람 단독으로 무역하고 바꿀 줄만 알았지, 여러 사람이 모여 함께 경영할 줄은 몰랐기 때문에 상업이 성하지 못하고, 나라 형세가 떨치지 못한 지가 오래였다. 저 서양은 그렇지 않아서 서양은 한 사람의 힘으로 무역할 수 없으면 열 명이 함께하고, 열 명의 힘으로도 되지 않으면 백 명, 천 명이 함께한다. 그래서 크고 작은 일이 성사되어 집안이 넉넉해지고 나라가 부강하여 …… 상회사의 사업이 시일을 다투는 급무이므로 서양의 성법(成法)을 동지들께 알린다.

① 정부의 물품을 조달하였다.
② 만민 공동회를 개최하였다.
③ 러시아의 절영도 조차 요구를 저지하였다.
④ 외국 상인의 상권 침투에 맞서 설립되었다.
⑤ 일본인의 토지 투자와 농업 이민을 도왔다.

07 (가)에 들어갈 내용으로 옳은 것은?

임오군란 이후에 외국 상인들이 내륙에 진출하여 상권을 확대하였지?

맞아. 그래서 객주를 비롯한 조선 상인들은 1880년대 초에 　　(가)　　

① 독립신문을 발행하였어.
② 조선은행과 한성은행을 세웠어.
③ 대동 상회와 장통 상회를 설립하였지.
④ 외국 상인의 철수를 요구하며 철시를 단행하였지.
⑤ 만민 공동회를 열어 자주 국권 운동을 전개하였어.

08 (가) 상인의 활동으로 옳은 것은?

> 한성에 있는 다수의 　(가)　 들이 그저께부터 상점 문을 닫고 …… 군밤 장사하는 이들까지 모두 한마음이 되어 회중 소청에 가서 합동하였다. 이에 경무관이 순검을 많이 데리고 다니면서 상인들을 압제하여 억지로 상점을 열라고 하자, 상인 제씨가 "우리도 충애하는 마음으로 소청에 가서 합동하겠는지라, 지금은 이전과 달라 관인의 무례한 압제를 받지 않겠다."라고 하니 경무관도 어찌할 수 없는 것으로 알았다고 하더라.
>
> － 독립신문

① 방곡령을 선포하였다.
② 태극 서관을 운영하였다.
③ 중개 무역으로 성장하였다.
④ 황국 중앙 총상회를 조직하였다.
⑤ 이만손 등을 중심으로 만인소를 올렸다.

09 다음 조약의 체결에 따른 변화로 옳은 것은?

> 제37관 조선국에서 가뭄과 홍수, 전쟁 등의 일로 인하여 국내에 식량이 결핍할 것을 우려하여 일시적으로 곡물 수출을 금지하려고 할 때에는 반드시 1개월 전에 지방관이 일본 영사관에 통지하여 미리 그 기간을 항구에 있는 일본 상인들에게 전달하여 일률적으로 준수하는 데 편리하게 한다.
> 제42관 조선 정부에서 어떠한 권리와 특전 및 혜택과 우대를 다른 나라 관리와 백성에게 베풀 때에는 일본국 관리와 백성도 마찬가지로 일체 그 혜택을 받는다.
>
> ― 『고종실록』

① 청 상인의 내지 통상이 가능해졌다.
② 외국의 재정 고문이 국내에 파견되었다.
③ 일본의 수출입 상품에 관세가 부과되었다.
④ 외국에 최혜국 대우를 처음으로 인정하였다.
⑤ 개항장에서 일본 화폐를 사용할 수 있게 되었다.

10 대표 자료 링크
다음 조서가 반포되면서 일어난 사실로 옳은 것은?

> 세계의 정세를 보면 부강하고 독립하여 사는 모든 나라는 다 국민의 지식이 밝기 때문이다. 이제 짐은 정부에 명하여 널리 학교를 세우고 인재를 길러 새로운 국민의 학식으로써 국가 중흥의 큰 공을 세우고자 하니, 국민은 나라를 위하는 마음으로 덕과 체와 지를 기를지어다. 왕실의 안전이 국민의 교육에 있고, 국가의 부강도 국민의 교육에 있도다.
>
> ― 『관보』

① 정부가 동문학을 세웠다.
② 평양에 대성 학교가 설립되었다.
③ 군국기무처에서 과거제를 폐지하였다.
④ 교원 양성을 위해 한성 사범 학교가 설립되었다.
⑤ 일제가 사립 학교령을 공포하여 사립 학교의 설립을 제한하였다.

11 다음 자료를 뒷받침하는 사례로 적절하지 <u>않은</u> 것은?

> 개항 이후 근대 문물이 수용되면서 의식주 생활에 변화가 나타났다. 이러한 변화는 의복에서 먼저 시작되어 서양화·간소화되었다. 외국인의 왕래가 빈번해짐에 따라 음식에도 변화가 생겼다. 주거에서도 신분에 따른 가옥 규모, 건축 자재, 장식 등의 제한이 점차 사라졌고, 서울과 개항장을 중심으로 서양식 건축물이 세워지는 등 여러 변화가 나타났다.

① 덕수궁 석조전이 세워졌다.
② 관리가 서양식 제복을 입었다.
③ 장옷과 쓰개치마가 유행하였다.
④ 서양 요리와 커피가 등장하였다.
⑤ 중국의 호떡과 찐빵 등이 들어왔다.

12 중요해 ★
다음 자료를 모두 활용한 탐구 주제로 가장 적절한 것은?

> • 누구든지 그 나라에 사는 사람은 모두 그 나라 백성이라. 백성마다 얼마만큼 하느님이 주신 권리가 있는데 그 권리는 아무도 빼앗지 못하는 권리요 …… 자주독립을 하려면 먼저 백성의 권리부터 보호할 생각들을 하시오.
> • 우리보다 먼저 문명 개화한 나라들을 보면 남녀평등권이 있는지라. 어려서부터 각각 학교에 다니며, 각종 학문을 다 배워 이목을 넓히고, 장성한 후에 사나이와 부부의 의를 맺어 평생을 살더라도 그 사나이에게 조금도 압제를 받지 아니한다.

① 방곡령 실시 목적
② 민권 의식의 성장
③ 전환국의 역할과 기능
④ 이권 수호 운동의 전개
⑤ 근대적 기업 육성 노력

13 다음 글을 쓴 인물에 대한 설명으로 옳은 것은?

> 국가의 역사는 민족의 소장성쇠(消長盛衰)의 상태를 서술해야 한다. 민족을 버리면 역사가 없고, 역사를 버리면 민족의 국가 관념이 크지 않을 것이다. …… 역사를 집필하는 자는 반드시 그 국가의 주인 종족을 골라 이를 주제로 삼은 후 그 정치, 실업, 무공, 습속, 외교 등을 서술해야 역사라 말할 수 있을 것이다. 그렇지 않으면 정신 빠진 역사라. 정신 빠진 역사는 …… 정신 빠진 국가를 만들 것이니.
> ― 「독사신론」

① 미국인 외교 고문 스티븐스를 저격하였다.
② 민족주의 역사 서술의 기본 틀을 제시하였다.
③ 국어 문법 체계에 대한 『국어문법』을 간행하였다.
④ 의병 활동 중 체포되어 쓰시마섬으로 유배되었다.
⑤ 대한매일신보를 창간하여 일제를 비판하는 기사를 작성하였다.

이 문제에서 나올 수 있는 모든 선택지 ✓

14 다음 작품이 발표된 시기 문학과 예술계의 동향으로 옳지 않은 것은?

이 책은 안국선이 지은 『금수회의록』으로, 동물들을 주인공으로 등장시키고 이들의 입을 빌려 인간 사회의 모순과 도덕성 타락, 비리 등을 풍자하였다. 뿐만 아니라 일본 침략의 위기에 대한 민족의식을 강하게 표출하였다.

① 『혈의 누』와 같은 신소설이 쓰였다.
② 『농사직설』과 같은 농서가 편찬되었다.
③ 서양 화풍이 도입되어 유화가 그려졌다.
④ 「해에게서 소년에게」 등의 신체시가 등장하였다.
⑤ 판소리를 여러 사람이 부르는 창극이 제작되었다.
⑥ 서양식 곡에 우리말 가사를 붙인 창가가 유행하였다.
⑦ 서양식 극장인 원각사에서 「은세계」 등이 공연되었다.

---

15 (가)에 해당하는 신문을 쓰고, 영국인 베델이 발행인으로 참여한 것이 신문 기사에 끼친 영향을 서술하시오.

> 신문으로는 황성신문 등 여러 신문이 있었으나, 제일 환영받기는 영국인 베델이 경영하는 [(가)](이)었다. 베델은 런던 소재 신문사 특파원으로 러일 전쟁을 취재하러 왔다가 대한 제국의 국권 회복을 위해 노력하였다. 베델은 1904년 양기탁과 함께 [(가)]을/를 창간하여 일제의 국권 침탈을 거리낌 없이 비판하였다. 베델의 유언은 "나는 죽을지라도 [(가)]은/는 영생케 하여 한국 민족을 구하라."였다.

_____

_____

3단계 로 완성하기

16 (가)에 들어갈 경제 정책을 쓰고, 일제가 (가) 정책을 실시한 목적을 서술하시오.

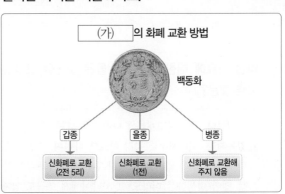

[(가)]의 화폐 교환 방법

백동화

갑종 → 신화폐로 교환 (2전 5리)
을종 → 신화폐로 교환 (1전)
병종 → 신화폐로 교환해 주지 않음

❶단계 (가)에 들어갈 경제 정책을 써 보세요.

_____

❷단계 일제가 (가) 정책을 실시한 목적을 써 보세요.

_____

_____

❸단계 1단계와 2단계에서 정리한 내용을 바탕으로 답안을 완성해 보세요.

_____

_____

1등급 도전하기

01 (가), (나) 국가에 대한 설명으로 옳은 것은?

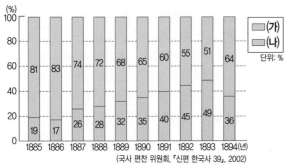

단위: %

▲ 조선의 청일 양국에 대한 수입액 비율

(국사 편찬 위원회, 「신편 한국사 39」, 2002)

① (가) – 개항 직후 무관세 혜택을 누렸다.
② (가) – 한성의 전등, 전화, 전차 부설권을 획득하였다.
③ (나) – 철도 부설을 이유로 많은 토지를 점탈하였다.
④ (나) – 러시아 견제를 명분으로 거문도를 불법 점령하였다.
⑤ (가), (나) – 포츠머스 조약을 체결하였다.

02 다음 자료에 대한 설명으로 옳은 것만을 〈보기〉에서 고른 것은?

> 우리보다 먼저 문명개화한 나라들을 보면 남녀평등권이 있는지라. 어려서부터 각각 학교에 다니며, 각종 학문을 다 배워 이목을 넓히고, 장성한 후에 사나이와 부부의 의를 맺어 평생을 살더라도 그 사나이에게 조금도 압제를 받지 아니한다. 이처럼 후대를 받는 것은 다름 아니라 그 학문과 지식이 사나이못지않은 까닭에 그 권리도 동일하니 이 어찌 아름답지 않으리오.　– 황성신문, 1898. 9. 8.

┤ 보기 ├
ㄱ. 신분제 폐지를 주장하였다.
ㄴ. 갑오개혁에 반영되어 조혼 제도를 폐지하는 성과를 거두었다.
ㄷ. 민권 의식의 확산과 여성들의 활발한 사회 참여에 기여하였다.
ㄹ. 여성이 교육받을 권리를 보장하기 위해 여학교 설립을 주장하였다.

① ㄱ, ㄴ　　② ㄱ, ㄷ　　③ ㄴ, ㄷ
④ ㄴ, ㄹ　　⑤ ㄷ, ㄹ

03 창의 융합
다음 기사가 보도된 시기에 볼 수 있는 모습으로 가장 적절한 것은?

> ◇◇ 신문　　　　　　　　　　○월 △일
>
> 경인 철도 회사에서 어제 개업 예식을 거행하는데 …… 화륜거 구르는 소리는 우레 같아 천지가 진동하고 기관차 굴뚝 연기는 반공에 솟아오르더라. 수레를 각기 방 한 칸씩 되게 만들어 여러 수레를 철구로 연결하여 수미 상접하게 이었는데, 수레 속은 상중하 3등으로 수장하여 그 안에 배포한 것과 그 밖에 치장한 것은 이루 형언할 수 없더라.

① 한성순보를 읽고 있는 관리
② 신문지법으로 탄압받는 언론사
③ 원각사에서 공연을 관람하는 학생
④ 전신을 이용해 기사를 보내는 기자
⑤ 육영 공원에서 교육을 받는 상류층 자제

04 (가), (나) 신문에 대한 설명으로 옳은 것은?

(가)　　　　　　　(나)

① (가) – 영국인이 창간에 참여하였다.
② (가) – 신문지법에 의해 탄압을 받았다.
③ (나) – 정부 지원을 받아 창간되었다.
④ (나) – 「시일야방성대곡」을 최초로 게재하였다.
⑤ (가), (나) – 외국인을 위한 영문판을 발행하였다.

수능 준비하기

정답과 해설 34쪽

01 평가원 기출 | 응용

(가)에 대한 설명으로 옳은 것은?

> **대한 제국 시기 일본의 경제 침탈**
> 1. 차관 제공: 개혁과 시설 개선을 명목으로 제공 → 대한 제국 재정이 일본에 예속
> 2. ___(가)___ : 백동화를 포함한 구화폐를 일본 제일 은행권으로 교환 → 한국인 상공업자에게 타격
> 3. 토지 약탈: 철도 부지와 군용지 확보를 구실로 대규모 토지 차지

① 녹읍 폐지의 배경이 되었다.
② 전민변정도감이 담당하였다.
③ 재정 고문 메가타가 주도하였다.
④ 임술 농민 봉기의 원인이 되었다.
⑤ 금난전권의 폐지에 영향을 주었다.

⊕ 수능 만점 한끝

선택지의 시기에 주목하여 대한 제국 시기에 해당하는 옳은 선택지를 고른다.

● 이렇게도 출제될 수 있어요!

대한 제국 시기 일본의 경제 침탈 내용과 함께 방곡령, 황국 중앙 총상회의 조직, 보안회의 활동, 국채 보상 운동의 확산과 관련된 내용을 묻는 문제가 출제될 수 있어요.

02 평가원 기출 | 응용

밑줄 친 '최초의 철도'가 개통된 시기를 연표에서 옳게 고른 것은?

> **초청장**
> 노량진과 제물포를 잇는 우리나라 <u>최초의 철도</u>가 개통된 지 올해로 ○○○년이 되었습니다. 우리 학회는 이를 기념하여 학술 대회를 개최하려 합니다.
>
> * 발표 내용 *
> 1. 제국주의 열강의 이권 침탈과 철도
> 2. 철도 개통에 따른 생활의 변화
> 3. 일본의 철도 부설 의도와 과정
> • 일시: 20○○년 ○○월 ○○일 14:00~18:00
> • 장소: △△대학 ○○호실
> • 주관: □□학회

	(가)		(나)		(다)		(라)		(마)	
위화도 회군		인조 반정		강화도 조약 체결		갑신정변 발발		을미 사변		국권 피탈

① (가) ② (나) ③ (다) ④ (라) ⑤ (마)

⊕ 수능 만점 한끝

노량진과 제물포를 잇는 우리나라 최초의 철도 개통 시기가 개항 이후라는 점을 파악하여 옳은 선택지를 고른다.

● 문제의 핵심

근대 문물의 도입

통신	전신 개통, 전화 설치, 우체사 설치
교통	경인선, 경부선, 경의선 개통
기타	기기창, 전환국, 박문국 설치

05 국권 침탈과 국권 수호 운동

한끝 더하기

① 포츠머스 조약

일본이 러일 전쟁에서 승기를 잡자 러시아가 미국의 중재로 일본과 맺은 조약이다. 이 조약을 통해 일본은 러시아로부터 한국에 대한 배타적 권리를 보장받았다.

② 을사늑약의 불법성

을사늑약 체결 과정에서 일본의 군사적 위협이 있었고, 고종의 위임과 비준이 없었기 때문에 이 조약은 국제법상으로 무효이다.

③ 헤이그 특사

고종이 을사늑약의 무효를 선언하고 국제 사회의 지원을 받기 위해 네덜란드 헤이그에서 열리는 만국 평화 회의에 파견한 이준, 이상설, 이위종을 가리킨다.

④ '남한 대토벌' 작전

일본군이 호남 지역에서 의병 부대의 근거지가 될 만한 촌락과 가옥을 불태우고 양민을 학살한 사건이다.

⑤ 을사5적

을사늑약 체결에 가담한 외부대신 박제순, 내부대신 이지용, 군부대신 이근택, 학부대신 이완용, 농상공부대신 권중현을 가리킨다.

1 러일 전쟁과 일제의 국권 침탈

1. 러일 전쟁: 한반도를 둘러싼 러시아와 일본의 대립 → 제1차 영일 동맹 체결 → 대한 제국의 전시 국외 중립 선언 → 일본군의 인천항·뤼순항에 있던 러시아 군함 기습 공격(러일 전쟁, 1904) → 일본의 우세 → 포츠머스 조약① 체결로 종결(1905)

2. 일본과 열강의 조약 체결: 미국과 가쓰라·태프트 밀약, 영국과 제2차 영일 동맹 체결 → 일본이 대한 제국에 대한 독점적 지배권을 인정받음

3. 일제의 국권 침탈 [대표 자료]

한일 의정서(1904. 2.)	러일 전쟁을 빌미로 체결, 일본이 전쟁 시 한국의 영토를 군사 기지로 사용할 수 있는 권리 획득, 한국 내정에 간섭
제1차 한일 협약(1904. 8.)	재정 고문(메가타)과 외교 고문(스티븐스) 파견 → 한국의 재정과 외교에 본격적으로 간섭
을사늑약②(1905. 11.)	한국의 외교권 박탈, 통감부 설치(초대 통감 이토 히로부미 부임)
고종의 강제 퇴위(1907)	헤이그 특사③ 파견을 구실로 고종 강제 퇴위, 순종 즉위
정미 7조약(한일 신협약, 1907. 7.)	통감의 권한 강화(한국의 법령 제정, 고등 관리 임면 등 내정권 장악) → 부속 각서 체결(행정 각 부에 일본인 차관 임명, 대한 제국의 군대 해산)
기유각서(1909. 7.)	대한 제국의 사법권·감옥 관리권 강탈, 법부와 군부 폐지
한국의 국권 강탈(1910)	간도 협약(1909), 경찰권 박탈 → 한국 병합 조약(1910. 8.) 체결로 국권 상실, 조선 총독이 권력 장악

2 항일 의병과 의열 투쟁

1. 항일 의병 운동

(1) 항일 의병 운동의 전개

을미의병(1895)	• 배경: 명성 황후 시해(을미사변), 단발령 실시 • 특징: 유인석·이소응 등 유생 주도, 농민과 함께 지방 관청 공격, 개화파 관리 처단, 일본군 공격 → 아관 파천 이후 단발령 취소, 고종의 해산 권유 → 의병 대부분 해산 [자료 ①]
을사의병(1905)	• 배경: 러일 전쟁 이후 일본의 침략 본격화, 을사늑약 체결 • 특징: 민종식(홍주), 최익현(태인) 등이 의병 주도, 평민 출신 의병장 등장(신돌석)
정미의병(1907)	• 배경: 고종의 강제 퇴위, 군대 해산 • 특징: 해산 군인의 참여로 전투력 강화, 다양한 계층 참여 • 의병 연합 부대(13도 창의군) 결성: 서울 진공 작전 전개(각국 영사관에 의병 부대를 국제법상 교전 단체로 인정해 줄 것을 요구, 일본군에 패배하여 실패, 1908) • 진압: 일제의 '남한 대토벌' 작전(1909)④ 전개 → 일부 의병이 국외로 이동

(2) 항일 의병 운동의 의의: 강한 독립 정신과 자주 의식 표출, 일제의 한국 강점 지연에 영향, 이후 무장 독립 전쟁으로 계승

2. 의열 투쟁의 전개: 을사늑약에 대한 반대 투쟁 활발(을사5적⑤의 처단을 요구하는 상소 작성, 민영환·조병세 등은 자결, 나철(나인영)·오기호 등은 자신회라는 을사5적 암살단 조직, 이재명의 이완용 습격 등), 장인환·전명운이 미국인 외교 고문 스티븐스 처단(1908), 안중근의 이토 히로부미 처단(1909)·「동양 평화론」 저술 [자료 ②]

· 대표 자료 · 일제의 국권 침탈 ──────────── ◆ 비판적 사고력

> **[을사늑약]**
> 제2조 …… 한국 정부는 지금부터 일본국 정부의 중개를 거치지 않고서는 국제적 성질을 가진 어떠한 조약이나 약속도 맺지 않을 것을 서로 약속한다.
> 제3조 일본국 정부는 그 대표자로 한국 황제 폐하 밑에 1명의 통감을 두되 통감은 오로지 외교에 관한 사항을 관리하기 위해 경성에 주재하고 직접 한국 황제 폐하를 만날 수 있는 권리를 가진다. ─ 「고종실록」
>
> **[정미 7조약(한일 신협약)]**
> 제1조 한국 정부는 시정 개선에 관해 통감의 지도를 받을 것
> 제5조 한국 정부는 통감이 추천하는 일본인을 한국 관리에 임명할 것
> (부속 각서) 제3조 다음 방법에 의하여 군비를 정리함
> 1. 육군 1대대를 존치하여 황궁 수위를 담당하게 하고 기타를 해산할 것
> 제5조 중앙 정부 및 지방청에 일본인을 한국 관리로 임명함
> 1. 각 부 차관 ─ 「순종실록」

러일 전쟁에서 승리한 일본은 을사늑약을 강요하여 한국의 외교권을 강탈하고 통감부를 설치하였다. 이후 정미 7조약을 강제로 체결하여 통감의 권한을 강화하였으며, 부속 각서로 일본인 차관을 행정 각 부에 임명하고 군대를 해산하였다.

· 시험에서는 이렇게 ·

을사늑약, 정미 7조약(한일 신협약) 등 일제의 국권 침탈 과정에서 체결된 조약을 제시하고, 조약의 주요 내용, 조약 체결의 결과, 그에 맞선 저항 운동을 묻는 문항이 많이 출제됩니다. 조약 체결 사이의 시기에 있었던 사실을 묻는 문제도 출제되므로 각 조약의 핵심 내용과 체결된 순서를 정리해 두세요.

자료 활용 문제

첫 번째 조약의 체결에 저항한 우리 민족의 활동으로 옳지 않은 것은?
① 을사의병을 일으켰다.
② 이재명이 이완용을 습격하였다.
③ 동학 농민군이 2차 봉기를 일으켰다.
④ 자신회라는 을사5적 암살단을 조직하였다.
⑤ 장인환·전명운이 친일 미국인 스티븐스를 처단하였다.

답 ③

자료 ① 을미의병

> 아, 우리 8도의 동포들은 망해 가는 나라를 내버려두려 하는가. 우리 국모의 원수를 생각하며 이미 이를 갈았는데 참혹한 일이 더하여 우리 부모에게서 받은 머리털을 풀 베듯이 베어 버리니 이 무슨 변고란 말인가. …… 이에 감히 의병을 일으켜 마침내 이 뜻을 세상에 포고한다. ─ 「의암집」

을미의병 시기 유인석의 격문으로 을미사변과 단발령을 계기로 을미의병이 일어났음을 알 수 있다. 을미의병은 아관 파천 이후 고종이 단발령을 취소하고 의병 해산을 권유하자 대부분 해산하였다.

자료 ② 안중근의 「동양 평화론」

> 일본이 정책을 고치지 않고 더욱 심하게 핍박한다면 차라리 다른 인종에게 망할지언정 같은 인종에게 욕을 당하지는 않겠다는 생각이 한·청 양국 사람들의 마음에서 솟아 나와서 …… 뜻있는 인사와 정의로운 사나이가 어찌 가만히 앉아서 동양 전체가 까맣게 타 죽는 참상을 기다리기만 할 것이며 또한 그렇게 하는 것이 옳겠는가. 그래서 동양 평화를 위한 의로운 싸움을 하얼빈에서 시작하였고, 옳고 그름을 가리는 자리를 뤼순으로 정하였다. ─ 안중근, 「동양 평화론」

안중근은 뤼순 감옥에서 「동양 평화론」을 집필하였다. 안중근은 이 글에서 한국, 중국, 일본이 서로 존중하고 협력하여 동양의 평화를 지켜야 한다고 주장하였다.

개념 확인하기

1 러일 전쟁 중 일본은 대한 제국과 (   )를 체결하여 한국의 영토를 군사 기지로 사용할 수 있게 되었다.

2 다음 설명이 맞으면 ○표, 틀리면 ×표를 하시오.
(1) 을사의병은 고종의 해산 권고로 대부분 해산하였다. (   )
(2) 안중근은 1909년 하얼빈에 온 이토 히로부미를 처단하였다. (   )
(3) 제1차 한일 협약의 결과로 메가타와 스티븐스가 고문으로 파견되었다. (   )

3 다음 사건에 맞서 일어난 의병을 〈보기〉에서 골라 기호를 쓰시오.
┌ 보기 ┐
ㄱ. 을미의병   ㄴ. 을사의병
ㄷ. 정미의병
└─────────┘
(1) 을사늑약의 체결 (   )
(2) 고종의 강제 퇴위 (   )
(3) 을미사변과 단발령의 실시 (   )

05 국권 침탈과 국권 수호 운동

❶ 대한 자강회 월보

대한 자강회는 월보를 발간하는 등 언론 활동을 펼치면서 교육과 산업의 발달이 자강의 방도임을 강조하였다.

❷ 일진회

1904년에 동학 계열의 이용구와 독립 협회 계열의 인물들이 결성한 단체이다. 초기에는 독립 협회와 유사한 강령을 내걸고 민권 운동에 나섰다. 그러나 1905년 이후에는 을사늑약 체결 지지 선언서를 발표하여 매국 단체라는 비난을 받았다.

❸ 105인 사건

일제가 황해도·평안도 지역의 민족 운동가들이 조선 총독 암살을 계획하였다고 조작·기소한 사건이다. 일제는 수백 명의 애국지사를 검거하였고, 그중 105인에게 유죄 판결을 내렸다.

❹ 백두산정계비

🔺 백두산정계비의 위치

조선과 청이 양국의 경계를 정하여 1712년에 세운 비석이다. 19세기 간도를 둘러싼 청과 조선의 영토 분쟁이 일어나자, 청은 토문강을 두만강으로 해석하여 간도가 청의 영토라고 주장하였고, 조선은 토문강이 쑹화강의 지류이므로 간도가 조선의 영토라고 주장하였다.

❸ 애국 계몽 운동

1. 애국 계몽 운동의 특징

(1) **주도 세력**: 을사늑약 전후 개화 운동과 독립 협회의 활동을 계승한 지식인

(2) **활동 목표**: 사회 진화론 기반 → 실력 양성을 통한 국권 수호

2. 애국 계몽 운동의 여러 단체 자료 ❸

보안회 (1904)	러일 전쟁 중 일본이 한국에 황무지 개간권 요구 → 보안회의 집회 개최(일본의 황무지 개간권 요구 철회) → 일본의 압력으로 강제 해산
헌정 연구회 (1905)	독립 협회 인사 참여, 입헌 군주제 도입 추구(의회 설립, 헌법 제정 주장), 일진회 규탄 지도부가 을사늑약 체결 반대로 체포, 단체 활동 중단
대한 자강회 (1906)	• 설립: 헌정 연구회 계승, 교육과 산업 진흥, 입헌 군주제 수립 목표 • 활동: 전국에 지회 설치, 월보❶ 발행, 대중 연설 개최 • 해산: 고종 강제 퇴위 반대 시위를 주도하다가 통감부의 탄압으로 강제 해산
대한 협회 (1907)	대한 자강회 주요 인사와 천도교 간부가 결성, 전국에 지회 설치, 일진회❷와 연합(단체 성격 변질)
신민회 (1907) 대표 자료	• 조직: 안창호, 양기탁 등 각계각층의 인사들이 비밀 결사로 조직 • 목표: 국권 회복, 공화정 체제의 근대 국민 국가 건설 • 활동: 실력 양성 운동(대성 학교와 오산 학교 설립, 태극 서관과 자기 회사 설립), 무장 투쟁 준비(남만주 삼원보에 독립군 기지 건설, 신흥 강습소(신흥 무관 학교) 설립) • 해산: 105인 사건❸으로 와해(1911)

3. 애국 계몽 운동의 의의와 한계: 민족의식 고취, 근대적 국민 국가 건설 제시 ⇔ 경제적·문화적 실력 양성에만 주목하여 의병 투쟁을 비판하기도 함

4. 국채 보상 운동 자료 ❹

배경	일본의 차관 도입 강요 → 일본에 1,300만 원의 빚을 짐
전개	대구에서 김광제·서상돈 등을 중심으로 국채 보상 운동(1907) 전개, 대한매일신보 등 언론 기관의 호응으로 전국으로 확산 → 한성에서 국채 보상 기성회 조직, 다양한 계층이 국채 보상 운동에 참여, 성금 모금(담배 끊기, 음주 절제, 가락지 모으기 등)
결과	일제가 대한매일신보의 양기탁 구속 등 양기탁을 구속하는 등 탄압

❹ 독도와 간도

1. 독도

(1) **독도의 역사적 연원**: 『삼국사기』에 신라 영토로 복속된 사실 기록, 『고려사』와 『세종실록지리지』에 울릉도와 독도 명시, 숙종 때 안용복의 활약

(2) **일제의 독도 불법 편입**: 대한 제국 정부가 대한 제국 「칙령 제41호」(1900)를 공포해 울릉도를 울도군으로 승격, 독도 관할 → 일제가 러일 전쟁 중 시마네현 고시 발령(독도를 불법적으로 자국 영토에 편입, 1905. 2.)

2. 간도: 간도를 둘러싼 조선과 청의 갈등 → 백두산정계비❹ 건립(1712), 토문강 해석을 두고 청과 영유권 분쟁 → 대한 제국의 간도 관리사 파견 → 일본이 청과 간도에 관한 청일 협정(간도 협약) 체결(간도를 청의 영토로 인정)

· 대표 자료 · 신민회의 활동 ──────────── ✦ 비판적 사고력

[신민회의 독립군 기지 건설]
남만주로 집단 이주하려고 기도하고, 조선 본토에서 상당한 재력이 있는 사람들을 그 곳에 이주시켜 토지를 사들이고 촌락을 세워 새 영토로 삼고, 다수의 청년 동지들을 모집·파견하여 한인 단체를 일으키고, 학교를 세워 민족 교육을 실시하고, 나아가 무관 학교를 설립하여 문무를 겸하는 교육을 실시하면서 기회를 엿보아 독립 전쟁을 일으켜 구한국의 국권을 회복하고자 하였다. ─ 「105인 사건 판결문」, 1911

[신민회의 활동 방법]
• 신문 잡지와 서적을 간행하여 인민의 지식을 계발하게 할 것
• 학교를 건설하여 인재를 양성할 것
• 실업장을 설립하여 실업계의 모범을 만들 것 ─ 안창호, 「대한 신민회 통용 장정」

안창호, 양기탁 등이 비밀 결사로 조직한 신민회는 공화 정체의 근대 국가 수립을 목표로 실력 양성 운동을 전개하였다. 대성 학교와 오산 학교 등의 학교를 세워 민족주의 교육을 실시하였고, 자기 회사와 태극 서관 등을 운영하여 민족 산업을 육성하려고 하였다.

· 시험에서는 이렇게 ·

신민회와 관련된 자료를 제시하고, 신민회의 활동에 대해 묻는 문제가 자주 출제됩니다. 신민회가 공화 정체 지향, 독립군 양성에 힘쓴 사실을 알아두고, 신민회가 105인 사건으로 사실상 해체되었다는 내용을 정리해 두세요.

자료 활용 문제

자료의 활동을 전개한 단체에 대한 설명으로 옳지 않은 것은?
① 비밀 결사 형태로 조직되었다.
② 을미사변을 이유로 의병을 일으켰다.
③ 국외 독립운동 기지 건설을 주도하였다.
④ 공화 정체의 근대 국가 수립을 목표로 하였다.
⑤ 대성 학교와 오산 학교를 세워 민족 교육을 실시하였다.

답 ②

자료 ③ 애국 계몽 운동

• 1. 제왕의 권위는 헌법에 정해진 바에 따라 존중할 것
 3. 국민의 권리는 법률에 정해진 바에 따라 자유로이 행사할 것 ─ 헌정 연구회 취지서
• 무릇 나라의 독립은 오직 자강의 여하에 달려 있다. …… 자강의 방도는 다른 곳에 있지 않고 교육을 진작하고 산업을 일으키는 데 있다. …… 백성의 지혜를 깨우치고 국력을 양성할 방법은 오직 교육과 산업의 발달에 달려 있지 않겠는가.
 ─ 대한 자강회 취지문

애국 계몽 운동가들은 민족의 실력을 양성하여 국권을 수호하자고 주장하였다. 헌정 연구회는 입헌 군주제를 도입하는 것을 목표로 활동하였고, 이 단체를 계승한 대한 자강회는 교육과 산업의 발달을 이루고 입헌 군주제를 수립해야 한다고 주장하였다.

자료 ④ 국채 보상 운동

국채 1,300만 원은 대한 제국의 존망에 직결된 것이라. 국채를 갚으면 나라가 존재하고, 갚지 못하면 나라가 망할 것은 필연적인 사실이나, 현재 국고로는 보상하기가 어렵다. 그러므로 삼천리강토는 장차 우리나라가 아니게 될 것이다. …… 국채를 갚는 방법으로는 2천만 인민들이 3개월 동안 금연하고, 그 대금으로 한 사람이 매달 20전씩 모은다면 1,300만 원을 모을 수 있을 것이다. ─ 국채 보상 운동 취지문

일본 차관의 도입으로 경제적 예속이 심해지자 국민이 성금을 모아 일본에 진 빚을 갚고 국권을 회복하자는 국채 보상 운동이 일어났다. 각계각층의 사람들이 금연과 금주, 생활비 절약, 비녀 매매 등을 통해 성금을 냈고 국외 동포들도 동참하였다.

개념 확인하기

4 을사늑약 체결을 전후하여 개화 운동과 독립 협회의 활동을 계승한 지식인들을 중심으로 실력을 양성하여 국권을 수호하자는 (   )이 일어났다.

5 다음 설명이 맞으면 ○표, 틀리면 ×표를 하시오.
(1) 국채 보상 운동은 대구에서 시작되었다. (   )
(2) 일본은 러일 전쟁 중에 간도를 자국의 영토에 편입하였다. (   )
(3) 대한 협회는 전국에 지회를 설치하고 신민회와 연합하였다. (   )

6 다음과 같은 활동을 전개한 애국 계몽 운동 단체를 〈보기〉에서 골라 기호를 쓰시오.

┌ 보기 ┐
ㄱ. 보안회 ㄴ. 신민회
ㄷ. 대한 자강회 ㄹ. 헌정 연구회
└──────────┘

(1) 대성 학교, 오산 학교 설립 (   )
(2) 헌법 제정 주장, 일진회 규탄 (   )
(3) 고종 강제 퇴위 반대 시위 주도 (   )
(4) 일본의 황무지 개간권 요구 반대 (   )

01 (가) 시기 일본의 활동으로 옳은 것만을 〈보기〉에서 고른 것은?

1904. 2. (가) 1905. 9.

일본의 러시아 기습 공격 | 포츠머스 조약 체결

┤보기├
ㄱ. 영국과 제1차 영일 동맹을 체결하였다.
ㄴ. 미국과 가쓰라·태프트 밀약을 체결하였다.
ㄷ. 한국에 제1차 한일 협약 체결을 강요하였다.
ㄹ. 한국의 외교 업무를 대리하는 통감부를 설치하였다.

① ㄱ, ㄴ   ② ㄱ, ㄷ   ③ ㄴ, ㄷ
④ ㄴ, ㄹ   ⑤ ㄷ, ㄹ

02 (가) 조약이 체결된 결과로 옳은 것은?

수행 평가 보고서

• 탐구 주제: [(가)] 체결의 배경
• 수집 자료
  러시아와 일본의 갈등이 고조되자 대한 제국 정부는 국외 중립을 선언하였다. 그러나 일본은 이를 무시한 채 뤼순항과 인천항에 정박 중인 러시아군을 기습 공격하여 전쟁을 일으켰다. 또한 한성에 군대를 주둔시킨 후 한국에 [(가)] 을/를 체결하라고 강요하였다.
• 자료 분석 결과: 러일 전쟁이 발발하면서 일본은 대한 제국을 전쟁에 끌어들이기 위해 이 조약의 체결을 강요하였다.

① 한국의 외교권이 박탈되었다.
② 대한 제국의 군대를 해산하였다.
③ 한국에 재정·외교 고문이 파견되었다.
④ 일본이 한국의 군사적 요충지를 장악하였다.
⑤ 일본인 차관이 정부의 주요 관직에 임명되었다.

03 다음 협약이 체결되면서 일어난 사실로 옳은 것은?

제1조 대한 제국 정부는 일본 정부가 추천하는 일본인 1명을 재정 고문에 초빙하여 재무에 관한 사항은 모두 그의 의견을 들어 시행할 것
제2조 대한 제국 정부는 일본 정부가 추천하는 외국인 1명을 외교 고문으로 외부에 초빙하여 외교에 관한 중요한 업무는 모두 그의 의견을 물어 시행할 것

① 러시아가 삼국 간섭을 주도하였다.
② 묄렌도르프가 고문으로 부임하였다.
③ 종로에서 만민 공동회가 개최되었다.
④ 청과 일본 양국이 조선에 출병하였다.
⑤ 메가타가 화폐 정리 사업을 추진하였다.

04 (중요해★) 다음 두 사건 사이에 있었던 사실로 옳은 것만을 〈보기〉에서 고른 것은?

• 일본 정부의 특사로 한국에 온 이토 히로부미는 일본군을 동원하여 경운궁을 포위하였다. 그리고 고종 황제와 대신들을 위협하면서 을사늑약을 강압적으로 체결하였다.
• 일본은 정미 7조약(한일 신협약)을 강제로 체결하여 통감의 내정 간섭 권한을 크게 강화하고 한국의 행정권을 장악하였다.

┤보기├
ㄱ. 헤이그 특사가 파견되었다.
ㄴ. 고종이 강제로 퇴위당하였다.
ㄷ. 고종이 아관 파천을 단행하였다.
ㄹ. 일본 공사관에 군대 주둔을 규정하였다.

① ㄱ, ㄴ   ② ㄱ, ㄷ   ③ ㄴ, ㄷ
④ ㄴ, ㄹ   ⑤ ㄷ, ㄹ

05 밑줄 친 '조약'이 체결된 시기를 연표에서 옳게 고른 것은?

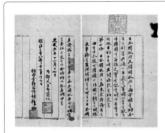

이 문서의 맨 뒷장에는 외부대신 박제순의 도장이 있지만, 고종의 서명과 도장이 없다. 또한 문서의 맨 앞장에는 조약의 명칭을 쓰는 칸이 비어 있어 공식 명칭도 없이 급하게 체결되었던 당시 상황을 보여 준다.

(가)	(나)	(다)	(라)	(마)
강화도 조약 체결	거문도 사건 발발	동학 농민 운동 발발	대한 제국 수립	러일 전쟁 발발	한국 병합 조약 체결

① (가) ② (나) ③ (다) ④ (라) ⑤ (마)

06 다음 활동이 전개된 계기로 가장 적절한 것은?

사진은 헤이그의 만국 평화 회의에 파견된 이준, 이상설, 이위종과 이들이 지참한 고종의 위임장이다. 이들은 네덜란드에서 열리는 만국 평화 회의에 참여하지는 못하였으나 회의장 밖에서 각국 대표에게 보내는 탄원서를 발표하였다.

① 러일 전쟁이 일어났다.
② 명성 황후가 살해당하였다.
③ 제1차 한일 협약이 체결되었다.
④ 메가타가 재정 고문으로 파견되었다.
⑤ 대한 제국이 외교권을 일본에 빼앗겼다.

07 다음 조약이 한국에 끼친 영향으로 적절한 것은?

제1조 한국 정부는 시정 개선에 관하여 통감의 지도를 받을 것
제2조 한국 정부의 법령 제정 및 중요한 행정상의 처분은 미리 통감의 승인을 받을 것
제5조 한국 정부는 통감이 추천하는 일본인을 한국 관리에 임명할 것
(부속 각서) 제3조 다음 방법에 의하여 군비를 정리함
1. 육군 1대대를 존치하여 황궁 수위를 담당하게 하고 기타를 해산할 것

① 최익현 등이 의병을 일으켰다.
② 일본인이 각 부 차관으로 임명되었다.
③ 명성 황후가 일본에 의해 시해되었다.
④ 스티븐스가 외교 고문으로 임명되었다.
⑤ 재정 마련을 위해 당오전 발행이 추진되었다.

08 다음 협약에 대한 탐구 활동으로 적절한 것만을 〈보기〉에서 있는 대로 고른 것은?

제1조 청과 일본 두 나라 정부는 도문강(두만강)을 청과 한국의 국경으로 하고 강 원천지에 있는 정계비를 기점으로 하여 석을수(石乙水)를 두 나라의 경계로 한다.
제3조 청 정부는 이전과 같이 도문강 이북의 개간지에 한국 국민이 거주하는 것을 승인한다.

┤ 보기 ├
ㄱ. 백두산정계비의 내용을 파악한다.
ㄴ. 대한 제국 「칙령 제41호」(1900)의 의미를 살펴본다.
ㄷ. 일본이 남만주 철도 부설권을 획득한 경위를 파악한다.
ㄹ. 을사늑약 체결로 대한 제국이 빼앗긴 권리에 대해 조사한다.

① ㄱ   ② ㄴ   ③ ㄴ, ㄷ
④ ㄷ, ㄹ   ⑤ ㄱ, ㄷ, ㄹ

중요해 09 다음 격문을 발표한 의병에 대한 설명으로 옳은 것은?

> 우리 국모의 원수를 생각하며 이미 이를 갈았는데 참혹한 일이 더하여 부모에게서 받은 머리털을 풀 베듯이 베어 버리니 이 무슨 변고란 말인가. …… 이에 감히 의병을 일으켜 마침내 이 뜻을 세상에 포고하노니, 위로는 공경에게서 아래로는 서민에까지 어느 누가 애통하고 절박하지 않으리.

① 13도 창의군을 결성하였다.
② 최익현이 태인에서 의병을 일으켰다.
③ '남한 대토벌' 작전으로 타격을 입었다.
④ 고종의 해산 권유로 대부분 해산하였다.
⑤ 해산 군인의 합류로 전투력이 강화되었다.

이 문제에서 나올 수 있는 모든 선택지 ✓

10 밑줄 친 '의병'에 대한 설명으로 옳지 않은 것은?

> 이 사진은 매켄지 기자가 찍은 의병의 모습입니다. 해산 군인의 합류로 전투력을 강화한 이들은 일본의 노예가 되느니 자유민으로 싸우다 죽겠다는 인터뷰를 하였습니다.

① 13도 연합 부대를 결성하였다.
② 서울 진공 작전을 전개하였다.
③ 호남 지역 의병들이 끈질기게 항전하였다.
④ 제폭구민, 보국안민 등을 구호로 내세웠다.
⑤ 양반, 농민, 상인, 포수 등 다양한 신분이 참여하였다.
⑥ 일본이 고종을 강제 퇴위시킨 것에 반발하여 일어났다.
⑦ 각국 영사관에 교전 단체로 인정해 줄 것을 요구하였다.

11 (가) 운동에 대한 설명으로 옳은 것은?

> **지식 Q&A**
>
> ☐ (가) 에 대해 알려주세요.
>
> **답변하기**
>
> 1907년에 김광제, 서상돈 등을 중심으로 나라 빚을 갚아 국권을 지키자는 취지에서 전개되었어요. 일본의 강요에 의해 도입한 차관 1,300만 원을 갚아 경제적 자립을 이루고자 하였지요. 다양한 계층 사람들이 담배와 술 절제하기, 금은 패물 헌납 등의 방식으로 참여했습니다.

① 독립 협회의 주도로 전개되었다.
② 총독부의 탄압을 받아 실패하였다.
③ 독립신문과 만민 공동회가 주도하였다.
④ 평양에서 시작되어 전국으로 확산되었다.
⑤ 대한매일신보 등 언론 기관의 지원을 받았다.

12 (가)에 들어갈 내용으로 적절한 것은?

> **애국 계몽 운동을 전개한 주요 단체와 그 활동**
> 1. 보안회: _____ (가) _____
> 2. 헌정 연구회: 입헌 군주제 도입을 목표로 활동하였다.
> 3. 대한 자강회: 전국에 지회를 설치하고 대중 연설을 개최하였다.
> 4. 대한 협회: 수십 개의 지회를 두고 민권 운동을 펼쳤다.
> 5. 신민회: 실력 양성 운동을 전개하였다.

① 국외에서 무장 투쟁을 준비하였다.
② 종로에서 만민 공동회를 개최하였다.
③ 일제의 황무지 개간권 요구를 철회시켰다.
④ 고종의 강제 퇴위 반대 운동을 전개하였다.
⑤ 자기 회사를 설립하여 민족 산업을 육성하였다.

13 이 문제에서 나올 수 있는 모든 선택지✓

다음 취지문을 발표한 단체에 대한 설명으로 옳지 <u>않은</u> 것은?

> 무릇 나라의 독립은 오직 자강의 여하에 달려 있다. …… 자강의 방도는 다른 곳에 있지 않고 교육을 진작하고 산업을 일으키는 데 있다. …… 백성의 지혜를 깨우치고 국력을 양성할 방법은 오직 교육과 산업의 발달에 달려 있지 않겠는가.

① 월보를 간행하였다.
② 일진회와 연합하였다.
③ 대중 연설을 개최하였다.
④ 전국에 지회를 설치하였다.
⑤ 헌정 연구회를 계승하였다.
⑥ 입헌 군주제 수립을 주장하였다.
⑦ 고종 강제 퇴위 반대 시위를 주도하였다.

14 중요해 대표 자료 링크

밑줄 친 '이 단체'의 활동으로 옳은 것만을 〈보기〉에서 고른 것은?

> <u>이 단체</u>는 남만주로 집단 이주하려고 기도하고, 조선 본토에서 재력이 상당한 사람들을 그곳에 이주시켜 토지를 사들이고 촌락을 세워 새 영토로 삼고, 다수의 청년 동지를 모집·파견하여 한인 단체를 일으키며, …… 나아가 무관 학교를 설립하여 문무를 겸하는 교육을 실시하면서, 기회를 엿보아 독립 전쟁을 일으켜 구한국의 국권을 회복하려고 하였다.

┤보기├
ㄱ. 대성 학교와 오산 학교를 세웠다.
ㄴ. 태극 서관과 자기 회사를 운영하였다.
ㄷ. 독립문을 건립하고 독립신문을 발행하였다.
ㄹ. 전국에 지회를 설치하고 월보를 발행하였다.

① ㄱ, ㄴ　② ㄱ, ㄷ　③ ㄴ, ㄷ
④ ㄴ, ㄹ　⑤ ㄷ, ㄹ

15 다음 조약이 무효인 이유를 <u>두 가지</u> 서술하시오.

> 제2조　일본국 정부는 한국과 타국 간에 현존하는 조약의 실행을 완수하는 임무를 담당하고, 한국 정부는 지금부터 일본국 정부의 중개를 거치지 않고서는 국제적 성질을 가진 어떤 조약이나 약속을 맺지 않을 것을 서로 약속한다.
> 제3조　일본국 정부는 그 대표자로 한국 황제 폐하 밑에 1명의 통감을 두되, 통감은 오로지 외교에 관한 사항을 관리하기 위하여 경성에 주재하고, 친히 한국 황제 폐하를 만날 수 있는 권리를 가진다.

3단계로 완성하기

16 다음 자료를 저술한 인물을 쓰고, (가)에 해당하는 사건에 대해 서술하시오.

> 일본이 정책을 고치지 않고 더욱 심하게 핍박한다면 차라리 다른 인종에게 망할지언정 같은 인종에게 욕을 당하지는 않겠다는 생각이 한청 양국 사람들의 마음에서 솟아 나와서 …… 어찌 가만히 앉아서 동양 전체가 까맣게 타 죽는 참상을 기다리기만 할 것이며 또한 그렇게 하는 것이 옳겠는가. 그래서 동양 평화를 위한 (가) <u>의로운 싸움을 하얼빈에서 시작하였고</u>, 옳고 그름을 기리는 자리를 뤼순으로 정하였다. － 「동양평화론」

1단계 자료를 저술한 인물을 써 보세요.

2단계 (가)에 해당하는 사건을 써 보세요.

3단계 1단계와 2단계에서 정리한 내용을 바탕으로 답안을 완성해 보세요.

01 밑줄 친 '이 조약'이 체결된 해에 볼 수 있는 모습으로 가장 적절한 것은?

> 이 사진은 통감부 청사입니다. 이 조약 체결 이후 일본은 통감부를 설치하여 대한 제국의 외교 업무 등 내정에 간섭하였습니다.

① 전주 화약을 체결하는 농민군과 정부 대표
② 군대 해산 조칙에 반발하는 대한 제국 군인들
③ 울릉도를 울도로 개칭하는 칙령을 발표하는 황제
④ 시마네현 고시로 독도를 불법 편입하는 일본 정부
⑤ 일제의 황무지 개간권 요구 저지 집회를 여는 보안회

02 (가), (나) 조약 체결 사이에 있었던 사실로 옳은 것만을 〈보기〉에서 고른 것은?

> (가) 제2조 …… 한국 정부는 지금부터 일본국 정부의 중개를 거치지 않고서는 국제적 성질을 가진 어떠한 조약이나 약속도 맺지 않을 것을 서로 약속한다.
> (나) 제2조 일본국 황제 폐하는 제1조에 게재한 양여를 수락하고, 완전히 한국을 일본 제국에 병합하는 것을 승낙한다.

┌ 보기 ┐
ㄱ. 러일 전쟁이 발발하였다.
ㄴ. 일본이 간도의 영유권을 청에 넘겨주었다.
ㄷ. 대한 제국 「칙령 제41호」(1900)가 공포되었다.
ㄹ. 일본이 기유각서를 체결하여 대한 제국의 사법권을 빼앗았다.

① ㄱ, ㄴ   ② ㄱ, ㄷ   ③ ㄴ, ㄷ
④ ㄴ, ㄹ   ⑤ ㄷ, ㄹ

✦ 창의 융합

03 밑줄 친 '이 사건' 이후 의병이 내세웠을 주장으로 가장 적절한 것은?

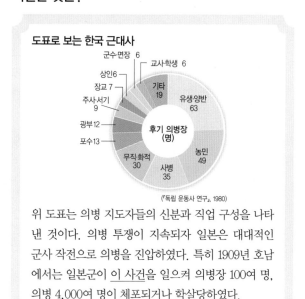

도표로 보는 한국 근대사

(「독립 운동사 연구」, 1980)

위 도표는 의병 지도자들의 신분과 직업 구성을 나타낸 것이다. 의병 투쟁이 지속되자 일본은 대대적인 군사 작전으로 의병을 진압하였다. 특히 1909년 호남에서는 일본군이 이 사건을 일으켜 의병장 100여 명, 의병 4,000여 명이 체포되거나 학살당하였다.

① 단발령 철회를 이끌어 내야 한다.
② 정부의 서원 철폐 정책에 반대한다.
③ 만주와 연해주에서라도 투쟁을 지속해야 한다.
④ 고종은 러시아 공사관에서 나와 환궁해야 한다.
⑤ 민씨 일파를 몰아내고 개화당 정부를 세워야 한다.

04 밑줄 친 '의병'이 일어난 시기에 볼 수 있는 모습으로 가장 적절한 것은?

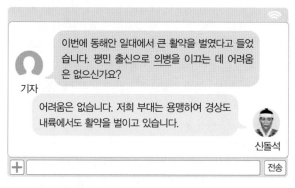

> 기자: 이번에 동해안 일대에서 큰 활약을 벌였다고 들었습니다. 평민 출신으로 의병을 이끄는 데 어려움은 없으신가요?
> 신돌석: 어려움은 없습니다. 저희 부대는 용맹하여 경상도 내륙에서도 활약을 벌이고 있습니다.

① 군사 훈련을 받는 별기군
② 홍경래의 난에 가담하는 상인
③ 단발령 실시 소식에 반발하는 농민
④ 운요호에 포격을 가하는 조선 수비병
⑤ 쓰시마섬으로 유배되어 순국하는 의병장

05 (가), (나)를 발표한 단체에 대한 설명으로 옳지 <u>않은</u> 것은?

> (가) 1. 제왕의 권위는 헌법에 정해진 바에 따라 존중할 것
> 2. 정부의 명령은 법률 규칙에 정해진 바에 따라 복종할 것
> 3. 국민의 권리는 법률에 정해진 바에 따라 자유로이 행사할 것
>
> (나) 무릇 우리나라의 독립은 오직 자강(自强) 여하에 있을 따름이다. …… 교육이 일어나지 못하면 국민의 지식이 열리지 않고, 산업이 일어나지 않으면 나라의 부가 늘어나지 못하는 것이다. …… 교육과 산업의 발달이 곧 하나뿐인 자강의 방도임을 알 수 있을 것이다.

① (가) – 독립 협회를 계승하였다.
② (가) – 의회 설립을 주장하였다.
③ (나) – 105인 사건으로 와해되었다.
④ (나) – 고종의 강제 퇴위 반대 운동을 벌였다.
⑤ (가), (나) – 민족의 실력 양성에 힘썼다.

+ 창의 융합

06 다음 작품에서 대상으로 하는 지역에 대한 설명으로 옳지 <u>않은</u> 것은?

> 우리나라와 청국 사이에는 서로 이민을 철거케 하는 비공식 협정이 맺어진 모양이었다. 조정에서는 어느 결에 두만강의 월강을 금지했고, 이를 범하는 자에게는 월강죄(越江罪)의 극형으로 임했다. …… 아득한 옛날, 만주는 우리 민족의 발상지였고 …… 지금은 청국의 영토로 되어 있으나 사실은 우리나라 땅이라고 할아버지는 말하였다. 그 증거로 할아버지는 1백 50여 년 전에 세운 정계비를 보면 알 일이라고 말했다.

① 우리 민족의 주요 활동 무대였다.
② 삼국 시대 이전부터 우산으로 불렸다.
③ 일본이 불법적으로 청에 넘겨준 지역이다.
④ 19세기 조선과 청의 영유권 분쟁이 일어났다.
⑤ 대한 제국 정부가 관리사를 파견하여 한인들을 보호하였다.

07 (가)에 들어갈 내용으로 옳은 것은?

일본의 한국 침략이 정당하다고 주장한 친일 미국인이 있었어.

맞아, 제1차 한일 협약으로 외교 고문에 임명된 인물인데, _____(가)_____

① 장인환, 전명운이 저격하였지.
② 자신회의 처단 대상으로 지목되었어.
③ 이재명의 습격을 받아 중상을 입었지.
④ 쓰시마섬으로 유배된 이후 사망하였어.
⑤ 황성신문이 「시일야방성대곡」을 게재하여 비판하였지.

08 (가), (나)에 해당하는 사례로 옳은 것만을 〈보기〉에서 고른 것은?

> 사료로 보는 우리 역사
>
> 남만주로 집단 이주하려고 기도하고, 조선 본토에서 상당한 재력이 있는 사람들을 그곳에 이주시켜 (가) 토지를 사들이고 촌락을 세워 새 영토로 삼고, 다수의 청년 동지를 모집·파견하여 한인 단체를 일으키고, (나) 학교를 세워 민족 교육을 실시하고, 나아가 무관 학교를 설립하여 문무를 겸하는 교육을 실시하면서, 기회를 엿보아 독립 전쟁을 일으켜 구한국의 국권을 회복하려고 하였다. [해설] 자료는 105인 사건 판결문이다. 판결문에는 이 단체의 활동에 대한 내용이 있다. 이 단체는 105인 사건으로 해체되었다.

┤ 보기 ├
ㄱ. (가) – 삼원보에 독립군 기지를 건설하였다.
ㄴ. (가) – 삼국 간섭으로 일본이 청에 반환하였다.
ㄷ. (나) – 정주에 오산 학교를 세웠다.
ㄹ. (나) – 육영 공원에 미국인 강사를 초빙하였다.

① ㄱ, ㄴ   ② ㄱ, ㄷ   ③ ㄴ, ㄷ
④ ㄴ, ㄹ   ⑤ ㄷ, ㄹ

수능 준비하기

수능 기출

01 밑줄 친 '조약'에 대한 설명으로 옳은 것은?

> 민영환이 조약 체결에 항거하여 자결하였으니, 신들은 매우 놀랍고 슬펐습니다. 이는 그 사람을 위해서라기보다는 실로 나라와 천하를 위해 애통해 하는 것입니다. …… 삼가 바라건대 폐하께서는 속히 칙명을 내려 박제순·이지용·이완용·이근택·권중현 오적을 모두 처단하소서. 그리고 사리에 근거해 담판하여, 강제로 체결된 이 조약을 철회하소서.

① 간도를 청의 영토로 인정하였다.
② 집강소가 설치되는 배경이 되었다.
③ 헤이그 특사 파견의 계기가 되었다.
④ 미군의 대한민국 주둔을 허용하였다.
⑤ 『조선책략』의 영향으로 미국과 체결되었다.

밑줄 친 '조약'이 어떤 조약인지 파악하고, 해당 조약의 저항에 대한 설명을 찾는다.

이렇게도 출제될 수 있어요!

제시된 조약의 체결 배경과 과정, 내용을 묻거나 조약의 영향 및 저항 등을 묻는 방식으로 출제될 수 있어요.

교육청 기출

02 다음 자료를 활용한 탐구 주제로 가장 적절한 것은?

> • 유인석은 경기에서, 주용규는 호서에서, 권세연은 안동에서 각기 일어나 서로 호응하였다. 또한 낙동강 좌우에 있는 여러 고을의 유생들이 봉기를 주도하여 단발한 수령을 공격하였다.
> • 일본은 우리 황제를 강제로 물러나게 하고 군대를 해산시키는 등 우리나라를 빼앗으려고 하였다. 이에 군사를 일으켜 통감을 처단하고자 한다.

① 통상 개화론의 대두
② 항일 의병 운동의 전개
③ 무신 정권의 성립과 변천
④ 나당 전쟁과 신라의 삼국 통일
⑤ 병자호란 이후 북벌 운동의 추진

수능 만점 한끝

자료의 내용을 파악하고, 첫 번째 자료와 두 번째 자료가 공통적으로 전개한 활동을 추론한다.

문제의 핵심

의병의 배경

을미의병	을미사변 발생, 단발령 시행
을사의병	을사늑약 체결
정미의병	고종의 강제 퇴위, 군대 해산

03 밑줄 친 '이 단체'에 대한 설명으로 옳은 것은?

> 문: 피고인은 <u>이 단체</u>가 삼원보에 신흥 강습소를 세우고, 기회를 타서 독립 전쟁을 일으키고자 하는 것을 알고 있었는가?
> 답: 몇 년 전 한국인들이 교육과 산업 증진을 목적으로 조직했다고 들었을 뿐이다.
> 문: 다른 이들의 진술에 따르면, 피고인이 자주 평양에 가서 <u>이 단체</u>가 설립한 태극 서관의 모임에 참석하였다고 한다. 또한 데라우치 총독을 암살하려고 사람들을 이끌고 선천에 갔다고 들었다.
> 답: 그러한 진술은 견딜 수 없는 고문 아래 강요된 것임이 이 공개 법정에서 드러나지 않았는가?

① 어린이날을 제정하였다.
② 새마을 운동을 전개하였다.
③ 원산 총파업에 참여하였다.
④ 단발령의 철회를 요구하였다.
⑤ 대성 학교와 오산 학교를 설립하였다.

◑ 수능 만점 한끝

신흥 강습소, 태극 서관을 세운 단체를 파악하고, 이 단체의 또 다른 활동을 찾아본다.

◑ 이렇게도 출제될 수 있어요!

제시된 자료로 단체가 활동한 시기에 볼 수 있는 모습을 묻는 문제나 단체가 창립된 시기를 연표에서 고르는 문제가 출제 될 수 있어요.

04 밑줄 친 '운동'에 대한 설명으로 옳은 것은?

> **국채 보상 기성회에 관한 보고**
>
> 수신: 통감
> 발신: 통감부 경무총장
>
> 요즘 서울에는 국채 보상 기성회를 발기한 자들이 있다. 그 뒤에는 청년회·자강회 등의 단체가 있고, 대한 제국 황실에서도 암암리에 지지를 보내는 것 같다. …… 이들의 목적은 나라가 지고 있는 빚 1,300만 원을 보상하는 것이라고 하지만 실질적인 내용은 국권 회복을 의도하는 반일 <u>운동</u>임은 말할 나위도 없다. 그리고 이보다 앞서 대구에서 유지들이 금연회를 만들어 회원 1인이 1원씩을 내어 2천만 동포가 참여하면 1,300만 원의 국채를 보상할 수 있다고 한 것이 이 <u>운동</u>의 시작이었다.

① 호헌 철폐를 주장하였다.
② 서경 천도를 추진하였다.
③ 동학 교조의 신원을 요구하였다.
④ 대한매일신보 등 언론의 지원을 받았다.
⑤ 일본의 황무지 개간권 요구를 철회시켰다.

◑ 수능 만점 한끝

자료에서 밑줄 친 '운동'이 무엇인지 파악하고, 이 운동이 전개되는 과정에서 일어난 사실을 찾는다.

◑ 문제의 핵심

국채 보상 운동

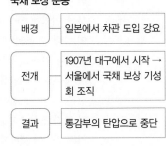

배경	일본에서 차관 도입 강요
전개	1907년 대구에서 시작 → 서울에서 국채 보상 기성회 조직
결과	통감부의 탄압으로 중단

01 (가), (나) 국가에 대한 설명으로 옳은 것은?

- 대포로 무장한 [(가)] 상선이 대동강을 거슬러 평양까지 들어와 조선에 통상을 요구하였다. 선원들은 조선 측의 퇴거 요구에도 약탈 행위를 하고 조선 관리를 감금하는 등 횡포를 부렸다. 이에 분노한 평양 관민이 상선을 불태워 침몰시켰다.
- 중국에서 활동하던 [(나)] 상인 오페르트는 조선에 들어와 몇 차례 통상을 요구하였으나 거부당하였다. 그러자 오페르트는 프랑스 선교사와 미국 자본가의 지원을 받아 충청도 덕산에 있는 흥선 대원군의 아버지 남연군의 묘를 도굴하려 하였다.

① (가) – 외규장각 도서를 약탈하였다.
② (가) – 초지진과 덕진진을 함락하였다.
③ (가) – 한성근 부대 등의 활약으로 조선에서 물러났다.
④ (나) – 청과 아편 전쟁을 일으켰다.
⑤ (나) – 러시아 견제를 위해 흥선 대원군이 교섭하려던 나라였다.

02 다음 조약에 대한 설명으로 옳지 <u>않은</u> 것은?

제1조	조선은 자주국이며 일본과 평등한 권리를 보유한다.
제4조	부산 이외에 …… 2개 항구를 개항하고 일본인이 왕래 통상함을 허가한다.
제7조	조선의 연해 도서는 위험하므로 일본의 항해자가 자유로이 해안을 측량함을 허가한다.
제10조	일본 인민이 조선이 지정한 각 항구에서 죄를 범한 것이 조선 인민과 관계되는 사건일 때는 모두 일본 관원이 재판할 것이다. – 「고종실록」

① 운요호 사건이 계기가 되었다.
② 일본에 영사 재판권을 보장하였다.
③ 외국과 맺은 최초의 근대적 조약이었다.
④ 이만손 등이 만인소를 올려 반대하였다.
⑤ 일본에 유리한 불평등한 성격을 갖고 있었다.

03 +단원 통합 (가) 지역에 대한 설명으로 옳은 것은?

[(가)]은/는 제국주의 열강이 조선을 침략하였을 당시의 격전지입니다. [(가)]의 고인돌이 유네스코 세계유산으로 등재되었을 만큼 유서 깊은 곳이기도 합니다.

① 러시아가 조차를 시도하였으나 실패한 곳이다.
② 몽골이 침입하자 고려 정부가 수도로 삼은 곳이다.
③ 최익현이 의병을 일으켰다가 유배되어 순국한 곳이다.
④ 조러 비밀 협약이 추진되자 영국이 불법 점령한 곳이다.
⑤ 대한 제국 「칙령 제41호」(1900)에서 울도 군수의 관할 지역으로 명시한 곳이다.

04 다음 두 사건의 공통점으로 옳은 것은?

- 분노한 구식 군대의 군인들은 정부 고관들의 집을 습격하였으며, 별기군의 일본인 교관을 죽이고 일본 공사관을 공격하였다. 여기에 한성 주변의 도시 하층민까지 합세하면서 군란의 규모가 더욱 커졌다.
- 급진 개화파는 우정총국 개국 축하연을 이용하여 정변을 일으켜 민씨 정권 중 핵심 인물들을 제거하고 개화당 정부를 구성하였다.

① 러일 전쟁 중에 일어났다.
② 청의 개입으로 종결되었다.
③ 만민 공동회의 규탄을 받았다.
④ 일본 공사의 지원을 약속받았다.
⑤ 위정척사 운동이 시작되는 배경이 되었다.

05 다음 주장에 대한 설명으로 옳은 것은?

> 서양의 문물은 거의 대부분이 음탕한 것을 조장하고 욕심을 이끌며 윤리를 망치고 사람의 정신이 천지와 통하는 것을 어지럽히니, 귀로 들으면 내장이 뒤틀리고 눈으로 보면 창자가 뒤집히며 코로 냄새 맡거나 입술에 대면 마음이 바뀌어 본성을 잃게 됩니다.

① 흥선 대원군의 정책을 비판하였다.
② 청의 양무운동을 본보기로 삼았다.
③『조선책략』이 유포되면서 등장하였다.
④ 서양의 통상 수교 요구에 반발하였다.
⑤ 김홍집, 어윤중 등을 중심으로 전개되었다.

06 (가) 사절단에 대한 탐구 활동으로 가장 적절한 것은?

▲ (가) 일행

(가) 은/는 전권 대신 민영익을 중심으로 구성되었다. 당시에 통역을 담당할 사람이 필요하자 청의 역관인 오례당을 영어와 중국어의 통역으로 뽑았고, 청의 중서학당에서 유학하여 중국어와 영어에 능통하였던 고영철도 사절단에 포함하였다. 11명의 인원이었던 사절단은 대상국의 근대 시설과 문물을 시찰하였다.

① 갑신정변의 개혁 정강을 파악한다.
② 기기창이 건립된 계기를 분석한다.
③『조선책략』이 저술된 배경을 검토한다.
④ 제너럴셔먼호 사건의 결과를 알아본다.
⑤ 조미 수호 통상 조약 체결의 영향을 찾아본다.

07 다음 개혁 정강을 발표한 세력의 활동으로 옳은 것은?

> 1. 잡혀간 흥선 대원군을 곧 돌아오게 하고 청에 조공하는 허례를 폐지한다.
> 2. 문벌을 폐지하여 인민 평등권을 제정하고 능력에 따라 관리를 임명한다.
> 3. 지조법을 개혁하여 부정을 막고 백성을 보호하며 재정을 넉넉하게 한다.
> 13. 대신과 참찬은 궁궐 내의 의정소에서 회의하고 국왕에게 아뢰어 정령을 집행한다.

① 명성 황후를 시해하였다.
② 조선 정부에 중립화를 건의하였다.
③ 고종의 해산 권고 조칙으로 해산하였다.
④ 우정총국 개국 축하연을 틈타 정변을 일으켰다.
⑤ 연합 부대를 결성하여 서울 진공 작전을 펼쳤다.

08 다음 주장을 펼친 인물을 쓰시오.

> 우리나라가 아시아의 중립국이 된다면 실로 러시아를 방어하는 큰 기틀이자 아시아의 여러 대국이 서로 보전하는 정략이 될 수 있다.

09 (가), (나) 시기 사이에 있었던 사실로 옳은 것은?

> (가) 전주성에서 물러난 농민군은 전라도 각지에 자치 기구인 집강소를 설치하여 치안을 유지하고 폐정 개혁안을 실천해 나갔다.
> (나) 농민군은 공주 우금치에서 관군과 일본군의 연합 부대를 상대로 치열하게 전투를 벌였다. 그러나 근대식 무기로 무장한 관군과 일본군에 크게 패하였다.

① 북접군과 남접군이 논산에 집결하였다.
② 동학교도들이 교조 신원 운동을 벌였다.
③ 농민군이 황룡촌에서 중앙군을 격파하였다.
④ 농민군이 백산에서 4대 강령을 발표하였다.
⑤ 안핵사 이용태가 고부 봉기 참여자를 체포하였다.

10 밑줄 친 '이 기구'에서 추진한 개혁으로 옳은 것은?

> **지식 Q&A**
> 개국 기년에 대해 알려주세요.
>
> **답변하기**
> ㄴ 갑: 조선이 건국된 1392년을 원년으로 하여 연도를 표기하는 방식이에요.
> ㄴ 을: <u>이 기구</u>에서 추진한 개혁에 따라 모든 공문서에서 중국의 연호가 아닌 개국 기년을 사용하였어요.

① 태양력을 사용하였다.
② 8아문을 7부로 개편하였다.
③ 교육 입국 조서를 반포하였다.
④ 노비제와 과거제를 폐지하였다.
⑤ 중앙에 친위대, 지방에 진위대를 설치하였다.

11 밑줄 친 ㉠ 시기에 있었던 사실로 옳은 것은?

〈사진으로 보는 한국사〉

사진은 옛 러시아 공사관의 모습이다. 러시아인 사바틴이 설계한 건축물로 을미사변으로 신변을 위협을 느낀 ㉠ <u>고종이 피신하여 머물렀다.</u> 6·25 전쟁 때 본관 건물이 불타 현재는 탑 부분과 지하 2층만 남아 있다.

① 경인선이 개통되었다.
② 간도 협약이 체결되었다.
③ 독립 협회가 설립되었다.
④ 대한 천일 은행이 설립되었다.
⑤ 황국 중앙 총상회가 조직되었다.

12 다음 문서를 발급한 정부에 대한 설명으로 옳은 것만을 〈보기〉에서 있는 대로 고른 것은?

▲ 지계

구본신참의 원칙으로 개혁을 추진한 정부가 양전 사업을 추진하면서 토지 소유권을 입증하기 위해 발급한 문서이다. 이 문서는 오늘날의 토지 등기부와 같은 역할을 하였다.

┤ 보기 ├
ㄱ. 원수부를 설치하였다.
ㄴ. 당백전을 발행하였다.
ㄷ. 탕평비를 건립하였다.
ㄹ. 『대전통편』을 반포하였다.

① ㄱ   ② ㄱ, ㄴ   ③ ㄴ, ㄷ
④ ㄷ, ㄹ   ⑤ ㄱ, ㄷ, ㄹ

13 다음 가상 일기에 나타난 사건에 대한 설명으로 옳은 것은?

> **1893년 ○○월 ○○일**
> 오늘 이곳 충청도 보은에 많은 사람이 모여 들었다. 이들은 교조 최제우가 억울하게 처형당했다며 그 억울함을 풀어 주어야 한다고 말하였다. 나는 그곳에서 또 다른 농민을 만났는데, 그는 조정에 집회의 요구 사항을 전달하고 포교의 자유를 얻어야 한다고 주장하였다.

① 을미개혁을 중단하는 계기가 되었다.
② 프랑스가 병인양요를 일으킨 배경이 되었다.
③ 외세 배격과 같은 정치적 구호가 등장하였다.
④ 농민들이 아전을 처벌하고 만석보를 파괴하였다.
⑤ 유생들이 개화 정책을 반대하는 만인소를 작성하였다.

14 밑줄 친 '이 사업'에 대한 탐구 활동으로 적절한 것은?

이 화폐는 일본 제일 은행권입니다. 재정 고문으로 부임한 메가타가 이 사업을 추진하여 백동화를 이 화폐로 교환하게 하였습니다.

① 동양 척식 주식회사의 활동을 알아본다.
② 민영환, 조병세가 자결한 이유를 알아본다.
③ 조청 상민 수륙 무역 장정의 내용을 조사한다.
④ 흥선 대원군이 실시한 사창제의 내용을 살펴본다.
⑤ 대한 제국이 거액의 국채를 떠안은 배경을 파악한다.

15 (가)에 대한 설명으로 옳은 것은?

조선의 곡물이 일본으로 수출되는 것을 막기 위해 지방관이 내린 조치는 무엇일까?

한국사 스피드 퀴즈

(가)

① 조일 통상 장정을 근거로 하였다.
② 일본 상품에 대한 관세를 면제하였다.
③ 청 상인의 한성 진출을 가능하게 하였다.
④ 개항장에서 일본 화폐의 유통을 허용하였다.
⑤ 시전 상인들이 반발하여 철시 투쟁을 벌였다.

16 (가) 신문에 대한 설명으로 옳은 것은?

(가)   에 대해 알려 줄래?

양기탁과 영국 출신의 베델이 창간하였습니다.
순한글, 국한문, 영문 세 종류로 발행하였습니다.

① 우리나라 최초의 신문이다.
② 여성들의 교육받을 권리를 주장하였다.
③ 고종 강제 퇴위 반대 운동을 주도하였다.
④ 항일 의병 투쟁을 호의적으로 보도하였다.
⑤ 외국 상인의 국내 상업 활동을 제한하고 한국 상인들의 상권을 보호하고자 하였다.

17 다음 빈칸에 들어갈 내용을 쓰시오.

1898년에 한성의 부인들이 발표한 (   )은/는 여성의 교육권을 실현하기 위해 여학교를 설립할 것을 주장하였다.

18 다음 조서를 반포한 이후에 일어난 사실로 옳은 것은?

아, 백성을 가르치지 않으면 나라를 굳건히 하기가 매우 어렵다. 세상 형편을 돌아보건대 부유하고 강하여 우뚝 독립한 나라들은 모두 그 나라 백성의 지식이 개명하다. 지식이 개명함은 교육이 잘되었기 때문인즉 교육이 국가를 보존하는 근본이다.
－『고종실록』, 1895

① 과거제가 폐지되었다.
② 함경도에 원산 학사가 설립되었다.
③ 관립 학교인 한성 중학교가 세워졌다.
④ 선교사들이 배재 학당과 이화 학당을 세웠다.
⑤ 육영 공원을 설립하여 양반 자제들을 교육하였다.

19 밑줄 친 '이 조약'이 체결된 시기를 연표에서 옳게 고른 것은?

이 조약은 법령 제정, 고등 관리 임면 등에서 통감의 권한을 강화하였지.

비밀리에 부속 각서를 맺어 일본인을 대한 제국의 각 부 차관 등으로 임명하였어.

강화도 조약 체결 — (가) — 거문도 사건 발발 — (나) — 러일 전쟁 발발 — (다) — 을사늑약 체결 — (라) — 고종 강제 퇴위 — (마) — 간도 협약 체결

① (가)　② (나)　③ (다)　④ (라)　⑤ (마)

20 (가), (나)를 발표한 의병에 대한 설명으로 옳은 것은?

(가) 우리 국모의 원수를 생각하며 이미 이를 갈았는데 참혹한 일이 더하여 우리 부모에게서 받은 머리털을 풀 베듯이 베어 버리니 이 무슨 변고란 말인가. …… 이에 감히 의병을 일으켜 마침내 이 뜻을 세상에 포고하노니, 위로는 공경에게서 아래로는 서민에까지 어느 누가 애통하고 절박하지 않으리.

(나) 지난 10월에 저들이 한 행위는 만고에 없던 일이다. 억압으로 한 조각의 종이에 조인하여 5백 년 전해 오던 종묘사직이 하룻밤에 망하였으니 …… 나라가 망해 갈진대 어찌 한번 싸우지 않을 수 있는가. 또 살아서 원수의 노예가 되기보다는 죽어서 충의의 혼이 되는 편이 나을 것이다.

① (가) – 신돌석 등 평민 의병장이 활약하였다.
② (가) – 관청을 공격하고 개화파 관리들을 처단하였다.
③ (나) – 해산 군인들의 합류로 전투력이 강화되었다.
④ (나) – 일제의 '남한 대토벌' 작전으로 피해를 입었다.
⑤ (가), (나) – 해산 권고 조칙으로 대부분 해산하였다.

21 밑줄 친 '이 단체'의 활동으로 옳은 것은?

우리 학교 학생들을 대상으로 이 단체를 생각하면 떠오르는 단어를 조사한 결과입니다.

무관 학교 / 남만주 삼원보 / 독립군 기지 / 105인 사건 / 태극 서관

① 비변사를 설치하였다.
② 교조 신원 운동을 추진하였다.
③ 대성 학교, 오산 학교를 설립하였다.
④ 일본의 황무지 개간권 요구를 철회시켰다.
⑤ 전국에 지회를 설치하고 월보를 발행하였다.

22 다음 취지문을 발표한 민족 운동에 대한 설명으로 옳은 것은?

국채 1,300만 원은 대한 제국의 존망에 직결된 것이라. 국채를 갚으면 나라가 존재하고, 갚지 못하면 나라가 망할 것은 필연적인 사실이나, 현재 국고로는 보상하기가 어렵다. 그러므로 삼천리강토는 장차 우리나라가 아니게 될 것이다. …… 국채를 갚는 방법으로는 2천만 인민들이 3개월 동안 금연하고, 그 대금으로 한 사람이 매달 20전씩 모은다면 1,300만 원을 모을 수 있을 것이다.

① 러일 전쟁 중에 전개되었다.
② 교정청이 적극적으로 추진하였다.
③ 관민 공동회에서 헌의 6조를 결의하였다.
④ 김광제 등을 중심으로 대구에서 시작되었다.
⑤ 자기 회사를 세워 민족 산업을 키우려 하였다.

한 권으로 끝내기!
필수 개념과 시험 대비를
한 권으로 끝!

한국사 공부,
한 권으로 이미 끝!

한끝

정답과 해설

고등
한국사1

ABOVE IMAGINATION

우리는 남다른 상상과 혁신으로
교육 문화의 새로운 전형을 만들어
모든 이의 행복한 경험과 성장에 기여한다

정답과 해설

고등 한국사 1

I 근대 이전 한국사의 이해

01 고대 국가의 성장

11, 13쪽

개념 확인하기

1 (1) 제정 분리 (2) 청동기 (3) 신석기   **2** (1) × (2) ○ (3) ×
3 (1) 부여 (2) 고구려 (3) 옥저   **4** (1) ㄹ (2) ㄷ (3) ㄴ (4) ㄱ
5 (1) ○ (2) × (3) ○   **6** 선왕

실력 다지기

14~17쪽

01 ②   **02** ①   **03** ③   **04** ①   **05** ③   **06** ⑤   **07** ②
08 ②   **09** ④   **10** ④   **11** ⑥   **12** ①   **13** ④   **14** ⑤
15 해설 참조   **16** 해설 참조

01 자료의 빗살무늬 토기는 신석기 시대에 처음 제작되었다. 신석기 시대에는 농경과 목축이 시작되었고, 토기를 만들어 곡식을 저장하고 음식을 조리하였다.
| 선택지 바로잡기 | ①은 청동기 시대, ③은 철기 시대 이후, ④, ⑤는 구석기 시대에 해당한다.

02 자료의 유적과 유물은 각각 고인돌과 비파형 동검으로, 청동기 시대에 만들어졌다. 청동기 시대에는 계급이 분화되고 군장이 등장하였으며, 우리 역사상 최초의 국가인 고조선이 성립하였다.
| 선택지 바로잡기 | ㄷ, ㄹ은 철기 시대에 대한 설명이다.

03 제시된 글의 내용은 고조선의 8조법 중 일부이다. 따라서 밑줄 친 '이 국가'는 고조선임을 알 수 있다. 고조선은 기원전 4세기경 중국의 연과 겨룰 정도로 성장하였으며, 왕 아래에는 상, 대부, 장군 등의 관직을 두었다.
| 선택지 바로잡기 | ㄱ은 옥저와 동예, ㄹ은 고구려에 대한 설명이다.

04 자료의 신지, 읍차, 천군을 통해 이 국가가 삼한임을 알 수 있다. 삼한은 신지, 읍차 등의 군장이 각 소국을 통치하였으며, 천군이라는 제사장이 종교 의례를 주관하는 제정 분리 사회였다. 또한 삼한에는 신성 지역인 소도가 존재하였다.
| 선택지 바로잡기 | ②, ③은 고조선, ④, ⑤는 부여에 대한 설명이다.

05 밑줄 친 ⊙은 백제 근초고왕의 정복 활동을 가리킨다. 4세기 중엽 왕위 계승을 안정시킨 백제 근초고왕은 남쪽으로 마한의 남은 세력을 복속시키고 북쪽으로 고구려 평양성을 공격하여 황해도 일대를 차지하기도 하였다.

| 선택지 바로잡기 | ①은 고구려 태조왕, ②는 고구려 미천왕, ④는 고구려 광개토 대왕, ⑤는 신라 진흥왕의 정복 활동에 해당한다.

06 지도는 5세기 고구려 장수왕 때의 세력 확대를 보여 준다. 장수왕은 남진 정책을 펼쳐 평양으로 수도를 옮겼다.
| 선택지 바로잡기 | ① 4세기 후반 고구려 소수림왕이 율령을 반포하였다. ② 6세기 백제 무령왕이 지방 22담로에 왕족을 파견하였다. ③ 8세기 발해 무왕이 산둥반도를 공격하여 당을 압박하였다. ④ 4세기 후반 신라 내물왕이 왕호를 마립간으로 바꾸었다.

07 (가)는 가야이다. 2023년 9월 가야 지역의 고분 유적 7곳을 묶은 '가야 고분군'이 유네스코 세계 유산으로 등재되었다. ② 가야는 백제와 신라의 압력을 받아 중앙 집권 국가로 성장하지 못하고 신라에 병합되었다.
| 선택지 바로잡기 | ①은 발해, ③, ⑤는 고조선, ④는 신라에 대한 설명이다.

08 (가)는 신라 법흥왕이다. 신라 법흥왕은 병부 설치, 율령 반포, 공복 제정 등 통치 체제를 정비하였으며, 금관가야를 병합하였다.
| 선택지 바로잡기 | ① 신문왕은 국학을 세워 유학을 교육하였다. ③ 지증왕은 국호를 '신라'로 정하였다. ④ 내물왕은 왕권을 강화하여 김씨의 왕위 세습을 확립하였다. ⑤ 진흥왕은 영토를 확장하고 이를 기념하기 위해 북한산, 황초령 등지에 순수비를 세웠다.

09 (가)는 백제가 웅진으로 수도를 옮겼다는 점을 통해 5세기 후반, (나)는 신라 진흥왕이 한강 유역을 모두 장악하였다는 점을 통해 6세기 중엽임을 알 수 있다. 6세기 초 신라는 법흥왕 때 상대등을 설치하였고, 백제는 무령왕 때 지방의 22담로에 왕족을 파견하여 지방에 대한 통제를 강화하였다.
| 선택지 바로잡기 | ㄱ. 4세기 후반 소수림왕 때 고구려는 수도에 태학을 두어 유교 경전과 역사서를 가르쳤다. ㄷ. 4세기 말 광개토 대왕 때 고구려는 백제를 공격하여 한강 이북의 영토를 차지하는 한편, 신라에 침입한 왜를 물리치고 금관가야까지 공격하였다.

10 자료는 김흠돌의 반란에 대한 내용으로, 밑줄 친 '과인'은 통일 신라 신문왕을 가리킨다. 신문왕 때 유학 교육 기관인 국학을 설립하여 왕권을 보좌할 실무 관리를 양성하였다.
| 선택지 바로잡기 | ①은 지증왕, ②는 문무왕, ③, ⑤는 진흥왕 시기의 사실이다.

11 지도는 통일 신라의 9주를 나타낸 것이다. 통일 이후 신라는 늘어난 영토와 인구를 효율적으로 다스리고자 통치 체제를 정비하였다. 중앙 정치는 집사부를 중심으로 운영하였으며, 그 장관인 시중이 왕명을 받들어 국정을 책임지게 하였다. 또한 감찰 기구로 사정부를 두어 관리의 부정과 비리를 단속하였다. 지방은 9주 5소경 체제로 정비하였으며, 군사 조직은 중앙군으로 9서당, 지방군으로 10정을 설치하였다.

| 선택지 바로잡기 | ⑥ 변한 지역에서 등장하여 연맹 왕국으로 발전한 국가는 가야이다.

12 자료는 9세기 신라 말의 모습을 보여 준다. 신라 말 중앙의 지방 통제력이 약화하면서 김헌창의 난 등 정치적 혼란이 계속되었고, 정부의 무거운 조세 수취와 귀족들의 농민 수탈이 계속되자 원종과 애노의 난 등 농민 봉기가 일어났다. 한편, 신라 말에는 지방에서 스스로 성주나 장군을 칭하며 성장한 호족이 그 지역의 행정과 군사 등 실질적인 통치력을 행사하였다.
| 선택지 바로잡기 | ② 왕을 마립간으로 부른 시기는 4세기 후반 신라 내물왕 때부터 5세기 초 신라 지증왕 때 '왕'이라는 칭호를 사용하기 전까지이다. ③ 기벌포 전투는 676년 신라 문무왕 시기의 사실이다. ④ 고구려 부흥 운동이 전개된 것은 668년 고구려 멸망 직후의 사실이다. ⑤ 가야는 6세기 신라에 완전히 병합되었다.

13 두 자료 모두 고구려 계승을 표방한 발해의 모습을 보여 준다. 발해는 고구려 유민을 중심으로 건국하였고, 고구려인이 지배층의 핵심을 이루어 고구려 계승 의식이 강하였다.
| 선택지 바로잡기 | ① 고구려 장수왕은 5세기 남진 정책을 펼쳐 세력을 확대하였다. ② 고구려 멸망(668) 이후 유민들은 부흥 운동을 펼쳤지만 목적을 달성하지 못하였다. ③ 고구려는 광개토 대왕 시기 '영락' 연호를 사용하고, 광개토 대왕을 '태왕'으로 칭하는 등 독자적 천하관을 내세웠다. ⑤ 발해 무왕은 당의 산둥 지방을 공격하여 압박하였다.

14 지도의 (가)는 발해이다. 발해는 고구려 출신인 대조영이 건국한 국가로, 고구려 계승 의식을 표방하였으며, 발해의 왕들은 인안, 대흥 등의 연호를 사용하였다. 중앙 정치 조직은 당의 3성 6부제를 받아들여 정비하였으나 명칭과 운영 방식 등에서 독자성을 보였다. 왕 아래 정당성, 선조성, 중대성의 3성을 두고, 정당성 아래 6부를 둘로 나누어 좌사정과 우사정이 맡도록 하였다. 또한 감찰 기구로 중정대, 교육 기관으로 주자감 등을 설치하였다. 한편, 9세기 선왕 때 발해는 최대 영토를 확보하였고, 이후 발해는 중국에서 '해동성국'으로 불렸다.
| 선택지 바로잡기 | ⑤ 9서당은 통일 신라의 중앙군이다. 통일 신라는 9서당에 고구려와 백제 유민 등을 포함하여 민족의 통합을 도모하였다.

15 **예시 답안** 신라는 고구려의 도움으로 왜를 격퇴하면서 고구려의 간섭을 받게 되었고, 왜를 물리치는 과정에서 금관가야가 고구려군의 공격을 받아 쇠퇴하였다.

채점 기준	
상	신라가 고구려의 도움으로 왜를 물리치면서 고구려의 간섭을 받게 된 점, 고구려군의 공격을 받은 금관가야가 쇠퇴한 점을 모두 서술한 경우
하	위 내용 중 한 가지만 서술한 경우

16 **예시 답안** • 1단계: 당과 발해 모두 3성 6부로 운영하였다.
• 2단계: 발해는 좌사정과 우사정이 6부를 둘로 나누어 관할하고 있다. 발해의 6부 명칭에는 유교 이념이 담겨 있다.

• 3단계: 발해는 당의 제도를 수용하여 중앙 정치 조직을 3성 6부로 정비하였다. 그러나 정당성 아래 6부를 둘로 나누어 좌사정과 우사정이 맡도록 하였고, 6부의 명칭에는 유교 이념을 반영하여 독자성을 보였다.

채점 기준	
상	발해와 당의 중앙 정치 조직에서 유사성과 발해만의 독자성을 모두 서술한 경우
하	위 내용 중 한 가지만 서술한 경우

1등급 도전하기

○ 18쪽

01 ② 02 ③ 03 ② 04 ⑤

01 지도의 (가)는 부여, (나)는 고구려, (다)는 옥저, (라)는 동예, (마)는 삼한이다. ② 고구려는 계루부, 연노부 등의 집단이 5부 연맹을 이루어 성장하였다.
| 선택지 바로잡기 | ① 고조선은 중국 한의 침략으로 멸망하였다. ③ 부여에서는 가축의 이름을 딴 마가, 우가, 저가, 구가가 사출도를 관할하였다. ④ 신라는 거서간(귀인), 차차웅(무당), 이사금(계승자, 연장자) 등을 왕호로 사용하였다. ⑤ 옥저와 동예는 읍군, 삼로 등의 군장이 다스렸다.

02 (가)는 5세기 고구려 장수왕의 한성 공격으로 백제가 웅진으로 천도한 상황을 보여 준다. (나)는 6세기 백제 성왕이 관산성 전투(554)에서 전사한 상황을 나타낸다. ③ 백제는 웅진으로 천도한 이후 6세기 무령왕 때 지방의 22담로에 왕족을 파견하였다.
| 선택지 바로잡기 | ①, ②는 4세기, ④는 3세기의 일로, (가) 이전에 해당한다. ⑤는 7세기의 일로, (나) 이후에 해당한다.

03 자료는 신라 진흥왕이 고구려 영토였던 적성을 점령한 후 세운 단양 신라 적성비를 소개한 것이다. 따라서 밑줄 친 '왕'은 신라 진흥왕을 가리킨다. 진흥왕은 활발한 정복 활동을 벌여 한강 유역을 차지하고, 북한산 등 전국 곳곳에 순수비를 세워 영토 확장을 기념하였다. 또한 인재를 양성하고자 화랑도를 국가적 조직으로 개편하였다.
| 선택지 바로잡기 | ㄴ은 신라 지증왕, ㄹ은 신라 법흥왕에 대한 설명이다.

04 통일 신라는 집사부를 중심으로 중앙 정치 조직을 운영하였으며, 지방 행정은 9주 5소경 체제로 정비하였다. 발해는 중앙 정치 조직을 3성 6부로 정비하였는데, 6부의 명칭에는 유교 이념을 반영하였다. 지방 행정은 5경 15부 62주로 정비하고, 도독과 자사 등의 관리를 파견하였다.
| 선택지 바로잡기 | ㄱ. 대내상은 발해의 국정 총괄 기구인 정당성의 장관이다. 통일 신라는 시중이 집사부 장관의 역할을 맡았다. ㄴ. 당의 제도를 수용하여 중앙 정치 조직을 정비한 것은 발해의 3성 6부제이다.

01 자료의 계급 발생, 비파형 동검, 반달 돌칼을 통해 (가) 시대가 청동기 시대임을 알 수 있다. 청동기 시대에는 군장이 죽으면 무덤으로 고인돌을 축조하였다.

┃ **선택지 바로잡기** ┃ ② 상평통보는 조선 시대에 사용된 화폐이다. ③ 신석기 시대에 농경과 목축이 시작되었다. ④ 팔관회와 연등회는 불교 행사로 고려 시대에 개최되었다. ⑤ 철기 시대에 철제 농기구가 사용되기 시작하였다.

02 자료에서 고구려 유민들이 중심이 되어 동모산 아래에서 나라를 세웠고, 제2대 무왕이 등주를 습격하였다는 내용을 통해 (가) 국가가 발해임을 알 수 있다. 발해는 전국을 5경 15부 62주로 나누어 통치하였다.

┃ **선택지 바로잡기** ┃ ① 태학은 고구려의 교육 기관으로, 소수림왕 때 설립되었다. ② 화랑도는 신라에 있었던 화랑의 무리로, 진흥왕 때 국가적 조직으로 개편되었다. ④ 부여에서는 가축의 이름을 딴 가(加)들이 사출도를 다스렸다. ⑤ 신라에서는 4세기 전반까지 박·석·김씨가 왕위를 배출하였다.

⑫ 고려의 통치 체제와 정치 변동

개념 확인하기

21, 23쪽

1 기인 제도　　**2** (1) 광종 (2) 2군 (3) 시무 28조　　**3** (1) ㄹ (2) ㄴ
(3) ㄷ (4) ㄱ　　**4** 문벌　　**5** (1) × (2) ○　　**6** (1) 공민왕 (2) 최우
(3) 이자겸　　**7** ㄷ-ㄹ-ㄱ-ㄴ

실력 다지기

○━━━○ 24~27쪽

01 ②	02 ⑦	03 ①	04 ③	05 ①	06 ⑤	07 ⑤
08 ③	09 ⑤	10 ③	11 ③	12 ⑥	13 ⑤	14 ②
15 해설 참조	16 해설 참조					

01 고려 건국 이후 태조는 호족 세력을 포섭하고 신라와 화친하면서 점차 후백제와의 대결에서 우위에 설 수 있었다. 이후 후백제에서 내분이 일어나 견훤이 고려에 귀순해 오고 신라 경순왕이 고려에 통합을 요청하자, 마침내 고려는 후백제를 정벌하고 후삼국을 통일하였다.

┃ **선택지 바로잡기** ┃ ①, ③, ④는 고려 건국 이전의 일이다. ⑤는 고려가 후삼국을 통일한 이후의 일이다.

02 자료는 태조가 남긴 훈요 10조의 내용 중 일부이다. 고려 태조는 발해 유민을 포용하고, 호족 세력을 포섭하고자 견제책과 통합책을 실시하였다. 기인 제도와 사심관 제도를 실시하여 호족을 통제하였으며, 호족에 우호적인 태도를 보이며 혼인 관계를 맺기도 하였다. 또한 태조는 고구려 계승 의식을 바탕으로 서경(평양)을 기지로 삼아 북진 정책을 추진하여 청천강 유역까지 진출하였다.

┃ **선택지 바로잡기** ┃ ⑦ 12목을 설치하고 지방관을 처음으로 파견한 왕은 성종이다.

03 자료는 노비를 조사하여 옳고 그름을 분명히 가리도록 명하였다는 것을 통해 노비안검법을 실시한 광종에 대한 내용임을 알 수 있다. 따라서 밑줄 친 '왕'은 광종을 가리킨다. 광종은 과거제를 도입하여 관리를 선발하였으며, 공복을 제정하여 관리들의 기강을 확립하였다.

┃ **선택지 바로잡기** ┃ ㄷ, ㄹ은 성종의 업적에 해당한다.

04 자료는 고려 최승로가 성종에게 건의한 시무 28조이다. 성종이 이를 수용하여 국자감을 정비하는 등 유학 교육을 장려하였다.

┃ **선택지 바로잡기** ┃ ①은 고구려 소수림왕, ②는 신라 진흥왕, ④는 고려 최우, ⑤는 고려 태조(왕건)의 정책에 해당한다.

05 (가)는 도병마사, (나)는 어사대이다. (가) 도병마사는 중서문하성의 재신과 중추원의 추신이 참여하여 국방 문제를 논의한 회의 기구로, 식목도감과 함께 고려만의 독자적 기구였다.

┃ **선택지 바로잡기** ┃ ②는 어사대, ③은 도병마사와 식목도감, ④는 삼사, ⑤는 중서문하성과 어사대에 대한 설명이다.

06 지도는 고려의 지방 행정 조직을 나타낸 것이다. 고려는 전국을 경기, 5도와 양계로 나누어 통치하였다. 일반 행정 구역인 5도에는 안찰사를 파견하여 살폈고, 5도 아래에는 주·군·현을 두었다. 고려에는 지방관이 파견된 주현과 지방관이 파견되지 않은 속현이 있었으며, 주현보다 속현의 수가 많았고, 주현의 지방관이 주변의 속현까지 감독하였다. 또한 군사적으로 중요한 양계(북계와 동계)에는 병마사를 보냈다.

┃ **선택지 바로잡기** ┃ ⑤ 백제 무령왕은 지방에 대한 통제를 강화하고자 22담로에 왕족을 파견하였다.

07 자료는 고려의 '문벌'을 정리한 내용이다. 고려 전기에는 통치 체제가 안정되면서 여러 세대에 걸쳐 중앙의 고위 관리를 배출한 문벌이 형성되었다. 문벌은 과거와 음서로 관직에 진출하였고, 국가로부터 녹봉과 공음전 등을 받았다. 또한 왕실 및 다른 문벌 가문과 혼인 관계를 맺어 권력을 키웠다. 대표적인 문벌 세력으로 이자겸, 김부식, 윤언이 등이 있었다.

┃ **선택지 바로잡기** ┃ ⑤ 골품제는 신라의 신분제이다.

08 지도는 묘청의 서경 세력이 일으킨 반란의 전개 과정을 나타낸 것이다. 묘청을 비롯한 서경 세력은 서경 천도를 추진하며 칭제 건원과 금국 정벌을 주장하였다.
| 선택지 바로잡기 | ㄱ은 최충헌, ㄹ은 최승로에 대한 설명이다.

09 자료에서 문관, 대소 신료, 환관이 모두 해를 당하였다는 것과 개경의 문신 50여 명을 죽이고 정중부 등이 왕(의종)을 환궁시켰다는 것을 통해 무신 정변의 내용임을 알 수 있다. 고려에서는 이자겸의 난과 묘청의 서경 천도 운동으로 문벌 사회의 갈등이 심화되는 상황에서 문신에 비해 무신을 차별하는 풍조가 심화되었다. 이에 불만을 품고 있던 정중부 등의 무신이 의종의 보현원 행차 때 무신 정변을 일으켜 무신 정권을 수립하였다(1170).
| 선택지 바로잡기 | ①, ②는 신라 말, ③, ④는 고려 말에 일어난 사실이다.

10 최충헌, 최우, 최항, 최의는 최씨 무신 정권의 지배자들이다. 최충헌이 정권을 잡으면서 4대 60여 년간 최씨 무신 정권이 지속되었다. 최충헌에 이어 집권한 최우(최충헌의 아들)는 자신의 집에 정방을 설치하여 인사권을 장악하였다.
| 선택지 바로잡기 | ①은 고려 전기, ②는 신라, ④는 무신 정권 초기, ⑤는 고려 인종 시기에 있었던 일들이다.

11 자료는 최충헌이 집권한 시기에 사노비였던 만적이 봉기를 모의한 사실을 보여 준다. 무신 정권기에는 무신들의 농장 확대와 수탈로 생활이 어려워진 농민과 신분 상승에 대한 기대감을 가진 천민이 봉기하였다.
| 선택지 바로잡기 | ①은 신라 말, ②는 후삼국 시대, ④는 고려 전기, ⑤는 원 간섭기에 볼 수 있는 모습이다.

12 자료에서 고려와 원의 교류가 활발하였다는 것과 고려 남자들은 몽골식 머리인 변발을 하였다는 것을 통해 밑줄 친 '이 시기'가 원 간섭기임을 알 수 있다. 이 시기에 원은 일본 원정에 고려군을 동원하였고, 고려 영토에 쌍성총관부, 동녕부, 탐라총관부 등을 설치하였다. 고려는 원의 부마국(사위국)이 되었으며, 고려 왕실의 호칭과 관제가 격하되었다. 또한 원은 조공이라는 명목으로 고려에서 공녀와 환관을 뽑아 갔고 금, 은, 인삼, 매 등의 특산물도 거두어 갔다.
| 선택지 바로잡기 | ⑥ 도방, 야별초 등의 사병 조직이 운영되었던 시기는 무신 정권기이다. 도방은 경대승이 처음 조직하여 최충헌이 확대하였고, 야별초는 최우가 조직하였다.

13 지도의 (가)는 원에 빼앗겼던 고려 영토이다. 공민왕 때 쌍성총관부를 공격하여 원으로부터 영토를 수복하였으며, 대표적 친원 세력인 기씨 일족을 제거하였다.
| 선택지 바로잡기 | ① 원은 일본 원정을 준비한다는 이유로 고려에 정동행성을 설치하였다. ② 무신 정변으로 의종이 폐위되었다. ③ 인종 때 이자겸의 난이 일어났다. ④ 성종은 최승로의 시무 28조를 수용하여 유교 이념에 기초한 정치를 펼쳤다.

14 자료에서 성리학을 학문적 기반으로 삼았다는 것과 공민왕의 개혁을 계기로 성장하였다는 것을 통해 (가)는 고려 말에 활동한 신진 사대부임을 알 수 있다. 신진 사대부는 도덕적 삶을 중시한 성리학을 이론적 근거로 삼아 부정부패를 일삼는 권문세족의 횡포와 폐단을 비판하였다.
| 선택지 바로잡기 | ①은 권문세족, ③은 문신, ④는 신흥 무인 세력, ⑤는 권문세족에 해당한다.

15 예시답안 (가)는 기인 제도, (나)는 사심관 제도이다. 태조는 두 제도를 실시하여 호족 세력을 견제함으로써 왕권을 강화하고자 하였다.

채점 기준	
상	(가), (나) 제도의 명칭을 모두 쓰고, 실시 목적을 서술한 경우
중	(가), (나) 제도의 명칭만 쓰거나 실시 목적만 서술한 경우
하	(가), (나) 제도의 명칭 중 한 가지만 쓴 경우

16 예시답안 • 1단계: (가)는 전민변정도감이다.
• 2단계: 전민변정도감을 통해 권문세족이 불법으로 빼앗은 토지를 본래의 주인에게 되돌려주고, 노비로 삼은 이들의 신분을 회복시켜 권문세족의 세력을 약화하고 국가 재정을 확대하고자 하였다.
• 3단계: (가)는 전민변정도감이다. 공민왕은 신돈을 등용하고 전민변정도감을 설치하여 권문세족이 불법으로 빼앗은 토지를 본래의 주인에게 되돌려주고, 노비로 삼은 이들의 신분을 회복시켜 권문세족의 세력을 약화하고 국가 재정을 확대하고자 하였다.

채점 기준	
상	전민변정도감을 쓰고, 전민변정도감에서 추진한 개혁과 개혁의 목적을 서술한 경우
중	전민변정도감에서 추진한 개혁의 목적만 서술한 경우
하	전민변정도감만 쓴 경우

1등급 도전하기 ────────○28쪽

01 ① **02** ② **03** ⑤ **04** ③

01 자료에서 후백제를 제압하고 후삼국을 통일하였다는 것을 통해 (가)는 고려 태조(왕건)임을 알 수 있다. 태조는 호족 세력을 포섭하여 분열된 사회를 통합하고 국가의 안정을 이루려 하였다. 이에 호족 세력과 혼인을 하거나 왕씨 성을 내려 주어 호족을 포용하는 정책을 펼쳤다. 한편으로는 기인 제도를 실시하고 중앙의 고위 관리를 사심관으로 임명하여 지방의 호족을 견제하고 지방 통치를 보완하려 하였다.
| 선택지 바로잡기 | ㄷ은 성종, ㄹ은 광종에 대한 설명이다.

02 (가)는 서경 임원역의 땅은 대화세(명당)에 해당한다고 주장하는 것을 통해 서경 세력임을 알 수 있다. (나)는 서경 대화궁에 벼락이 떨어졌는데, 서경이 길한 땅이면 그럴 리 없다고 주장하는 것을 통해 개경 세력임을 알 수 있다. ② 묘청을 비롯한 서경 세력은 서경 천도를 추진하면서 칭제건원과 금국 정벌을 주장하였다.

┃ 선택지 바로잡기 ┃ ① 김부식은 개경 세력을 대표하는 인물이다. ③ 이자겸은 고려 전기 대표적인 문벌이다. ④ 중방을 중심으로 권력을 행사한 세력은 무신 정권 초기 집권자들이다. ⑤ 묘청 등 서경 세력이 일으킨 반란을 김부식이 이끄는 관군이 진압하였다.

03 '(다) 이자겸의 난(1126, 고려 인종) – (가) 묘청의 난(1135, 고려 인종) – (나) 김사미·효심의 난(1193, 고려 무신 정권기)'의 순서로 일어났다.

04 자료는 고려 31대 왕, 부인 노국공주, 개혁 정치 등을 통해 공민왕에 대한 내용임을 알 수 있다. 14세기 중반 원이 쇠퇴하자 공민왕은 반원 개혁을 추진하였다. 공민왕은 대표적 친원 세력인 기씨 일족을 제거하였으며, 쌍성총관부를 공격하여 철령 이북의 영토를 회복하고, 제후국 수준으로 낮추어졌던 왕실의 호칭과 관제를 고려 전기의 체제로 되돌렸다. 또한 새로운 정치 세력인 신진 사대부를 적극적으로 등용하였다.

┃ 선택지 바로잡기 ┃ ㄱ. 고려 광종은 과거제를 처음으로 시행하였다. ㄹ. 고려 말 우왕은 요동 정벌을 위해 이성계를 출병시켰다.

수능 준비하기 ───────────── ○ 29쪽

01 ①　　**02** ⑤

01 자료에서 고려 건국, 후삼국 통일, 호족 포용 정책, 북진 정책을 통해 밑줄 친 '이 왕'이 고려 태조(왕건)임을 알 수 있다. 태조는 후손들에게 훈요 10조를 남겨 고려 왕조가 나아갈 방향을 제시하였다.

┃ 선택지 바로잡기 ┃ ② 고구려 장수왕은 남진 정책을 펼쳐 평양으로 천도하였다. ③ 신라 법흥왕은 군사 업무를 담당하는 관청으로 병부를 설치하고, 국정을 총괄하는 상대등을 두어 귀족 회의를 주재하게 하였다. ④ 고려 광종은 과거제를 도입하였다. ⑤ 백제 근초고왕은 마한의 남은 세력을 복속시켰다.

02 (가)는 정중부가 의종과 태자를 쫓아냈다는 내용을 통해 무신 정변(1170)임을 알 수 있고, (나)는 고려 말 우왕 때 최영이 위화도에서 올라온 회군 요청을 거절하는 내용을 통해 이성계가 위화도 회군(1388)을 단행하기 직전의 상황임을 알 수 있다. (가), (나) 시기 사이인 고려 공민왕 때 전민변정도감이 설치되었다.

┃ 선택지 바로잡기 ┃ ①은 고구려 소수림왕 시기, ②는 고려 태조 시기, ③은 고려 인종 시기, ④는 백제 성왕 시기에 일어난 사실이다.

🟦03 조선 사회의 성립과 발전

개념 확인하기　　　　　　　　　　　　　31, 33쪽

1 (1) ㄷ (2) ㄱ (3) ㄴ (4) ㄹ　**2** (1) ○ (2) × (3) ○ (4) ×　**3** 관찰사
4 (1) ○ (2) × (3) ○ (4) ×　**5** (1) 병자호란 (2) 서인 (3) 남한산성
6 붕당　**7** 광해군

실력 다지기 ───────────── ○ 34~37쪽

01 ①	02 ⑤	03 ③	04 ①	05 ③	06 ②	07 ②
08 ④	09 ④	10 ①	11 ③	12 ①	13 ②	14 ①
15 해설 참조		16 해설 참조				

01 (가)는 이성계가 위화도에서 군대를 돌렸다는 것을 통해 위화도 회군(1388)에 대한 내용임을 알 수 있고, (나)는 이성계를 왕으로 추대하여 조선을 건국하였다는 것을 통해 조선 건국(1392)에 대한 내용임을 알 수 있다. 위화도 회군 이후 권력을 장악한 이성계와 급진파 신진 사대부는 1391년 과전법을 제정하여 경제적 기반을 마련하는 등 개혁을 추진하였고, 이후 정몽주 등 온건파를 제거하고 조선을 건국하였다.

┃ 선택지 바로잡기 ┃ ②, ⑤는 조선 세조 시기, ③은 1394년, ④는 고려 공민왕 시기의 사실이다.

02 자료의 이방원, 6조 직계제, 양전 사업, 호패법 등을 통해 (가)가 조선의 태종임을 알 수 있다. 태종은 개국 공신이나 왕족이 거느린 사병을 혁파하여 군사권을 왕에게 집중시키고, 6조 직계제를 실시하여 왕권을 강화하였다. 또한 양전 사업과 호패법을 실시하여 국가 재정을 늘렸다.

┃ 선택지 바로잡기 ┃ ①, ④는 고려 공민왕, ②는 조선 성종, ③은 고려 광종의 업적이다.

03 자료에서 6전으로 구성된 조선의 기본 법전이라는 것과 이 법전을 완성함으로써 조선의 기본 통치 방향과 유교적 통치 체제가 확립되었다는 것을 통해 이 달의 책은 『경국대전』임을 알 수 있다. 『경국대전』은 세조 때부터 편찬되기 시작하여 성종 때 완성·반포되었다. 성종은 집현전을 계승한 홍문관을 설치하여 경연을 활성화하였다.

┃ 선택지 바로잡기 ┃ ①은 조선 세조, ②는 고려 광종, ④는 조선 세종, ⑤는 고려 태조의 재위 기간에 있었던 사실이다.

04 자료의 정치 체제는 의정부 서사제이다. 의정부 서사제는 6조가 먼저 의정부에 업무를 보고하면 재상들이 이를 심의한 후 국왕의 재가를 얻어 시행하는 체제로, 세종 때 시행되었다. 의정부 서사제는 재상에게 많은 권한을 부여하여 재상의 국정 주도권을 강화해 주었다.

선택지 바로잡기 ㄷ. 의정부 서사제가 시행됨에 따라 의정부의 정치적 권한이 강화되었다. ㄹ. 최승로가 시무 28조를 건의한 것은 고려 성종 때의 일이다.

05 (가)는 의정부, (나)는 3사이다. ③ 사헌부, 사간원, 홍문관의 3사는 언론 활동을 통해 잘못된 정책 결정을 비판함으로써 권력의 독점과 부정을 막았다.
선택지 바로잡기 ①은 승정원, ②는 한성부, ④는 의정부, ⑤는 의금부에 해당한다.

06 지도는 조선의 지방 행정 조직을 나타낸 것이다. 조선은 전국을 8도로 나누고 그 아래 군현을 두었으며, 모든 군현에 지방관을 파견하였다.
선택지 바로잡기 ①, ④는 고려, ③은 통일 신라에 대한 설명이다. ⑤ 조선 시대에는 관찰사나 수령을 자기 출신 지역에 부임할 수 없도록 하는 상피제를 시행하여 권력의 집중과 부정을 방지하였다.

07 조선은 과거, 음서, 천거 등을 통해 관리를 등용하였다. 과거는 문과, 무과, 잡과로 운영하였는데, 고려 시대에는 무과를 거의 실시하지 않았으나 조선 시대에는 무과를 제도화하였다.
선택지 바로잡기 ① 고려 시대에도 문과를 실시하였다. ③ 조선 시대에는 고려에 비해 음서의 혜택을 받는 대상이 줄었다. ④ 고려 시대에도 잡과를 실시하여 기술관을 선발하였다. ⑤ 고려와 조선 모두 승려를 대상으로 한 승과를 실시하였다.

08 제시된 계보가 정몽주와 길재의 학통을 이어받았고, 동인과 서인을 형성한 것을 통해 사림의 계보임을 알 수 있다. 15세기 이후 지방에서 성장한 사림은 도덕과 의리를 바탕으로 하는 왕도 정치와 향촌 자치를 추구하였으며, 주로 성종 때 3사의 언관직에 등용되어 성장하였다. 사림은 훈구와 갈등을 겪으며 사화로 피해를 입었지만 서원과 향약을 기반으로 향촌 사회에서 세력을 확대하였고, 중앙 정계에서도 세력을 확장하여 16세기 무렵 정계의 주도권을 장악하였다. 그러나 사림은 정치적·학문적 입장 차이에 따라 분열하여 붕당을 형성하였다.
선택지 바로잡기 ④ 사림은 무오사화, 갑자사화 등 네 차례의 사화를 겪으면서 피해를 입었다.

09 자료에서 중종에게 현량과 실시를 제안한 것을 통해 밑줄 친 '그'가 조광조임을 알 수 있다. 중종 때 등용된 조광조는 현량과를 실시하여 사림 세력을 강화하고, 부당하게 공신이 된 일부 훈구의 공훈을 삭제하려 하였다.
선택지 바로잡기 ①은 김종직, ②는 이자겸, ③은 우왕, ⑤는 김부식에 대한 설명이다.

10 자료는 이조 전랑직을 둘러싼 갈등을 보여 준다. 사림은 외척 정치의 잔재 청산 문제와 이조 전랑 임명 문제를 두고 대립하다가 동인과 서인으로 나뉘어 붕당을 형성하였다.

선택지 바로잡기 ② 중종 때 기묘사화가 일어나 조광조를 비롯한 사림들이 제거되었다. ③ 성종 때 『경국대전』을 반포하여 조선의 기본 통치 방향과 유교적 통치 체제를 확립하였다. ④ 훈구 세력은 연산군을 몰아내고 반정을 일으켜 중종을 왕으로 세웠다(중종반정). ⑤ 고려 말 정도전, 조준 등의 급진파 신진 사대부는 새 왕조를 세워 개혁을 추진할 것을 주장하였다.

11 지도의 행주 대첩, 명량 대첩, 한산도 대첩 등은 모두 임진왜란 중에 있었던 전투이고, 명은 임진왜란 때 조선에 원군을 보내 주었다. 임진왜란 이후 일본은 조선에서 포로로 잡아간 기술자나 학자들로부터 인쇄술, 도자기 제조법, 성리학을 받아들여 문화를 발전시켰다.
선택지 바로잡기 ① 왜란 이후 일본에서는 도요토미 히데요시 가문이 몰락하고, 뒤를 이어 도쿠가와 이에야스가 권력을 잡으며 에도 막부가 성립하였다. ② 왜란 이후 중국에서는 명이 약화된 틈을 타 여진이 급속히 성장하였다. ④ 왜란 이후 조선에서는 지배층을 중심으로 명에 대한 숭상 의식이 확산되었다. ⑤ 왜란으로 수많은 사람이 희생되면서 조선의 인구는 감소하였고, 토지 대장과 호적이 불타 국가 재정이 궁핍해졌다.

12 자료는 임진왜란 때 의병의 활약을 보여 준다. 임진왜란이 일어난 뒤 일본군이 한성을 향해 북상하자, 선조는 광해군을 세자로 책봉하여 별도의 조정을 이끌게 하고 의주로 피란하여 명에 원군을 요청하였다. 이러한 가운데 이순신이 이끄는 수군이 남해 해상권을 장악하고, 육지에서는 의병이 활약하여 역전의 발판을 마련하였다. 반격에 나선 조명 연합군이 평양성을 되찾고, 행주산성에서는 권율이 이끄는 조선군과 백성들이 일본군의 공격을 격퇴하였다. 이후 명과 일본은 휴전 회담을 벌였으나 협상이 결렬되자, 일본군이 조선을 재침입하였고(정유재란), 당시 조명 연합군이 일본군의 북진을 막고, 이순신은 명량에서 일본군을 물리쳤다.
선택지 바로잡기 ① 병자호란 때 인조는 남한산성으로 피신하였으나, 결국 삼전도에서 항복하고 청과 군신 관계를 맺었다.

13 자료는 광해군의 중립 외교 정책을 보여 준다. 광해군은 후금이 새롭게 성장하는 국제 질서의 변동 속에서 왕위에 올랐다. 이후 후금과 명이 전쟁을 벌이면서 명이 조선에 군대를 요청하자, 광해군은 강홍립 등을 원군으로 파견하면서 상황에 따라 유연하게 대처하도록 지시하였고, 전쟁을 벌이던 강홍립은 후금의 누르하치에게 항복하였다. 광해군의 이러한 정책은 명과 후금 사이에서 중립 외교를 펼쳐 후금과의 직접적인 충돌을 피하려고 한 것이었다. 광해군이 명과 후금 사이에서 중립 외교를 펼치자, 서인은 이를 비판하며 인조반정을 일으켰다.
선택지 바로잡기 ㄴ. 광해군의 중립 외교 정책은 서인의 비판을 받았다. ㄹ은 친명배금 정책에 대한 설명이다. 인조와 서인이 친명배금 정책을 펼쳤다.

14 지도는 병자호란(1636)의 전개를 나타낸 것이다. 병자호란 당시 인조는 남한산성으로 피신하여 항전하였으나, 결국 삼전도에서 항복하고 청과 군신 관계를 맺었다.

| **선택지 바로잡기** | ②는 1388년, ③은 정묘호란, ④는 임진왜란, ⑤는 정유재란 때 볼 수 있는 모습이다.

15 **예시답안** (가)는 6조 직계제, (나)는 의정부 서사제이다. 6조 직계제는 정책 결정과 시행 과정에서 재상의 역할이 축소되어 국왕의 국정 주도권을 강화해 준 반면, 의정부 서사제는 재상의 국정 주도권을 강화해 주었다.

채점 기준	
상	(가), (나) 체제의 명칭을 모두 쓰고, 그 영향을 서술한 경우
중	(가), (나) 체제의 명칭만 쓰거나 영향만 서술한 경우
하	(가), (나) 체제의 명칭 중 한 가지만 쓴 경우

16 **예시답안** • 1단계: 후금이 국호를 청으로 바꾸고 조선에 군신 관계를 요구하였다.

• 2단계: (가)는 청의 세력이 강성하니 청과 화의를 맺자는 주화론이고, (나)는 오랑캐인 청에 무력으로 대응하자는 주전론(척화론)이다.

• 3단계: 후금이 국호를 청으로 바꾸고 조선에 군신 관계를 요구하자, 조선에서는 청의 세력이 강성하니 청과 화의를 맺자는 (가) 주화론과 오랑캐인 청에 무력으로 대응하자는 (나) 주전론(척화론)이 대립하였다.

채점 기준	
상	두 주장이 나온 배경을 쓰고, 두 주장을 비교하여 서술한 경우
하	두 주장이 나온 배경만 서술한 경우

1등급 도전하기 ○ 38쪽

01 ② **02** ② **03** ④ **04** ②

01 자료는 새로 스물여덟 글자를 만들었다는 내용을 통해 세종의 훈민정음 창제에 대한 내용임을 알 수 있다. 세종은 의정부 서사제를 실시하였고, 집현전을 설치하여 젊고 유능한 학자들이 학문 연구와 정책 자문에 힘쓰도록 하였다.

| **선택지 바로잡기** | ㄴ은 성종, ㄹ은 세조에 대한 설명이다.

02 자료는 성균관, 4부 학당, 향교 등이 운영된 점을 통해 조선의 교육과 관리 등용 제도임을 알 수 있다. 조선 시대에 관찰사는 8도에 파견되어 행정·사법·군사를 모두 관할하였다.

| **선택지 바로잡기** | ① 제술과는 고려 시대의 문관을 선발하는 시험이다. ③ 5도 양계는 고려 시대의 지방 행정 조직이다. ④ 제가 회의는 고구려의 귀족 회의체이다. ⑤ 정동행성은 원이 일본 원정을 준비한다는 이유로 고려에 설치한 기구이다.

03 공신 세력으로 세조 때 권력을 장악한 (가)는 훈구이고, 성종 때부터 중앙 정계로 진출한 (나)는 사림이다. 사림이 공론을 내세워 훈구의 비리와 부정을 강하게 비판하자 훈구 공신들이 사림을 공격하였는데, 이를 사화라고 한다. 사림은 사화로 큰 피해를 입었지만 서원과 향약을 토대로 향촌 사회에서 영향력을 확대해 나갔다.

| **선택지 바로잡기** | ㄱ. 사림은 이조 전랑의 임명 문제 등을 둘러싸고 갈등이 일어나 동인과 서인으로 나뉘었다. ㄷ. 훈구는 조광조 등 사림 세력이 부당하게 공신이 된 일부 훈구의 공훈을 삭제하려 하자 이에 반발하였다.

04 자료의 조명 연합군, 평양성 전투 등을 통해 (가) 전쟁이 임진왜란임을 알 수 있다. 제시된 작품은 임진왜란 중에 조명 연합군이 평양성을 탈환한 평양성 전투를 그린 「평양성 탈환도」이다. 일본의 침략으로 시작된 임진왜란 초반 조선군은 계속 패하였으나 수군과 의병의 활약, 조명 연합군의 활약으로 전세를 뒤집을 수 있었다. 이후 명과 일본 사이에 휴전 협상이 전개되었다.

| **선택지 바로잡기** | ①은 정묘호란, ③, ④는 임진왜란 이후, ⑤는 임진왜란 이전의 사실이다.

수능 준비하기 ○ 39쪽

01 ② **02** ①

01 자료에서 홍문관 설치, 『국조오례의』 간행, 사림 적극 등용 등을 통해 제시된 대화가 조선 성종의 정책과 관련된 것임을 알 수 있다. 성종은 조선의 기본 법전인 『경국대전』을 완성하여 반포하였다.

| **선택지 바로잡기** | ① 신라 진흥왕은 대가야를 정복하였다. ③ 고려 광종은 불법으로 노비가 된 자를 조사하여 양인으로 풀어 주는 노비안검법을 실시하였다. ④ 신미양요 이후 흥선 대원군은 통상 수교 거부 정책을 널리 알리고자 전국 각지에 척화비를 세웠다. ⑤ 갑오개혁 이후 정부는 과거제를 폐지하고 교육 입국 조서를 반포하여 소학교, 한성 중학교, 한성 사범 학교 및 외국어 학교 등 각종 근대적 관립 학교를 세웠다.

02 자료에서 명량 대첩로, 충무공 이순신 등을 통해 (가)는 임진왜란임을 알 수 있다. 임진왜란이 일어나자 전국에서 유생, 양반, 승려들이 의병을 조직하였는데, 의병장 곽재우는 경남 의령을 거점으로 의병을 일으켜 활약하였다.

| **선택지 바로잡기** | ② 거란의 3차 침입 때 강감찬이 이끄는 고려군이 귀주에서 거란군을 격파하였다(귀주 대첩). ③ 고려 말 이성계는 요동 정벌을 위해 출병하였다가 위화도에서 회군을 단행하여 정권을 장악하였다. ④ 거란의 1차 침입 때 고려의 서희는 거란의 소손녕과 외교 담판을 벌였다. ⑤ 홍경래의 난은 조선 후기 순조 때 평안도 지역에 대한 차별과 삼정의 문란 등에 대한 저항으로 일어났다.

04 조선 후기의 새로운 흐름

1 (1) 5군영 (2) 영조 (3) 비변사   **2** (1) ○ (2) × (3) ○   **3** 환국
4 세도 정치   **5** (1) 서원 (2) 홍경래의 난   **6** (1) ○ (2) ○ (3) ×
7 (1) 당백전 (2) 사창제

01 ④	02 ③	03 ④	04 ④	05 ①	06 탕평 정치(탕평책)
07 ⑤	08 ③	09 ⑥	10 ⑤	11 ③	12 ④ 13 ①
14 ⑤	15 ②	16 ②	17 해설 참조	18 해설 참조	

01 (가)는 비변사이다. 16세기 초 임시 회의 기구로 설치한 비변사는 양 난을 거치면서 모든 업무를 총괄하는 기구로 자리 잡았다. 비변사가 국정을 총괄하면서 의정부와 6조 중심의 행정 체계가 유명무실해지고 왕권이 약화되었다.
┃ 선택지 바로잡기 ┃ ①은 한성부, ②는 3사, ③은 승정원, ⑤는 고려 도병마사, 식목도감에 대한 설명이다.

02 양 난 이후 조선의 정치 운영에서는 많은 변화가 나타났다. 중앙 정치에서는 비변사의 기능이 강화되면서 의정부와 6조 중심의 행정 체계가 유명무실해졌다. 군사 제도에서는 왜란 때 중앙군이 제 기능을 발휘하지 못하자, 정부가 군제를 개편하여 훈련도감을 새롭게 설치하였고, 이후 어영청, 총융청, 수어청, 금위영이 추가로 설치되면서 5군영의 중앙군 체제를 갖추었다. 지방군에는 양반부터 노비까지 포함된 속오군을 편성하였다.
┃ 선택지 바로잡기 ┃ ③ 조선 후기에는 비변사의 기능이 강화되어 국가 정책 전반을 논의하는 최고 기구가 되었다.

03 제시된 대화는 예송과 관련이 있다. 효종과 효종비가 죽은 후 서인과 남인은 자의 대비가 상복을 입는 기간을 두고 논쟁을 벌였는데, 이를 예송이라 한다. 현종 때 두 차례 발생한 예송을 계기로 서인과 남인 간의 갈등이 깊어졌다. 이후 숙종 때 일어난 환국으로 서인과 남인의 공존 관계가 무너지고, 집권 붕당은 상대 붕당을 철저히 탄압하였다. 예송은 현종 즉위 이후 서인과 남인이 공존하던 시기에 발생하였으므로, 제시된 대화가 이루어진 시기는 (라)이다.

04 사림은 동인과 서인으로 분화되었고, 동인은 다시 북인과 남인으로 분화되었다. 따라서 (가)는 북인, (나)는 서인이다. 숙종 때 환국이 여러 차례 일어났는데, 그 과정에서 서인은 남인에 대한 대응 문제를 놓고 노론과 소론으로 나뉘었다.
┃ 선택지 바로잡기 ┃ ①은 서인, ②는 훈구, ③은 북인, ⑤는 서인과 남인에 대한 설명이다.

05 자료에서 한쪽 사람을 임용하면 한쪽만 모두 등용시키고, 한쪽 사람을 물리치면 한쪽만 모두 물리치게 한다는 것을 통해 밑줄 친 '전하'가 숙종임을 알 수 있다. 숙종 때 서인과 남인이 번갈아 집권하는 환국이 여러 차례 발생하였다.
┃ 선택지 바로잡기 ┃ ②는 고려 인종, ③은 조선 선조, ④는 조선 중종, ⑤는 고려 의종 때의 사실이다.

06 조선 시대에 붕당의 대립으로 정치가 불안해지자, 영조와 정조는 정치 세력 간의 균형을 추구하는 탕평 정치(탕평책)를 시행하였다.

07 자료는 영조가 세운 탕평비와 비석에 새겨진 내용이다. 영조는 자신의 정책을 지지하는 탕평파를 중심으로 국정을 운영하였으며, 이조 전랑이 3사 관리와 자신의 후임자를 추천하던 관행을 없애 그 권한을 약화하였다.
┃ 선택지 바로잡기 ┃ ㄱ.『대전통편』을 편찬하여 법령을 정비한 왕은 조선 정조이다. ㄴ. 노비안검법을 실시한 왕은 고려 광종이다.

08 (가)에는 영조의 민생 안정책, (나)에는 영조가 정비한 문물제도 내용이 들어가야 한다. 영조는 민생을 안정시키고자 균역법을 시행하여 군역 부담을 덜어 주고, 가혹한 형벌을 금지하였으며, 『속대전』,『동국문헌비고』 등을 편찬하여 문물제도를 정비하였다.
┃ 선택지 바로잡기 ┃ ③ 시전 상인의 특권을 축소하여 사상들의 자유로운 상업 활동을 보장한 것은 정조의 정책이다.

09 그림은 수원 화성 축조 내용을 기록한 『화성성역의궤』의 거중기로, 밑줄 친 '이 왕'은 정조이다. 정조는 외척 세력을 억누르고 붕당에 관계없이 능력 있는 사람을 고루 등용하였다. 규장각을 설치하고 초계문신제를 실시하여 자신의 세력 기반을 강화하였으며, 친위 부대인 장용영도 설치하였다. 또한 상업 발달과 민생 안정에도 힘을 기울여 시전 상인의 특권을 축소함으로써 사상들의 자유로운 상업 활동을 보장하였고 서얼 출신 학자를 규장각 검서관으로 등용하였다.
┃ 선택지 바로잡기 ┃ ⑥ 영조는 붕당의 뿌리를 없애기 위해 산림의 공론을 인정하지 않고 그들의 근거지인 서원을 대폭 정리하였다.

10 자료에서 왕의 외척인 박종경, 서울과 지방의 재산이 모조리 그의 주머니로 들어감, 관작을 모조리 움켜쥠 등을 통해 세도 정치와 관련이 있음을 알 수 있다. 세도 정치 시기에는 세도 가문이 비변사를 비롯한 주요 관직을 독차지하면서 정치 기강이 문란해졌다.
┃ 선택지 바로잡기 ┃ ① 훈구는 15세기 세조의 즉위를 도와 정치적 실권을 장악한 세력이다. ② 서인은 광해군의 중립 외교 정책을 비판하며 인조반정을 일으켰다. ③ 신진 사대부는 고려 사회의 개혁 방법을 둘러싸고 분열하였다. 이색, 정몽주 등 온건파는 고려를 유지하면서 폐단을 고칠 것을 주장하였고, 정도전, 조준 등의 급진파는 새 왕조를 세워 개혁을 추진할 것을 주장하였다. ④ 병자호란은 조선 인조 때 일어난 전쟁으로, 세도 정치와 관련이 없다.

11 자료는 홍경래의 난 당시에 발표된 격문이다. 농민들의 생활이 어려운 가운데 정부가 평안도민을 차별하고 과도한 세금을 부과하자 몰락 양반인 홍경래의 주도 아래 농민 봉기가 일어났다.

| **선택지 바로잡기** | ①은 고려 무신 정권기에 시도된 만적의 난, ②는 임술 농민 봉기, ④는 고려 무신 정권기에 일어난 망이·망소이의 난, ⑤는 진주 농민 봉기에 대한 설명이다.

12 지도는 1862년에 전국적으로 일어난 임술 농민 봉기를 나타낸 것이다. 대규모 농민 봉기가 일어나자 세도 정권은 암행어사를 파견하여 관리들의 비리를 조사하고, 안핵사를 보내 주동자를 처벌하였다.

| **선택지 바로잡기** | ① 홍경래의 난은 1811년의 일로, 임술 농민 봉기(1862)보다 먼저 일어났다. ② 농민 봉기가 일어나자 수습책으로 삼정이정청이 설치되었다. ③은 고려의 서경 천도 운동과 관련이 있다. ⑤는 무신 정권기에 일어난 김사미·효심의 난과 관련이 있다.

13 제시된 왕들이 재위한 시기는 세도 정치 시기이다. 외척 가문이 권력을 독점한 세도 정치는 정조 사후 순조, 헌종, 철종으로 이어진 3대 60여 년 동안 이어졌다. 세도 정치 시기에는 정치 기강이 문란해지면서 과거 시험에서의 부정이 극심하였고, 돈을 주고받으며 관직을 사고파는 관직 매매가 성행하였다.

| **선택지 바로잡기** | ②는 고려 원 간섭기, ③은 선조 재위 시기, ④는 중종 재위 시기, ⑤는 현종 재위 시기의 사실이다.

14 자료에서 경복궁 중건 사업에 막대한 공사비가 소요되자 취해진 조치라는 것을 통해 (가)가 흥선 대원군이 경복궁 중건 비용을 마련하기 위해 발행하였던 당백전임을 알 수 있다. 흥선 대원군은 왕권을 강화하고자 안동 김씨를 비롯한 세도 가문의 중심인물을 몰아내고, 당파와 관계없이 인재를 고루 등용하였으며, 세도 정권이 장악했던 비변사를 혁파하고 의정부와 삼군부의 기능을 부활하여 행정권과 군사권을 나누어 맡게 하였다. 또한 민생을 안정시키고 국가 재정을 확충하고자 서원을 47개소만 남기고 없앴으며, 삼정의 문란을 바로잡기 위해 양전 사업을 실시하여 토지 대장에서 누락된 땅을 찾아 세금을 거두고, 사창제와 호포제를 실시하였다.

| **선택지 바로잡기** | ⑤ 숙종 때 정국을 주도하는 붕당을 급격히 교체하는 환국이 여러 차례 단행되었다.

15 자료에서 흥선 대원군, 선현의 제사를 받드는 것, 공자가 다시 살아난다 하더라도 용서하지 않겠다는 내용 등을 통해 서원 철폐에 대한 내용임을 알 수 있다. 서원이 지방 양반들의 세력 기반이 되어 각종 면세와 면역의 특권을 누리고 지역 농민을 가혹하게 수탈하기도 하자 흥선 대원군은 전국의 서원을 47개소만 남기고 철폐하였다. 이러한 흥선 대원군의 서원 철폐 정책으로 국가 재정이 늘고 민생이 어느 정도 안정되었다.

| **선택지 바로잡기** | ①은 당백전 발행의 결과이다. ③은 호포제 실시 결과에 해당한다. ④, ⑤는 세도 정치 시기의 모습이다.

16 자료의 민간에서 곡식을 저장해 두었다가 대여해 주는 제도라는 점, 민간에서 자치적으로 운영한다는 점 등을 통해 해당 제도는 사창제임을 알 수 있다. 19세기에 환곡의 이자가 관청의 경비로 사용되면서 환곡이 고리대처럼 운영되었고 여기에 각종 부정이 더해져 농민들의 원성이 컸다. 흥선 대원군은 이러한 환곡의 폐단을 시정하기 위해 각 지역민들이 환곡을 자율적으로 운영하도록 하는 사창제를 실시하였다.

| **선택지 바로잡기** | ①은 균역법의 내용이다. ③ 토지 대장에서 누락된 땅을 찾기 위해 양전 사업을 실시하였다. ④ 경복궁 중건 비용을 마련하기 위해 원납전을 강제로 거두었고, 고액 화폐인 당백전을 발행하였다. ⑤는 세도 정치의 문제점에 해당한다.

17 예시 답안 임술 농민 봉기, 정부는 사태 수습을 위해 암행어사와 안핵사를 파견하였고, 삼정의 문란을 해결하고자 삼정이정청을 설치하였다. 그러나 정부의 정책은 농민 봉기의 근본적인 원인을 해결하지는 못하였다.

채점 기준	
상	임술 농민 봉기를 쓰고, 임술 농민 봉기에 대한 정부의 대응을 서술한 경우
하	임술 농민 봉기만 쓴 경우

18 예시 답안 • 1단계: 자료의 정책은 호포제이다.
• 2단계: 양반에게도 군포를 부담하게 하면서 군포 면제층이 크게 감소하였다.
• 3단계: 흥선 대원군은 호포제를 실시하여 양반에게도 군포를 부과하였다. 그 결과 군포 면제층이 크게 감소하여 국가 재정이 확충되었다.

채점 기준	
상	호포제를 쓰고, 호포제 실시가 국가 재정에 끼친 영향을 서술한 경우
하	호포제만 쓴 경우

1등급 도전하기　　　　　　　　　　　　○ 48쪽
01 ③　　**02** ④　　**03** ①　　**04** ⑤

01 자료는 남인과 서인의 예송 논쟁을 나타낸 것이다. 현종 시기에 자의 대비의 상복 입는 기간을 놓고 두 차례 예송이 일어나면서 붕당 간 대립이 치열해졌다.

| **선택지 바로잡기** | ①은 16세기 초, ②는 1811년, ④는 조선 선조 시기, ⑤는 고려 성종 시기의 사실이다.

02 (가)는 탕평파, 서원 정리 등을 통해 영조 시기임을 알 수 있고, (나)는 안동 김씨 등 특정 가문이 권력을 독점하였다는 것을 통해 세도 정치 시기임을 알 수 있다. (가), (나) 시기 사이에 정조는 초계문신제를 실시하여 개혁 세력을 육성하였다.

| 선택지 바로잡기 | ①은 세종 시기, ②는 인조 시기, ③은 철종 시기, ⑤는 흥선 대원군 집권기의 사실이다.

03 (가)는 조선 후기의 왕실 학문 연구 기관이자 왕실 도서관이었던 규장각이다. 정조는 규장각을 설치하여 정책을 뒷받침하는 기구로 삼고, 서얼 출신 학자를 규장각 검서관으로 등용하였다.
| 선택지 바로잡기 | ㄷ은 의정부, ㄹ은 서원에 해당한다.

04 인물 카드에 소개된 인물은 조선 제26대 왕 고종의 아버지인 흥선 대원군이다. 흥선 대원군은 왕실의 권위를 높이고자 임진왜란 때 불탄 경복궁을 중건하였는데, 경복궁 중건 비용을 마련하기 위해 원납전이라는 기부금을 거두고, 고액 화폐인 당백전을 발행하였다.
| 선택지 바로잡기 | ①은 태종, ②는 광해군, ③, ④는 정조에 대한 설명이다. 흥선 대원군은 『대전회통』 등의 법전을 편찬하여 통치 체제를 정비하였다.

수능 준비하기 ○──── 49쪽

01 ① **02** ①

01 (가)는 동인과 서인으로 나눠지게 되었다는 것을 통해 조선 선조 시기, (나)는 탕평책, 탕평비 등을 통해 조선 영조 시기의 사실임을 알 수 있다. (가), (나) 시기 사이인 조선 숙종 때 여러 차례 환국이 일어났다.
| 선택지 바로잡기 | ②는 고려 의종, ③은 고려 우왕, ④는 백제 성왕, ⑤는 조선 순조 시기의 사실이다.

02 자료에서 왕(고종)의 아버지, 경복궁 중건 등을 통해 (가)는 흥선 대원군임을 알 수 있다. 흥선 대원군은 군정의 폐단을 고치고자 집집마다 군포를 거두는 호포제를 시행하였다.
| 선택지 바로잡기 | ②는 조선 세종 때 이종무, ③은 고려 광종, ④는 고려 공민왕, ⑤는 조선 정조에 대한 설명이다.

대단원 마무리하기 ○──── 50~53쪽

01 ①	**02** ⑤	**03** ⑤	**04** ③	**05** ④	**06** ②	**07** ③
08 ④	**09** ①	**10** ④	**11** ③	**12** ③	**13** ④	
14 현량과		**15** ②	**16** ⑤	**17** ④	**18** ②	

01 자료에서 농경과 목축의 시작, 부족 사회, 빗살무늬 토기, 갈돌과 갈판 등을 통해 (가)는 신석기 시대임을 알 수 있다. 신석기 시대 사람들은 한곳에 정착하여 농경과 목축 생활을 하였다.

| 선택지 바로잡기 | ② 8조법은 고조선의 법이다. 고조선은 청동기 시대에 성립되었다. ③ 철기 시대에 철제 농기구와 철제 무기를 사용하였다. ④ 신석기 시대는 평등 사회였다. ⑤ 구석기 시대 사람들은 이동 생활을 하면서 주로 동굴이나 바위 그늘에 거주하였다.

02 비파형 동검과 탁자식 고인돌의 분포 지역을 바탕으로 고조선의 문화 범위를 짐작할 수 있다. 따라서 지도는 고조선의 문화 범위를 보여 준다. 고조선에서는 부왕과 준왕 등의 왕이 등장하였고, 왕 아래에는 상, 대부, 장군 등의 관직을 두었다.
| 선택지 바로잡기 | ① 신라에 멸망한 국가는 가야이다. 고조선은 중국의 한에 멸망하였다. ② 고조선은 부왕, 준왕 등의 왕이 등장하여 왕위를 세습하였다. ③ 천군은 삼한의 제사장으로, 천신에 대한 제사를 주관하였다. ④ 고조선은 청동기 문화를 바탕으로 성립되었다.

03 자료에서 연노부·절노부·순노부·관노부·계루부의 다섯 집단이 있었다는 점, 대가들도 사자·조의·선인을 둔 점, 제가들이 모여 회의하였다는 내용 등을 통해 해당 국가가 고구려임을 알 수 있다. 고구려는 계루부, 연노부 등의 집단이 5부 연맹을 이루어 성장하였으며, 점차 왕권을 강화하여 중앙 집권적 고대 국가로 발전하였다.
| 선택지 바로잡기 | ①은 삼한, ②는 백제, ③은 부여, ④는 신라에 해당한다.

04 지도는 6세기 진흥왕이 신라를 통치한 시기에 해당한다. 신라 진흥왕은 영토를 확장하여 한강 유역을 모두 장악하고 북쪽으로 함흥평야까지 진출하였다. 그리고 북한산을 비롯한 점령지 곳곳에 순수비 등을 세워 영토 확장을 기념하였다.
| 선택지 바로잡기 | ① 4세기 백제 근초고왕이 고구려의 평양성을 공격하였다. ② 5세기 고구려 장수왕이 남진 정책을 펼쳐 평양으로 수도를 옮겼다. ④ 4세기 신라 내물왕이 왕호를 이사금에서 마립간으로 바꾸었다. ⑤ 1세기 후반 고구려 태조왕이 옥저를 정복하고 요동(랴오둥) 지역으로 진출을 꾀하였다.

05 자료에서 대조영이 고구려 유민과 말갈인을 이끌고 건국하였다는 내용을 통해 (가)는 발해임을 알 수 있다. 발해는 대조영의 뒤를 이은 무왕 때 산둥 지방을 공격하여 당을 압박하였다. 이후 문왕 때는 당과 우호적인 외교 관계를 맺었으며, 9세기 선왕 때 최대 영토를 확보하며 전성기를 맞이하였다. 한편, 발해는 중앙 정치 조직을 당의 3성 6부제를 수용하여 정비하되 실정에 맞게 운영하였으며, 지방 행정은 5경 15부 62주로 정비하고, 도독과 자사 등의 관리를 파견하였다.
| 선택지 바로잡기 | ④ 나당 연합군의 공격을 받아 멸망한 국가는 백제와 고구려이다.

06 자료의 (가)에는 광종의 왕권 강화 정책 내용이 들어가야 한다. 광종은 과거제를 실시하여 신진 세력을 등용하고 관리의 공복을 제정하였다. 또한 황제를 칭하고 독자적 연호를 사용하였으며, 노비안검법을 실시하여 호족과 공신들의 경제력을 약화하였다.

│ 선택지 바로잡기 │ ① 고려 성종은 팔관회 등 불교 행사를 억제하였다. ③ 전시과는 고려 경종 때 처음 마련되었다. ④, ⑤는 고려 태조의 정책이다.

07 자료는 최승로의 시무 28조이다. 고려 성종은 최승로의 시무 28조를 수용하여 통치 체제를 정비하였는데, 그중 7조의 건의를 받아들여 지방에 12목을 설치하고 지방관을 파견하였다.
│ 선택지 바로잡기 │ ① 교정도감은 고려 무신 정권기 최충헌이 설치한 것이다. ② 백제 성왕이 웅진에서 사비로 수도를 옮겼다. ④ 통일 신라 시대에 지방 행정의 요충지에 5소경을 설치하였다. ⑤ 신라 진흥왕이 화랑도를 국가적인 조직으로 개편하여 인재를 양성하였다.

08 (가)는 이자겸이다. 고려 경원 이씨 가문의 이자겸은 딸들을 왕에게 시집보내며 권력을 독점한 대표적인 문벌이다.
│ 선택지 바로잡기 │ ①은 이성계, ②는 묘청 등 서경 세력, ③은 원 간섭기 권문세족, ⑤는 최충헌에 대한 설명이다.

09 (가)는 최충헌이다. 무신 정권기 중 최씨 정권이 수립된 최충헌 집권기에는 교정도감이 최고 정책 결정 기구로 작동하였으며, 사노비인 만적이 신분 해방 운동을 시도하기도 하였다.
│ 선택지 바로잡기 │ ㄷ, ㄹ은 최우에 대한 설명이다.

10 자료는 자녀들이 뽑혀서 서쪽(원)으로 간다는 내용을 통해 공녀 징발에 대한 내용임을 알 수 있다. 따라서 이 시기는 원 간섭기이다. 원 간섭기에는 고려가 몽골(원)의 부마국으로 전락하여 왕실의 호칭과 관제가 격하되었다. 원은 조공이라는 명목으로 고려에서 공녀와 환관을 뽑아 갔고 금, 은, 인삼, 매 등의 특산물도 거두어 갔다. 또한 화주에 쌍성총관부를 설치하고 이 지역을 직접 지배하였으며, 정동행성을 통해 고려의 내정을 간섭하였다.
│ 선택지 바로잡기 │ ④는 무신 정권기의 일이다.

11 자료에서 기철 등 친원 세력을 제거하고, 정동행성이문소를 철폐하였다는 내용을 통해 밑줄 친 '국왕'이 공민왕임을 알 수 있다. 공민왕은 쌍성총관부를 공격하여 철령 이북의 땅을 회복하였다.
│ 선택지 바로잡기 │ ① 고려 광종이 과거제를 도입하였다. ② 공민왕은 승려 신돈을 등용하여 전민변정도감을 설치하고 개혁을 맡겼다. ④ 최충헌이 이의민을 제거하고 권력을 차지하였다. ⑤ 고려 광종이 준풍 등 독자적인 연호를 사용하였다.

12 도표는 왕 아래 의정부와 6조 중심으로 구성된 점, 승정원과 의금부, 3사가 설치된 점 등을 통해 조선의 중앙 행정 조직을 나타낸 것임을 알 수 있다. 조선은 전국을 8도로 나누고 각 도에 관찰사를 파견하였으며, 도 아래의 모든 군현에 지방관을 파견하였다.
│ 선택지 바로잡기 │ ① 통일 신라는 지방 행정의 요충지에 5소경을 설치하였다. ② 고려는 중앙군을 국왕의 친위 부대인 2군과 수도와 국경을 방어하는 6위로 편성하였다. ④ 고려는 일반 행정 구역인 5도에 안찰사를 보내 행정을 살폈다. ⑤ 조선 시대에는 특수 행정 구역이었던 향·부곡·소를 일반 군현으로 승격하거나 주변 군현에 통합하였다.

13 자료에서 정몽주, 길재 등의 학통을 이어받음, 왕도 정치를 추구함, 향촌 자치를 강조함 등을 통해 밑줄 친 '이들'이 사림임을 알 수 있다. 사림은 주로 3사에 임명되어 훈구의 비리를 비판하였는데, 그로 인해 훈구 세력이 「조의제문」을 문제 삼아 일으킨 사화(무오사화)로 피해를 입기도 하였다. 이후 여러 차례의 사화로 타격을 입은 사림은 지방에서 서원과 향약을 바탕으로 세력을 확장하였고, 선조 때 정치의 주도권을 장악하였다. 이후 사림은 외척 정치의 잔재 청산 문제와 이조 전랑의 임명 문제를 두고 대립하다가, 동인과 서인으로 갈라졌다.
│ 선택지 바로잡기 │ ④는 훈구에 대한 설명이다.

14 조선 중종 때 조광조의 건의로 학문과 덕행이 뛰어난 인재를 추천받아 관리로 등용하는 현량과를 실시하였다.

15 자료에서 의병장 곽재우 등을 통해 밑줄 친 '전쟁'이 임진왜란임을 알 수 있다. 임진왜란 초기 열세였던 조선은 이순신이 이끄는 수군이 한산도 대첩에서 승리하는 등 남해 해상권을 장악하고, 육지에서는 의병의 활약으로 역전의 발판을 마련하였다. 반격에 나선 조명 연합군이 평양성을 탈환한 후, 명과 일본은 휴전 협상을 벌였으나 3년에 걸친 협상은 결렬되고, 일본군이 조선을 다시 침입하였다. 한편, 왜란 이후 중국에서는 명이 약화된 틈을 타 여진이 급속히 성장하였다.
│ 선택지 바로잡기 │ ② 인조는 병자호란이 일어나자 남한산성으로 피란하여 청에 항전하였으나, 결국 항복하였다.

16 도표의 (가)는 현종이다. 현종 때 효종의 계비인 자의 대비의 상복 입는 기간을 놓고 서인과 남인이 대립하여 두 차례 예송이 일어났다.
│ 선택지 바로잡기 │ ①은 조선 성종, ②, ③은 조선 숙종, ④는 조선 영조 시기의 사실이다.

17 (가)에는 고려와 조선 정부의 민생 안정책과 관련이 있는 내용이 들어가야 한다. 고려의 태조 왕건은 계속된 전쟁으로 생활이 어려워진 백성을 위해 호족의 지나친 세금 징수를 금지하였고, 공민왕은 전민변정도감을 설치하여 권문세족이 불법으로 빼앗은 토지를 본래의 주인에게 돌려주고 강제로 노비가 된 사람을 양민으로 해방하였다. 조선의 광해군은 대동법을 실시하여 농민의 생활 안정을 도모하고 국가 재정을 확충하였으며, 영조는 균역법을 시행하여 군역 부담을 덜어 주고, 가혹한 형벌을 금지하였다.
│ 선택지 바로잡기 │ ④ 흥선 대원군 집권기에 경복궁 중건을 위해 토목 공사에 백성을 무리하게 동원하면서 백성들의 불만을 샀다. 흥선 대원군이 실시한 민생 안정책으로는 서원 철폐, 호포제 실시 등이 있다.

18 고종의 아버지라는 내용을 통해 (가)는 흥선 대원군임을 알 수 있다. 흥선 대원군은 의정부와 삼군부의 기능을 부활하여 행정권과 군사권을 각각 나누어 맡게 하여 권력 독점을 견제하였다.
│ 선택지 바로잡기 │ ①은 영조, ③은 세도 가문, ④는 인조, ⑤는 정조에 대한 설명이다.

Ⅱ 근대 이전 한국사의 탐구

01 국제 관계와 대외 교류

개념 확인하기
57, 59쪽

1 (1) ○ (2) ○ (3) ✕   2 (1) 벽란도 (2) 강조의 정변   3 (1) ㄷ (2) ㄹ
(3) ㄱ (4) ㄴ   4 (1) ○ (2) ✕ (3) ○   5 (1) ㄷ (2) ㄴ (3) ㄱ
6 (1) 북벌론 (2) 통신사 (3) 홍건적 (4) 삼별초

실력 다지기
60~63쪽

01 ④	02 ③	03 ④	04 ⑤	05 ②	06 ②	07 ①
08 ④	09 ③	10 ⑥	11 ⑤	12 ⑤	13 ③	14 ③
15 ①	16 해설 참조	17 해설 참조				

01 자료는 광개토 대왕릉비의 내용이다. 여기에는 광개토 대왕이 추모왕의 후손, 즉 천손이라는 의식이 담겨 있으며 영락이라는 독자적 연호가 사용된 사실이 쓰여 있다.

| **선택지 바로잡기** | ① 신라가 당과 연합하여 백제와 고구려를 멸망시키고, 이어 당군을 몰아내고 삼국을 통일하였다. ② 고구려 장수왕은 남진 정책을 펼쳐 평양으로 수도를 옮겼다. ③ 고구려는 살수에서 수의 군대를 물리쳤고, 이어 안시성에서 당군을 격퇴하였다. ⑤ 4~6세기 고구려, 백제, 신라는 한강 유역을 차지하기 위해 경쟁하였다.

02 (가)에는 살수 대첩(612) 이후부터 나당 연합군의 공격으로 고구려가 멸망(668)하기 이전까지의 내용이 들어가야 한다. 612년 을지문덕이 이끄는 고구려군이 살수에서 수군을 물리쳤다. 수의 뒤를 이어 당이 고구려를 침략하여 여러 성을 무너뜨렸으나, 645년 안시성에서 성주와 백성이 저항하여 당군을 격퇴하였다. 이후 고구려는 668년 나당 연합군의 공격을 받아 평양성이 함락되면서 멸망하였다. 고구려를 멸망시킨 당은 고구려의 옛 땅에 안동도호부를 두었다.

| **선택지 바로잡기** | ①은 4세기 고구려 미천왕 시기, ②, ④는 5세기 고구려 장수왕 시기, ⑤는 4세기 말 고구려 광개토 대왕 시기의 사실이다.

03 자료에서 대조영이 동모산에 성을 쌓고 (가)를 세웠다는 것과 남쪽으로 (나)와 서로 접하고 있다는 것을 통해 (가)는 발해, (나)는 통일 신라임을 알 수 있다. 통일 신라는 당항성과 사포(울산)를 무역의 거점으로 삼았으며, 발해는 신라와 교통로를 이용하여 교류하였다(ㄴ). 통일 신라와 발해는 당에 많은 유학생, 승려, 상인 등을 보내 교류하였다(ㄹ).

| **선택지 바로잡기** | ㄱ. 통일 신라 시기 당항성과 수도 인근의 사포(울산)가 무역의 거점으로 번성하였다. ㄷ. 당은 산둥반도의 등주에 발해관을 설치하여 발해인이 이용하도록 하였다.

04 (가)에는 장보고를 정답으로 하는 퀴즈 질문 내용이 들어가야 한다. 통일 신라 시기 장보고는 완도에 청해진을 설치하여 신라와 당, 일본을 연결하는 해상 무역의 거점으로 삼았다.

| **선택지 바로잡기** | ① 묘청 등 서경 세력은 서경 천도를 추진하였다. ② 신라 말 웅천주(웅주) 도독 김헌창이 자신의 아버지 김주원이 신라의 왕이 되지 못한 것에 불만을 품고 반란을 일으켰다. ③ 최승로는 고려 성종에게 시무 28조를 건의하였다. ④ 최우는 자신의 집에 인사를 담당하는 정방을 설치하여 인사권을 장악하였다.

05 고려 국왕은 중국 황제와 동등하게 12개의 줄이 있는 면류관과 12개의 문장이 있는 곤복을 입고 제사를 지냈다는 내용을 통해 고려 국왕의 복식에 나타난 천하 의식을 알 수 있다. 이처럼 고려는 내부적으로 황제국의 체제를 갖추고 중국과는 구별되는 독자적 세계인 '해동 천하'를 형성하였다.

| **선택지 바로잡기** | ① 고려 태조 왕건은 후백제에서 내분이 일어나 견훤이 고려에 귀순해 오고 신라가 통합을 요청하자, 후백제를 정벌하고 후삼국을 통일하였다. ③은 고려 성종이 유교 이념을 바탕으로 중앙 관제를 정비한 것과 관련이 있다. ④는 고려 태조의 북진 정책과 관련이 있다. ⑤는 고구려·백제·신라의 고대 국가와 관련이 있다.

06 제시된 가상 신문은 거란의 1차 침입과 관련된 내용이다. 거란의 1차 침입 당시 고려의 서희는 거란의 소손녕과 협상을 벌여 강동 6주를 확보하였다.

| **선택지 바로잡기** | ① 발해는 국력이 약해진 상황에서 926년 거란에 멸망하였다. ③ 고려는 여진으로부터 동북 9성을 획득하였다가 후에 반환하였다. ④ 고려와 거란이 귀주에서 벌인 전투는 귀주 대첩으로, 거란의 3차 침입 때 일어난 일이다. ⑤ 신기군, 신보군, 항마군으로 편성한 별무반은 여진의 침입에 대비해 만들어졌다.

07 자료에서 거란군이 귀주를 통과하자 강감찬 등이 동쪽 교외에서 맞아 싸웠다는 내용을 통해 이 전투가 귀주 대첩(1019)임을 알 수 있다. 거란은 고려에 세 차례에 걸쳐 침입하였는데, 1차 침입 당시 서희는 거란의 소손녕과 회담하여 송과의 관계를 끊고 거란과 교류하기로 약속하였다. 그 대가로 고려는 강동 6주를 확보하였다. 이후 거란의 3차 침입 당시 강감찬이 이끄는 고려군이 귀주에서 거란군을 격파하였다(귀주 대첩, 1019).

08 그림은 「척경입비도」로, 윤관이 동북 9성을 쌓은 뒤 고려의 영토임을 알리는 비석을 세우는 모습이 그려져 있다. 12세기 초 강성해진 여진이 고려의 국경을 침범하자, 고려 정부는 윤관의 건의로 별무반을 편성하였다. 이후 윤관은 별무반을 이끌고 여진을 정벌한 후 천리장성 밖 동북 지역에 9개의 성을 쌓았다.

| **선택지 바로잡기** | ① 조선 세종 때 이종무를 보내 쓰시마섬을 토벌하고 일본과의 교역을 중단하였다. ② 최충헌은 교정도감을 설치하여 주요 정책을 결정하였다. ③ 공민왕은 쌍성총관부를 공격하여 영토를 수복하였다. ⑤ 고려 인종 때 이자겸은 척준경 등과 함께 반란을 일으켜 스스로 왕이 되려 하였다.

09 (가)는 여진(금)이다. 12세기 초 세력이 강성해진 여진이 고려의 국경을 침범하자, 윤관은 별무반을 이끌고 여진을 정벌하여 천리장성 밖 동북 지역에 9개의 성을 쌓았다. 그러나 여진의 거듭된 반환 요구와 방어의 어려움으로 고려는 9성을 여진에게 돌려주었다.

│ 선택지 바로잡기 │ ① 원 간섭기 고려는 원의 요구로 공녀와 환관을 뽑아 원에 보냈다. ② 9서당은 통일 신라의 중앙군이다. ④ 거란을 멸망시킨 금(여진)이 고려에 군신 관계를 요구하자, 당시 집권자였던 이자겸 등이 자신의 지위를 유지하고자 이를 받아들였다. ⑤는 조선과 청의 관계에 해당한다.

10 자료는 충주성 전투의 내용으로, 13세기 고려가 몽골과 항쟁을 벌이는 중에 일어났다. 따라서 (가)는 몽골(원)이다. 13세기 고려는 몽골과의 장기 항전을 위해 강화도로 천도하였으나, 결국 몽골과 강화를 맺고 개경으로 환도하였다. 개경 환도에 반발한 삼별초는 항쟁을 이어갔으나 고려와 몽골의 연합군에게 진압되었다. 몽골(원)과 강화를 맺은 이후 원은 일본 원정에 고려군을 동원하였고, 고려 국왕이 원 공주와 혼인하면서 고려가 원의 부마국으로 전락하였다.

│ 선택지 바로잡기 │ ⑥ 고려는 11세기 거란의 3차 침입 이후 거란, 여진 등 북방 민족의 침입을 방어하고자 천리장성을 축조하였다.

11 삼별초는 고려 정부가 몽골과 강화를 맺고 개경으로 환도하자, 이에 반대하여 강화도에서 봉기하였다. 이후 진도와 제주도로 근거지를 옮겨 가며 저항하였으나, 고려 정부와 몽골의 연합군에게 진압되었다.

│ 선택지 바로잡기 │ ① 삼별초는 몽골과의 강화에 반대하였다. ②는 주진군에 대한 설명이다. 고려의 지방군은 5도에 주둔하는 주현군과 양계 지역을 지키는 주진군으로 편성되었다. ③ 묘청 등 서경 세력은 서경 천도를 추진하며 황제 칭호와 연호를 사용하고, 금을 정벌하자고 주장하였다. ④ 고려 말 홍건적과 왜구가 고려에 자주 침입하였고, 이들을 격퇴하는 과정에서 최영, 이성계 등의 신흥 무인 세력이 성장하였다.

12 조선은 사대교린의 원칙을 바탕에 두고 명과는 사대 외교를 전개하고, 여진·일본과는 교린 관계를 맺어 교류하였다.

│ 선택지 바로잡기 │ ⑤ 4군 6진 개척은 여진에 대한 강경책이었다. 세종 때 국경 주변의 여진을 몰아내고 압록강 지역에 4군을, 두만강 지역에 6진을 개척하였다.

13 지도에 표시된 지역은 세종 때 개척한 4군 6진이다. 조선 전기에 여진의 약탈이 계속되자 세종 때 여진을 내몰고 압록강 지역에 최윤덕을 파견하여 4군을 설치하고, 두만강 지역에 김종서를 파견하여 6진을 개척하였다. 조선은 4군 6진에 남부 지방의 주민을 이주시키는 사민 정책을 실시하였다.

│ 선택지 바로잡기 │ ①은 요동 지방, ②는 쓰시마섬(대마도), ④는 한성~에도, ⑤는 부산포, 제포(창원), 염포(울산)의 3포에 해당한다.

14 왜란 이후 에도 막부의 국교 재개 요청에 따라 사절단이 파견된 점, 시각 자료가 통신사 행렬도인 점을 통해 제시된 다큐멘터리 기획안은 조선에서 파견한 통신사와 관련이 있음을 알 수 있다. 통신사는 학문과 사상, 기술, 예술 등 발달된 조선 문화를 일본에 전하였다.

│ 선택지 바로잡기 │ ①은 조선 전기 명에 대한 사대 외교와 관련이 있다. ② 3포 개항은 임진왜란 이전의 일이다. 조선 세종 때 부산포, 제포(창원), 염포(울산)의 3포를 개방하여 일본과의 제한적 교역을 허용하였다. ④ 별무반은 고려에서 여진 정벌을 위해 조직하였다. ⑤ 병자호란으로 청과 굴욕적인 강화를 맺은 이후 청을 정벌하자는 북벌론이 제기되었다.

15 자료에서 청의 발전된 문물을 배우자는 주장이라는 것을 통해 질문은 북학론에 대한 것임을 알 수 있다. 청에 다녀온 연행사 사신들이 청의 문물을 국내에 소개하는 과정에서 조선인들의 대외 인식에도 변화가 나타나 18세기경에는 청의 문물을 적극 수용해야 한다는 북학론이 제기되었다.

│ 선택지 바로잡기 │ ②는 북벌 운동에 대한 설명이다. ③ 문벌 사회는 고려 전기에 통치 체제가 안정되면서 형성되었으나, 특권층인 문벌이 점차 보수화되는 과정에서 이자겸의 난 등이 일어났다. ④는 성리학에 대한 설명이다. ⑤ 14세기 중반 원이 쇠퇴하자 고려 공민왕이 반원 자주 정책을 펼쳤다.

16 **예시 답안** 고려가 송과 친선 관계를 유지하자 거란이 고려를 침략하였다. 이때 고려의 서희는 거란의 장수 소손녕과 회담을 하여 송과 관계를 끊고 거란과 교류하기로 약속하고 그 대가로 강동 6주를 획득하였다.

채점 기준	
상	서희와 소손녕의 회담 배경과 결과를 모두 서술한 경우
하	서희와 소손녕의 회담 배경과 결과 중 한 가지만 쓴 경우

17 **예시 답안** • 1단계: (가)는 북벌론, (나)는 북학론이다.
• 2단계: 북벌론은 오랑캐(청)에게 당한 치욕을 씻자는 주장이고, 북학론은 청의 발전된 문물을 수용하자는 주장이다.
• 3단계: (가)는 북벌론, (나)는 북학론이다. (가) 북벌론은 오랑캐(청)에게 당한 치욕을 씻자는 주장이고, (나) 북학론은 청의 발전된 문물을 수용하자는 주장이다.

채점 기준	
상	북벌론과 북학론을 쓰고, 두 주장을 비교하여 서술한 경우
중	북벌론과 북학론을 쓰고, 두 주장 중 한 가지만 서술한 경우
하	북벌론과 북학론만 쓴 경우

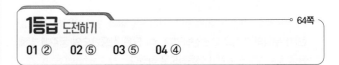

1등급 도전하기 ○ 64쪽

01 ② 02 ⑤ 03 ⑤ 04 ④

01 자료에서 청해진을 거점으로 당, 신라, 일본을 잇는 해상 무역권을 장악하였다는 것을 통해 밑줄 친 '그'가 장보고임을 알 수 있다. 장보고는 통일 신라 시기에 활동한 인물이다. 이 시기에 통일 신라와 발해는 당과 활발하게 교류하였는데, 산둥반도 등지에 신라인의 거주지인 신라방과 신라촌이 들어섰고, 발해 사신이 머무르는 숙소인 발해관이 설치되기도 하였다.

│ **선택지 바로잡기** │ ② 고려 시대에 예성강 하구의 벽란도가 송, 일본, 아라비아 상인들이 드나드는 국제 무역항으로 번성하였다.

02 (가)는 거란의 1차 침입 때 서희가 거란의 소손녕과 회담하여 획득한 강동 6주이다.

│ **선택지 바로잡기** │ ① 별무반은 여진을 정벌하는 과정에서 활약하였다. ② 통일 신라는 지방 중심지에 5소경을 설치하여 수도가 동남쪽에 치우친 것을 보완하였다. ③ 고려는 일반 행정 구역인 5도에 안찰사를 파견하였다. ④ 신라가 매소성 전투와 기벌포 전투에서 당에 승리하며 삼국을 통일하였다.

03 왼쪽 글은 강조의 정변, 오른쪽 글은 천리장성 축조와 관련이 있다. 거란은 강조의 정변을 구실로 고려에 2차 침입하였다. 이후 거란의 3차 침입 때 강감찬이 이끄는 고려군이 귀주에서 거란군을 격파하였다. 거란을 물리친 고려는 천리장성을 쌓아 북방 민족의 침입에 대비하였다.

│ **선택지 바로잡기** │ ①, ③은 삼국 시대, ②는 조선 후기, ④는 조선 전기의 일이다.

04 진실로 법이 훌륭하고 제도가 아름답다면 오랑캐에게라도 나아가 배워야 하는 법이다라는 내용을 통해 (가)는 북학론, 오랑캐는 임금과 아버지의 큰 원수이니 차마 같은 하늘 아래 살 수 없다는 내용을 통해 (나)는 북벌론임을 알 수 있다. 병자호란 이후 청에 인질로 끌려갔다가 돌아온 효종은 송시열 등을 중심으로 북벌론을 내세우며 북벌을 준비하였다.

│ **선택지 바로잡기** │ ①은 북벌론, ②는 조광조의 개혁 정치, ③은 북학론에 대한 설명이다. ⑤ 사림이 이조 전랑의 임명 문제 등으로 대립하다가 동인과 서인으로 나뉘어졌다.

수능 준비하기 ───○ 65쪽

01 ① **02** ③

01 거란군이 귀주를 지날 때 강감찬 등이 크게 격파함 등을 통해 (가)는 귀주 대첩(1019), 몽골 원수 살리타가 철주를 공격함 등을 통해 (나)는 몽골의 침입(1231)에 대한 내용임을 알 수 있다. (가), (나) 시기 사이인 1104년 고려 숙종 때 윤관이 여진 정벌을 위해 별무반을 편성하였다.

│ **선택지 바로잡기** │ ②는 1388년, ③은 1811년의 일로, (나) 이후에 해당한다. ④는 통일 신라 시기, ⑤는 612년의 일로, (가) 이전에 해당한다.

02 (가)에는 조선 전기의 국제 관계 내용이 들어가야 한다. 조선 전기 세종 때 이종무를 보내 왜구의 근거지였던 쓰시마섬(대마도)을 토벌하였다.

│ **선택지 바로잡기** │ ① 신라는 지증왕 때 우산국을 정벌하여 복속시켰다. ② 고구려는 수와 당의 침공을 막아 냈다. ④ 고려 공민왕은 쌍성총관부를 공격하여 영토를 회복하였다. ⑤ 고려는 윤관의 건의에 따라 별무반을 편성하여 북방의 여진을 토벌하였다.

02 수취 체제와 경제생활

개념 확인하기 ───── 67, 69쪽

1 우경 **2** 신라 촌락 문서 **3** (1) 관료전 (2) 정전 (3) 현직 (4) 역분전 **4** (1) ○ (2) ○ (3) × **5** 직전법 **6** (1) ㄱ (2) ㄷ (3) ㄴ **7** 선대제 **8** (1) ○ (2) × (3) ○ (4) ×

실력 다지기 ───○ 70~73쪽

01 ③ **02** ⑤ **03** ④ **04** 전시과 **05** ⑤ **06** ② **07** ③
08 ⑤ **09** ③ **10** ⑤ **11** ③ **12** ① **13** ⑦ **14** ④
15 ⑦ **16** 해설 참조 **17** 해설 참조

01 자료의 (가)에는 통일 신라의 경제생활, (나)에는 발해의 경제생활과 관련이 있는 주제가 들어가야 한다. ③ 통일 신라 시기 금성(경주)에 서시와 남시가 추가로 개설되었으며, 이를 관장하는 관청인 서시전과 남시전도 설치되었다.

│ **선택지 바로잡기** │ ①, ②는 발해, ④, ⑤는 고려의 경제생활과 관련이 있다.

02 밑줄 친 '이 문서'는 신라 촌락 문서이다. 신라 촌락 문서에는 사해점촌·살하지촌을 비롯한 4개 촌락의 이름, 각 촌락의 둘레, 호구 수, 말과 소의 수, 토지의 종류와 면적, 뽕나무·잣나무·가래나무의 수 등이 상세히 기록되어 있다. 인구는 남녀별로 연령에 따라 6등급으로 파악하였고, 가호는 9등급으로 구분하여 파악하였다. 신라 촌락 문서는 세금을 수취하기 위한 기초 자료로 작성된 것이다.

03 (가) 관료전이 지급되면서 관리들은 수조권만 갖게 되었다(ㄴ). (나) 녹읍의 폐지로 귀족들이 백성들의 노동력을 징발할 수 없어 백성에 대한 귀족의 지배력이 약화되었다(ㄹ).

│ **선택지 바로잡기** │ 신문왕 때 관료전을 지급하고, 녹읍을 폐지한 결과, 왕권이 강화되고(ㄱ), 귀족들의 경제 기반이 약화되었다(ㄷ).

04 고려는 관리나 직역 담당자를 대상으로 등급에 따라 전지와 시지를 지급하는 전시과를 실시하였다.

05 전시과를 시행한 국가는 고려이다. 고려 시대에 상업이 발달하면서 상품을 원활하게 유통하고자 숙종 때 해동통보, 삼한통보 등의 동전을 주조하였다.

│ **선택지 바로잡기** │ ① 조선 전기 세종 때 전분6등법과 연분9등법의 공법이 실시되었다. ② 조선 후기에 농민들은 인삼, 담배 등 상품 작물을 재배하였다. ③ 조선 후기에 모내기로 노동력을 덜게 된 일부 농민은 경작지를 늘려 광작을 하였고, 이를 통해 곡물 수확량이 크게 늘면서 부농으로 성장하였다. ④ 통일 신라에서 당항성과 사포가 국제 무역항으로 번성하였다.

06 제시된 대화에서 전시와 시지를 지급하였다는 것을 통해 이 토지 제도가 전시과임을 알 수 있다. 전시과는 관리나 직역 담당자에게 관직 복무의 대가로 전지와 시지를 나누어 주고 수조권을 행사하도록 한 제도로, 고려 경종 때 시정 전시과가 처음 마련되었다.

│ **선택지 바로잡기** │ ㄴ, ㄹ. 고려 말에 마련된 과전법은 경기도 지역에 한해 토지의 수조권을 지급하였다. 과전은 받은 사람이 죽으면 국가에 반납하는 것이 원칙이었으나 수신전, 휼양전은 세습이 가능하였다.

07 자료는 고려의 토지 제도 변천을 보여 주는 것으로, (가)는 경정 전시과(문종)이다. 고려 문종 때 나누어 줄 수 있는 토지가 부족해지자 경정 전시과를 실시하여 현직 관리에게만 토지를 지급하도록 조정하였다.

│ **선택지 바로잡기** │ ①, ④는 조선 시대에 해당한다. ② 고려 경종 때 시정 전시과를 제정하여 관품과 인품을 기준으로 전·현직 관리에게 토지를 지급하였다. ⑤ 고려 태조는 후삼국 통일에 공을 세운 신하에게 공로에 따라 역분전을 지급하였다.

08 자료의 활구(은병)는 고려 시대의 화폐이다. 고려 시대에는 특수 행정 구역인 소가 존재하였는데, 이곳에 수공업자들이 소속되어 관청에서 필요한 물품을 생산하였다.

│ **선택지 바로잡기** │ ① 조선 후기에 대동법의 실시로 국가에 필요한 물품을 조달하는 어용상인인 공인이 성장하였다. ② 조선 후기에 청과의 무역에서 은의 수요가 늘어나자 은광 개발이 활발해졌고, 덕대라는 전문 경영인이 민간 광산을 운영하였다. ③ 조선 후기에 사무역이 활발해지면서 경강상인, 만상, 송상 등의 사상(私商)들이 활동하였다. ④ 조선 후기에 전국에 장시가 활성화되었으며, 일부 농민은 인삼, 담배, 채소 등 상품 작물을 재배하여 재산을 늘렸다.

09 고려 시대에는 시비법의 발달로 휴경지가 줄어들었다(ㄴ). 조선 전기 세종 때 우리나라 풍토에 맞는 농사법을 정리한 『농사직설』을 간행하였다(ㄷ).

│ **선택지 바로잡기** │ ㄱ. 고려 후기에 소를 이용한 깊이갈이가 일반화되었다. ㄹ. 고려 말 남부 일부 지역에서 모내기를 실시하였다.

10 자료에서 18세기 말 정조 때 실시한 경제 정책, 육의전을 제외한 모든 시전의 금난전권을 폐지함 등을 통해 이 정책이 통공 정책임을 알 수 있다. 통공 정책으로 사상의 상업 활동이 더욱 자유로워졌고, 이들 중 일부는 특정 물품을 대량으로 거래하며 독점적 도매상인인 도고로 성장하였다.

│ **선택지 바로잡기** │ ①은 대동법 실시 결과에 해당한다. ②는 통일 신라 시기, ③은 조선 후기 영조 시기, ④는 조선 전기의 사실이다.

11 지도는 조선 후기의 상업과 무역 활동을 보여 준다. 대동법 실시 이후 공인의 성장으로 상업과 수공업이 발달하였고, 전국에 장시가 활성화되었다. 보부상은 여러 장시를 이동하며 상품을 판매하여, 각 장시를 하나의 유통망으로 묶었다. 한편, 조선 후기에 수공업에서는 상인 자본의 지원을 받아 제품을 만드는 선대제가 활발해졌고, 광업에서는 덕대라는 전문 경영인이 상인 물주로부터 자본을 조달받아 민간 광산을 운영하였다.

│ **선택지 바로잡기** │ ③ 전민변정도감을 설치한 것은 고려 공민왕 때의 사실이다. 공민왕은 신돈을 등용하여 전민변정도감을 설치하고 개혁을 추진하였다.

12 자료에서 10여 만의 민호로 50만의 양역을 감당해야 함, 백골징포, 황구첨정의 폐단이 생겨남 등을 통해 군역의 폐단과 관련된 내용임을 알 수 있다. 왜란 이후 군역은 군대에 복무하는 대신 군포를 납부하는 방식으로 바뀌어 갔다. 그러나 군적이 제대로 정비되지 않고 징수 기관도 통일되지 않아 이중 삼중으로 군포를 부담하는 경우가 많았다. 이러한 군역의 폐단을 바로잡기 위해 영조 때 균역법을 실시하여 농민의 군포 부담을 1필로 줄여 주었다.

│ **선택지 바로잡기** │ ② 영조와 정조는 정치 세력 간의 균형을 잡기 위해 탕평책을 실시하였다. ③ 태종과 세조는 6조 직계제를 실시하여 6조가 의정부를 거치지 않고 왕에게 직접 업무를 보고하게 하였다. ④ 숙종 때 집권 붕당이 급격히 교체되는 환국이 여러 차례 일어났고, 그 결과 붕당 사이의 공존 원리가 붕괴되고 특정 붕당이 권력을 독점하는 경향이 나타났다. ⑤ 세종 때 체계적인 조세 제도를 마련하고자 전분6등법과 연분9등법의 공법을 시행하였다.

13 자료에서 토호들만 싫어할 뿐, 백성들은 모두 기뻐한다는 것을 통해 (가) 제도가 대동법임을 알 수 있다. 대동법은 집집마다 토산물로 부과하던 공물을 토지 결 수에 따라 쌀, 무명이나 베, 동전 등으로 거두는 제도였다. 광해군 때 경기도에 처음 실시되었으며, 많은 토지를 소유한 지주의 반대로 전국적으로 시행되는 데 100여 년이 걸렸다. 대동법 실시로 나라에 필요한 물품을 공급하는 공인이 등장하였으며, 공인의 성장은 상품 화폐 경제의 발달을 촉진하였다.

│ **선택지 바로잡기** │ ⑦ 풍흉에 관계없이 토지 1결당 쌀 4~6두를 거두는 것은 인조 때 시행된 영정법이다. 영정법으로 토지를 소유한 지주들의 부담은 줄었으나 농민들은 각종 부가세를 내면서 부담이 커지기도 하였다.

14 (가)는 조선 후기에 전국적으로 확산한 모내기법(이앙법)이다. 모내기법의 실시로 잡초 제거에 드는 노동력이 절약되었고, 벼와 보리의 이모작과 광작이 가능해지면서 곡물 수확량이 크게 늘었다. 이에 쌀의 상품화가 촉진되었고, 밭을 논으로 바꾸는 현상이 나타났다.

| 선택지 바로잡기 | ④ 모내기법의 확산으로 광작이 가능해지면서 일부 농민은 부농으로 성장하였다. 그러나 대다수의 농민은 경작지 규모가 영세하였고, 경작지를 얻지 못해 도시로 나가 영세 상인이 되거나 임노동자로 전락하는 경우도 많았다.

15 자료는 조선 후기 민간 광산의 발달을 보여 준다. 조선 후기에 농업에서는 농민 중 일부가 부농으로 성장하거나 토지를 잃어 소작농으로 전락하는 등 농민층의 분화가 일어났고, 소작농들의 지대 납부 방식이 일정 액수의 지대를 화폐로 내는 방식으로 바뀌어 갔다. 상업에서는 사무역(후시)이 활발해지면서 사상이 전국 각지에서 활동하였다. 이처럼 상품 유통이 활발해지면서 숙종 이후 상평통보가 전국적으로 유통되었다. 한편, 조선 후기 수공업에서는 관영 수공업이 쇠퇴하고 민영 수공업이 발달하였다. 상인 자본의 지원을 받아 제품을 만드는 선대제가 활발해졌고, 임노동자를 고용한 공장제 수공업도 확산하였다. 광업에서는 민간 광산의 채굴이 이루어졌고, 은광 개발이 활발해졌다.

| 선택지 바로잡기 | ⑦ 조선 전기에 세습하는 토지가 늘어나 나누어 줄 토지가 부족해지자, 세조 때 현직 관리에게만 수조권을 지급하는 직전법을 실시하였다.

16 (예시 답안) 균역법의 실시로 줄어든 군포 수입은 지주에게 결작을 부과하고, 일부 양인 상류층에게 선무군관포를 내게 하는 방법으로 보충하였다.

채점 기준	
상	결작 부과와 선무군관포 징수를 모두 서술한 경우
하	위 내용 중 한 가지만 서술한 경우

17 (예시 답안) • 1단계: (가)는 대동법이다. 대동법은 집집마다 토산물로 거두던 공납을 토지 결 수를 기준으로 쌀, 베 등으로 내게 한 제도이다.
• 2단계: 토지를 대상으로 부과하였기 때문에 토지를 많이 소유한 양반 지주들은 반대하였고, 토지를 적게 가졌거나 소유하지 않은 농민들은 환영하였다.
• 3단계: (가)는 대동법이다. 방납을 개선하고자 광해군 때 집집마다 토산물로 거두던 공납을 토지 결 수를 기준으로 쌀이나 무명, 베, 동전 등으로 내게 한 대동법을 처음 실시하였다. 대동법 실시에 대해 토지를 많이 소유한 양반 지주들은 반대하였고, 토지를 적게 가졌거나 소유하지 않은 농민들은 환영하였다.

채점 기준	
상	내동법을 쓰고, 양반과 농민의 반응을 모두 서술한 경우
하	대동법만 쓴 경우

1등급 도전하기 ──────○ 74쪽

01 ① 02 ④ 03 ③ 04 ③

01 (가)는 시정 전시과(경종), (나)는 개정 전시과(목종), (다)는 경정 전시과(문종)이다. (가)에서 (다)로 갈수록 전지와 시지의 지급 액수가 줄어들고 있음을 알 수 있다. 경종 때 처음 제정된 시정 전시과에서는 관리의 관품과 인품을 고려하여 전·현직 관리에게 토지를 지급하였다.

| 선택지 바로잡기 | ②는 과전법에 대한 설명이다. ③ 전시과에서는 관리에게 토지의 수조권을 지급하였다. ④는 경정 전시과, ⑤는 직전법 폐지에 대한 설명이다.

02 자료에서 문익점이 원에서 목화씨를 가지고 들어왔다는 내용을 통해 밑줄 친 '이 시기'가 고려 후기임을 알 수 있다. 고려 후기로 가면서 수공업은 민간이나 사원 중심으로 이루어졌다.

| 선택지 바로잡기 | ①, ⑤는 통일 신라, ②, ③은 조선 후기의 경제 상황이다.

03 (가)는 영정법, (나)는 균역법, (다)는 대동법이다. 조선 후기 영조 때 군포를 1년에 1필만 내도록 하는 균역법을 실시하여 농민의 부담을 줄여 주었다(ㄴ). 방납의 폐단을 시정하기 위해 대동법을 시행하여 공납을 전세화하였다(ㄷ).

| 선택지 바로잡기 | ㄱ은 대동법에 대한 설명이다. ㄹ. 대동법의 실시는 수공업 생산이 활발해지는 결과를 가져왔다.

04 자료 속 주인공 허생의 활동은 조선 후기 독점적 도매상인인 도고의 상업 활동을 묘사한 것이다. 조선 후기에 일부 사상이 주요 도시를 거점으로 특정 물품을 대량으로 거래하며 독점적 도매상인인 도고로 성장하였다.

| 선택지 바로잡기 | ①, ⑤는 조선 전기, ②는 고려 시대의 사실이다. ④ 조선 후기에 대동법의 실시로 공납은 토지 결 수에 따라 쌀·무명·삼베·동전 등으로 내게 하였다.

수능 준비하기 ──────○ 75쪽

01 ② 02 ④

01 자료에서 공물, 방납으로 이득을 취하는 자들, 경기에서 우선 시행, 공물을 쌀, 베 등으로 징수함 등을 통해 밑줄 친 '이 법'이 대동법임을 알 수 있다. 대동법의 실시로 국가에서 여러 가지 수요품이 필요하게 되자, 수공업자나 광업 종사자로부터 물품을 사서 정부에 납품하는 공인이 등장하였다.

| 선택지 바로잡기 | ①은 균역법에 대한 설명이다. ③은 경복궁 중건 사업과 관련이 있다. ④ 전시과 제도는 고려의 토지 제도이다. ⑤는 영정법에 대한 설명이다.

02 자료에서 전황, 상평통보, 신해년의 통공 등을 통해 조선 후기의 경제 상황임을 알 수 있다. 조선 후기에는 상품 화폐 경제의 발달로 농민들이 담배, 인삼 등 상품 작물을 재배하였다.

┃ **선택지 바로잡기** ┃ ①은 통일 신라, ②, ③, ⑤는 고려의 경제 상황이다.

❸ 신분제와 사회 구조

┃ **개념** 확인하기 ┃ 77, 79쪽

1 (1) ○ (2) × (3) × (4) ○ **2** 정호 **3** (1) 개방적 (2) 향리 (3) 백정 (4) 외거 노비 **4** (1) × (2) × (3) ○ (4) ○ **5** (1) ㄷ (2) ㄴ (3) ㄹ (4) ㄱ **6** 공명첩

┃ **실력** 다지기 ┃ 80~83쪽

01 ① **02** ② **03** ① **04** ⑤ **05** ④ **06** ③ **07** ②
08 ① **09** ⑤ **10** ④ **11** ② **12** ④ **13** ③ **14** ⑤
15 해설 참조 **16** 해설 참조

01 자료에서 나라에 큰일이 있을 때 여러 사람이 모여 의논한 후 결정하는데, 이를 화백이라 한다는 내용을 통해 자료의 회의가 신라의 화백 회의임을 알 수 있다. 신라는 초기 부족 사회의 전통이 오랫동안 유지되었다. 귀족 회의체인 화백 회의와 원시 사회의 청소년 집단에서 비롯한 화랑도의 존재가 이러한 신라 사회의 특징을 보여 준다.

┃ **선택지 바로잡기** ┃ ② 고구려는 고국천왕 때 진대법을 실시하여 빈민을 구제하였다. ③ 고려 시대에 문벌은 과거와 음서로 관직에 진출하였고, 국가로부터 녹봉과 공음전 등을 받았다. ④ 조선 시대에 양반의 첩에서 태어난 서얼은 관직 진출에 법적 제한을 받았다. ⑤ 조선 시대에 16세 이상의 남자들은 호패를 발급받았다.

02 도표는 신라 골품제에서의 관등과 골품의 정치적 위치 등을 나타낸 것이다. 신라에서는 중앙 집권화 과정에서 골품제가 마련되었다. 이 제도에서는 골품에 따라 정치 활동의 범위가 결정되었다.

┃ **선택지 바로잡기** ┃ ① 신라 촌락 문서는 정책 집행과 재정 운영 등에 필요한 조세와 역을 부과하고자 작성한 문서로, 골품제의 운영과는 관련이 없다. ③ 골품제에서 신분 상승은 자유롭지 않았다. ④ 골품제는 국왕이 각 부의 지배 세력을 중앙 귀족으로 만들어 위계질서를 확립하는 과정에서 형성되었다. ⑤ 골품에 따라 가옥, 수레의 크기 등 개인의 일상생활도 규제를 받았다.

03 자료에서 역에 따라 토지를 받는 내용을 통해 (가)가 정호임을 알 수 있다. 정호는 고려 시대에 토지를 받고 직역을 담당하였다. 이들은 과거에 합격하여 고위 관리가 되거나 군공을 세워 무관으로 출세할 수 있었다. 이를 통해 고려에서 양인 내부의 계층 이동이 이루어졌음을 알 수 있다.

┃ **선택지 바로잡기** ┃ ㄷ은 향·부곡·소민에 대한 설명이다. ㄹ은 백정에 대한 설명이다. 고려 시대에 군현에 거주하는 농민이 양인의 대부분을 구성하였고, 이들은 백정이라 불리며 조세와 공납, 역을 부담하였다.

04 밑줄 친 두 지역은 각각 특수 행정 구역인 소와 부곡에 해당한다. 고려 시대 특수 행정 구역인 향·부곡·소 주민은 법적으로는 양인이었지만 일반 군현민에 비해 차별을 받았다. 이들은 거주지 이전에 제한이 있었고, 과거 응시가 원칙적으로 금지되었다. 또한 형벌을 받을 때도 노비와 같은 취급을 받았고, 일반 군현 주민보다 조세나 역의 부담이 컸다.

┃ **선택지 바로잡기** ┃ ⑤ 향·부곡·소 주민들은 일반 군현민보다 더 많은 조세와 역을 부담하였다.

05 첫 번째 자료에서 노비였던 만적이 신분 상승을 꾀하며 봉기를 모의하고 있는 점과 두 번째 자료에서 양인이 되지 못하도록 하라는 내용을 통해 밑줄 친 '이들'이 고려의 천인인 노비를 가리킴을 알 수 있다. 고려 시대 노비는 주인에게 재물을 바치고 양인으로 풀려나거나 시기에 따라 국가에 큰 공을 세워 양인으로 신분을 상승하기도 하였다.

┃ **선택지 바로잡기** ┃ ① 향·부곡·소 거주민은 양민(평민)층에 해당한다. ② 농민(양민)이 세금을 부담하였다. ③은 지배층(무관)에 대한 설명이다. ⑤는 정호와 관련이 있다.

06 제시된 강의 내용은 모두 고려 시대 신분 이동의 사례에 해당하는 것으로 고려 신분제가 개방적이고 유동적이었음을 보여 준다.

┃ **선택지 바로잡기** ┃ ① 본관제는 이름 앞에 지역의 명칭을 표기하게 한 제도이다. ② 신진 사대부들은 공민왕 때 과거에 합격하여 정계에 진출하였고 점차 정치 세력으로 성장하였다. ④ 고려 시대 향·부곡·소의 주민은 일반 군현민에 비해 차별을 받았으나, 제시된 사례와는 관련이 없다. ⑤ 6두품은 신라 골품제에서의 등급이다.

07 자료는 고려 시대 여성의 재가가 일반적이었음을 보여 준다. 이 시기 여성은 가족 관계에서 남성과 비교적 수평적인 관계를 유지하였다. 여성도 호주가 될 수 있었고, 호적에는 성별이 아닌 태어난 순서대로 올랐다. 여성의 요구에 의한 이혼이 가능하였고 재가도 자유로웠다. 사위가 처가로 장가들어 사는 일이 많았으며, 재산 상속은 아들과 딸에게 균등하게 이루어졌다. 또한 어머니 쪽 조상에 힘입어 음서의 혜택을 받을 수 있었다.

┃ **선택지 바로잡기** ┃ ② 고려 시대에 딸과 아들은 부모 봉양과 제사의 의무를 동등하게 부담하였다. 제사가 아들 중심으로 이루어진 것은 조선 후기의 일이다. 조선 후기에 성리학적 지배 질서가 강화되면서 부계 중심의 가족 제도가 확산하였고, 제사가 장자 중심으로 이루어졌다.

08 자료는 기술관이 양반으로 진출하는 것에 반대하는 글로, 밑줄 친 ⊙ 의원과 역관은 중인에 해당한다. 조선 시대 중인은 기술이나 행정 실무 능력을 바탕으로 직역을 물려받았다.

| 선택지 바로잡기 | ② 천한 직업을 가진 상민을 신량역천이라 하였다. ③ 농민이 조세·공납·역의 부담을 졌다. ④ 천민인 노비는 재산으로 취급되었다. ⑤ 지방 향촌 사회의 양반 사족들은 유향소에서 수령을 보좌하였다.

09 (가)에 해당하는 신분은 노비이다. 조선 시대 노비는 천민에 속하였고, 재산으로 취급되어 매매, 상속, 증여의 대상이 되었다.

| 선택지 바로잡기 | ① 조선은 법제상 양인이면 과거 응시가 가능하였다. ② 양반의 첩에게서 태어난 서얼은 중인과 같은 신분으로 대우받았다. ③ 관청의 서리나 지방 향리들은 중인에 해당하였다. ④ 과거·음서·천거로 주요 관직을 차지한 신분은 양반이다.

10 향약은 조선 시대에 지방 사족이 주도적으로 운영하였다. 지방 사족은 유향소를 만들어 수령을 보좌하였으며, 향회를 열어 결속을 다지면서 향촌 사회에서 영향력을 행사하였다.

| 선택지 바로잡기 | ㄱ, ㄷ은 고려의 권문세족과 관련이 있다.

11 자료는 공명첩이다. 양 난 이후 조선 정부는 재정 부족 문제를 해결하기 위해 공명첩을 발급하였는데, 이로 인해 양반의 수가 크게 늘어나면서 신분제가 동요하였다.

| 선택지 바로잡기 | ① 원 간섭기에 고려에서 몽골풍이 유행하는 등 사회 변화가 일어났다. ③ 조선 후기에 공명첩 발행 등으로 양반의 수가 늘어났다. ④ 고려 전기 중앙 집권화가 이루어지면서 호족 세력이 약화하였다. ⑤ 신라 말 6두품 세력은 골품제 사회를 비판하며 지방에 은둔하거나 새로운 사회를 만드는 데 참여하였다.

12 자료에는 양반 신분을 돈으로 살 수 있는 상황이 나타나 있다. 양 난 이후 재산을 모은 상민층이 공명첩을 사거나 몰락한 양반의 족보를 매입하는 등의 방법으로 양반이 되어 양반 수가 크게 늘어났고, 상민과 노비의 수는 줄어들었다. 조선 후기 양반층이 치열한 정쟁 등으로 분화하였고, 양반으로 신분이 상승한 부농층인 신향이 등장하였다. 이들은 향촌 지배권을 두고 기존 양반 사족인 구향과 향전을 벌였고, 그 과정에서 구향이 약화하고 수령의 권한이 강해졌다.

| 선택지 바로잡기 | ④는 고려 시대에 대한 설명이다.

13 그래프는 조선 후기 신분제가 동요하였음을 보여 준다. 조선 후기 상품 화폐 경제가 발달하는 가운데 재산을 모은 상민층은 납속과 공명첩 등을 통해 신분 상승을 하거나 양반의 족보를 위조하여 양반으로 행세하였다. 이렇게 국역을 부담하는 상민의 수가 줄자, 영조 때는 노비종모법을 실시해 노비의 신분 상승 기회를 넓혀 주었고, 순조 때는 공노비를 해방하였다.

| 선택지 바로잡기 | ③ 상피제는 친족이 동일한 관청에서 함께 근무하지 못하게 한 제도로 조선 후기 신분제의 동요와는 관련이 없다.

14 그림은 김홍도의 「신행」으로, 조선 후기 신부가 혼인 후 남자(신랑) 집으로 가는 모습을 담고 있다. 조선 후기에는 부계 중심의 가족 제도가 확산하면서 혼인 후 곧바로 남자 집에서 생활하는 경우가 많아졌고, 아들이 없는 집안에서는 같은 성씨의 양자를 들이는 일이 보편화하였다.

| 선택지 바로잡기 | ①, ②, ③, ④는 고려 시대~조선 전기에 해당한다.

15 예시답안 신향과 구향이 대립한 향전에 수령이 신향을 지원함으로써 향촌 사회에서 구향의 세력이 약화하였다. 또한 수령의 권한이 강화되어 향회는 수령의 세금 부과를 자문하는 기구로 변하였다.

채점 기준	
상	구향 세력 약화, 수령권 강화, 향회 기능 변화를 모두 서술한 경우
중	위 내용 중 두 가지를 서술한 경우
하	위 내용 중 한 가지만 서술한 경우

16 예시답안 · 1단계: 향리 등 정호가 과거에 합격하여 중앙 관리로 출세한 사례이다.
· 2단계: 노비가 축적한 재물을 주인에게 바치고 신분을 상승한 사례이다.
· 3단계: 이영의 경우처럼 정호가 과거에 합격하여 능력을 인정받고 중앙 관리로 등용되거나 평량처럼 노비가 주인에게 재산을 주어 신분을 상승하는 경우가 있었던 것으로 보아, 고려 사회의 신분제가 개방적이고 유동적이었음을 알 수 있다.

채점 기준	
상	두 사례와 고려 사회의 특징을 모두 서술한 경우
중	두 사례를 쓰거나 고려 사회의 특징만 서술한 경우
하	두 사례 중 한 가지만 쓴 경우

1등급 도전하기 ○—84쪽

01 ② **02** ⑤ **03** ④ **04** ②

01 자료에서 조원정의 경우처럼 하층민이 공을 세워 무관으로 출세하는 경우가 있었던 것으로 보아, 고려는 신라의 골품제 사회보다 개방적이고 유동적이었음을 알 수 있다.

| 선택지 바로잡기 | ①, ③, ④, ⑤는 고려 시대의 사회 모습이지만, 자료와 관련이 없는 내용들이다.

02 자료는 고려 시대 남성과 여성의 수평적인 가족 관계를 보여 준다. 고려 시대에는 사위가 처가에 장가들어 사는 일이 일반적이었으며, 음서의 혜택은 사위와 외손자에게도 적용되었다.

| 선택지 바로잡기 | ㄱ. 고려 시대에 부모의 제사는 자녀가 돌아가며 지냈다. ㄴ. 성리학은 원 간섭기에 수용되었으며, 고려에서 사회 규범으로 정착되지 않았다.

03 (가)는 가장 귀한 것, 선비, 문사를 섭렵하여 문과에 급제 등을 통해 양반에 해당함을 알 수 있다. (나)는 경대부의 자식인데 어머니가 첩, 벼슬길이 막힘 등을 통해 서얼에 해당함을 알 수 있다. 서얼은 양반의 자식이지만 중인과 같은 신분 대우를 받았고, 문과에 응시할 수 없었다.

｜선택지 바로잡기｜ ① 신량역천으로 분류된 것은 상민이었다. ② 양반 첩의 자식인 서얼은 중인에 해당한다. ③ 매매, 상속, 증여의 대상이 된 신분은 천민의 대부분을 차지한 노비이다. ⑤는 사노비 중 외거 노비에 대한 설명이다.

04 자료는 향회가 수령의 부세 자문 기구로 전락하였음을 보여 준다. 조선 후기 향촌에서 양반으로 신분을 상승시킨 신향이 등장하여 구향과 향전을 벌였다. 이때 수령은 신향을 지원하면서 구향을 견제하고 관 주도의 향촌 지배 체제를 강화해 갔다. 구향의 힘이 약화하고 신향이 충분히 성장하지 못한 상황에서 향회는 수령을 견제하지 못하고 수령이 세금을 부과할 때 의견을 묻는 자문 기구로 변하였다.

｜선택지 바로잡기｜ ㄴ. 고려 무신 정권기 특수 행정 구역인 공주 명학소에서 망이·망소이 형제가 봉기하였다. ㄹ. 고려 시대에 정호에서 신분 이동이 활발하게 일어났다. 고려 시대에 정호는 과거에 합격하여 고위 관리가 되거나 군공을 세워 무관으로 출세할 수 있었고, 정호에 빈자리가 생기면 백정 중에서 선발하여 직역과 토지를 주고 정호로 삼았다.

수능 준비하기 ────────○ 85쪽

01 ①　　**02** ②

01 자료에서 전쟁에 나가서 포로로 얻음, 빚을 갚지 못한 이들을 재물로 삼, 광종 때 안검하여 본래 그 신분이 아니었던 자들을 가려내도록 함 등을 통해 (가) 신분이 노비임을 알 수 있다. 노비는 재산으로 취급되어 매매·상속·증여의 대상이 되었다.

｜선택지 바로잡기｜ ②는 조선 향촌 사회의 양반 사족, ③은 조선의 중인, ④는 고려의 문벌, ⑤는 신라의 진골 귀족에 대한 설명이다.

02 자료의 공명첩을 발매함, 새로 신분을 상승한 사람들이 가난한 양반들을 멸시함, 서얼은 조정의 은혜를 입어 임용되고 있음 등을 통해 조선 후기 신분제가 변동하고 있는 상황임을 알 수 있다.

｜선택지 바로잡기｜ ① 고려 말에 제정된 과전법은 조선 전기 세조 때 직전법으로 바뀌기 전까지 운영되었다. ③ 고려 광종 때 노비안검법을 시행하여 호족과 공신들의 경제적 기반을 약화하였다. ④ 통일 이후 신라에서는 골품제가 여전히 유지되었으나, 골품의 구분이 두품의 하급 신분층에서부터 점차 희미해져 3~1두품은 사라졌다. ⑤ 무신 정권기에 정치적 혼란과 무신 집권자와 지방관들의 수탈이 심화하는 상황에서 전국 각지의 농민과 천민이 봉기하였다.

04 사상과 문화

개념 확인하기 ────────── 87, 89, 91쪽

1 (1) ○ (2) × (3) × (4) ○　　**2** (1) 불교 (2) 대중화 (3) 고구려
(4) 『왕오천축국전』　　**3** 최치원　　**4** (1) ○ (2) ○ (3) × (4) ○
5 (1) ㄱ (2) ㄴ (3) ㄹ (4) ㄷ　　**6** 풍수지리설　　**7** 김부식
8 (1) ○ (2) ○ (3) ×　　**9** (1) 이이 (2) 상공업 (3) 천주교　　**10** 시천주

실력 다지기 ────────○ 92~95쪽

01 ④	**02** ④	**03** ⑤	**04** ②	**05** ④	**06** ②	**07** ④
08 (가) 『삼국사기』, (나) 『삼국유사』				**09** ①	**10** ④	**11** ③
12 ⑤	**13** ④	**14** ④	**15** ①	**16** ④	**17** ①	**18** ②
19 해설 참조		**20** 해설 참조				

01 자료는 황룡사에 9층탑을 세울 것을 제안하는 내용이다. 신라 선덕 여왕은 불교를 통해 국가의 위기를 극복하고자 황룡사 9층 목탑을 세웠다. 이는 주위 9개 나라를 복속시키겠다는 호국 의지를 담은 것으로, 국가의 안녕과 발전을 비는 호국 불교의 성격을 보여 준다.

｜선택지 바로잡기｜ ① 통일 신라 때 원효가 아미타 신앙을 전파하여 불교가 대중화되었다. ②는 강수, 설총 등의 활동과 관련이 있다. ③ 신라 말 선종이 유행하면서 승탑과 탑비가 많이 세워졌다. ⑤ 삼국 시대에 도교는 신선 사상을 바탕으로 산천 숭배, 민간 신앙 등이 합쳐져 불로장생과 현세의 복을 추구하였다.

02 밑줄 친 '그'는 통일 신라 시대의 승려인 원효이다. 원효는 누구나 부지런히 '나무아미타불'을 외면 내세에는 서방 정토(극락세계)에서 태어날 수 있다고 설법하며 불교의 대중화에 기여하였다. 또한 원효는 모든 것이 한마음에서 나온다는 일심 사상을 내세웠고, 여러 종파의 대립을 없애고자 화쟁 사상을 주장하였다.

｜선택지 바로잡기｜ ①, ⑤ 의상은 당에 유학한 뒤 신라로 돌아와 화엄종을 열었으며, '관세음보살'을 부르면 구제받는다는 관음 신앙을 전파하였다. ② 혜초는 『왕오천축국전』을 저술하였다. ③ 신라 법흥왕 때 이차돈의 순교를 계기로 불교를 공인하였다.

03 자료는 의상의 화엄 사상을 담은 「화엄일승법계도」이다. 통일 신라 시대에 의상은 당에 유학한 뒤 귀국하여 화엄종을 개창하였으며, 「화엄일승법계도」로 교리를 체계화하였다. 또한 부석사를 건립하고, 관음보살을 믿는 신앙인 관음 신앙을 전파하였다.

｜선택지 바로잡기｜ ① 원효는 모든 것이 한마음에서 나온다는 일심 사상을 제시하였다. ② 최치원은 당에 유학하여 빈공과에 합격하였고, 당에서 황소의 난이 일어나자 「토황소격문」을 지어 문장가로 이름을 떨쳤다. ③은 의천(고려)에 대한 설명이다. ④ 9산선문은 선종과 관련이 있다.

04 자료는 경주에서 발견된 임신서기석이다. 이곳에 신라 청년들이 국가에 대한 충성을 맹세하는 한편, 유교 경전을 학습할 것을 다짐하는 내용이 새겨져 있다. 이를 통해 신라에서도 유학이 수용되어 젊은이들이 공부하였음을 알 수 있다.

| **선택지 바로잡기** | ① 임신서기석과 금관가야의 쇠퇴는 관련이 없다. ③ 진흥왕은 영토를 확장한 후 단양 신라 적성비와 순수비를 세웠다. ④ 임신서기석은 신라의 유물이다. ⑤ 현세 구복과 불로장생을 추구한 사상은 도교이다.

05 제시된 문화유산은 사신도와 산수무늬 벽돌로, 도교 사상이 반영되어 있다. 삼국 시대에 중국에서 전래된 도교는 신선 사상에 산천 숭배, 민간 신앙 등이 결합하여 불로장생과 현세 구복을 추구하였다. 고구려의 고분 벽화에는 죽은 자의 사후 세계를 지켜 준다는 사신도가 그려져 있고, 백제의 산수무늬 벽돌에는 자연과 더불어 살고자 하는 바람이 담겨 있어 도교의 대표적인 문화유산으로 꼽힌다.

| **선택지 바로잡기** | ④ 호족 세력이 근거지를 마련할 때 활용한 사상은 풍수지리설이다. 풍수지리설은 각 지방의 중요성을 일깨워 금성(경주)을 중심으로 한 통치 질서와 국토 관념을 바꾸는 데 영향을 주었다.

06 자료의 (가)는 국학, (나)는 독서삼품과이다. 통일 신라 신문왕은 국학을 세워 유학을 교육하였고, 원성왕은 유교 경전의 이해 수준을 평가하는 독서삼품과를 시행하여 관리를 선발하고자 하였다.

| **선택지 바로잡기** | ①, ③, ④, ⑤ 9재 학당은 고려의 최충이 세운 사립 교육 기관이다. 태학은 고구려 소수림왕이 인재를 양성하기 위해 설립한 교육 기관이다. 9산선문은 9개의 선종 사원을 말한다. 주자감은 발해의 유학 교육 기관이다.

07 자료는 의천의 교관겸수와 관련이 있다. 고려 시대에 의천은 화엄종을 중심으로 교종을 통합하고 해동 천태종을 창시하여 선종을 포섭하려 하였다. 그는 이를 위한 수행 방법으로 교관겸수를 제시하였다.

| **선택지 바로잡기** | ①, ③ 요세는 참회와 염불 수행을 강조하며 백련결사를 결성하였다. ② 혜심은 유교와 불교가 본래 하나라는 유불 일치설을 주장하였다. ⑤ 지눌은 불교계의 세속화를 비판하고 정혜결사를 조직하였다.

08 고려 전기에 김부식은 기전체 서술 방식에 따라 『삼국사기』를 편찬하였으며, 원 간섭기에 일연은 불교사를 중심으로 고대의 민간 설화 등을 기록한 『삼국유사』를 편찬하였다.

09 (가)는 기전체 서술 방식, 삼국을 중심으로 통일 신라까지 편찬 등을 통해 김부식이 저술한 『삼국사기』임을 알 수 있다. (나)는 불교 신앙 중심, 신화적인 내용을 주로 다룸, 고조선을 처음으로 서술 등을 통해 일연이 저술한 『삼국유사』임을 알 수 있다.

| **선택지 바로잡기** | ②는 일연의 『삼국유사』 등, ③은 『제왕운기』, ④는 이제현의 『사략』 등, ⑤는 이규보의 「동명왕편」에 해당한다.

10 자료에는 묘청 등 서경 세력이 풍수지리설을 바탕으로 서경 천도를 주장한 사실이 나타나 있다. 고려 시대에 풍수지리설은 도참사상과 결합하여 유행하였으며, 북진 정책과 서경 천도 운동 등에 영향을 주었다.

| **선택지 바로잡기** | ① 국사와 왕사 제도는 승려의 지위를 보장하는 제도로 불교와 관련이 있다. ② 초제는 도교 행사이다. ③ 팔관회는 불교 및 토속 신앙과 관련이 있다. ⑤ 신진 사대부는 성리학을 개혁 사상으로 하였다.

11 자료에서 선(禪)을 익혀 지혜를 고르는 데 힘쓰고, 예불하고 경전을 읽으며, 나아가서는 노동하기에 힘쓰자는 내용을 통해 지눌의 주장임을 알 수 있다. 지눌은 불교계의 세속화를 비판하며 정혜결사(수선사 결사)를 결성하였다. 또한 정혜쌍수와 돈오점수를 강조하며 선교 일치의 수행 체계를 제시하였다.

| **선택지 바로잡기** | ③ 의천은 해동 천태종을 창시하여 교종의 입장에서 선종을 통합하려 하였다.

12 (가)는 고려 말 원으로부터 들여온 성리학이다. 고려 말 신진 사대부들은 성리학을 사회 개혁 사상으로 수용하여 이를 토대로 불교계의 폐단을 비판하였다.

| **선택지 바로잡기** | ①은 풍수지리설, ②는 유교, ③은 불교, ④는 도교에 대한 설명이다.

13 15세기경에 지은 합천 해인사 장경판전에 보관 중인 밑줄 친 '이것'은 팔만대장경판이다. 고려 시대 몽골의 침략으로 대장경이 불타자 부처가 나라를 지켜 주기를 바라며 팔만대장경을 조판하였다. 이처럼 팔만대장경에는 부처의 힘으로 몽골군을 물리치고자 하는 염원이 담겨 있다.

| **선택지 바로잡기** | ①, ②는 초조대장경에 대한 설명이다. ③ 초조대장경은 팔만대장경보다 먼저 제작되었다. ⑤ 대장경은 불교 경전을 집대성한 것이다.

14 자료에서 퇴계, 『주자서절요』, 『성학십도』 저술 등을 통해 (가)는 이황임을 알 수 있다. 이황의 사상이 일본에 전파되면서 일본에서는 그를 '동방의 주자'로 부르기도 하였다.

| **선택지 바로잡기** | ①, ④ 윤휴와 박세당은 유학의 다른 사상을 폭넓게 수용하여 유교 경전의 재해석을 시도하였다. ② 이이는 『동호문답』, 『성학집요』 등을 저술하였고, 통치 체제의 정비와 수취 제도의 개혁 등 다양한 개혁 방안을 제시하였다. ⑤ 송시열은 서인의 대표적 인물로, 성리학적 명분론에 입각한 사회 질서를 강화하고, 주자의 학설을 절대적 가치로 내세웠다.

15 (가)는 실학의 농업 중심 개혁론에 해당한다. 농업 중심 개혁론자들은 토지 제도를 개혁하여 농촌 사회를 안정시키자고 주장하였다.

| **선택지 바로잡기** | ② 사림이 동인과 서인으로 나뉜 배경과 관련이 있다. ③, ④, ⑤는 상공업 중심 개혁론자들의 주장이다.

16 자료는 실학자인 박제가의 주장이다. 박제가는 상공업 중심의 개혁론자로, 청의 문물을 수용할 것과 상공업의 진흥을 강조하며 소비를 촉진할 것을 주장하였다.

| 선택지 바로잡기 | ① 동학은 최제우가 창시하였다. ② 여전제는 정약용이 주장하였다. ③ 성리학은 고려 말 안향이 원으로부터 들여왔다고 전해진다. ⑤ 직업의 평등은 유수원이 강조하였다.

17 밑줄 친 '이 종교'는 동학으로, 『동경대전』, 『용담유사』는 동학의 2대 교주인 최시형이 펴낸 경전이다. 동학은 시천주 사상을 바탕으로 인간 평등을 강조하였으며, 새로운 세상이 열린다는 후천개벽을 주장하였다.

| 선택지 바로잡기 | ㄷ, ㄹ. 천주교는 17세기에 중국에 다녀온 사신들을 통해 서양 학문의 하나로 조선에 소개되었고, 18세기 후반 남인 계열의 실학자들이 신앙으로 받아들이기 시작하였다.

18 (가)에는 조선 후기 서민 문화에 해당하는 주제가 들어가야 한다. 조선 후기에는 서민 문화가 발달하였는데, 서민의 감정을 표출하는 수단으로 판소리와 탈놀이가 양반의 위선을 풍자해 인기를 얻었다. 문학에서는 『홍길동전』, 『춘향전』과 같은 한글 소설, 기존의 시조 형식에 구애받지 않는 사설시조가 크게 성행하였으며, 회화에서는 풍속화, 민화 등이 유행하였다.

| 선택지 바로잡기 | ② 천문도인 「천상열차분야지도」는 조선 태조 때 제작되었다. 조선 전기에는 국왕의 권위를 높이고 나라를 부강하게 하기 위해 천문학 등 과학 기술을 중시하였다.

19 **예시답안** 고대 삼국과 가야는 일본에 선진 문화를 전파하였다. 일본에 전파된 삼국과 가야 문화는 일본 고대 국가의 성립과 아스카 문화 발전에 영향을 미쳤다.

채점 기준	
상	일본으로 삼국과 가야 문화가 전파된 점과 아스카 문화 발전에 영향을 미친 점을 모두 서술한 경우
하	위 내용 중 한 가지만 서술한 경우

20 **예시답안** • 1단계: 이익은 생활에 필요한 최소한의 토지는 매매를 금지하자고 주장하였고, 정약용은 토지를 공동으로 경작한 뒤 분배하자고 주장하였다.
• 2단계: 이익과 정약용은 모두 토지 제도의 개혁을 주장하였다.
• 3단계: 이익은 생활에 필요한 최소한의 토지는 매매하지 못하도록 하는 한전론을 주장하였고, 정약용은 토지를 공동으로 경작한 뒤 분배하자는 여전제를 주장하였다. 두 학자는 이러한 토지 제도 개혁으로 자영농을 육성하여 농촌 사회를 안정시키고자 하였다.

채점 기준	
상	두 개혁안의 내용과 공통적인 목적을 서술한 경우
중	두 개혁안의 명칭만 언급하여 공통적인 목적을 서술한 경우
하	두 개혁안의 내용만 쓰거나, 두 개혁안의 공통적인 목적만 서술한 경우

○ 96쪽

01 ③　　02 ⑤　　03 ④　　04 ⑤

01 제시된 화순 쌍봉사 철감선사 탑은 신라 말에 유행한 승탑이다. 신라 말에는 선종이 확산되면서 각 선문의 제자들이 스승을 기리고 사리를 봉안한 승탑을 많이 제작하였다. 선종은 개인의 참선 수행을 통한 깨달음을 강조하였고, 지방 호족의 취향에 부합하여 후원을 받았다.

| 선택지 바로잡기 | ㄱ. 고려 초에 등장한 서경 길지설은 풍수지리설의 영향을 받아 제기되었다. ㄹ. 백제 산수무늬 벽돌에는 도교 사상이 반영되어 있다.

02 제시된 대화에서 원으로부터 수용한 점, 만권당에서 고려와 원의 학자들이 교류하며 이것에 대한 이해를 넓혀 갔다고 한 점 등을 통해 이 사상이 성리학임을 알 수 있다. 따라서 (가)에는 성리학에 대한 내용이 들어가야 한다. 고려 말 신진 사대부는 성리학을 바탕으로 당시 사회의 문제점을 개혁하고자 하였다.

| 선택지 바로잡기 | ①은 고려 전기의 유학에 대한 내용이다. ②, ③은 고려 중기 유학에 대한 내용이다. 성리학은 고려 후기에 수용되었다. ④는 풍수지리설에 대한 내용이다.

03 자료에서 죽은 사람 앞에 술과 음식을 차려 놓는 것을 금한다는 내용을 통해 밑줄 친 '종교'가 천주교임을 알 수 있다. 17세기 무렵 청에 다녀온 사신들이 천주교를 서학으로 소개하였다. 18세기 후반부터는 일부 남인 계열 학자들이 신앙으로 받아들였는데, 천주교 신자가 유교적 제사 의식을 거부하는 사건이 발생하자 조선 정부는 천주교를 탄압하였다.

| 선택지 바로잡기 | ①은 도교, ②는 동학, ③은 성리학, ⑤는 불교에 대한 설명이다.

04 제시된 문학 작품은 「두꺼비 파리를 물고」라는 조선 후기 사설시조이다. 조선 후기에는 사회 모순을 해결하려는 실학이 제기되었다. 홍대용은 기술 혁신과 문벌제도 폐지를 주장하였으며, 박지원은 수레와 선박, 화폐 유통의 필요성을 내세웠다. 또한 실학자들은 우리의 전통과 현실에 관심을 기울여 국학을 연구하였는데, 안정복은 『동사강목』을 저술하여 우리 역사를 체계화하였으며, 김정호는 산천, 도로망 등을 정밀하게 표시한 「대동여지도」를 제작하였다.

| 선택지 바로잡기 | ⑤ 이이는 조선 전기의 성리학자로, 수취 제도를 비롯한 다양한 분야에서 개혁 방안을 제시하였다.

○ 97쪽

01 ④　　02 ②

01 자료의 고려 시대에 나온 저술, 민족의 자주 의식이 반영, 일연의 『삼국유사』 등을 통해 (가)에 들어갈 내용은 고려 시대 역사서임을 알 수 있다. 고려 후기에 이승휴는 『제왕운기』에서 단군의 고조선을 서술하여 우리 민족의 독자성과 자주성을 내세웠다.
| 선택지 바로잡기 | ①, ②, ③은 조선 후기, ⑤는 조선 전기에 저술되었다.

02 자료는 청은 중화의 문물이 이로운 것임을 알아 이를 활용함, 박제가, 『열하일기』 등을 통해 조선 후기 실학과 북학 사상에 대한 내용임을 알 수 있다.

대단원 마무리하기 ○─ 98~101쪽

01 ⑤	02 ⑤	03 ④	04 ④	05 ②	06 ②	07 ③
08 ③	09 ③	10 ③	11 ③	12 ⑤	13 ④	14 ⑤
15 ③	16 ②	17 ⑤

01 (가)는 수 군대가 살수를 반쯤 건너자, 을지문덕이 군사를 진격하여 공격함을 통해 살수 대첩(612)임을 알 수 있다. (나)는 신라와 당의 군대가 백제의 수도를 포위하려고 함을 통해 나당 연합군의 백제 공격(660)에 대한 내용임을 알 수 있다. 수의 뒤를 이어 들어선 당이 고구려를 침략하였으나, 645년 고구려 안시성에서 성주와 백성이 저항하여 당군을 물리쳤다(안시성 싸움).
| 선택지 바로잡기 | ① 668년 고구려 멸망 이후 당이 고구려의 옛 땅에 안동도호부를 설치하였다. ② 5세기 고구려 장수왕 때 평양으로 수도를 옮겼다. ③ 5세기 후반 가야가 중국 남조에 사신을 보냈다. ④ 676년 신라가 기벌포 전투에서 승리하여 당군을 몰아내고 삼국을 통일하였다.

02 (가)는 11세기 초 거란의 3차 침입을 막아 낸 강감찬의 귀주 대첩과 13세기 몽골의 침입 사이의 시기에 해당한다. 윤관이 별무반을 이끌고 여진을 정벌한 것은 12세기 초의 사실이므로 (가)에 해당한다.
| 선택지 바로잡기 | ① 삼별초의 항쟁은 고려가 몽골에게 항복한 이후에 일어났다. ② 서희가 강동 6주를 확보한 것은 거란의 1차 침입 시기이다. ③, ④ 원이 공녀와 환관을 뽑아 간 것과 일본 원정을 위해 정동행성을 설치한 것은 원 간섭기의 사실이다.

03 자료의 처인성 전투는 13세기 고려가 몽골과 항쟁을 벌이는 중에 일어났다. 따라서 (가)는 몽골이다. 고려 정부는 몽골과 강화를 맺어 1270년 개경으로 환도하였다. 하지만 삼별초는 개경 환도에 반발하여 강화도에서 봉기하였고, 이후 진도와 제주도로 근거지를 옮겨 가며 저항하였다.
| 선택지 바로잡기 | ①은 여진, ②는 거란과 여진, ③은 명, ⑤는 거란과 관련이 있다.

04 (가)에는 여진과의 대외 관계, (나)에는 일본과의 대외 관계 내용이 들어가야 한다. 조선은 여진과 교린 관계를 맺어 회유책과 강경책을 함께 펼쳤다. 조선은 여진과의 국경 부근에 무역소를 설치하여 사절 왕래를 통한 교역을 허용하면서 세종 때 4군 6진을 개척하였다. 한편, 조선은 일본과도 교린 관계를 맺어 세종 때 이종무를 보내 쓰시마섬(대마도)을 토벌하였으며, 일본의 요청으로 부산포, 제포(창원), 염포(울산)의 3포를 개방하기도 하였다.
| 선택지 바로잡기 | ①은 조선 후기 일본과의 국제 관계, ②는 조선 전기 명과의 국제 관계, ③, ⑤는 조선 전기 여진과의 국제 관계에 해당한다.

05 자료는 북학론의 내용이다. 청에 파견된 연행사를 통해 청의 문물이 조선에 소개되면서 18세기경 청의 문물을 적극 수용해야 한다는 북학론이 제기되었다.
| 선택지 바로잡기 | ① 원 간섭기에 고려에서 몽골풍이 유행하였다. ③ 동북 9성은 고려에서 여진으로부터 획득하였다가 후에 반환하였다. ④ 원 간섭기에 원은 고려에 정동행성을 두고 다루가치를 파견하여 내정에 간섭하였다. ⑤ 고려 인종 때 묘청 등 서경 세력이 서경 천도 운동을 전개하였다.

06 자료에서 서시와 남시 추가 설치, 9주 5소경 설치 등을 통해 (가)는 통일 신라임을 알 수 있다. 통일 신라는 정책 집행과 재정 운영 등에 필요한 조세와 역을 부과하고자 3년마다 신라 촌락 문서를 작성하였다.
| 선택지 바로잡기 | ① 조선 세종 때 『농사직설』을 간행하였다. ③ 고려 전시과에서 직업 군인에게 군인전을 지급하였다. ④ 고려 경종 때 전시과가 처음 제정되었다. ⑤ 특수 행정 구역인 소가 존재했던 것은 고려 시대이다.

07 자료에서 황제가 입는 통천관과 강사포를 착용함, 태조 왕건상 등을 통해 (가)는 고려임을 알 수 있다. 서술형 평가의 답안에는 고려의 경제생활 내용이 들어가야 한다. 고려는 전시과 제도를 마련하여 관리에게 전지와 시지를 지급하였다. 또한 고려 시대에 상업은 도시를 중심으로 발달하여 대도시에 관영 상점이 설치되었으며, 대외 무역이 발달하여 벽란도가 국제 무역항으로 번성하였다. 한편, 고려 후기에 문익점이 원에서 목화를 들여와 목화를 재배하였고, 이는 의생활에 영향을 미쳤다.
| 선택지 바로잡기 | ③ 논농사에서 모내기법(이앙법)이 전국적으로 확산한 것은 조선 후기의 일이다.

08 조선 세조 때 직전법을 시행하여 현직 관리에게만 수조권을 지급한 이후 관리들의 수조권 남용이 심해졌다. 이에 성종 때 국가가 조세를 거둔 뒤 관리에게 나누어 주는 관수 관급을 도입하였다.
| 선택지 바로잡기 | ① 방군수포는 포를 받고 군역을 면제해 주는 군역의 폐단에 해당한다. ②는 통일 신라 시기의 사실이다. ④는 과전법의 영향으로, 자료에서 설명하는 폐단과는 관련이 없다. ⑤는 고려 전시과에 대한 설명이다.

09 자료는 이차돈의 순교와 관련된 내용이다. 신라 법흥왕 때 이차돈의 순교를 계기로 불교를 공인하였다. 따라서 (가)는 신라이다. 신라에는 골품제라는 신분제가 있어 개인의 정치적·사회적 활동 범위를 제한하였으며, 일상생활도 규제하였다.

| 선택지 바로잡기 | ①은 고려, ②는 부여와 고구려, ③은 고구려, ④는 백제에 해당한다.

10 자료에서 도병마사를 설치함 등을 통해 밑줄 친 '국가'는 고려임을 알 수 있다. 고려 시대에는 여성도 호주가 될 수 있었고, 호적에는 성별이 아닌 태어난 순서대로 올랐다. 또한 사위가 처가로 장가들어 사는 일이 일반적이었다.

| 선택지 바로잡기 | ㄱ, ㄹ은 조선 후기의 사회 모습이다.

11 자료는 상품 작물의 재배가 확산된 조선 후기의 상황을 보여 준다. 조선 후기에는 상업이 발달하면서 포구에서 선박을 이용하여 물건을 판매하는 경강상인 등 사상들이 활동하였고, 국경 지역에서 청, 일본과의 무역이 활발히 전개되었다. 상업의 발달로 상품 유통이 활발해지면서 상평통보가 전국적으로 유통되었고, 광업에서는 전문 경영인인 덕대가 물주의 자금을 지원받아 광산을 운영하였다.

| 선택지 바로잡기 | ⑤ 3포 왜란은 조선 전기 중종 때의 일이다.

12 자료에서 설명하는 종파는 선종이다. 신라 말에 유행한 선종은 독자적 세력을 형성하던 지방 호족들에게 큰 호응을 받아 확산되었으며, 사리를 봉인한 승탑과 승려의 일대기를 새긴 탑비가 유행하는 데 영향을 미쳤다.

| 선택지 바로잡기 | ㄱ은 호국 불교와 관련이 있다. 삼국 시대에는 호국 불교가 발달하여 백제의 미륵사, 신라의 황룡사 9층 목탑 등 호국적 성격을 띤 대규모 사찰과 탑이 세워졌다. ㄴ은 교종에 대한 설명이다.

13 유학 진흥 정책을 펼친 신라에서는 6두품 출신의 뛰어난 학자들이 많이 배출되었다. 설총은 이두를 체계적으로 정리하였고, 최치원은 당의 빈공과에 합격하였으며 『계원필경』을 저술하기도 하였다. 6두품 출신 유학생들은 당에서 귀국한 후 골품제 사회를 비판하고 새로운 정치 이념을 제시하였으며, 신라 말 호족과 연계하여 활동하였다. 발해 역시 유학 교육 기관으로 주자감을 설치하여 귀족 자제에게 유교 경전을 가르쳤다.

| 선택지 바로잡기 | ④ 국학은 통일 신라의 유학 교육 기관이다. 발해는 유교 서적 관리를 위해 문적원이라는 기구를 두었다.

14 자료는 고대와 고려 시대 각 승려의 활동을 주제로 구성된 수행 평가지이다. 통일 이후 신라에서는 원효와 의상 등의 활동에 힘입어 불교가 대중화되었으며, 고려 시대에는 의천과 지눌이 교종과 선종으로 나뉘어 대립한 불교계를 통합하려는 활동을 펼쳤다. 신라의 승려 원효는 아미타 신앙을 전파하여 불교의 대중화에 힘썼다(ㄷ). 고려의 승려 지눌은 불교계의 세속화를 비판하고 선교 일치를 주장하며 정혜결사를 결성하였다(ㄹ).

| 선택지 바로잡기 | ㄱ. 의상은 신라 화엄종을 열었고, 부석사를 비롯한 여러 사찰을 세워 제자를 키웠으며, 관음 신앙을 전파하였다. ㄴ. 의천은 화엄종을 중심으로 교종을 통합하고 해동 천태종을 창시하여 선종까지 포섭하려 하였다.

15 조선 후기에 실학자들은 우리의 전통과 현실에 관심을 기울여 역사, 지리, 언어 등 국학을 연구하기 시작하였다. 대표적으로 안정복은 『동사강목』을 저술하여 우리 역사를 체계화하였고, 이중환은 역사 인문 지리서인 『택리지』를 편찬하였으며, 김정호는 「대동여지도」 등을 제작하였다.

| 선택지 바로잡기 | ①은 『홍길동전』, 『춘향전』 등 한글 소설, 사설시조 등에 해당한다. ②는 조선 건국 초에 편찬된 『고려국사』 등 역사서에 해당한다. ④는 조선 전기 이황이 저술한 『주자서절요』 등에 해당한다. ⑤는 일연의 『삼국유사』, 이승휴의 『제왕운기』 등에 해당한다. 고려 후기에는 무신 정변과 몽골의 침략을 겪으면서 자주 의식을 드러내는 역사 서술이 나타났다.

16 자료는 조선 후기 농업 중심 개혁론자 이익의 주장이다. 이익은 생활에 필요한 최소한의 토지(영업전)는 매매하지 못하도록 하는 한전론을 주장하였다.

| 선택지 바로잡기 | ① 유형원은 신분에 따라 차등을 두어 일정한 면적의 토지를 나누어 주는 균전론을 제시하였다. ③ 홍대용은 기술 혁신과 문벌제도 폐지를 주장하였다. ④ 박제가는 소비를 권장하여 경제를 활성화하자고 하였다. ⑤ 정약용은 토지를 공동으로 경작한 뒤 그 수확량을 분배하는 여전제를 주장하였다.

17 이익을 비롯한 유형원, 정약용 등의 농업 중심 개혁론자들은 농민의 어려운 생활이 토지 소유의 불균형에서 비롯되었다고 보고, 토지 제도를 개혁하여 농촌 사회를 안정시키고자 하였다.

| 선택지 바로잡기 | ① 상공업 중심 개혁론자 박제가는 수레와 배의 이용을 주장하였으며, 박지원 역시 수레와 선박의 필요성을 강조하였다. ② 상공업 중심 개혁론자 박지원은 화폐 유통의 필요성을 내세웠다. ③ 상공업 중심 개혁론자들은 청의 문물 수용과 상공업 진흥을 강조하였다. ④ 유수원, 홍대용은 대표적인 상공업 중심 개혁론자들이다. 유수원은 직업의 평등을 강조하였고, 홍대용은 기술 혁신을 주장하였다. 대표적인 농업 중심 개혁론자들로는 유형원, 이익, 정약용 등이 있다.

Ⅲ 근대 국가 수립의 노력

01 국제 질서의 변동과 개항

개념 확인하기
105, 107쪽

1 제국주의 **2** (1) ○ (2) ○ (3) × (4) × **3** (1) 어재연 (2) 평양
(3) 프랑스군 **4** (1) ○ (2) × (3) ○ **5** (1) 최혜국 대우
(2) 강화도 조약 (3) 운요호 사건 **6** 통상 개화(수교)론 **7**『조선책략』

실력 다지기
108~111쪽

01 ③	**02** ④	**03** ③	**04** ⑤	**05** ④	**06** ④	**07** ②
08 ①	**09** ③	**10** ③	**11** ⑤	**12** ④	**13** ①	**14** ②
15 ②	**16** ④	**17** 해설 참조		**18** 해설 참조		

01 18세기 후반 유럽에서 독점 자본주의가 나타나고 배타적·침략적 민족주의가 대두하면서 서구 열강은 제국주의 정책을 추구하였다.
| **선택지 바로잡기** | ㄱ. 『만국 공법』의 확산으로 동아시아에서는 조공·책봉 체제가 약화되었다. ㄹ. 백인 우월주의와 사회 진화론은 제국주의를 정당화하는 이론이다.

02 제시된 글의 첫 번째 조약은 청과 영국이 맺은 난징 조약(1842), 두 번째 조약은 일본과 미국이 맺은 미일 화친 조약(1854)이다. 청과 일본은 각각 난징 조약과 미일 화친 조약을 계기로 개항을 하였다.
| **선택지 바로잡기** | ①은 난징 조약, ②는 미일 수호 통상 조약 등, ③은 강화도 조약과 관련이 있다. ⑤ 두 조약이 맺어질 당시 영국과 미국은 이미 제국주의 국가였다.

03 미일 화친 조약(1854)과 미일 수호 통상 조약(1858) 사이에 제2차 아편 전쟁이 발발하였다(1856).
| **선택지 바로잡기** | ①, ②는 난징 조약(1842)에 대한 설명이다. ④는 1860년의 일이다. ⑤ 미국은 제너럴셔먼호 사건을 구실로 신미양요를 일으켜 강화도를 공격하고 초지진과 덕진진을 함락하였다.

04 (가) 사건은 병인양요의 배경이 된 병인박해이다. 흥선 대원군은 프랑스 세력을 끌어들여 러시아를 견제하려고 하였으나, 이에 실패하자 프랑스 선교사와 천주교 신자들을 박해(병인박해, 1866)하여 정치적 위기를 모면하려고 하였다.
| **선택지 바로잡기** | ① 흥선 대원군은 신미양요 이후 전국에 척화비를 건립하였다. ②는 일본의 메이지 유신에 대한 설명이다. ③은 청의 양무운동에 대한 설명이다. ④는 조미 수호 통상 조약에 대한 설명으로, 흥선 대원군 하야 이후 고종 친정 시기에 체결되었다.

05 자료의 수도 외곽을 방어하는 데 중요하고, 한강 하구에 위치해 있다는 점을 통해 밑줄 친 '이 지역'이 강화도임을 알 수 있다. 강화도에서는 병인양요와 신미양요가 일어났는데, 병인양요 때는 강화도에 있는 외규장각 도서를 약탈당하였다. 또한 양헌수 부대가 병인양요 때 프랑스군에 맞서 항전하였다.
| **선택지 바로잡기** | ④는 충남 덕산에서 있었던 일이다.

06 자료의 프랑스군이 갑곶진으로 상륙하였다는 점을 통해 밑줄 친 '이 사건'이 병인양요임을 알 수 있다. 프랑스군은 병인박해를 구실로 1866년에 강화도를 공격하였다. 이에 맞서 문수산성에서 한성근 부대가 전투를 벌였고, 정족산성에서 양헌수 부대가 프랑스군을 물리쳤다.
| **선택지 바로잡기** | ①, ③은 제너럴셔먼호 사건에 대한 설명이다. ② 병인박해는 조선이 프랑스 세력을 끌어들여 러시아의 남하를 막으려다 실패하는 과정에서 발생하였다. ⑤ 조선은 프랑스의 통상 수교 요구를 1886년에 수용하였다.

07 지도는 1871년에 일어난 신미양요의 전개 과정을 나타낸 것이다. 신미양요는 미국이 제너럴셔먼호 사건을 계기로 조선에 통상을 요구하며 강화도를 침략한 사건이다. 이때 어재연의 부대가 광성보에서 항전하였으나, 결국 함락되었다.
| **선택지 바로잡기** | ① 프랑스군은 병인양요 당시 퇴각하면서 조선의 외규장각 도서를 비롯한 각종 문화재를 약탈해 갔다. ③ 미일 수호 통상 조약의 체결은 1858년에 있었던 일이다. ④는 병인박해, ⑤는 흥선 대원군의 하야에 대한 설명이다.

08 (가) 사건은 병인박해(1866)이고, (나) 사건은 신미양요(1871)이다. 두 사건 사이에 ②, ③, ⑥ 병인양요(1866), ④ 제너럴셔먼호 사건(1866), ⑤ 오페르트의 도굴 시도(1868)가 일어났다.
| **선택지 바로잡기** | ① 척화비 건립은 1871년 신미양요 이후에 있었던 사실이다. 흥선 대원군은 통상 수교 거부 의지를 알리기 위해 전국 각지에 척화비를 세웠다.

09 조선의 개항 과정은 '(가) 병인박해(1866) – (다) 제너럴셔먼호 사건(1866) – (라) 병인양요(1866) – (나) 신미양요(1871)'의 순서로 일어났다.

10 중체서용의 원칙 아래 서구 문물과 기술을 받아들여 부국강병을 이루고자 한 '이 운동'은 양무운동이다. 양무운동 기간에 청은 서양식 무기를 도입하고, 군수 공장을 설립하였다. 또한 철도와 통신 산업을 육성하였으며, 해외 유학생을 파견하였다. 그러나 근본적인 정치 체제의 개혁이 없었고, 지역별로 통일성 없이 추진되어 뚜렷한 성과를 거두지 못하였다.
| **선택지 바로잡기** | ① 1860년대 초부터 전개된 양무운동은 아편 전쟁 발발(1840) 이후에 일어났다. ② 양무운동은 강화도 조약(1876)보다 먼저 일어났다. ④ 농민층이 주도한 아래로부터의 개혁은 태평천국 운동이다. ⑤ 일본의 메이지 유신은 입헌 군주제로의 정치 체제 변화를 시도하였다.

11 메이지 정부는 부국강병과 문명개화를 내세우며 근대 개혁을 추진하였다(메이지 유신, 1868). 이 시기에 신분제를 폐지하고 국민에게 납세 의무를 지게 하였으며 의무 교육을 실시하였다. 또한 징병제를 실시하여 근대적 군사 제도를 마련하였으며, 미국과 유럽에 이와쿠라 사절단을 파견하였다.

┃선택지 바로잡기┃ ⑤ 에도 막부는 임진왜란 이후 수립되었다. 일본에서는 개항 이후 에도 막부가 몰락하고 천황을 중심으로 하는 메이지 정부가 수립되었다.

12 박규수와 오경석은 청을 왕래하며 서양 기술의 우수성을 경험하고 문호 개방의 필요성을 역설한 통상 개화(수교)론자이다. 통상 개화(수교)론자들은 젊은 양반 자제들에게 세계정세와 서구 문물을 소개하였고, 조선도 자주적으로 문호를 개방하고 서양 문물을 받아들일 것을 역설하였다. 김옥균을 비롯한 젊은 양반 자제들은 개항 이후 개화파라 불리는 세력을 형성하였다. 개화파는 이후 개화 추진 방식과 외교 정책을 둘러싸고 개화파 간 의견 대립이 발생하여 급진 개화파와 온건 개화파로 분화되었다.

┃선택지 바로잡기┃ ①은 농업 중심 개혁론을 내세운 실학자들의 주장이다. 통상 개화(수교)론은 북학파 실학자들의 사상을 이어받았다. ②는 위정척사 운동에 대한 설명이다. ③ 통상 수교 거부 정책을 추진하던 흥선 대원군과 달리 통상 개화(수교)론자들은 자주적으로 문호를 열고 서양의 문물을 받아들여 부국강병을 이루어야 한다고 주장하였다. ⑤ 흥선 대원군은 왕실의 권위를 높이고 서양 세력을 배격하는 정책을 실시하였다.

13 자료는 강화도 조약(조일 수호 조규)이다. 강화도 조약(조일 수호 조규)은 조선이 외국과 맺은 최초의 근대적 조약이었다. 일본인이 조선에서 저지른 범죄를 일본법으로 재판할 수 있게 하는 영사 재판권(치외법권), 해안 측량권 등을 인정한 불평등 조약이었다. 또한 강화도 조약 1조에 자주국이라는 표현은 청이 조선에 대해 종주권을 주장할 것을 우려하여 명기함과 동시에 조선에 대한 청의 간섭을 배제하려는 의도가 들어 있었다.

┃선택지 바로잡기┃ ② 조미 수호 통상 조약에 최혜국 대우가 포함되었다. ③ 제물포 조약으로 일본군의 한성 주둔이 허용되었다. ④ 조미 수호 통상 조약 등에서 수출입 상품에 대한 관세가 규정되었다. ⑤ 조청 상민 수륙 무역 장정으로 청 상인은 내륙 진출을 인정받았다.

14 첫 번째 자료는 조일 수호 조규 부록, 두 번째 자료는 조일 무역 규칙이다. 조일 수호 조규 부록에는 일본인의 거류지를 설정하고(제4관), 개항장에서 일본 화폐의 유통을 허용한다는 조항(제7관)이 포함되었다. 또한 조일 무역 규칙은 쌀과 잡곡의 수출입 허용(제6칙)과 무항세를 규정(제7칙)하였다. 이에 따라 조선에서 일본 상인의 활동이 유리해져 일본 상품이 조선에 많이 유입되었다.

┃선택지 바로잡기┃ ②는 강화도 조약 제7조에 따른 변화이다. 제7조의 해안에 대한 측량권은 조선의 연안에 대한 측량권을 인정한 것으로 조선의 주권을 심각하게 침해한 조항이다.

15 자료에서 강화도의 연무당 옛터, 조선과 일본의 근대적 조약 등의 내용을 통해 밑줄 친 '조약'이 강화도 조약(조일 수호 조규)임을 알 수 있다. 강화도 조약은 운요호 사건을 계기로 체결되었다. 강화도 조약은 조선이 맺은 최초의 근대적 조약으로 부산 등 3개 항구의 개항에 대한 내용을 담고 있다. 또한 영사 재판권(치외법권), 해안 측량권 등 일본에 유리한 불평등한 내용도 담고 있다.

┃선택지 바로잡기┃ ② 조미 수호 통상 조약(1882)에서 거중 조정이 인정되었다. 거중 조정은 조약을 맺은 국가가 제3국과 분쟁이 있을 경우 조약을 맺은 상대국이 중간에서 해결을 추진할 수 있는 의무를 부여하는 것이다.

16 제시된 글은 조미 수호 통상 조약(1882)의 일부이다. 1880년 김홍집이 일본에 수신사로 다녀오면서 가져온 『조선책략』이 퍼지면서 미국과의 수교 주장이 힘을 얻었다. 이에 조선은 청의 알선으로 미국과 조미 수호 통상 조약을 맺었다. 조미 수호 통상 조약은 조선이 서양과 맺은 최초의 조약으로 최혜국 대우와 같은 불평등한 내용도 담겨 있다.

┃선택지 바로잡기┃ ① 조미 수호 통상 조약보다 난징 조약(1842)이 먼저 체결되었다. ② 미일 화친 조약은 1854년에 체결되었다. ③ 조미 수호 통상 조약에는 영사 재판권, 최혜국 대우 등 불평등한 내용이 담겨 있다. ⑤ 조미 수호 통상 조약이 체결되면서 조선은 조공·책봉 체제와 같은 동아시아의 전통적 외교 질서에서 점차 벗어나게 되었다.

17 **예시답안** 흥선 대원군은 프랑스 세력을 끌어들여 러시아의 남하를 막으려 하였으나 뜻대로 되지 않자 정치적 위기를 맞게 되었다. 이러한 정치적 위기를 타개하기 위해 흥선 대원군이 프랑스 선교사들과 수많은 신자를 처형한 병인박해가 일어나자, 이를 구실로 프랑스가 병인양요를 일으켰다.

채점 기준	
상	병인박해의 원인을 러시아를 견제하기 위한 상황과 연계지어 서술한 경우
하	병인박해에 대해 대략적으로 서술한 경우

18 **예시답안** • 1단계: (가)는 강화도 조약(조일 수호 조규), (나)는 조미 수호 통상 조약이다.
• 2단계: 18세기 이후 조선이 외국과 맺은 조약은 (가)의 영사 재판권이나 (나)의 최혜국 대우를 인정하는 불평등한 조약이었다.
• 3단계: (가)는 강화도 조약(조일 수호 조규), (나)는 조미 수호 통상 조약이다. 18세기 이후 조선은 근대적 조약을 체결하고 문호를 개방하였다. 이 시기 조선이 외국과 맺은 조약은 (가)의 영사 재판권이나 (나)의 최혜국 대우를 인정하는 불평등한 조약이었다.

채점 기준	
상	18세기 이후 조선이 외국과 맺은 조약의 불평등성을 (가), (나) 조항과 연관 지어 서술한 경우
하	(가), (나)를 규정한 조약의 명칭만 쓴 경우

1등급 도전하기
○ 112쪽

01 ②   02 ②   03 ①   04 ③

01 (가)는 프랑스, (나)는 미국이다. ② 프랑스는 조선과 조약을 체결하며 천주교 선교 활동을 인정해 줄 것을 요구하였다.
| 선택지 바로잡기 | ①은 미국, ③, ④는 영국에 대한 설명이다. ⑤ 미국이 프랑스보다 먼저 조선과 강화 조약을 체결하였다.

02 제시된 글의 밑줄 친 '이번 덕산 묘소에서 저지른 변고'는 오페르트 남연군 묘 도굴 미수 사건을 가리킨다. 이 사건은 흥선 대원군이 통상 수교 거부 정책을 알리는 척화비를 건립하는 데 영향을 주었다.
| 선택지 바로잡기 | ①, ③은 병인양요, ④는 『조선책략』, ⑤는 미국의 통상 요구에 대한 설명이다.

03 (가)는 병인양요, (나)는 신미양요이다. 병인양요 당시 정족산성에서 양헌수 부대가 프랑스군을 물리쳤다.
| 선택지 바로잡기 | ㄴ. 세종 때 이종무가 일본의 쓰시마섬을 토벌하였다. ㄷ은 운요호 사건에 대한 설명이다. ㄹ. 조선에서 18세기에 북학론이 등장하였다.

04 자료의 서양 국가와 맺은 최초의 조약 내용을 통해 (가) 조약이 조미 수호 통상 조약임을 알 수 있다. 조선은 미국과 조미 수호 통상 조약을 체결하면서 최혜국 대우를 인정하였다.
| 선택지 바로잡기 | ① 조미 수호 통상 조약은 미국과 체결한 조약이다. ② 조미 수호 통상 조약은 영사 재판권을 인정한 불평등 조약이다. ④ 조미 수호 통상 조약은 관세 부과 조항을 포함하였다. ⑤ 임술 농민 봉기는 조미 수호 통상 조약 체결 이전인 1862년에 일어났다.

수능 준비하기
○ 113쪽

01 ③   02 ①

01 운요호 사건의 영향으로 1876년 강화도 조약(조일 수호 조규)이 체결되었다.
| 선택지 바로잡기 | ① 인조반정으로 광해군이 쫓겨나고 서인 정권이 수립되었다. ② 병인양요는 1866년 병인박해를 배경으로 일어났다. ④ 정동행성이문소는 공민왕 때 폐지되었다. ⑤ 제너럴셔먼호 사건은 1866년 미국 상선 제너럴셔먼호가 평양까지 들어와 통상을 요구하다 침몰한 사건이다.

02 밑줄 친 '이 조약'은 조미 수호 통상 조약(1882)이다. 조미 수호 통상 조약은 최혜국 대우 조항을 포함하는 불평등 조약이었다.
| 선택지 바로잡기 | ②는 을사늑약, ③은 브라운 각서, ④는 한일 의정서, ⑤는 한일 신협약의 부속 조약에 대한 설명이다.

02 근대 국가 수립을 위한 노력(1)

개념 확인하기
115, 117쪽

1 통리기무아문   2 (1) ○ (2) × (3) ○   3 위정척사 운동   4 ㄷ, ㄹ
5 한성 조약   6 (1) ○ (2) ○ (3) × (4) ×   7 영국   8 조선 중립화론

실력 다지기
○ 118~121쪽

01 ④   02 ③   03 ①   04 ③   05 ⑤   06 ②   07 ①
08 ②   09 ②   10 ⑤   11 ①   12 ①   13 ④   14 ②
15 해설 참조   16 해설 참조

01 조선 정부는 근대화를 추진하면서 군사 제도를 개편하여 5군영을 무위영과 장어영의 2영으로 합치고, 일본인 교관의 훈련을 받는 신식 군대인 별기군을 창설하였다.
| 선택지 바로잡기 | ① 조선 후기에는 지방군으로 속오군을 두었다. ② 고려는 2군 6위의 중앙군을 배치하였다. ③ 임진왜란 중에 중앙군으로 훈련도감을 설치하였다. ⑤ 통일 신라는 9서당에 고구려계와 백제계를 포함하였다.

02 조선 정부는 일본의 정세를 파악하기 위해 일본에 조사 시찰단, 근대식 무기 제조법과 군사 훈련법을 습득하기 위해 청에 영선사 등 사절단을 파견하고 신식 군대인 별기군을 창설하였다. 별기군과의 차별에 불만을 품은 구식 군대 군인들이 임오군란을 일으켰다.
| 선택지 바로잡기 | 수신사는 일본에 파견된 사절단이고, 통리기무아문은 개화 정책을 총괄하는 기구이다. 갑신정변은 급진 개화파가 근대 국가 수립을 도모하며 일으킨 사건이며, 위정척사 운동은 유생들을 중심으로 일어난 개항 및 개화 정책 반대 운동이다.

03 제시된 글의 (가)는 1876년 일본에 파견된 제1차 수신사에 관한 내용이고, (나)는 1881년 비밀리에 일본으로 파견된 조사 시찰단에 대한 내용이다. 조선 정부는 강화도 조약 체결 직후 1876년에 일본의 근대화된 모습과 국제 정세를 파악하기 위해 제1차 수신사 김기수 일행을 파견하였다. 또한 일본의 정세를 파악하고 근대 행정 기구의 운영과 개화 정책에 대한 정보를 얻기 위해 조사 시찰단을 파견하였다. ① 1880년 2차 수신사로 김홍집이 일본에 파견되었다. 일본에 다녀온 2차 수신사 김홍집이 청의 외교관 황준헌이 쓴 『조선책략』을 조선에 유포하였다. 『조선책략』에서는 러시아의 남하 정책에 대응하기 위해 조선이 청, 일본, 미국과 긴밀한 관계를 형성하여 자강을 도모해야 한다고 주장하였다.
| 선택지 바로잡기 | ② 임오군란으로 1882년 흥선 대원군이 재집권하였다. ③ 최익현은 강화도 조약 체결이 추진된 1876년 왜양일체론을 내세웠다. ④ 1882년 조미 수호 통상 조약이 체결되었다. ⑤ 1882년 묄렌도르프가 고문으로 파견되었다.

04 자료에서 미국에 대해 반발하고 있는 점, 러시아에는 혐의가 없다고 한 점을 통해 자료의 내용이 영남 만인소임을 알 수 있다. 1880년대 정부가 개화 정책을 추진하고 『조선책략』이 유포되면서 미국과 수교하려 하자, 영남 유생들은 이만손을 중심으로 만인소를 올려 반발하였다.

| 선택지 바로잡기 | ㄱ. 1880년 김홍집이 일본에 수신사로 다녀오면서 가져온 황준헌의 『조선책략』이 조선에 유포되자, 미국과의 수교가 필요하다는 주장이 힘을 얻어 갔다. 결국 조선은 청의 알선으로 미국과 조미 수호 통상 조약을 체결하였다(1882). ㄹ. 갑신정변은 내각 제도와 인민 평등권 확립 등을 추진하여 자주적 근대 국가를 건설하려고 한 정치 운동이다.

05 자료는 위정척사 운동에 대한 것이다. 위정척사 운동은 1860년대에 척화 주전론을 내세우며 통상 수교 거부를 주장하였고, 1870년대에는 왜양일체론을 내세우며 개항을 반대하였다. 이는 위정척사 운동이 서양과 일본에 저항하는 반외세·반침략적 성격을 띠었음을 보여 준다.

| 선택지 바로잡기 | ㄱ. 정부는 개화 정책을 추진하면서 신식 군대를 창설하였다.

06 자료의 내용을 담은 서적은 청의 외교관 황준헌이 쓴 『조선책략』이다. ② 1880년대에 정부가 개화 정책을 추진하고 『조선책략』이 유포되자, 이만손을 중심으로 한 영남 유생들은 만인소를 올려 정부의 개화 정책 및 미국과의 수교에 반대하였다.

| 선택지 바로잡기 | ① 갑신정변은 급진 개화파의 주도로 일어났다. ③ 통리기무아문은 정부의 개화 정책으로 설치되었다. ④ 강화도 조약(조일 수호 조규)은 1876년에 체결되었다. ⑤ 강화도 조약 체결로 일본이 조선 해안 측량권을 확보하였다.

07 자료의 밑줄 친 '이 사건'은 임오군란이다. 임오군란의 결과 제물포 조약이 체결되어 일본군이 공사관 호위를 내세우며 한성에 주둔하였다. 임오군란을 진압한 청군은 흥선 대원군을 청으로 끌고 갔고, 청군은 조선에 주둔하였다. 한편, 청은 마건상과 묄렌도르프를 고문으로 파견하여 조선의 내정과 외교에 간섭하였고, 조청 상민 수륙 무역 장정을 체결하여 양화진과 한성에 청 상인이 진출할 수 있게 되었다.

| 선택지 바로잡기 | ① 임오군란의 결과로 제물포 조약이 체결되었다.

08 자료의 인물은 최익현이다. 최익현을 비롯한 양반 유생들은 개항에 반대하는 위정척사 운동을 전개하면서 일본이 서양과 다름없다는 왜양일체론을 주장하였다.

| 선택지 바로잡기 | ①은 김홍집, ③은 이항로, ④는 흥선 대원군, ⑤는 고려의 묘청에 대한 설명이다.

09 자료의 무위영, 장어영, 일본 공사관을 공격 등을 통해 제시된 상황은 임오군란임을 알 수 있다. 1882년에 구식 군대의 군인들은 별기군과의 차별 대우에 반발하여 반란을 일으켰다.

10 임오군란이 진압된 이후 청은 조청 상민 수륙 무역 장정을 체결하여 정치적 영향력의 확대, 우세한 자금력 등을 바탕으로 조선의 상권을 장악해 갔다.

| 선택지 바로잡기 | ① 도병마사는 고려의 회의 기관이다. ② 임진왜란은 1592년에 발발하였다. ③ 신라는 삼국을 통일하고 9서당 10정 체제로 군사 제도를 개편하였다. ④ 고려 말 공민왕은 원의 내정 간섭 기구인 정동행성이문소를 폐지하였다.

11 도표의 (가) 세력은 온건 개화파이다. 김홍집, 김윤식, 어윤중을 중심으로 형성된 온건 개화파는 청의 양무운동을 개화 모델로 삼고, 유교 질서를 지키면서 서양의 과학 기술을 수용하자는 동도서기론의 입장에서 점진적인 개혁을 추구하였다. 이들은 전통적인 외교 관계를 중시하여 청과의 사대 관계를 유지하고자 하였다.

| 선택지 바로잡기 | ① 급진 개화파가 갑신정변을 일으켰다.

12 조선 정부는 개화 정책을 추진하면서 예산이 부족하였다. 이에 급진 개화파인 김옥균은 일본에서 차관을 도입하고자 하였으나 실패하였다. 이에 따라 급진 개화파의 정치적 입지가 좁아졌고, 이 사건은 갑신정변이 일어나는 중요한 배경이 되었다.

| 선택지 바로잡기 | ② 당백전은 경복궁 중건을 위해 흥선 대원군이 발행하였다. ③ 흥선 대원군의 통상 수교 거부 정책으로 서양 열강과 충돌하여 병인양요, 신미양요 등이 일어났다. ④ 흥선 대원군은 서원을 철폐하여 국가 재정을 확보하고자 하였다. ⑤ 청은 임오군란을 진압한 후 조선과 조청 상민 수륙 무역 장정을 맺었다. 이에 따라 청 상인이 한성과 양화진에 진출하게 되었다.

13 자료에 나타난 사건은 갑신정변이다. 급진 개화파는 일본의 지원을 약속받고 우정총국 개국 축하연을 틈타 정변을 일으켰다. 급진 개화파는 개화당 정부를 구성하고 개혁 정강을 발표하였으나, 청이 군대를 파견하자 철수하여 정변은 실패로 끝났다. 갑신정변의 결과 일본은 청과 톈진 조약을 체결하여 조선에서 양국의 군대를 철수하고, 추후 조선에 출병시 상대국에 미리 알릴 것을 규정하였다.

| 선택지 바로잡기 | ㄷ. 갑신정변은 청프 전쟁으로 청군의 절반이 조선에서 철수한 상황을 틈타 일어났다.

14 자료의 주장은 유길준의 한반도 중립론이다. 갑신정변 이후 청의 내정 간섭이 더욱 심해졌다. 이후 고종이 청을 견제하려고 조러 비밀 협약을 추진하자 영국이 거문도를 불법 점령하였다. 이렇게 조선을 두고 열강의 대립이 거세지는 가운데 유길준은 한반도 중립론을 주장하였다.

| 선택지 바로잡기 | ① 일본은 1875년에 운요호 사건을 일으켰다. ③ 고종은 1896년 러시아 공사관으로 거처를 옮기는 아관 파천을 단행하였다. ④ 1866년 병인양요 때 프랑스군이 외규장각 의궤 등을 약탈하였다. ⑤ 1870년대 초 흥선 대원군이 일본이 보내온 외교 문서(서계)의 형식이 전통적 외교 질서에 어긋난다는 이유로 거절하였다. 그러자 일본에서는 조선을 침공하자는 정한론이 등장하였다.

15 (1) 갑신정변

(2) **예시답안** 갑신정변은 내각 제도와 인민 평등권 확립 등을 추진하여 자주적 근대 국가를 건설하려고 한 정치 운동이라는 점에서 의의가 있다. 반면 일본의 군사적 지원에 지나치게 의존하고 민중의 지지를 이끌어 내지 못한 한계가 있었다.

채점 기준	
상	갑신정변의 의의와 한계를 모두 서술한 경우
하	갑신정변의 의의와 한계 중 한 가지만 서술한 경우

16 **예시답안** • 1단계: 서양의 문물을 부정적으로 바라보는 것을 통해 위정척사 운동과 관련된 자료임을 알 수 있다.

• 2단계: 위정척사 운동은 서양과 일본의 경제적·군사적 침략에 반대하는 반외세·반침략 운동의 성격을 띠었다. 이후 항일 의병 운동으로 이어졌다.

• 3단계: 자료에 나타난 운동은 위정척사 운동으로 서양과 일본의 경제적·군사적 침략에 반대하는 반외세·반침략 운동의 성격을 띠었다. 이후 위정척사 운동은 일본의 침략에 저항하는 항일 의병 운동으로 이어졌다.

채점 기준	
상	위정척사 운동을 쓰고, 그 성격과 의의를 모두 서술한 경우
중	위정척사 운동의 성격과 의의 중 한 가지만 서술한 경우
하	위정척사 운동만 쓴 경우

1등급 도전하기   122쪽

01 ②   02 ③   03 ②   04 ②

01 (가)는 영선사, (나)는 수신사, (다)는 조사 시찰단, (라)는 보빙사이다. ② 1880년에 관세 설정 등 일본과의 조약 내용을 개정하려고 2차 수신사 김홍집을 파견하였다.

| 선택지 바로잡기 | ① 영선사는 조청 상민 수륙 무역 장정 체결 이전에 파견되었다. ③ 위정척사 운동을 벌인 최익현은 왜양일체론을 내세우며 개항을 반대하였다. ④ 기기창 설치의 기반을 마련한 사절단은 영선사이다. ⑤ 조사 시찰단은 비밀리에 파견되었으나, 수신사는 비밀리에 파견된 것은 아니다.

02 자료의 묄렌도르프가 당오전 발행을 주장하거나, 김옥균이 일본 차관 도입을 시도한 당시 정부는 개화 정책 등으로 재정이 부족한 상황이었다.

| 선택지 바로잡기 | ① 환곡의 폐단은 국가 재정보다는 백성에게 큰 부담을 주었다. ② 제너럴셔먼호 사건은 1866년 미국 상선 제너럴셔먼호가 평양에서 주민들을 약탈하여 평양 관민이 제너럴셔먼호를 불태운 사건이다. ④ 흥선 대원군은 왕실의 권위 회복을 위해 경복궁 중건 사업을 추진하였다. ⑤ 1차 갑오개혁으로 조세를 화폐로 납부하게 되었다.

03 자료의 (가)는 갑신정변이다. 급진 개화파는 일본군의 지원을 약속받고 갑신정변을 일으켰다. 갑신정변 이후 일본과 청은 톈진 조약을 맺어 조선에서 양국의 군대를 철수하되 앞으로 조선에 군대를 보낼 때는 상대국에 미리 알릴 것을 규정하였다.

| 선택지 바로잡기 | ① 구식 군대의 군인들이 주도한 사건은 임오군란이다. ③ 강화도 조약의 체결로 부산 등 3개 항구가 개항하였다. ④ 임오군란 때 흥선 대원군이 다시 권력을 잡아 개화 정책을 중단하였다. ⑤ 제2차 아편 전쟁은 1856년에서 1860년까지 전개되었다.

04 자료는 거문도 사건에 대한 것이다. 갑신정변 이후 청의 개입이 더욱 심해지자 고종은 청을 견제하려고 조러 비밀 협약을 추진하였다. 이에 영국은 러시아의 남하를 막는다는 구실로 거문도를 불법 점령하였다.

| 선택지 바로잡기 | ① 『조선책략』이 유포되면서 이만손 등의 영남 유생들이 만인소를 올려 미국과의 수교를 반대하였다. ③ 청일 전쟁은 거문도 사건 이후에 발발하였다. ④ 고종이 러시아 공사관으로 거처를 옮긴 아관 파천은 거문도 사건 이후에 일어났다. ⑤는 조미 수호 통상 조약에 대한 설명이다.

수능 준비하기   123쪽

01 ③   02 ④

01 자료는 위정척사 운동에 대한 내용이다. 이항로 등은 1860년대 척화 주전론을 내세우며 통상 수교 요구를 거부하였고, 1870년대 최익현은 왜양일체론을 내세우며 개항을 반대하였다. 또한 1880년대 초 『조선책략』이 국내에 유포되자 이만손 등 영남 유생들은 미국과의 수교를 반대하는 만인소를 올렸다.

| 선택지 바로잡기 | ① 박정희 정부 시기에 농촌 근대화 등을 목적으로 새마을 운동이 실시되었다. ② 을사늑약을 전후하여 국권 상실의 위기감이 고조되는 상황에서 개화 운동과 독립 협회 활동을 계승한 지식인을 중심으로 애국 계몽 운동이 전개되었다. ④ 물산 장려 운동은 일제 강점기인 1920년대에 실시되었다. ⑤ 순종의 서거를 계기로 일어난 6·10 만세 운동의 결과 민족 유일당 결성의 기반이 마련되었다.

02 자료는 급진 개화파가 개화당 정부를 수립하고 발표한 개혁 정강으로, (가)는 갑신정변이다. 갑신정변 이후 청의 내정 간섭은 더욱 심해졌다. 일본은 정변의 책임을 조선에 떠넘기며 배상금 지불, 공사관 신축 비용 부담 등을 내용으로 하는 한성 조약을 체결하였다.

| 선택지 바로잡기 | ① 삼별초는 고려 시대에 대몽 항쟁을 펼쳤다. ② 규장각은 조선 정조 때 육성되었다. ③ 임오군란은 갑신정변 이전에 발발하였다. ⑤ 조선 숙종 때인 18세기 초 청과의 국경을 정한 백두산 정계비가 건립되었다.

03 근대 국가 수립을 위한 노력(2)

개념 확인하기

125, 127쪽

1 교조 신원 운동   **2** (1) ○ (2) × (3) × (4) ○   **3** ㄷ, ㄹ
4 독립 협회   **5** 구본신참   **6** (1) ○ (2) ○ (3) × (4) ×   **7** ㄴ, ㄹ

실력 다지기

128~131쪽

01 ②   **02** ①   **03** ⑤   **04** ③   **05** ②   **06** ②   **07** ①
08 ⑥   **09** ③   **10** ②   **11** ④   **12** ②   **13** ⑤   **14** ②
15 해설 참조   **16** 해설 참조

01 개항 이후 조선 정부가 개화 정책을 추진하고 일본에 배상금을 지급하면서 국가 재정이 어려워졌다. 일본으로 곡물이 유출되어 물가가 폭등하고, 영국산 면직물이 청과 일본 상인에 의해 들어오자 농민들이 큰 타격을 입었다.
┃선택지 바로잡기┃ ㄴ은 개항 이전 흥선 대원군 시기에 해당한다. ㄹ. 일본으로부터 차관 도입이 실패하는 등 급진 개화파가 위축되자 갑신정변을 일으켰다.

02 동학은 평등 사상을 내세워 농민층에게 큰 호응을 얻었을 뿐 아니라 2대 교주 최시형이 포접제 조직망을 정비하고 포교에 힘쓰면서 교세가 크게 확산되었다.
┃선택지 바로잡기┃ ② 2차 수신사로 일본에 다녀온 김홍집이 『조선책략』을 유포하였다. ③ 개항에 반대하던 최익현이 왜양일체론을 내세웠다. ④ 온건 개화파는 청의 양무운동을 본받아 개혁을 추진하자는 동도서기론을 주장하였다. ⑤ 정부는 개화 정책을 총괄하는 기구로 통리기무아문을 설치하였다.

03 (가)는 고부 농민 봉기, (나)는 동학 농민 운동의 시작을 알리는 제1차 봉기이다. 고부 농민 봉기를 수습하기 위해 파견된 안핵사 이용태가 고부 농민 봉기에 참여한 농민들을 잡아들이고 가족까지 체포하였다. 그러자 전봉준은 손화중과 함께 농민들을 모아 무장에서 대규모로 봉기하였다.
┃선택지 바로잡기┃ ① 임술 농민 봉기의 결과 삼정이정청이 설치되었다. ② 임오군란의 결과 청이 마건상을 고문으로 파견하였다. ③ 을사늑약 체결에 반발하여 최익현이 태인에서 의병을 일으켰다. ④ 임오군란 중 다시 집권한 흥선 대원군은 개화 정책을 폐지하였다.

04 자료는 백산으로 이동한 농민군이 발표한 4대 강령이다. ③ 고부 농민 봉기 이후 무장에서 봉기한 농민군은 백산으로 이동하여 4대 강령을 발표하였다. 또한 격문에는 '제폭구민', '보국안민' 등의 구호를 담았다.
┃선택지 바로잡기┃ 강화도 조약 체결은 1876년, 임오군란 발발은 1882년, 고부 농민 봉기는 1894년 1월, 전주 화약 체결은 1894년 5월, 을미사변은 1885년, 아관 파천은 1896년에 있었던 사실이다.

05 (가)에는 제1차 봉기의 내용이 들어가야 한다. 고부 농민 봉기 이후 제1차 봉기 때 동학 농민군은 무장에서 봉기하여 백산에 집결한 뒤 황토현 전투, 황룡촌 전투 등에서 승리하고 전주성까지 함락하였다.
┃선택지 바로잡기┃ ①은 갑신정변에 대한 설명이다. ③ 동학의 창시자는 최제우이다. ④는 임오군란에 대한 설명이다. ⑤는 동학 농민군의 제2차 봉기에 대한 설명이다.

06 자료는 동학 농민군이 발표한 폐정 개혁안이다. ② 동학 농민군은 전주 화약을 맺고 전라도 각지에 자치 기구인 집강소를 설치하여 폐정 개혁안을 실천해 나갔다.
┃선택지 바로잡기┃ ① 을미사변은 동학 농민 운동 이후인 1895년에 일어났다. ③ 정부는 개화 정책을 추진하면서 1881년 별기군을 조직하였다. ④ 갑신정변의 결과 1884년 한성 조약이 체결되었다. ⑤ 임오군란의 결과 1882년 묄렌도르프가 고문으로 파견되었다.

07 지도는 제2차 동학 농민 운동의 전개 과정을 보여 준다. 일본은 청일 전쟁에서 전세가 유리해지자 조선 정부군과 연합하여 농민군을 진압할 준비를 하였다. 이에 농민군은 반외세·반침략의 기치를 내세우며 다시 봉기하였다. 손병희가 이끄는 북접 농민군과 전봉준이 이끄는 남접 농민군은 논산에 집결한 후 북상하여 관군과 일본군에 맞섰으나, 공주 우금치 전투에서 패하였다.
┃선택지 바로잡기┃ ②는 정미의병이 일어난 배경에 해당한다. ③은 운요호 사건에 대한 설명으로, 이를 계기로 강화도 조약이 체결되었다. ④는 1868년의 일이다. ⑤는 제물포 조약의 결과이다.

08 자료의 밑줄 친 '개혁'은 제1차 갑오개혁을 의미한다. 군국기무처의 주도로 추진된 제1차 개혁은 중국의 연호 대신 개국 기년을 사용하였고, 의정부와 궁내부를 분리하였으며, 의정부 아래 8아문을 두고 국가 재정을 탁지아문에서 모두 관할하게 하였다. 그리고 은본위제를 채택하였으며, 조세를 화폐로 납부하게 하였다. 또한 노비제, 과거제, 연좌제를 폐지하였고 과부의 재가를 허용하였다.
┃선택지 바로잡기┃ ⑥ 건양을 연호로 사용한 개혁은 을미개혁이다.

09 자료는 2차 갑오개혁을 추진하면서 발표한 홍범 14조이다. 정부는 홍범 14조에서 국정 개혁의 방향을 밝히고, 의정부를 궁궐 안으로 옮겨 내각이라 개칭하였다.
┃선택지 바로잡기┃ ① 대한 제국은 전제 군주제를 표방한 대한국 국제를 반포하였다. ② 제1차 갑오개혁에서 과부의 재가를 허용하였다. ④ 갑신정변을 일으킨 급진 개화파는 개화당 정부를 수립하고 개혁 정강을 발표하였다. ⑤ 동학 농민군이 폐정 개혁을 실시하였다.

10 밑줄 친 '개혁'은 을미사변 이후 추진된 을미개혁(제3차 갑오개혁)이다. 을미개혁 때 조선 정부는 '건양' 연호 사용, 중앙에 친위대·지방에 진위대 설치, 태양력 사용, 소학교 설립, 종두법과 단발령 실시 등의 개혁을 추진하였다.
┃선택지 바로잡기┃ ② 군국기무처는 제1차 갑오개혁 때 설치되었다.

11 자료의 독립문을 건립한 단체는 독립 협회이다. 독립 협회는 중추원 관제 개편을 통해 의회 수립 운동을 추진하였다.
| **선택지 바로잡기** | ①은 급진 개화파, ②는 최익현 등에 대한 설명이다. ③은 조선 정부의 개화 정책에 해당한다. ⑤ 동학 농민군은 폭정을 없애고 백성을 구한다는 '제폭구민', 나라를 돕고 백성을 편안히 한다는 '보국안민'의 구호를 담은 격문을 발표하였다.

12 (가) 단체는 독립 협회이다. 독립 협회는 만민 공동회를 열고 러시아의 이권 침탈을 규탄하는 자주 국권 운동을 전개하여 러시아의 절영도 조차 요구를 저지하였다. 또한 정부 대신들까지 참석하는 관민 공동회를 개최하여 헌의 6조를 결의하였다.
| **선택지 바로잡기** | ㄴ. 황국 협회는 독립 협회를 견제하기 위해 정부에서 보부상을 내세워 조직한 단체이다. ㄹ. 서재필이 개화 관료 및 지식인들과 함께 독립 협회를 창립하였다.

13 자료는 대한국 국제이다. ⑤ 대한국 국제는 대한 제국이 전제 군주정임을 명시하고, 황제가 군 통수권, 입법권, 행정권, 사법권 등 모든 권한을 가진다고 규정하였다.
| **선택지 바로잡기** | ①은 홍범 14조 등에 해당한다. ② 대한국 국제는 전제 군주제를 명시하였다. ③ 교육 입국 조서는 제2차 갑오개혁 때 발표되었다. ④ 대한국 국제는 독립 협회 설립 이후에 반포되었다.

14 밑줄 친 '개혁'은 대한 제국 시기에 추진된 광무개혁이다. 대한 제국은 구본신참의 원칙에 따라 광무개혁을 추진하여 양전 사업을 실시하고 지계를 발급하였으며, 상공 학교와 광무 학교를 세웠다. 또한 유학생을 파견하여 서양의 근대 기술을 배워오도록 하였다.
| **선택지 바로잡기** | ② 흥선 대원군이 호포제를 실시하였다.

15 [예시 답안] 동학 농민 운동은 양반 중심의 신분 질서를 개혁하려는 반봉건적 성격과 외세의 침략을 물리쳐 나라를 지키려 한 반침략적 성격을 지니고 있었다.

채점 기준	
상	동학 농민 운동이 반봉건적·반침략적 성격을 지니고 있었다는 내용을 모두 서술한 경우
하	동학 농민 운동의 반봉건적·반침략적 성격 중 한 가지만 서술한 경우

16 [예시 답안] • 1단계: 개혁안의 명칭은 헌의 6조이다.
• 2단계: 중추원 관제가 개편되어 중추원이 법률 및 칙령을 제정하거나 폐지하고, 정부의 주요 안건을 심사하거나 의결하였다.
• 3단계: 헌의 6조의 결의로 중추원 관제가 개편되었다. 이에 따라 중추원이 법률 및 칙령을 제정하거나 폐지를 하고, 정부의 주요 안건을 심사하거나 의결하는 기구로 변화되었다.

채점 기준	
상	헌의 6조와 중추원 관제의 변화를 모두 서술한 경우
중	중추원 관제가 변화된 내용만 서술한 경우
하	헌의 6조만 쓴 경우

1등급 도전하기 ○─ 132쪽

01 ⑤   02 ④   03 ⑤   04 ③

01 자료는 동학 농민군의 제2차 봉기 당시 격문이다. 청일 전쟁에서 전세가 유리해진 일본이 농민군을 진압할 준비를 하자 농민군은 반침략의 기치를 내세우며 다시 봉기하였다. 봉기한 농민군 중 손병희가 이끄는 북접군과 전봉준이 이끄는 남접군은 한성으로 진격하려고 논산에 집결하였다. ⑤ 이후 농민군은 공주 우금치에서 관군과 일본군의 연합 부대와 치열한 전투를 벌였으나 패배하였다.
| **선택지 바로잡기** | ① 교조 최제우는 혹세무민의 죄로 1864년에 처형당하였다. ② 동학 농민군은 제1차 봉기 때 백산에서 4대 강령을 발표하였다. ③ 제1차 봉기 때 농민군은 관군을 격파한 후 전주성을 점령하고 정부와 전주 화약을 맺었다. ④ 제1차 봉기 때 황룡촌 전투에서 농민군이 관군에 승리하였다.

02 자료에서 건양 연호 사용, 태양력 사용 등을 통해 을미개혁을 추진한 내각에 해당함을 알 수 있다. 김홍집, 유길준 등 친일 관료로 구성된 내각은 을미개혁을 추진하여 중앙에 친위대, 지방에 진위대를 설치하였다. 또한 종두법과 단발령을 실시하고 소학교를 설립하였다.
| **선택지 바로잡기** | ㄷ. 을미개혁은 아관 파천 이전인 1895년에 실시되었다.

03 (가)는 동학 농민 운동이다. 동학 농민군은 제1차 봉기 당시 백산에서 4대 강령을 발표하고, 폭정을 없애고 백성을 구한다는 '제폭구민', 나라를 돕고 백성을 편안히 한다는 '보국안민'을 구호로 내세웠다.
| **선택지 바로잡기** | ① 삼정이정청은 임술 농민 봉기의 영향으로 설치되었다. ② 강화도 조약(1876) 체결로 부산 등 3개 항구가 개항하였다. ③ 제물포 조약 체결로 일본군이 한성에 주둔하게 되었다. ④ 임오군란 중 사태 수습을 위해 흥선 대원군이 다시 권력을 잡았다.

04 밑줄 친 '새로운 나라'는 대한 제국이다. 고종은 러시아 공사관에서 환궁한 뒤 환구단에서 황제로 즉위하고, 대한 제국 수립을 선포하였다. ③ 대한 제국 시기인 1898년 독립 협회가 주관한 관민 공동회가 개최되었다.
| **선택지 바로잡기** | ① 1896년에 서재필이 독립신문을 창간하였다. ② 조선 정부는 일본에 조사 시찰단, 청에 영선사 등 사절단을 파견하고 신식 군대인 별기군을 창설(1881)하였다. ④ 급진 개화파는 갑신정변(1884)을 일으켰지만 청군의 개입으로 3일 만에 막을 내려 김옥균, 박영효, 서재필 등이 일본으로 망명하였다. ⑤ 갑신정변(1884) 이후 청의 내정 간섭이 심해지자 조선 정부는 청을 견제하기 위해 러시아와 비밀 협약을 추진하였다. 그러자 러시아와 대립하고 있던 영국은 러시아의 남하를 막는다는 구실로 거문도를 불법으로 점령하는 거문도 사건을 일으켰다(1885).

수능 준비하기

01 ⑤   02 ⑤

01 자료는 제2차 동학 농민 운동 때의 상황이다. 일본이 청일 전쟁을 일으키고 경복궁을 점령하자 동학 농민군은 논산에서 집결하여 제2차 봉기를 일으켰다. 이들은 공주 우금치에서 일본군과 관군에 맞서 싸웠으나 우세한 화력에 밀려 패하였다.

| **선택지 바로잡기** | ①은 박정희 정부, ②는 고구려에서 있었던 일이다. ③은 임진왜란, ④는 6·25 전쟁 때 있었던 일이다.

02 자료에서 광무라는 연호, 구본신참의 원칙 아래 실행된 개혁 등의 내용을 통해 (가)에 들어갈 내용이 대한 제국 시기에 추진된 광무개혁에 해당함을 알 수 있다. 대한 제국은 개인의 토지 소유권을 법적으로 보장하고 조세 수입을 증대하고자 양전 사업을 추진하였다. 또한 토지를 측량하고 토지 소유권을 증명하는 지계를 발급하였다.

| **선택지 바로잡기** | ①은 고려 광종, ②는 박정희 정부, ③은 고려 공민왕에 대한 설명이다. ④ 산미 증식 계획은 1920년대 일제의 정책으로 일본의 식량 부족 문제를 해결하기 위해 실시하였다.

04 사회·경제 변화와 문화 변동

개념 확인하기
135, 137쪽

1 (1) ✕ (2) ◯ (3) ◯ (4) ◯ **2** 거류지 **3** 메가타 **4** 상회사
5 교육 입국 조서 **6** (1) ◯ (2) ◯ (3) ✕ **7** (1) ㄹ (2) ㄷ (3) ㄴ (4) ㄱ

실력 다지기
○ 138~141쪽

01 ⑤	02 ④	03 ④	04 ①	05 ⑤	06 ④	07 ③
08 ④	09 ③	10 ④	11 ③	12 ②	13 ②	14 ②
15 해설 참조		16 해설 참조				

01 개항 초기 외국 상인들은 개항장 10리(4km) 이내에서만 활동할 수 있었기 때문에 조선의 객주 등은 외국 상인과 조선 상인을 연결하는 중개 무역을 전개하였다.

| **선택지 바로잡기** | ① 금난전권은 정조 때 통공 정책으로 폐지되었다. ② 대동법 실시로 등장한 공인은 정부에 여러 물품을 공급하였다. ③ 시전 상인은 외국 상인의 국내 상업 활동을 제한하고 한국 상인들의 상권을 보호하고자 황국 중앙 총상회를 조직하였다. ④ 보부상은 장시를 이동하며 물건을 판매하였다.

02 개항 이후 조일 무역 규칙의 체결로 쌀, 콩 등 곡물이 제한 없이 유출되어 조선의 쌀값이 많이 올랐다. 또한 일본이 영국산 면제품을 중계 무역하여 큰 수익을 얻었고, 조선의 면직물 공업이 큰 타격을 받았다.

| **선택지 바로잡기** | ㄱ. 세도 정치 시기에 삼정의 문란이 심화되어 1862년 임술 농민 봉기가 발생하였다. ㄷ. 고부 농민 봉기의 처리 과정에서 안핵사 이용태가 농민들을 탄압하여 동학 농민 운동이 일어났다.

03 (가)의 노선과 1906년에 개통되었다는 점을 통해 (가)는 경의선임을 알 수 있다. 일본은 경부선 부설권을 획득한 후 프랑스로부터 경의선 부설권도 넘겨받았다. 그리고 러일 전쟁을 거치면서 군용 철도 명목으로 경의선과 경부선을 부설하였다.

| **선택지 바로잡기** | ① 경인선 부설권은 미국이 획득하였다가 이후 일본이 인수하였다. ②는 남만주 철도와 관련이 있다. ③ 군국기무처는 제1차 갑오개혁을 주도하였다. ⑤ 흥선 대원군이 경복궁 중건 비용을 마련하기 위해 당백전을 발행하였다.

04 자료에서 청 상인에 치외법권이 허용되고 내지채판이 필요한 경우 허가를 받아야 한다는 내용을 통해 자료의 조약이 조청 상민 수륙 무역 장정임을 알 수 있다. 청은 임오군란을 진압한 후 조선 정부에 조청 상민 수륙 무역 장정의 체결을 강요하고 경제적 침투를 강화하였다. 이후 청의 내정 간섭이 심화되고, 청 상인의 침투가 용이해졌다.

| **선택지 바로잡기** | ② 동학 농민군이 집강소를 설치하였다. ③ 광무개혁은 1897년 대한 제국 선포 이후에 실시되었다. ④ 통리기무아문은 1880년에 설치된 기구로, 고종의 개화 정책을 추진하였다. ⑤는 갑신정변에 해당한다.

05 자료는 화폐 정리 사업에 대한 것이다. 러일 전쟁 중 체결된 제1차 한일 협약에 의해 메가타가 재정 고문으로 임명되었다. 메가타는 1905년 화폐 정리 사업을 추진하여 백동화를 일본 제일 은행권으로 바꾸게 하였다. 화폐 정리 사업의 결과 한국의 상인들은 큰 타격을 입었다.

| **선택지 바로잡기** | 강화도 조약 체결은 1876년, 거문도 사건 발발은 1885년, 아관 파천은 1896년, 만민 공동회 개최는 1898년, 러일 전쟁 발발은 1904년, 한일 병합 조약 체결은 1910년에 있었던 사실이다.

06 1880년대 초부터 객주를 비롯한 조선 상인들은 외국 상인의 침탈에 맞서 상회사를 세워 상권을 지키려 하였다.

| **선택지 바로잡기** | ①은 공인, ②, ③은 독립 협회. ⑤는 동양 척식 주식회사와 관련된 내용이다.

07 임오군란 이후 외국 상인들의 내륙 상권 침탈이 심화하였다. 이에 맞서 객주를 비롯한 조선 상인은 1880년대 초에 상회사인 대동 상회, 장통 상회를 설립하였다.

| **선택지 바로잡기** | ① 독립 협회에서 독립신문을 발행하였다. ② 대한 제국은 1890년대 말에 조선 은행, 한성 은행을 세웠다. ④는 시전 상인, ⑤는 독립 협회의 활동이다.

08 자료에서 한성에 있다는 것, 상점 문을 닫았다는 것 등을 통해 (가)는 철시 투쟁을 벌인 시전 상인임을 알 수 있다. ④ 시전 상인은 1898년 황국 중앙 총상회를 조직하여 외국 상인의 국내 상업 활동을 제한하고 한국 상인들의 상권을 보호하고자 하였다. 또한 근대적 자본을 육성하기 위해 대한 천일 은행 등 은행을 설립하여 운영하고, 해운과 철도 분야에서 회사를 세우는 데 참여하였다.
| **선택지 바로잡기** | ① 조일 통상 장정을 근거로 지방관들이 방곡령을 선포하였다. ② 신민회는 민족 산업을 육성하고자 태극 서관을 운영하였다. ③ 객주, 보부상 등은 중개 무역을 하면서 성장하였다. ⑤는 영남 유생에 해당한다.

09 자료의 조약은 조일 통상 장정의 내용이다. 조선은 일본과 조일 통상 장정(1883)을 체결하여 개항장에서 관세를 부과하도록 하였다. 조일 통상 장정에는 다른 국가에 주어진 가장 유리한 대우를 조약을 체결한 상대국에도 적용하는 최혜국 대우 규정도 포함되었다.
| **선택지 바로잡기** | ①은 조청 상민 수륙 무역 장정, ②는 제1차 한일 협약(외국인 고문 용빙에 관한 협정서), ④는 조미 수호 통상 조약, ⑤는 조일 수호 조규 부록과 관련된 내용이다.

10 자료는 교육 입국 조서이다. 정부는 과거제를 폐지하고 교육 입국 조서를 반포하여 소학교, 한성 중학교, 한성 사범 학교 및 외국어 학교 등 근대적 관립 학교를 세웠다.
| **선택지 바로잡기** | ① 정부는 1880년대에 동문학을 세웠다. ② 1907년에 결성된 신민회는 평양에 대성 학교를 설립하였다. ③ 1894년 군국기무처는 제1차 갑오개혁 때 과거제를 폐지하였다. ⑤ 1908년에 일제가 사립 학교령을 공포하여 사립 학교의 설립을 제한하였다.

11 자료는 근대 문물 수용 이후 의식주의 변화를 보여 준다. ① 서양식 건축 양식으로 명동 성당, 덕수궁 석조전 등이 건축되었다. ② 1900년 이후 문무관들이 서양식 예복이나 제복을 착용하기 시작하였다. ④, ⑤ 음식에서는 서양 요리나 커피, 중국의 호떡과 찐빵 등이 들어왔다.
| **선택지 바로잡기** | ③ 개항 이후 근대 문물이 들어오면서 장옷과 쓰개치마는 점차 사라지고 서양식 예복이나 개량 한복으로 바뀌어 갔다.

12 첫 번째 자료는 1897년 독립신문에 실린 독립 협회의 민권 의식을 보여 주는 것이고, 두 번째 자료는 1898년에 한성의 부인들이 발표한 「여권통문」이다. 두 자료를 통해 공통적으로 민권 의식이 성장하였음을 알 수 있다.
| **선택지 바로잡기** | ① 지방관들은 조일 통상 장정에 근거하여 곡물 유출을 막기 위해 방곡령을 실시하였다. ③ 전환국은 1883년에 화폐 발행을 위해 설치되었다. ④ 아관 파천 이후 열강들의 이권 침탈이 심화되자 독립 협회 등은 이권 수호 운동을 전개하였다. ⑤ 외국 자본의 침탈이 심화되자 1890년대 중반 이후 상인층과 전·현직 관료들이 은행, 해운, 철도 등의 분야에서 회사 설립을 추진하였다.

13 자료는 신채호가 쓴 「독사신론」의 일부이다. 신채호는 「독사신론」에서 민족을 역사 전개의 주체로 강조하며 민족주의 역사 서술의 기본 틀을 제시하였고, 일본 역사서의 영향을 받아 편찬된 일부 국사 교과서를 비판하였다. 이후 1923년 국민 대표 회의에 참여하여 대한민국 임시 정부를 해체하고 새 정부를 만들자는 창조파와 주장을 같이 하였으며, 1925년에는 김원봉의 부탁으로 의열단의 활동 지침인 「조선 혁명 선언」을 작성하기도 하였다. 「조선 혁명 선언」에는 폭력 투쟁을 통한 민중의 직접 혁명을 추구하는 의열단의 기본 정신이 나타나 있다.
| **선택지 바로잡기** | ① 장인환, 전명운은 1908년 샌프란시스코에서 미국인 외교 고문 스티븐스를 저격하였다. ③ 주시경은 국어 문법 체계에 대한 국어문법을 간행하였다. ④ 최익현은 을사늑약이 체결되자 태인에서 의병을 일으켜 활동하다가 관군에 체포되어 쓰시마섬으로 유배되었고, 그곳에서 순국하였다. ⑤ 양기탁은 영국인 베델과 함께 대한매일신보를 창간하여 일제를 비판하는 기사를 작성하였다.

14 자료의 「금수회의록」은 1908년에 안국선이 지은 소설이다. 개항 이후 서양 근대 문물이 수용되면서 문명개화를 주제로 한 신소설이 등장하였다. 당시에는 문학에서 「혈의 누」와 같은 신소설이 출간되었고, 최남선의 「해에게서 소년에게」와 같은 신체시가 나왔다. 음악에서는 창가가 유행하였고 판소리를 여러 사람이 부르는 창극이 제작되었다. 미술에서는 서양 화풍이 도입되어 유화가 그려졌고, 연극 분야에서는 서양식 극장인 원각사에서 「은세계」와 같은 작품이 공연되었다.
| **선택지 바로잡기** | ②「농사직설」은 조선 전기 세종 때 편찬되었다.

15 **예시 답안** (가)는 대한매일신보이다. 대한매일신보는 영국인 베델이 발행인으로 참여하여 일본의 감시와 탄압을 상대적으로 덜 받았기 때문에 일본에 비판적인 기사나 의병 활동을 긍정적으로 평가하는 내용의 기사를 많이 실을 수 있었다.

채점 기준	
상	대한매일신보와 영국인이 발행인이라서 일제의 검열에 자유로웠다는 내용을 모두 서술한 경우
하	대한매일신보만 쓴 경우

16 **예시 답안** • 1단계: 백동화를 갑종, 을종, 병종으로 나누어 신화폐로 교환해 준 정책은 화폐 정리 사업이다.
• 2단계: 일제는 한국의 금융을 지배하기 위해 화폐 정리 사업을 실시하였다.
• 3단계: (가)는 화폐 정리 사업이다. 일제는 화폐 정리 사업으로 일본의 제일 은행권을 한국에 유통시켜 한국의 금융을 지배하려고 하였다.

채점 기준	
상	화폐 정리 사업을 쓰고, 이 정책이 대한 제국의 화폐 발행권과 금융 부분을 장악하기 위한 목적에서 시행한 것임을 서술한 경우
하	화폐 정리 사업만 쓴 경우

1등급 도전하기

○ 142쪽

01 ①　**02** ⑤　**03** ④　**04** ⑤

01 그래프의 (가)는 일본, (나)는 청에 해당한다. ① 일본은 개항 직후 무관세 혜택을 누리며 조선과의 무역을 주도하였다.

| **선택지 바로잡기** | ②는 미국, ③은 일본, ④는 영국, ⑤는 러시아. 일본에 대한 설명이다.

02 자료는 1898년 한성의 부인들이 발표한 「여권통문」이다. 「여권통문」은 민권 의식의 성장과 여성들의 사회 참여에 기여하였고, 여성의 교육권을 실현하기 위해 여학교를 설립할 것을 주장하였다. 이러한 활동은 애국 계몽 운동으로 이어져 민권 의식의 확산과 여성들의 활발한 사회 참여에 기여하였다.

| **선택지 바로잡기** | ㄱ, ㄴ. 제1차 갑오개혁 때 공·사노비 제도가 폐지됨으로써 신분제가 사라졌다. 또한 연좌법, 조혼 등이 금지되었고, 과부의 재가가 허용되었다.

03 자료는 1899년 경인선 개통을 보도한 내용의 신문 기사이다. ④ 전신은 일본이 1884년에 일본과 부산을 연결하였고, 1885년 청에 의해 인천, 서울, 의주가 연결되는 등 일찍부터 가설되었다.

| **선택지 바로잡기** | ①은 1883~1884년, ②는 1907년 이후, ③은 1908년 이후, ⑤는 1886~1894년에 볼 수 있는 모습이다.

04 (가)는 독립신문, (나)는 대한매일신보이다. ⑤ 독립신문과 대한매일신보 모두 외국인을 위한 영문판을 발행하였다.

| **선택지 바로잡기** | ①, ②는 대한매일신보, ③은 독립신문, ④는 황성신문에 대한 설명이다. 「시일야방성대곡」은 을사늑약의 부당성을 비판한 논설이다.

수능 준비하기

○ 143쪽

01 ③　**02** ⑤

01 제1차 한일 협약으로 파견된 재정 고문 메가타가 백동화를 포함한 구화폐를 일본 제일 은행권으로 교환하는 화폐 정리 사업을 추진하였다.

| **선택지 바로잡기** | ① 통일 신라 신문왕 때 녹읍이 폐지되었다. ② 고려 공민왕은 권문세족을 견제하기 위해 전민변정도감을 설치하였다. ④ 삼정의 문란 등을 원인으로 임술 농민 봉기가 일어났다. ⑤ 조선 정조 시기에 육의전을 제외한 금난전권이 폐지되었다.

02 밑줄 친 '최초의 철도'는 한성의 노량진과 인천의 제물포를 잇는 경인선이다. 경인선은 1899년에 개통되었다.

| **선택지 바로잡기** | 위화도 회군은 1388년, 인조 반정은 1623년, 강화도 조약 체결은 1876년, 갑신정변 발발은 1884년, 을미사변은 1895년, 국권 피탈은 1910년에 있었던 사실이다.

---

05 국권 침탈과 국권 수호 운동

개념 확인하기

145, 147쪽

1 한일 의정서　**2** (1) ✕ (2) ○ (3) ○　**3** (1) ㄴ (2) ㄷ (3) ㄱ
4 애국 계몽 운동　**5** (1) ○ (2) ✕ (3) ✕　**6** (1) ㄴ (2) ㄹ (3) ㄷ (4) ㄱ

실력 다지기

○ 148~151쪽

01 ③　**02** ④　**03** ⑤　**04** ①　**05** ⑤　**06** ⑤　**07** ②
08 ⑤　**09** ④　**10** ④　**11** ⑤　**12** ③　**13** ②　**14** ①
15 해설 참조　　**16** 해설 참조

01 (가) 시기는 러일 전쟁(1904. 2.~1905. 9.) 기간이다. 러일 전쟁을 일으킨 일본은 전세가 유리해지자 대한 제국에 제1차 한일 협약의 체결을 강요하였고(1904. 8.), 1905년 7월 미국과 가쓰라·태프트 밀약을 맺어 한국에 대한 지배권을 인정받았다. 그리고 러시아와 포츠머스 조약을 맺어 러일 전쟁을 끝냈다.

| **선택지 바로잡기** | ㄱ. 러일 전쟁이 일어나기 이전인 1902년에 일본은 영국과 제1차 영일 동맹을 체결하였다. ㄹ. 러일 전쟁이 끝난 후 일본은 한국에 을사늑약 체결을 강요하여 외교권을 강탈하였으며, 한국의 외교권을 관리할 기관으로 통감부를 설치하였다.

02 (가) 조약은 한일 의정서이다. 일본은 1904년 러일 전쟁을 일으킨 후 대한 제국 정부에 한일 의정서 체결을 강요하였다. 이로써 일본은 러일 전쟁에 필요한 군사적 요충지를 얻는다는 명목으로 한국 영토를 임의로 사용할 수 있는 권리를 확보하였다.

| **선택지 바로잡기** | ① 1905년에 체결된 을사늑약에 따라 일본이 한국의 외교권을 강탈하였다. ②, ⑤ 한일 신협약과 부속 각서에 따라 일본인 차관이 한국 정부의 각 부에 임명되었으며, 대한 제국의 군대가 해산되었다. ③ 1904년에 체결된 제1차 한일 협약에 따라 일제는 한국에 재정 고문으로 메가타를, 외교 고문으로 스티븐스를 파견하였다.

03 자료는 외국인 고문 용빙에 관한 협약(제1차 한일 협약)이다. 1904년 제1차 한일 협약이 체결되면서 재정 고문으로 메가타, 외교 고문으로 스티븐스가 임명되어 한국의 내정과 외교에 간섭하였다. 제1차 한일 협약으로 한국의 재정 고문이 된 메가타는 상평통보와 백동화 등을 일본 제일 은행에서 발행하는 새 화폐로 바꾸는 화폐 정리 사업을 실시하였다. 화폐 정리 사업의 결과 한국의 상인들은 큰 타격을 입었다.

| **선택지 바로잡기** | ① 일본이 랴오둥반도를 차지하자 1895년 러시아가 삼국 간섭을 주도하여 랴오둥반도를 청에 반환하도록 하였다. ② 1882년 일어난 임오군란의 결과 묄렌도르프가 조선에 고문으로 부임하였다. ③ 1898년 독립 협회의 주도로 종로에서 만민 공동회가 개최되었다. ④ 1894년 동학 농민 운동 과정에서 정부의 요청으로 청과 일본 양국이 조선에 출병하였다.

04 자료의 첫 번째 글은 을사늑약의 체결(1905), 두 번째 글은 정미 7조약의 체결(1907)에 대해 설명하고 있다. 고종이 을사늑약의 무효를 국제 사회에 알리기 위해 헤이그 특사를 파견하자, 일본은 이를 빌미로 고종을 강제 퇴위시켰다. 이후 일본은 정미 7조약을 강제로 체결하였다.

| **선택지 바로잡기** | ㄷ. 을미사변이 일어나고 을미개혁으로 단발령이 시행되자 이에 반발하여 전국 각지에서 의병이 일어났다. 일본군이 의병을 진압하기 위해 지방으로 파견되자, 고종은 이를 틈타 러시아 공사관으로 거처를 옮겼다(아관 파천, 1896). ㄹ. 일본은 임오군란 때 일본 공사관이 습격받은 일을 구실로 조선과 제물포 조약을 체결(1882)하고 조선에 군대를 주둔시켰다.

05 자료에서 고종의 서명과 도장이 없다는 점, 문서의 맨 앞장에 조약의 명칭을 쓰는 칸이 비어 있다는 점을 통해 밑줄 친 '조약'이 을사늑약임을 알 수 있다. 일본은 1905년 11월 군대를 동원해 고종과 대신들을 위협하여 을사늑약을 체결하였다.

| **선택지 바로잡기** | 강화도 조약 체결은 1876년, 거문도 사건 발발은 1885년, 동학 농민 운동 발발은 1894년, 대한 제국 수립은 1897년, 러일 전쟁 발발은 1904년, 한일 병합 조약 체결은 1910년에 있었던 사실이다.

06 대한 제국의 외교권을 박탈하는 을사늑약이 강제로 체결되자 고종은 을사늑약의 무효를 선언하고 그 부당성을 알리기 위해 헤이그 만국 평화 회의에 이준, 이상설, 이위종을 특사로 파견하였다. 그러나 일본의 방해 등으로 성과를 거두지 못하였다.

07 자료의 조약은 정미 7조약(한일 신협약)과 부속 각서이다. 일본은 고종을 강제 퇴위시킨 후 1907년 정미 7조약 체결을 강요하여 한국의 법령 제정, 고등 관리 임명 등에서 통감의 권한을 강화하였다. ② 또한 일본은 비밀리에 부속 각서를 맺어 일본인을 대한 제국 각 부의 차관으로 임명하였고, 대한 제국의 군대를 강제 해산하였다.

| **선택지 바로잡기** | ① 을사늑약이 체결되자 최익현 등이 태인에서 의병을 일으켰다. ③ 1895년 명성 황후가 일본에 의해 시해되는 을미사변이 일어났다. ④ 1904년 체결된 제1차 한일 협약으로 스티븐스가 외교 고문으로 임명되었다. ⑤ 1884년 재정 마련을 위해 묄렌도르프 등에 의해 당오전 발행이 추진되었다.

08 자료에서 청과 일본 두 정부는 도문강(두만강)을 청과 한국의 국경으로 한다는 내용 등을 통해 제시된 조약이 간도 협약(1909)임을 알 수 있다. 대한 제국의 외교권을 강탈한 일본은 청과 간도 협약을 체결하여 간도의 영유권을 청에 넘겨주었다. 그 과정에서 일본은 남만주 철도 부설권과 푸순 탄광 채굴권 등 만주 진출을 위한 이권을 얻었다.

| **선택지 바로잡기** | ㄴ. 대한 제국은 1900년 대한 제국 「칙령 제41호」를 통해 울릉도를 울도로 개칭하고 울도 군수의 관할 구역을 울릉도와 석도(독도)로 규정하여 독도가 우리나라 땅임을 분명히 하였다.

09 자료에서 국모의 원수를 생각하며 이를 갈았다는 것, 부모에게서 받은 머리털을 풀 베듯 베어 버린다는 것을 통해 을미사변과 단발령에 반발하여 일어난 을미의병임을 알 수 있다. ④ 을미의병은 아관 파천 이후 고종이 의병 해산을 권유하자, 대부분 활동을 중단하였다.

| **선택지 바로잡기** | ① 정미의병은 의병 연합 부대인 13도 창의군을 결성하였다. ② 을사늑약이 체결되자 최익현이 태인에서 의병을 일으켰다(을사의병). ③ 13도 창의군이 서울 진공 작전 실패 이후에도 투쟁을 이어가자, 일제는 1909년 '남한 대토벌' 작전을 벌여 호남 지역의 의병을 진압하였다. ⑤ 정미의병 시기에는 해산된 군인이 의병에 합류하면서 의병의 전투력이 크게 강화되었다.

10 자료에서 해산 군인의 합류로 전투력을 강화하였다는 내용을 통해 밑줄 친 '의병'은 정미의병에 해당함을 알 수 있다. 정미의병에는 양반 유생, 농민, 상인, 포수 등 다양한 계층이 참여하였으며, 해산 군인이 합류하면서 전투력이 강화되었다. 정미의병은 의병 연합 부대인 13도 창의군을 결성하고 1908년에 서울 진공 작전을 전개하였으며, 각국 외교 사절에 통문을 보내 의병 부대를 국제법상 교전 단체로 인정해 줄 것을 요구하였다.

| **선택지 바로잡기** | ④는 동학 농민군의 백산 봉기와 관련이 있다.

11 자료에서 대한 제국이 일본에 1,300만 원의 빚을 지게 되었다는 점, 1907년에 김광제, 서상돈 등이 국민 성금으로 빚을 갚아 국권을 지키자는 운동을 전개하였다는 점을 통해 (가)는 국채 보상 운동임을 알 수 있다. ⑤ 국채 보상 운동은 대한매일신보 등 언론의 지원을 받아 전국적으로 확산되었다.

| **선택지 바로잡기** | ① 국채 보상 운동은 국채 보상 기성회의 주도로 전개되었다. ② 국채 보상 운동은 통감부의 탄압을 받아 실패하였다. ③은 독립 협회와 관련된 설명이다. ④ 국채 보상 운동은 대구에서 시작되어 전국으로 확산되었다.

12 자료의 보안회는 러일 전쟁 중에 일본이 황무지 개간권을 요구하며 토지를 약탈하려 하자 이를 막기 위해 조직되었다. 보안회는 대중 집회를 열어 일본을 규탄하였고, 일제의 요구를 철회시키는 데 성공하였다.

| **선택지 바로잡기** | ①, ⑤ 1907년 안창호, 신채호, 양기탁 등은 비밀 결사로 신민회를 조직하였다. 신민회는 자기 회사를 세워 민족 산업을 육성하려 하였으며, 국외에 무관 학교를 설립하는 등 무장 투쟁을 준비하였다. ②는 독립 협회, ④는 대한 자강회에 대한 설명이다.

13 자료는 대한 자강회 취지문이다. 1906년 헌정 연구회를 계승하여 설립된 대한 자강회는 전국에 지회를 설치하고 월보를 발행하였으며 대중 연설을 개최하는 등 대중적 활동을 전개하였다. 이 단체는 고종의 강제 퇴위에 반대하는 시위를 벌이다가 통감부의 탄압을 받아 강제로 해산되었다.

| **선택지 바로잡기** | ② 대한 자강회 주요 인사들이 천도교 간부들과 함께 만든 대한 협회는 일진회와 연합하는 등 점차 성격이 바뀌었다.

14 자료의 밑줄 친 '이 단체'는 신민회이다. 신민회는 대성 학교와 오산 학교 등을 세워 민족주의 교육을 실시하였고, 자기 회사와 태극 서관 등을 운영해 민족 산업을 육성하려 하였다. 신민회는 일제의 국권 침탈이 노골화되자, 장기적인 독립운동의 기반을 닦기 위해 국외 독립운동 기지 건설에도 적극 나섰다.

| 선택지 바로잡기 | ㄷ. 서재필은 1896년에 독립신문을 창간하고 개화파 관료들과 독립 협회를 설립하였다. 독립 협회는 청의 사신을 맞이하던 영은문이 있던 자리 근처에 독립문을 세웠다. ㄹ. 지회를 설치하고 월보를 간행한 대표적인 단체는 대한 자강회였다.

15 **예시 답안** 조약은 위임, 조인, 비준의 3단계를 거쳐야 하는데, 위 조약문에는 외부대신 박제순의 도장이 있지만, 고종은 박제순에게 조약 체결의 전권을 위임하지 않았다. 또한 고종이 조약의 비준을 끝까지 거절하였기 때문에 을사늑약은 제대로 된 절차를 갖추지 못하였으므로 국제법상 무효이다.

채점 기준	
상	고종이 외부대신 박제순에게 조약 체결의 전권을 위임하지 않았다는 내용과 고종이 조약을 비준하지 않았다는 내용을 모두 서술한 경우
하	위의 내용 중 한 가지만 서술한 경우

16 **예시 답안** • 1단계: 「동양 평화론」을 저술한 인물은 안중근이다.
• 2단계: 중국 하얼빈에서 이토 히로부미를 처단하였다.
• 3단계: 「동양 평화론」은 안중근이 저술하였다. 안중근은 중국 하얼빈에서 초대 통감이었던 이토 히로부미를 처단하였다.

채점 기준	
상	자료를 저술한 인물과 (가) 사건에 대해 모두 서술한 경우
중	(가) 사건만 서술한 경우
하	자료를 저술한 인물만 쓴 경우

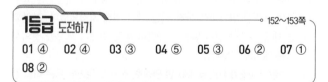
1등급 도전하기 ○———○ 152~153쪽

01 ④	02 ④	03 ③	04 ⑤	05 ③	06 ②	07 ①
08 ②						

01 자료의 조약 체결 이후 통감부를 설치하였다는 내용을 통해 밑줄 친 '이 조약'은 을사늑약임을 알 수 있다. 을사늑약이 체결된 해는 1905년이다. ④ 일본은 러일 전쟁 중인 1905년 시마네현 고시를 발령하여 독도를 자국 영토에 편입하였다.

| 선택지 바로잡기 | ① 1894년 동학 농민군은 정부와 전주 화약을 체결하였다. ② 일제는 1907년 정미 7조약(한일 신협약)을 체결하여 대한 제국의 군대를 해산하였다. ③ 대한 제국은 1900년 「칙령 제41호」를 공포하여 울릉도를 울도로 개칭하고 독도를 관할하게 하였다. ⑤ 보안회는 1904년 종로에서 집회를 열어 일제의 황무지 개간권 요구를 저지하였다.

02 (가)는 을사늑약(1905. 11.), (나)는 한국 병합 조약(1910. 8.)이다. 일본은 기유각서를 체결하여 대한 제국의 사법권과 감옥 관리권을 빼앗았고, 법부와 군부를 폐지하였다. 이후 청과 간도 협약을 체결하여 간도의 영유권을 청에게 넘겨주었다. ㄴ, ㄹ은 모두 1909년에 일어난 일들이다.

| 선택지 바로잡기 | ㄱ. 러일 전쟁은 1904년에 발발하였다. 1905년 러일 전쟁이 끝난 후 일본은 군대로 궁성을 포위하고, 고종과 대신들을 위협해 한국을 보호국화하는 을사늑약을 강제로 체결하였다. ㄷ. 대한 제국은 대한 제국 「칙령 제41호」(1900)를 통해 울릉도를 울도로 개칭하고 울도 군수의 관할 구역을 울릉도와 석도(독도)로 규정하여 독도가 우리나라 땅임을 분명히 하였다.

03 도표에서 다양한 신분이 참여하고 장교, 사병 등 군인들이 포함되어 있는 점을 통해 정미의병과 관련된 내용임을 알 수 있다. 정미의병은 해산된 군인들이 합류하여 의병의 전투력이 강화되었다. 또한 양반 의병장 외에 다양한 신분의 의병장들이 활약하였다. 일본의 '남한 대토벌' 작전으로 국내에서 활동이 어려워진 의병들은 국외로 이동하여 무장 독립 투쟁을 전개하였다.

| 선택지 바로잡기 | ① 단발령 철회는 을미의병(1895)이 내세웠던 구호이다. ② 흥선 대원군 집권기(1863~1873)에 서원 철폐 정책이 이루어졌다. ④는 아관 파천(1896~1897) 시기에 독립 협회 등이 내세웠던 구호이다. ⑤는 갑신정변(1884)의 주도 세력이 내세웠던 주장이다.

04 자료에서 평민 출신으로 의병을 이끌었다는 점, 경상도 내륙과 동해안 일대에서 활약한 점 등을 통해 밑줄 친 '의병'이 을사의병임을 알 수 있다. 을사늑약 체결에 반발하여 일어난 을사의병 중에는 평민 의병장이 있었는데, 신돌석이 대표적이다. 같은 시기 최익현도 태인에서 의병을 일으켰는데, 관군에 체포된 후 쓰시마섬에 유배되어 순국하였다.

| 선택지 바로잡기 | ① 개화 정책 추진 과정에서 1881년 별기군이 창설되어 일본인 교관에 의해 군사 훈련을 받았으나, 1882년에 일어난 임오군란으로 폐지되었다. ② 1811년 평안도 지역에 대한 차별 등에 반발하여 홍경래의 난이 일어났다. ③ 1895년 을미개혁으로 단발령이 실시되었다. ④ 1875년 운요호가 강화도에 접근하자 조선 수비병은 경고 사격을 하였다.

05 (가)는 헌정 연구회 취지서, (나)는 대한 자강회 취지문이다. 독립 협회를 계승한 헌정 연구회는 의회 설립과 입헌 정치를 주장하였다. 헌정 연구회를 계승한 대한 자강회는 교육과 산업 진흥, 입헌 군주제 수립을 목표로 다양한 활동을 벌였으나, 고종의 강제 퇴위 반대 운동을 계기로 통감부의 탄압을 받아 해산되었다. 두 단체는 모두 실력 양성을 통해 국권을 수호하고자 한 애국 계몽 운동을 전개하였다.

| 선택지 바로잡기 | ③ 비밀 결사인 신민회는 공화정에 기반을 둔 근대 국민 국가 건설을 지향하였다. 대성 학교와 오산 학교를 설립·운영하였고, 국외 독립군 기지 건설에 힘써 만주 삼원보에 신흥 강습소(이후 신흥 무관 학교)를 세웠다. 하지만 105인 사건으로 와해되었다.

06 제시된 글에서 서로 이민을 철거케 하는 비공식 협정, 두만강, 만주, 정계비 등의 내용을 통해 해당 작품이 간도 지역과 관련이 있음을 알 수 있다. ① 고조선, 부여, 고구려, 발해 등의 영토였던 간도는 우리 민족의 주요 활동 무대였다. ③ 대한 제국의 외교권을 강탈한 일제는 1909년 청과 간도 협약을 맺어 간도를 청의 영토로 인정하였다. ④ 19세기 후반 조선인의 간도 이주가 늘자 청이 이들의 철수를 요구하면서 조선과 청 사이에 간도 영유권 분쟁이 일어났다. ⑤ 대한 제국 정부는 이범윤을 간도 관리사로 임명하여 한인들을 보호하게 하였다.

| **선택지 바로잡기** | ②는 독도에 대한 설명이다.

07 대화의 주제가 되는 인물은 외교 고문 스티븐스이다. 일제는 1904년 대한 제국에 제1차 한일 협약 체결을 강요한 이후 재정 고문 메가타, 외교 고문 스티븐스가 파견되어 각각 대한 제국의 재정과 외교 분야를 간섭하였다. ① 1908년 전명운과 장인환은 일본의 한국 침략이 정당하다고 주장한 외교 고문 스티븐스를 미국 샌프란시스코에서 저격하였다.

| **선택지 바로잡기** | ② 나철, 오기호 등은 자신회를 조직하여 을사5적을 처단 대상으로 삼았다. ③ 친일 매국노 이완용은 명동 성당 앞에서 이재명의 습격을 받아 중상을 입었다. ④ 을사의병을 일으켰다 관군에 체포되어 쓰시마섬으로 유배된 최익현은 그곳에서 순국하였다. ⑤ 을사늑약이 체결되자 황성신문은 「시일야방성대곡」을 게재하여 비판하였다.

08 자료의 단체는 신민회이다. 신민회는 남만주 삼원보에 독립군 기지를 건설하였다. 또한 민족 교육을 실시하기 위해 평양에 대성 학교, 정주에 오산 학교를 세웠다. 일제의 한국 강제 병합 직후 신민회는 일제가 날조한 105인 사건(1911)으로 와해되었다.

| **선택지 바로잡기** | ㄴ. 일본은 청으로부터 확보한 랴오둥반도를 러시아, 프랑스, 독일의 삼국 간섭으로 청에 반환하였다. ㄹ. 육영 공원은 정부가 세운 교육 기관으로 헐버트 등의 미국인 강사를 초빙하여 수학, 지리 등 근대 학문을 가르쳤다.

수능 준비하기 ○─── 154~155쪽

01 ③   02 ②   03 ⑤   04 ④

01 자료의 오적을 모두 처단, 강제로 체결 등의 내용으로 밑줄 친 '조약'이 을사늑약임을 알 수 있다. 고종은 을사늑약이 불법적으로 체결되었다는 사실을 국제 사회에 알리기 위해 이상설, 이준, 이위종을 헤이그 만국 평화 회의에 특사로 파견하였다.

| **선택지 바로잡기** | ①은 간도 협약, ②는 전주 화약, ④는 한미 상호 방위 조약에 해당한다. ⑤ 『조선책략』이 조선에 유포되자, 미국과의 수교가 필요하다는 주장이 힘을 얻어 갔다. 결국 조선은 청의 알선으로 미국과 조미 수호 통상 조약을 체결하였다(1882).

---

02 첫 번째 자료는 을미의병, 두 번째 자료는 정미의병에 관한 내용이다. 따라서 '항일 의병 운동의 전개'가 탐구 주제로 적합하다.

| **선택지 바로잡기** | ① 19세기 중엽 박규수, 오경석, 유홍기 등을 중심으로 통상 개화(수교)론이 대두되었다. ③ 고려 시대 무신 정변으로 무신이 정권을 장악하였다. ④ 신라 문무왕이 매소성·기벌포 전투를 승리로 이끌어 삼국 통일을 완성하였다. ⑤ 병자호란 이후 청에 대한 치욕을 씻기 위해 청을 정벌하자는 북벌 운동이 전개되었다.

03 자료의 삼원보에 신흥 강습소, 태극 서관, 데라우치 총독을 암살 등의 내용으로 밑줄 친 '이 단체'가 신민회임을 알 수 있다. 신민회는 대성 학교와 오산 학교 등을 세워 민족주의 교육을 실시하였다.

| **선택지 바로잡기** | ①은 천도교 소년회, ②는 박정희 정부, ③은 원산 노동자, ④는 을미의병에 대한 설명이다.

04 자료의 국채 보상 기성회, 1,300만 원의 국채 등을 통해 밑줄 친 '운동'이 국채 보상 운동임을 알 수 있다. 1907년 대구에서 일본에 빚진 1,300만 원을 갚자는 국채 보상 운동이 시작되었다. 국채 보상 운동은 대한매일신보를 비롯한 여러 언론 기관과 단체의 지원을 받아 전국으로 확산되었다.

| **선택지 바로잡기** | ①은 6월 민주 항쟁, ②는 서경 천도 운동, ③은 교조 신원 운동, ⑤는 보안회에 대한 설명이다.

대단원 마무리하기 ○─── 156~160쪽

01 ②	02 ④	03 ②	04 ②	05 ④	06 ⑤	07 ④
08 유길준		09 ①	10 ④	11 ③	12 ①	13 ①
14 ⑤	15 ①	16 ④	17 「여권통문」		18 ③	19 ⑤
20 ②	21 ③	22 ④				

01 첫 번째 자료의 제너럴셔먼호 사건의 내용을 통해 (가)는 미국, 두 번째 자료의 오페르트 남연군 묘 도굴 미수 사건의 내용을 통해 (나)는 독일임을 알 수 있다. ② 미국은 제너럴셔먼호 사건을 빌미로, 군함과 병력을 동원해 강화도를 공격하여 초지진과 덕진진을 함락하였다.

| **선택지 바로잡기** | ①, ③, ⑤는 프랑스, ④는 영국에 대한 설명이다.

02 자료에서 부산 이외 2개 항구를 개항한다는 조항, 일본의 조선 해안 측량권 허용 조항을 통해 강화도 조약에 해당함을 알 수 있다. 운요호 사건을 계기로 체결한 강화도 조약은 우리나라가 외국과 맺은 최초의 근대적 조약이다. 강화도 조약은 일본에 영사 재판권을 보장하는 등의 불평등한 성격을 갖고 있었다.

| **선택지 바로잡기** | ④ 수신사 김홍집이 가져온 『조선책략』이 유포되고 정부가 미국과 수교하려 하자, 이만손을 중심으로 한 영남 유생들은 만인소를 올려 반발하였다.

03 자료에서 제국주의 열강이 조선을 침략하였을 당시 격전지, 고인돌이 유네스코 세계 유산으로 등재 등을 통해 (가) 지역이 강화도임을 알 수 있다. ② 몽골이 침입하자 최씨 무신 정권은 강화도로 천도하여 대몽 항쟁을 전개하였다.

| 선택지 바로잡기 | ① 러시아는 절영도를 조차하려고 하였으나 만민 공동회에서 이를 규탄하여 저지하였다. ③ 최익현은 을사늑약 체결에 반발하여 의병을 일으켰다가 관군에 체포되어 쓰시마섬에 유배되어 순국하였다. ④ 조러 비밀 협약이 추진되자 영국이 거문도를 불법 점령하였다. ⑤ 대한 제국 「칙령 제41호」(1900)에서 울릉도를 울도로 승격하고 울도 군수가 독도를 관할하도록 하여 독도의 영유권을 명확히 하였다.

04 첫 번째 자료는 임오군란(1882), 두 번째 자료는 갑신정변(1884)에 대한 설명이다. 두 사건 모두 청의 개입으로 종결되었고, 이로 인해 청의 내정 간섭이 심화되었다.

| 선택지 바로잡기 | ① 러일 전쟁은 1904년에 발발하였다. ③ 1898년에 만민 공동회가 여러 차례 열렸다. ④ 갑신정변을 일으킨 급진 개화파는 일본 공사의 지원을 약속받았다. ⑤ 19세기 후반 보수적 양반 유생들은 서구 열강의 침략과 조선 정부의 개항·개화 정책 추진에 반발하여 위정척사 운동을 벌였다.

05 자료는 홍재학의 척사 상소이다. 1860년대에는 이항로, 기정진 등의 유생들이 통상 수교 거부 운동을 펼쳤다. 이들은 서양에 맞서 싸우자는 척화 주전론을 주장하였다.

| 선택지 바로잡기 | ① 척화 주전론을 펼친 세력들은 흥선 대원군의 정책을 지지하였다. ② 온건 개화파는 청의 양무운동을 본보기로 삼았다. ③ 『조선책략』은 1880년대에 유포되었다. 위정척사 세력은 1860년대에 등장하였다. ⑤ 김홍집, 어윤중 등은 온건 개화파였다.

06 자료의 전권대신 민영익을 중심으로 구성되었고 영어 통역이 가능한 사람을 선발한 점, 근대 시설과 문물을 시찰한 점 등을 통해 (가) 사절단이 보빙사(답례 사절단)임을 알 수 있다. 조선 정부는 조미 수호 통상 조약을 체결한 이후 미국에 보빙사(답례 사절단)를 파견하여 근대 시설을 살펴보게 하였다(1883).

| 선택지 바로잡기 | ① 급진 개화파는 갑신정변을 일으켜 개화당 정부를 수립한 후 개혁 정강을 마련하였다. ② 영선사가 청에서 배워 온 기술을 토대로 기기창이 건립되었다. ③ 조선은 『조선책략』에 쓰인 내용의 영향을 받아 미국과 조약을 맺었다. ④ 제너럴셔먼호 사건을 계기로 신미양요가 일어났다.

07 자료는 갑신정변 중 개화당 정부가 발표한 개혁 정강이다. 급진 개화파는 우정총국 개국 축하연을 틈타 갑신정변을 일으킨 후 개화당 정부를 수립하고, 개혁 정강을 마련하였다. 여기에는 문벌 폐지, 인민 평등권 제정 등의 내용이 포함되었다.

| 선택지 바로잡기 | ① 일본은 1895년 명성 황후를 시해하였다. ② 부들러, 유길준 등은 조선 정부에 중립화를 건의하였다. ③은 을미의병, ⑤는 정미의병에 대한 설명이다.

08 자료는 유길준의 조선 중립화론에 대한 내용이다. 갑신정변 직후 영국이 거문도를 점령하는 등 조선을 둘러싸고 청과 일본, 영국과 러시아가 각축을 벌이자, 미국 유학에서 돌아온 유길준은 조선을 중립국으로 만들자는 조선 중립화론을 제기하였다.

09 (가)는 전주 화약 체결 이후 동학 농민군이 집강소를 설치한 사실, (나)는 동학 농민군이 공주 우금치에서 관군과 일본군에 맞서 전투를 벌였으나 패한 사실을 설명하고 있다. ① 일본이 농민군을 진압하려 하자 북접군과 남접군은 집결한 후 북상하여 관군과 일본군에 맞섰으나, 공주 우금치 전투에서 패하였다.

| 선택지 바로잡기 | ② 동학교도들은 고부 농민 봉기 이전에 교조 최제우의 억울함을 풀어주고, 포교의 자유를 얻어야 한다고 주장하는 교조 신원 운동을 벌였다. ③ 동학 농민군의 제1차 봉기 시기 농민군이 황룡촌에서 중앙군을 격파하고 전주성을 점령하였다. ④ 안핵사 이용태가 고부 농민 봉기에 가담한 농민들을 처벌하자 전봉준 등은 전라도 각지의 농민군을 모아 무장에서 대규모로 봉기하고 백산으로 이동하여 4대 강령을 발표하였다. ⑤ 고부 농민 봉기 수습 과정에서 안핵사 이용태가 고부 봉기 참여자를 체포하였다.

10 밑줄 친 '이 기구'는 군국기무처이다. 군국기무처는 제1차 갑오개혁을 주도하며 모든 공문서에서 중국의 연호 대신 개국 기년을 사용하였고, 국가 재정을 탁지아문에서 모두 관할하게 하였다. 또한 은본위제를 채택하였으며 조세를 화폐로 납부하게 하였고, 노비제와 과거제, 연좌제를 폐지하였다.

| 선택지 바로잡기 | ① 을미개혁 때 태양력을 사용하였다. ② 제2차 갑오개혁 때 8아문을 7부로 개편하였다. ③ 제2차 갑오개혁 때 교육 입국 조서를 반포하였다. ⑤ 을미개혁 때 중앙에 친위대, 지방에 진위대를 설치하였다.

11 자료의 밑줄 친 ⊙ 시기는 고종이 러시아 공사관으로 거처를 옮긴 아관 파천 시기(1896~1897)이다. 1896년 개화파 서재필과 개화 관료, 지식인 등이 함께 독립 협회를 설립하였다. 독립 협회는 의회 설립과 내정 개혁을 추진하였다.

| 선택지 바로잡기 | ① 경인선은 1899년에 개통되었다. ② 간도 협약은 1909년에 체결되었다. ④ 대한 천일 은행은 1899년에 설립되어 조세금 수납이나 대출 업무 등을 담당하였다. ⑤ 황국 중앙 총상회는 1898년에 조직되었다.

12 대한 제국 정부는 양전 사업을 추진하여 토지를 측량하고 토지 소유권을 입증하는 지계를 발급하였다. 이를 통해 토지 소유권을 국가가 파악하여 조세 수입을 증대하려 하였다. 대한 제국은 원수부를 설치하여 황제가 군 통수권을 행사하였다.

| 선택지 바로잡기 | ㄴ. 흥선 대원군은 경복궁 중건 비용을 마련하기 위해 당백전을 발행하였다. ㄷ. 조선 영조는 탕평의 의지를 널리 알리기 위해 탕평비를 세웠다. ㄹ. 조선 정조는 『대전통편』을 편찬하여 법령을 정비하였다.

13 자료의 충청도 보은에서 일어난 집회라는 점, 교조 최제우의 억울함을 풀어 주고 포교의 자유를 얻어야 한다고 주장한 점 등을 통해 제시된 가상 일기는 교조 신원 운동의 상황임을 알 수 있다. 동학교도들은 정부의 탄압으로 처형당한 교조 최제우의 누명을 벗겨 주고, 포교의 자유를 보장받으려는 교조 신원 운동을 벌였다. 교조 신원 운동은 보은·금구 집회에서부터 탐관오리 처벌, 외세 배척 등의 구호가 제기되어 점차 정치적인 성격을 띠게 되었다.

┃ 선택지 바로잡기 ┃ ① 아관 파천으로 김홍집 내각이 붕괴되어 을미개혁이 중단되었다. ② 병인박해가 병인양요의 배경이 되었다. ④는 고부 농민 봉기에 대한 설명이다. ⑤ 1880년대 정부가 개화 정책을 추진하고 『조선책략』을 유포하며 미국과 수교하려 하자, 영남 유생들은 이만손을 중심으로 만인소를 올려 반발하였다.

14 밑줄 친 '이 사업'은 화폐 정리 사업이다. 일본은 1905년 화폐 정리 사업을 추진하면서 이에 필요한 비용을 차관으로 제공하여 한국의 재정을 일본에 예속시키려고 하였다.

┃ 선택지 바로잡기 ┃ ① 동양 척식 주식회사는 1908년에 설치되어 황실 소유의 토지를 한국으로 이주한 일본인들에게 싼값에 판매하였다. ② 을사늑약이 체결되자 민영환, 조병세는 자결하여 항의하였다. ③ 조청 상민 수륙 무역 장정 체결로 청 상인이 한성에 진출하게 되었다. ④ 흥선 대원군은 환곡의 폐단을 해결하기 위해 사창제를 실시하였다.

15 일본으로의 곡물 유출이 늘어나 조선에서 곡물 가격이 크게 올랐고, 흉년까지 겹쳐 식량 상황이 악화되자 지방관들이 조일 통상 장정을 근거로 방곡령을 실시하였다.

┃ 선택지 바로잡기 ┃ ② 1883년 조선과 일본은 관세 부과 조항이 포함된 조일 통상 장정을 체결하였다. ③ 1882년 조청 상민 수륙 무역 장정 체결로 청 상인의 한성 진출이 가능해졌다. ④ 1876년 조일 수호 조규 부록이 체결되어 개항장에서 일본 화폐의 유통을 허용하였다. ⑤ 한성에 외국 상인이 진출하자 타격을 입은 시전 상인들이 반발하여 철시 투쟁을 벌였다.

16 (가)는 대한매일신보이다. 1904년 양기탁과 영국 출신 베델이 창간한 대한매일신보는 일제의 국권 침탈을 비판하고 항일 의병 투쟁을 호의적으로 보도하였다.

┃ 선택지 바로잡기 ┃ ① 우리나라 최초의 신문은 1883년에 발행된 한성순보이다. ② 「여권통문」에서는 여성의 교육권을 실현하기 위해 여학교를 설립할 것을 주장하였다. ③ 대한 자강회는 고종 강제 퇴위 반대 운동을 주도하였다. ⑤ 시전 상인들은 황국 중앙 총상회를 조직하여 상권을 수호하고자 노력하였다.

17 1898년에 한성의 부인들은 「여권통문」을 발표하여 여성들의 교육받을 권리를 주장하였다. 또한 1905년부터 여성들은 여자 교육회, 진명 부인회 등의 단체를 조직하여 여성 교육을 위한 학교를 설립하였다. 이러한 활동은 애국 계몽 운동으로 이어져 민권 의식의 확산과 여성들의 활발한 사회 참여에 기여하였다.

18 자료는 제2차 갑오개혁 때인 1895년에 반포한 교육 입국 조서이다. 교육 입국 조서 반포에 따라 소학교와 외국어 학교, 한성 사범 학교, 한성 중학교 등 여러 관립 학교가 설립되었다.

┃ 선택지 바로잡기 ┃ ① 과거제는 제1차 갑오개혁 때인 1894년에 폐지되었다. ② 함경도 덕원에서는 1883년에 원산 학사가 설립되었다. ④ 선교사들은 1885년 배재 학당과 1886년 이화 학당을 세웠다. ⑤ 육영 공원은 1886년에 개교하였다.

19 밑줄 친 '이 조약'은 정미 7조약(한일 신협약)이다. 일본은 헤이그 특사 파견을 빌미로 고종을 강제 퇴위시켰다. ⑤ 이후 같은 해 정미 7조약을 체결하여 통감의 권한을 강화하고, 대한 제국의 각부 차관을 일본인으로 임명하였다.

┃ 선택지 바로잡기 ┃ 강화도 조약 체결은 1876년, 거문도 사건 발발은 1885년, 러일 전쟁 발발은 1904년, 을사늑약 체결은 1905년, 고종 강제 퇴위는 1907년, 간도 협약 체결은 1909년에 있었던 사실이다.

20 (가)는 을미의병 당시 유인석이 발표한 격문, (나)는 을사의병 당시 최익현이 발표한 격문이다. ② 을미사변과 단발령 시행에 반발하여 일어난 을미의병은 위정척사 사상을 가진 유생들이 주도하였으며, 농민과 함께 지방 관청을 공격하고 개화파 관리들을 처단하거나 일본군을 공격하였다.

┃ 선택지 바로잡기 ┃ ① 을사의병 당시 신돌석 등 평민 의병장이 활약하였다. ③ 정미의병은 해산 군인들의 합류로 전투력이 강화되었다. ④ 정미의병 시기 13도 창의군의 서울 진공 작전 이후에도 의병 투쟁이 계속되자 일제는 '남한 대토벌' 작전을 전개하여 호남 지역의 의병들을 탄압하였다. ⑤ 을미의병은 해산 권고 조칙으로 대부분 해산하였다.

21 자료의 남만주 삼원보, 105인 사건, 태극 서관 등을 통해 밑줄 친 '이 단체'는 신민회에 해당함을 알 수 있다. ③ 신민회는 대성 학교와 오산 학교 등을 세워 민족주의 교육을 실시하였다.

┃ 선택지 바로잡기 ┃ ① 비변사는 16세기 초에 설치되었다. ② 조선 정부가 동학을 불법화하고 탄압하자 동학교도들은 교조 신원 운동을 추진하였다. ④ 보안회는 1904년 종로에서 집회를 열어 일본의 황무지 개간권 요구를 철회시켰다. ⑤ 대한 자강회는 전국에 지회를 설치하고 월보를 발행하였다.

22 자료는 국채 보상 취지문이다. 일제는 한국의 내정에 간섭하면서 화폐 정리, 정부 부채 정리, 수리 토목 공사 등의 명목으로 막대한 차관을 도입하도록 강요하였다. 그 결과 대한 제국은 1,300만 원에 달하는 빚을 지게 되었다. 그러자 1907년 김광제, 서상돈 등을 중심으로 대구에서 국채 보상 운동이 시작되었다.

┃ 선택지 바로잡기 ┃ ① 국채 보상 운동은 러일 전쟁 이후인 1907년에 시작되었다. ② 교정청은 조선 정부가 설치한 개혁 기구로, 1894년에 폐지되었다. ③ 1898년 관민 공동회에서 헌의 6조를 결의하였다. ⑤ 신민회는 자기 회사를 세워 민족 산업을 키우려 하였다.

시험 대비 문제집

Ⅰ 근대 이전 한국사의 이해

01 고대 국가의 성장

핵심 한끝
2쪽

❶ 농경 ❷ 고인돌 ❸ 8조법 ❹ 천군 ❺ 장수왕 ❻ 진흥왕
❼ 대조영 ❽ 고조선 ❾ 발해

미리 보는 학교 시험
2~4쪽

01 ③ 02 ⑤ 03 ① 04 ③ 05 ⑤ 06 ① 07 ⑤
08 ④ 09 ① 10 해설 참조

01 (가)는 주먹도끼(뗀석기)를 사용한 구석기 시대, (나)는 빗살무늬 토기를 사용하기 시작한 신석기 시대이다. ③ 신석기 시대에는 농경과 목축이 시작되고 정착 생활이 이루어졌다.
| **선택지 바로잡기** | ①은 청동기 시대, ②는 철기 시대, ④는 구석기 시대, ⑤는 청동기 시대 이후에 대한 설명이다.

02 지도와 같은 문화 범위를 가진 국가는 고조선이다. 청동기 문화를 바탕으로 건국된 고조선은 제정일치의 지배자인 단군왕검이 다스렸다. ① 고조선은 기원전 108년 한의 침략을 받아 멸망하였다. ② 고조선은 단군왕검이라는 제정일치의 지배자가 통치하였다. ③ 고조선은 청동기 문화를 바탕으로 건국된 우리나라 최초의 국가이다. ④ 고조선은 사회 질서 유지를 위해 8조법을 만들었는데, 현재 전하는 법 조항들로 고조선의 사회 모습을 짐작할 수 있다.
| **선택지 바로잡기** | ⑤ 5부가 연맹체 국가를 이룬 나라는 고구려이다.

03 밑줄 친 '이 나라'는 부여이다. 부여에는 마가·우가·저가·구가 등의 여러 가가 존재하였고, 이들이 사출도를 주관하였다. 지도의 (가)는 부여, (나)는 고구려, (다)는 옥저, (라)는 동예, (마)는 삼한에 해당한다.

04 (가) 4세기 말 광개토 대왕은 신라 내물왕의 요청에 따라 군대를 보내 신라에 침입한 왜구를 격퇴하였다. (나) 6세기 법흥왕은 신라의 통치 체제를 정비하였다. ③ 광개토 대왕의 뒤를 이어 왕위에 오른 장수왕은 남쪽으로 영토를 확장하며 평양으로 수도를 옮겼다. 이후 백제를 공격하여 한성을 정복하고, 한강 유역으로 진출하였다.
| **선택지 바로잡기** | ①은 7세기, ②, ⑤는 6세기 신라 진흥왕, ④는 4세기 백제 근초고왕 때의 사실이다.

05 한강 유역 장악을 기념하여 북한산에 순수비를 세웠다는 사실을 통해 밑줄 친 '이 왕'은 신라의 진흥왕임을 알 수 있다. 신라의 진흥왕은 영토를 확장하여 함경도와 낙동강 유역까지 나아갔으며, 북쪽으로 함흥평야까지 진출하였다. 그리고 점령지 곳곳에 단양 신라 적성비와 진흥왕 순수비 등을 세워 신라의 영토 확장을 기념하였다. 또한 인재 양성을 위해 화랑도를 국가적인 조직으로 개편하였다.
| **선택지 바로잡기** | ①은 신라 지증왕, ②는 백제 성왕, ③은 백제 무령왕, ④는 신라 내물왕의 업적이다.

06 첫 번째 자료는 백제가 멸망하는 상황을, 두 번째 자료는 문무왕이 당에 맞서 영토를 확보하는 과정을 보여 주고 있다. 이는 신라의 삼국 통일 과정에서 있었던 사건들이다.

07 (가)는 신문왕이다. 신문왕은 김흠돌의 반란을 진압하면서 진골 귀족 세력을 숙청하여 왕권을 강화하였다. 또한 통일 이후 늘어난 영토와 인구를 효율적으로 다스리고자 지방 행정 조직을 9주 5소경 체제로 정비하였다.
| **선택지 바로잡기** | ①은 발해 문왕, ②는 신라 문무왕, ③은 신라 법흥왕, ④는 신라 내물왕의 업적이다.

08 신라 말에는 김헌창의 난 등 진골 귀족 간의 치열한 왕위 쟁탈전이 벌어지며, 지방에 대한 통제력이 약화되었다. 정치적으로 혼란한 가운데 정부와 귀족들의 농민 수탈이 계속되자 전국 각지에서 농민 봉기가 일었다. 한편, 호족이 성장하여 지방에서 실질적인 통치력을 행사하였고, 6두품 중 일부는 반신라적인 경향을 보이면서 호족과 힘을 모았다.
| **선택지 바로잡기** | ㄱ은 6세기 법흥왕 때의 사실이다. ㄷ. 6세기 말 이후 수와 당이 연이어 고구려를 공격하자, 고구려의 국력이 약화되었다.

09 (가) 국가는 발해이다. 고구려 장군 출신인 대조영이 고구려 유민과 말갈인을 이끌고 동모산 부근에서 발해를 세웠다. 발해는 고구려 유민을 중심으로 건국하였으며, 고구려인이 지배층의 핵심을 이루어 고구려 계승 의식이 강하였다.
| **선택지 바로잡기** | ②, ③, ④, ⑤는 통일 신라에 대한 설명이다.

10 예시 답안 신라의 삼국 통일은 한반도에서 전쟁을 끝내 평화를 정착시켰고, 삼국 문화를 융합해 민족 문화 발전의 기틀을 마련해 주었다. 하지만 고구려의 영토를 잃어 대동강 이남 지역만 확보하는 데 그쳤고, 외세인 당의 세력을 끌어들였다는 한계가 있다.

채점 기준	
상	자료의 내용대로 삼국 통일의 의의 두 가지(한반도 평화, 민족 문화 발전의 기틀 마련), 한계 두 가지(영토 상실, 외세 개입)를 모두 서술한 경우
중	자료의 내용대로 삼국 통일의 의의를 한 가지 이상, 한계를 한 가지 이상 서술한 경우
하	삼국 통일의 의의와 한계 중 한 가지만 서술한 경우

02 고려의 통치 체제와 정치 변동

핵심 한끝 — 5쪽

❶ 왕건 ❷ 노비안검법 ❸ 시무 28조 ❹ 도병마사 ❺ 교정도감
❻ 전민변정도감 ❼ 묘청 ❽ 권문세족

미리 보는 학교 시험 ──○ 5~6쪽

01 ③ 02 ④ 03 ④ 04 ④ 05 ⑤ 06 해설 참조

01 (가)는 고려 광종이다. 광종은 후주 출신 쌍기의 건의를 받아들여 과거제를 실시하였으며, 호족의 권한을 약화시키고 국가 재정을 확충하기 위해 노비안검법을 시행하였다. 또한 광덕, 준풍 등의 연호를 사용하였다.
| 선택지 바로잡기 | ㄱ, ㄹ은 고려 성종에 대한 설명이다.

02 지도는 고려의 지방 행정 구역을 보여 준다. 고려 시대 지방은 일반 행정 구역인 5도와 군사 행정 구역인 양계로 구별되었다. 속현이 주현보다 많았으며, 향·부곡·소의 특수 행정 구역이 있었다.
| 선택지 바로잡기 | ④ 관찰사는 조선 시대의 지방관이다.

03 밑줄 친 '이들'은 묘청 등 서경 천도를 주장한 서경 세력이다. 이들은 서경 천도와 함께 금국 정벌, 칭제건원(황제를 칭하고 연호를 사용할 것)을 주장하였다.
| 선택지 바로잡기 | ①, ③은 고려 말에 등장한 신진 사대부, ②는 고려의 권문세족, ⑤는 고려 말 신흥 무인 세력에 대한 설명이다.

04 제시된 지도는 무신 정권기에 일어난 하층민의 봉기를 보여 준다. 무신 정변을 통해 정권을 장악한 무신들의 수탈이 심해지자 이에 맞서 하층민의 봉기가 일어났다.
| 선택지 바로잡기 | ①은 고려 인종 때의 사실이다. ②는 원 간섭기의 사실이다. ③ 고려 말 홍건적이 고려를 자주 침입하였다. ⑤는 신라 말의 상황에 해당한다.

05 자료의 국왕은 고려 공민왕이다. 공민왕은 반원 개혁 정책을 펼치며, 쌍성총관부를 공격하여 수복하였고, 원의 간섭 기구이던 정동행성이문소를 폐지하였다.
| 선택지 바로잡기 | ㄱ은 최씨 무신 정권기의 최우, ㄴ은 고려 태조에 대한 설명이다.

06 [예시 답안] 시무 28조, 성종은 시무 28조를 받아들여 유학을 통치 이념으로 삼았다. 이에 따라 중앙 관제를 정비하고, 국가 행사에 유교 의례를 도입하였다.

채점 기준	
상	시무 28조를 쓰고, 시무 28조가 고려의 통치 이념에 끼친 영향을 서술한 경우
하	시무 28조만 쓴 경우

03 조선 사회의 성립과 발전

핵심 한끝 — 7쪽

❶ 위화도 회군 ❷ 의정부 ❸ 경국대전 ❹ 3사 ❺ 유향소
❻ 조광조 ❼ 인조반정 ❽ 사림 ❾ 붕당

미리 보는 학교 시험 ──○ 7~8쪽

01 ① 02 ② 03 ⑤ 04 ③ 05 ③ 06 해설 참조

01 호패법을 실시한 (가) 국왕은 조선의 태종이다. 왕자의 난으로 권력을 장악한 태종은 사병을 혁파하였다.
| 선택지 바로잡기 | ②는 조선 세종, ③은 조선 태조, ④는 조선 성종, ⑤는 조선 세조 재위 기간에 있었던 사실이다.

02 제시된 대화의 밑줄 친 '이 나라'는 조선이다. 조선은 전국을 8도로 나누고, 관찰사를 파견하였다.
| 선택지 바로잡기 | ② 조선은 특수 행정 구역인 향·부곡·소를 일반 군현으로 승격하거나 통합하여 없앴다.

03 (가) 인물은 조광조이다. 중종 때 훈구 세력의 견제를 위해 등용된 조광조는 현량과 실시, 위훈 삭제 등의 개혁을 추진하다가 기묘사화로 제거되었다.
| 선택지 바로잡기 | ①은 김종직, ②는 묘청, ③은 최승로, ④는 흥선 대원군에 대한 설명이다.

04 자료의 밑줄 친 '전쟁'은 임진왜란이다. 임진왜란의 영향으로 조선에 파병한 명의 세력이 약화되었고, 일본은 조선의 기술자와 학자들을 통해 도자기 기술과 성리학 등이 발달하였다.
| 선택지 바로잡기 | ㄱ은 병자호란의 영향에 해당한다. ㄹ은 고려 시대 중 원 간섭기의 사실이다.

05 (가) 국왕은 광해군이다. 광해군은 후금이 만주에서 성장하고 있는 가운데 명의 지원군 요청이 있자, 중립 외교 정책을 펼쳤다. ③ 광해군 때에는 북인이 정국을 주도하였으나 인조반정으로 북인이 몰락하고 서인이 집권하게 되었다.
| 선택지 바로잡기 | ①은 선조, ②는 현종, ④는 숙종, ⑤는 연산군~명종의 재위 기간에 있었던 사실이다.

06 [예시 답안] 16세기 중반 정치의 주도권을 잡은 사림은 척신 정치의 잔재 청산과 이조 전랑의 임명 문제를 놓고 갈등하였다. 이 갈등으로 신진 사림을 중심으로 한 동인과 기성 사림을 중심으로 한 서인이 나뉘어 붕당을 형성하였고, 붕당 정치가 시작되었다.

채점 기준	
상	배경과 결과를 모두 설명한 경우
하	배경과 결과 중 한 가지만 서술한 경우

04 조선 후기의 새로운 흐름

미리 보는 학교 시험
9~11쪽

01 ② 02 ② 03 ④ 04 ① 05 ③ 06 ③ 07 ④
08 ④ 09 ② 10 해설 참조

01 (가) 기구는 비변사이다. 비변사는 16세기 초 여진과 왜구의 침입에 대비하여 설치된 임시 회의 기구였으나 양 난을 거치면서 비변사는 군사뿐만 아니라 외교, 재정, 인사 등 모든 업무를 총괄하는 최고 정무 기구로 위상이 올라갔다. 그 결과 의정부와 6조의 기능이 약화되었다.
| **선택지 바로잡기** | ①은 고려 시대의 정동행성, ③은 한성부, ④는 홍문관, ⑤는 조선의 6조 중 하나인 병조에 대한 설명이다.

02 밑줄 친 '이 사건'은 현종 때 일어난 예송이다. 예송은 효종과 효종비의 사후 왕실의 상복 입는 기간을 둘러싸고 서인과 남인 간에 벌인 논쟁이다. 예송은 서인과 남인의 학문적 논쟁에서 시작하였으나 점차 붕당 간 정치적 대립으로 이어졌다.
| **선택지 바로잡기** | ① 조광조는 기묘사화로 축출되었다. ③은 연산군 시기의 무오사화에 대한 설명이다. ④ 선조 때 척신 정치의 잔재 청산 문제와 이조 전랑 임명 문제를 둘러싼 갈등을 계기로 동인과 서인의 붕당이 형성되었다. ⑤ 강홍립의 투항 등 광해군의 중립 외교 정책을 비판하며 인조반정이 일어났다.

03 제시된 글에서는 노론과 소론, 남인 등의 붕당들이 서로 상대방의 존재를 인정하지 않고 대립하는 모습을 비판하고 있다. 이는 붕당 정치가 변질된 상황을 보여 주는 것이다.
| **선택지 바로잡기** | ① 훈구와 사림의 대립으로 사화가 발생하였다. ② 세도 정치기에는 정치 기강이 문란해지며 삼정의 폐단이 극심하였다. ③ 문신과 무신 간의 차별 대우 등에 불만을 품고 무신 정변이 일어났다. ⑤ 김헌창의 난 등이 대표적인 사례이다.

04 자료의 국왕은 영조이다. ① 영조는 붕당의 폐해를 없애기 위해 이조 전랑의 권한을 축소하였고, 성균관에 탕평비를 건립하였다.
| **선택지 바로잡기** | ②는 흥선 대원군, ③은 정조, ④는 고려 공민왕, ⑤는 신라 신문왕에 해당한다.

05 퀴즈에서 설명하는 사람은 정조이다. 조선의 제22대 국왕인 정조는 탕평책을 펼쳤고, 초계문신제를 시행하여 개혁 세력을 육성하였다. 또한 친위 부대인 장용영을 설치하였다.
| **선택지 바로잡기** | ①은 조선 영조, ②는 조선 선조, ④는 조선 성종, ⑤는 조선의 태종과 세조에 해당한다.

06 자료는 세도 정치기 삼정 중 하나인 환곡의 폐단을 보여 주는 시이다. 이 시기에 전정(토지세), 군정(군포 징수), 환정(환곡) 등 삼정의 문란으로 백성의 부담이 크게 늘었고 나라 살림도 어려워졌다. 이는 세도 정치기 하층민의 봉기가 일어나는 원인 중 하나가 되었다.
| **선택지 바로잡기** | ① 서원이 백성을 수탈하는 기관이 되자 흥선 대원군은 전국에 47개소를 남기고 나머지 서원을 모두 철폐하였다. ② 숙종 대에는 특정 붕당이 권력을 장악하였다가 급격하게 정국을 장악한 붕당이 바뀌는 환국이 단행되었다. ④ 원 간섭기 고려의 지배 세력인 권문세족은 농민들의 땅을 빼앗거나 불법적으로 노비로 만드는 등 수탈을 일삼았다. ⑤ 이자겸의 난과 묘청의 서경 천도 운동 등은 고려 문벌 사회의 동요를 보여 주는 대표적인 사건이다.

07 지도에 나타난 봉기는 1811년에 일어난 홍경래의 난이다. 이 봉기는 신흥 상공업자, 영세 농민, 광산 노동자 등 다양한 계층이 참여하였으나 관군에게 5개월 만에 진압되어 실패로 끝났다. ④ 홍경래의 난은 평안도 지역에 대한 차별 대우와 세도 정치기의 수탈 때문에 일어났다.
| **선택지 바로잡기** | ①은 7세기 고구려 멸망 이후 일어난 고구려 부흥 운동, ②는 진주 농민 봉기, ③은 고려 시대 묘청의 서경 천도 운동, ⑤는 정조의 신해통공에 대한 설명이다.

08 자료는 1862년에 일어난 진주 농민 봉기에 대한 것이다. 진주 농민 봉기를 시작으로 농민 봉기가 전국적으로 확대되자(임술 농민 봉기), 정부는 이에 대한 대응으로 암행어사를 파견하고, 삼정이정청을 설치하였지만 큰 성과를 거두지 못하였다.
| **선택지 바로잡기** | ①은 고려 말의 토지 개혁, ②는 고려 공민왕, ③은 고려 광종, ⑤는 고려 성종의 개혁 조치에 해당한다.

09 제시된 민요는 경복궁 타령으로 흥선 대원군이 경복궁을 중건할 때부터 불리던 노래이다. 흥선 대원군은 임진왜란 때 불타버린 경복궁 중건에 필요한 재정이 부족해지자 고액 화폐인 당백전을 발행하였다. 또한 전국의 서원을 47곳만 남기고 철폐하여 국가 재정을 확충하고 민생 안정을 위해 노력하였다. 이는 지방 유생과 양반들의 반발을 불러일으켰다.
| **선택지 바로잡기** | ㄴ은 세종, ㄷ은 고려 공민왕의 업적이다.

10 **예시 답안** 영조는 환국의 전개 이후 붕당 간의 세력 균형이 무너지자 정치 세력 간의 균형을 유지하기 위해 탕평책을 실시하였다. 영조는 탕평파를 육성하고, 붕당의 기반인 서원을 정리하였으며, 3사의 관리를 추천하는 관행을 없애 이조 전랑의 권한을 약화시켰다.

채점 기준	
상	탕평책의 시행 배경을 쓰고, 개혁 방안의 내용을 두 가지 서술한 경우
중	탕평책의 시행 배경을 쓰고, 개혁 방안의 내용을 한 가지만 서술한 경우
하	탕평책의 시행 배경만 서술한 경우

Ⅱ 근대 이전 한국사의 탐구

01 국제 관계와 대외 교류

핵심 한끝
12쪽

❶ 살수 대첩 ❷ 청해진 ❸ 귀주 대첩 ❹ 벽란도 ❺ 삼별초
❻ 조공·책봉 ❼ 교린 ❽ 연행사 ❾ 실리

미리 보는 학교 시험
12~13쪽

01 ③　02 ②　03 ⑤　04 ③　05 ⑤　06 해설 참조

01 (가)는 신라, (나)는 고구려, (다)는 당이다. ㄴ. 고구려는 수와의 전쟁이 끝난 이후 요동 지역에 천리장성을 축조하였다. ㄷ. 신라는 매소성, 기벌포 전투에서 결정적 승리를 하며 당을 몰아냈다.
| **선택지 바로잡기** | ㄱ. 영락은 고구려의 광개토 대왕이 사용한 연호이다. ㄹ. 살수에서 고구려에 패한 것은 수이다.

02 첫 번째 자료는 강화도 천도, 두 번째 자료는 충주성 전투와 관련이 있다. 몽골이 침입하자 최우는 수도를 강화도로 옮겨 몽골과의 항전을 준비하였다. 한편, 충주성에서는 노비가 주축이 된 군대가 몽골군을 물리쳤다.

03 '(다) 서희의 외교 담판 – (나) 강감찬의 귀주 대첩 – (가) 윤관의 여진 정벌'의 순서로 일어났다.

04 (가)는 발해관이 있는 등주, (나)는 고려 시대 국제 무역항인 벽란도, (다)는 제주도, (라)는 조선 전기 일본에 개항한 3포 중 하나인 부산, (마)는 신라의 국제 무역항인 울산이다.
| **선택지 바로잡기** | ③ 청해진은 전라남도 완도에 있다.

05 자료는 윤휴가 북벌을 주장하며 올린 상소문(갑인봉사소)의 일부로, 병자호란의 치욕을 갚고 명에 대한 의리를 지키자는 주장이 효종 때 받아들여져 북벌 운동이 추진되었다.

06 (1) 교린
(2) **예시 답안** 조선은 여진과 국경 지역에 무역소를 두어 교역을 허용하는 회유책을 실시하면서도, 여진을 몰아내고 4군 6진을 개척하는 강경책도 실시하였다. 일본과는 쓰시마섬(대마도)을 토벌하고 교역을 중단하는 강경책을 실시하면서도, 3포를 열고 교역을 허용하는 회유책도 실시하였다.

채점 기준	
상	교린을 쓰고, 여진과 일본을 나누어, 각각 강경책과 회유책을 모두 서술한 경우
중	교린을 쓰고, 여진에 대한 강경책과 회유책, 일본에 대한 강경책과 회유책을 각각 하나씩 서술하지 못한 경우
하	여진과 일본에 대한 교린 정책을 대상 국가나 정책의 성격(강경책, 회유책)에 대한 구분 없이 서술한 경우

02 수취 체제와 경제생활

핵심 한끝
14쪽

❶ 우경 ❷ 신라 촌락 문서 ❸ 공음전 ❹ 화폐 ❺ 과전법
❻ 방납 ❼ 대동법 ❽ 모내기법 ❾ 수취

미리 보는 학교 시험
14~15쪽

01 ①　02 ③　03 ①　04 ③　05 ⑤　06 ②　07 해설 참조

01 신문왕은 관료전을 지급하고 녹읍을 폐지하였다. 관료전은 조세 징수만 가능하였고, 녹읍은 노동력 징발이 가능하였기 때문에 신문왕의 정책은 왕권을 강화하고 귀족의 농민 지배력과 경제력을 약화시키는 효과가 있었다.

02 고구려인과 말갈족으로 구성되었다는 사실을 통해 밑줄 친 '그 나라'는 발해임을 알 수 있다. 발해는 산지가 많고 날씨가 춥기 때문에 논농사보다는 밭농사가 발달하였고, 말이 대표적인 수출품으로 자리 잡는 등 목축업도 발달하였다. 수도인 상경과 교통 요충지에서는 상업이 크게 발달하였다.
| **선택지 바로잡기** | ㄱ, ㄹ은 통일 신라에 대한 설명이다.

03 전시과는 고려 시대에 시행된 토지 제도이다. 이 제도 아래 5품 이상의 고위 관리에게는 공음전이 지급되었는데, 이는 자손에게 세습할 수 있었다.
| **선택지 바로잡기** | ② 구분전은 관리 사망 시 직역을 계승할 자손이 없는 유가족에게 지급하는 토지이다. ③ 군인전은 직업 군인에게 주는 토지이다. ④ 역분전은 고려 태조 왕건 때 공신에게 지급한 토지이다. ⑤ 한인전은 고려 시대 하급 관리의 자제 중 관직에 오르지 못한 자에게 지급한 토지이다.

04 밑줄 친 '왕'은 세종이다. 세종은 농민의 실제 경험을 바탕으로 우리나라의 풍토에 맞는 농사법을 정리한 『농사직설』을 간행하였다.

05 방납의 폐단을 막기 위해 광해군 때 대동법이 시행되었다. 대동법이 실시되면서 왕실이나 관청에서 대금을 미리 받고 필요한 물품을 조달하는 공인이 등장하였다. 공인이 활발히 활동하면서 상업과 수공업이 발달하였다.
| **선택지 바로잡기** | ① 은 균역법 실시의 결과이다. ② 대동법 시행으로 지주의 부담이 증가하였다. ③ 대동법 실시로 화폐 유통이 증가하였다. ④는 세도 정치 시기에 해당하는 설명이다.

06 모내기법으로 노동력이 절약되고 생산량이 크게 늘자 경작 규모를 늘리는 광작이 나타났다. 일부 농민은 광작을 통해 부농으로 성장하였지만 경작지마저 얻지 못해 도시로 나가 영세 상인이 되거나 임노동자로 전락하는 농민도 많았다.

07 **예시답안** 신라 촌락 문서는 세금(조세와 역)을 정확히 거두기 위해 작성하였다. 촌락 문서를 통해 신라 촌락의 경제 상황을 알 수 있으며, 당시 중앙의 지방 통제력이 강하였음을 짐작할 수 있다.

채점 기준	
상	신라 촌락 문서의 작성 목적(세금 수취)과 역사적 의의(신라 촌락의 상황, 중앙의 강한 통제력을 알 수 있음)를 모두 서술한 경우
중	작성 목적을 쓰고, 역사적 의의는 하나만 서술한 경우
하	작성 목적과 역사적 의의 중 하나만 서술한 경우

⑱ 신분제와 사회 구조

핵심 한끝
16쪽

❶ 하호 ❷ 골품제 ❸ 고구려 ❹ 백정 ❺ 반상제 ❻ 공명첩
❼ 성리학 ❽ 신분제

미리 보는 학교 시험
16~18쪽

01 ① 02 ④ 03 ③ 04 ③ 05 ① 06 ⑤ 07 ⑤
08 ③ 09 ② 10 해설 참조

01 (가)는 하호이다. 하호는 주로 농업에 종사하면서 나라에 세금을 냈다. 이들은 중앙 집권 국가가 성립하는 과정에서 평민으로 편제되었다.

| **선택지 바로잡기** | ② 과거제는 고려 시대부터 시행되었다. ③ 노비는 주인에게 예속되어 재산으로 취급되었다. ④ 고대 시기의 전쟁은 지배층 중심으로 이루어졌다. ⑤ 화백 회의는 신라의 귀족 회의이다.

02 자료는 신라의 골품제이다. 골품제에 따라 관직 승진에 제한이 있었고, 집과 수레바퀴의 크기까지 정해져 있었다. 신라는 청소년 수련 집단인 화랑도를 운영하였고, 귀족 회의체인 화백 회의를 통해 국가의 중대사를 결정하였다.

| **선택지 바로잡기** | ㄱ은 고구려, ㄷ은 고려 시대에 해당되는 설명이다.

03 (가)는 양인 지배층, (나)는 양인 중간 계층, (다)는 양인 피지배층, (라)는 천인이다. ① 향·부곡민은 신분상 양인이지만, 일반 양인에 비해 차별을 받았다. ② (가)는 양인 지배층으로 5품 이상의 고위 관리는 공음전과 음서의 혜택을 받았다. ④ 과거 응시는 양인 피지배층까지 가능하였다. ⑤ 천인 중 사노비는 주인집에서 같이 사는 솔거 노비와 떨어져 살면서 신공을 바치는 외거 노비로 나뉘었다.

| **선택지 바로잡기** | ③ 고려의 신분제는 신분의 구분이 신라의 골품제보다 개방적이어서, 신분 이동이 가능했다.

04 자료는 고려 시대의 가족 관계를 보여 준다. 첫 번째 자료를 보면 여성의 재가가 비교적 쉬웠다는 것을 알 수 있고, 두 번째 자료에서는 아들과 딸이 균등하게 재산을 상속받는 것을 알 수 있다. 고려 시대에는 혈연을 포괄적으로 인식하여 외가와 친가를 차별하지 않고 양쪽 혈연 모두 중시하였다.

| **선택지 바로잡기** | ①, ②, ④는 조선 시대의 사회 모습이다. ⑤ 고려 시대에는 시대의 여성은 관직에 진출하는 것이 불가능하였다.

05 (가)는 중인이다. 중인은 좁게는 잡과를 통해 선발된 기술관을 가리킨다. 이들은 전문 기술이나 행정 실무를 담당하였는데 그 직역을 세습하였다.

| **선택지 바로잡기** | ②는 상민 중 신량역천, ③은 양반, ④, ⑤는 상민에 대한 설명이다.

06 첫 번째 자료는 상민 등이 양반 행세를 하는 세태를 비판하고 있으며, 두 번째 자료는 중인이 서얼과 같이 신분 상승을 추진해야 한다는 주장이다. 이와 같이 조선 후기에는 기존의 양반 중심의 신분제가 크게 동요하였다.

07 자료는 순조 시기 공노비 해방에 관한 내용이다. 조선 후기 양반으로 신분 상승하는 상민층이 증가하면서 군역 면제자가 늘었다. 이에 양인을 늘리고자 순조는 공노비를 해방하였다.

| **선택지 바로잡기** | ① 방납의 폐단을 시정하고자 대동법이 시행되었다. ②, ④는 조선 전기의 신분 구조에 대한 설명이다. ③은 조선 전기 관수 관급과 관련이 있다.

08 조선 후기에는 성리학적 지배 질서가 강화되면서 부계, 장자 중심 가족 제도가 확산하였다. 제사와 재산 상속이 장자 중심으로 이루어졌으며, 아들이 없는 집안에서는 양자를 들이는 일이 일반화되었다.

| **선택지 바로잡기** | ㄴ. 자녀에게 재산을 균등하게 상속한 것은 고려 시대, 조선 전기에 해당하는 설명이다.

09 신향은 양반으로 신분이 상승한 부농층으로, 조선 후기에는 이들과 전통 사족인 구향 간의 향전이 발생하였다.

| **선택지 바로잡기** | ② 백정은 고려 시대 일반 농민을 지칭하는 표현으로 이들은 조세, 공납, 역의 의무를 다했다. 조선 시대 백정은 소나 돼지를 잡는 사회 최하층민으로 천민에 속하였다.

10 (1) 노비종모법
(2) **예시답안** 조선 후기 공명첩, 납속 등을 통해 양반으로 신분이 상승하는 상민이 늘면서 국가의 조세를 담당하는 양인이 크게 줄었다. 이에 노비종모법을 시행하여 양인의 수를 늘리고자 하였다.

채점 기준	
상	노비종모법의 배경으로 양반의 수가 증가하였고, 노비종모법을 통해 양인의 수를 늘리려 하였다고 서술한 경우
중	노비종모법의 배경으로 양반의 수 증가만 서술한 경우
하	노비종모법만 쓴 경우

04 사상과 문화

19쪽

핵심 한끝

❶ 법흥왕　❷ 원효　❸ 독서삼품과　❹ 호족　❺ 지눌　❻ 성리학
❼ 실학　❽ 유교

미리 보는 학교 시험

19~20쪽

01 ④　02 ①　03 ⑤　04 ⑤　05 ③　06 해설 참조

01 고구려의 사신도에서 사신은 도교에서 동서남북 방위를 책임지는 수호신을 말한다. 또한 도교는 신선 사상을 바탕으로 산천 숭배, 불로장생 등을 추구하였는데 이러한 모습이 백제 산수무늬 벽돌, 금동 대향로 등에 잘 남아 있다.

02 (가)는 보조 국사 지눌, (나)는 대각 국사 의천의 주장이다. 고려 후기에 활동한 지눌은 불교의 세속화를 비판하고 불교계 개혁 운동인 수선사 결사를 주도하였다. 또한 선교 일치를 주장하며 조계종을 중심으로 교종을 통합하려 하였다.
┃ 선택지 바로잡기 ┃ ②는 의천, ③은 신라 의상, ④는 신라 원효, ⑤는 신라 원효와 의상에 해당하는 설명이다.

03 주자가 창시한 (가) 유학은 성리학으로 우리나라에는 원나라 때 들어왔다. 인간의 심성과 우주의 이치에 대해 탐구하는 성리학은 고려 말 신진 사대부의 사상적 기반이 되었다.
┃ 선택지 바로잡기 ┃ ㄱ. 통일 신라 시기 원효와 의상에 의해 불교가 대중화되었다. ㄴ. 삼국 시대 중국으로부터 전래된 도교는 불로장생과 현세의 복을 추구하였다.

04 첫 번째 자료는 이익의 한전론, 두 번째 자료는 정약용의 여전론이다. 두 학자는 농민의 어려운 생활이 토지 제도에 있다고 보고 토지 제도를 개혁하여 자영농을 육성하자고 주장하였다.

05 한글 소설을 읽어 주는 전기수와 같은 사람들이 출현한 것은 조선 후기이다. 조선 후기에는 서민 문화가 발전하면서 한글 소설, 판소리, 탈놀이 등이 유행하였으며, 회화에서는 진경산수화, 풍속화, 민화가 등장하였다.
┃ 선택지 바로잡기 ┃ ③ 「삼국사기」는 고려 시대 김부식이 저술하였다.

06 (1) 박제가
(2) **예시 답안** 박제가는 근검절약하는 풍조를 비판하고 소비를 권장하여 조선의 상공업을 발전시켜야 한다고 주장하였다.

채점 기준	
상	박제가를 쓰고, 그의 주장(소비를 통한 상공업 발전)을 옳게 서술한 경우
중	소비를 통한 상공업의 발전을 서술한 경우
하	박제가만 쓴 경우

Ⅲ 근대 국가 수립의 노력

01 국제 질서의 변동과 개항

21쪽

핵심 한끝

❶ 제국주의　❷ 난징 조약　❸ 제너럴셔먼호　❹ 외규장각
❺ 메이지 유신　❻ 해안 측량권　❼ 조선책략　❽ 통상 개화(수교)론
❾ 불평등

미리 보는 학교 시험

21~23쪽

01 ②　02 ⑤　03 ⑤　04 ⑤　05 ③　06 ①　07 ②
08 ①　09 ⑤　10 해설 참조

01 (가)는 1842년 제1차 아편 전쟁의 결과 영국과 청 사이에 체결된 난징 조약이다. (나)는 페리 제독이 이끄는 미국 함대에 의해 개항된 에도 막부가 체결한 미일 화친 조약(1854)이다.
┃ 선택지 바로잡기 ┃ ① 난징 조약은 영국과 청 사이에 맺어졌다. ③ 미일 화친 조약은 미국과 일본 사이에 맺어졌다. ④ 에도 막부와 미국 사이에 체결되었다. ⑤ (가) 난징 조약(1842)이 (나) 미일 화친 조약(1854)보다 먼저 체결되었다.

02 자료의 밑줄 친 '본국'은 프랑스로, 자료는 병인박해에 대해 프랑스 정부가 보복을 다짐하는 내용이다. 아편 전쟁 처리 과정에서 러시아가 연해주를 얻어 조선과 국경을 접하게 되자, 흥선 대원군은 프랑스 세력을 끌어들여 러시아의 남하를 막고자 하였으나 뜻대로 되지 않았다. 이 과정에서 흥선 대원군은 프랑스 선교사와 신자를 처형하는 병인박해(1866)를 단행하였다.
┃ 선택지 바로잡기 ┃ ①, ③, ④는 미국, ②는 일본에 대한 설명이다.

03 자료의 밑줄 친 '침입'은 병인양요이다. 병인양요는 병인박해를 구실로 프랑스군이 강화도를 침입한 사건이다. 프랑스군은 양헌수, 한성근 부대와 전투를 벌이다 퇴각하였는데, 퇴각하는 프랑스군은 외규장각에 보관된 의궤를 비롯한 각종 문화유산을 약탈해 갔다.
┃ 선택지 바로잡기 ┃ ㄱ. 메이지 유신 이후 일본과 조선의 새로운 외교 관계 설정이 무산되면서 일본에서 정한론이 일어났다. ㄴ은 신미양요에 대한 설명이다.

04 (가)에는 1866년 병인양요와 1871년 신미양요 사이에 일어난 사건이 들어가야 한다. 1868년 독일 상인 오페르트가 흥선 대원군의 아버지인 남연군의 묘를 도굴하려다 실패하였다. 이 사건을 계기로 조선인의 서양에 대한 반감은 더욱 커졌다.
┃ 선택지 바로잡기 ┃ ①은 난징 조약과 미일 화친 조약, ②는 1875년 운요호 사건, ③은 1871년 신미양요 이후의 상황, ④는 1866년 병인양요 이전에 일어난 병인박해에 대한 설명이다.

05 로저스 제독이 이끄는 부대가 강화도를 침공한 사건은 1871년 신미양요이고, 그 사건 이후 흥선 대원군은 전국에 척화비를 세웠다. 신미양요 때 어재연 장군이 이끄는 조선의 수비대가 항전하였으나 광성보가 함락되었다.

| **선택지 바로잡기** | ①, ④는 1866년 병인양요, ②는 1868년 오페르트의 도굴 시도, ⑤는 1866년 제너럴셔먼호 사건에 대한 설명이다.

06 이와쿠라 사절단을 파견하였다는 사실을 통해 (가) 정부는 메이지 정부임을 알 수 있다. 메이지 정부는 입헌 군주제를 수립하고, 신분제를 폐지하였으며, 의무 교육을 실시하였다. 또한 이와쿠라 사절단을 파견하여 서양 문물을 도입하려고 하였다.

| **선택지 바로잡기** | ②, ④, ⑤는 청의 양무운동에 대한 설명이다. ③은 에도 막부 시기의 사실이다.

07 흥선 대원군이 물러나고 고종의 친정이 시작되자 조선의 외교 정책이 변화하였다. 1875년 운요호가 허가 없이 강화도에 접근하자 강화 수비대가 포격을 가하였고, 운요호는 이를 구실로 초지진을 포격하고 군대를 영종도에 상륙시켜 살인과 약탈을 저질렀다. 이후 일본은 다시 군함을 보내 조선에 문호 개방을 강요하였다. 그 결과 1876년 강화도 조약이 체결되었다.

| **선택지 바로잡기** | ㄴ은 병인양요, 신미양요의 결과, ㄹ은 신미양요의 배경에 해당한다.

08 자료는 일본이 조선에 포함 외교를 펼치며 강요하여 맺은 강화도 조약이다. 강화도 조약은 영사 재판권 등이 규정된 불평등 조약이며, 조선이 외국과 맺은 최초의 근대적 조약이다. 조선의 통상 수교론자들은 이 조약의 체결을 옹호하였다.

| **선택지 바로잡기** | ①은 조미 수호 통상 조약에 대한 설명이다.

09 자료는 1880년 김홍집이 일본에 수신사로 다녀오면서 가져온 『조선책략』으로 (가)는 러시아, (나)는 미국이다. 러시아가 아편 전쟁 전후 처리 과정에서 연해주를 획득하자 조선의 지배층은 불안감을 느꼈다. 청은 러시아를 견제하고자 조선에 미국과의 수교를 권하였다.

| **선택지 바로잡기** | ①은 프랑스, ②는 미국, ③, ④는 일본에 대한 설명이다.

10 예시 답안 제1조의 거중 조정 내용을 통해 조선은 러시아의 위협 등 외세의 침략을 막을 때 미국의 외교적 지원을 기대하게 되었다. 또한 제5조를 통해 조선이 미국 상품에 관세를 부과할 수 있게 되었다. 하지만 제14조 최혜국 대우 조항으로 인해 조선에 대한 서양 세력의 경제적 침탈이 가속화되었다.

채점 기준	
상	조미 수호 통상 조약의 내용을 바탕으로 조선의 외교적, 경제적 변화 내용을 논리적으로 서술한 경우
중	조미 수호 통상 조약의 내용을 바탕으로 조선의 외교적, 경제적 변화 내용 중 한 가지를 서술한 경우
하	조약 내용을 토대로 서양 세력에 의한 침탈이 가속화되었다는 내용만 서술한 경우

02 근대 국가 수립을 위한 노력(1)

핵심 한끝
24쪽

❶ 수신사 ❷ 통리기무아문 ❸ 만인소 ❹ 조청 상민 수륙 무역 장정
❺ 김옥균 ❻ 조선 중립화론 ❼ 위정척사 운동

미리 보는 학교 시험
24~25쪽

01 ⑤　**02** ①　**03** ⑤　**04** ④　**05** ②　**06** 해설 참조

01 자료의 사절단은 조사 시찰단이다. 통리기무아문을 중심으로 개화 정책이 추진되는 가운데 고종은 국제 정세와 근대 시설 등에 대한 정보를 수집하기 위해 조사 시찰단, 영선사 등을 파견하였다.

02 (가)는 왜양일체론, (나)는 『조선책략』의 내용이다.

| **선택지 바로잡기** | ② (가)는 최익현의 주장이다. ③, ④ (나)는 조선이 외국과 수교할 것을 권하는 내용이다. ⑤ 흥선 대원군이 집권하였던 1860년대에는 척화 주전론이 대세를 이루었다.

03 자료의 (가) 사건은 임오군란이다. 임오군란의 결과 조청 상민 수륙 무역 장정이 체결되었다.

| **선택지 바로잡기** | ①은 갑신정변의 결과이다. ②는 조미 수호 통상 조약 체결 배경에 해당한다. ③ 통리기무아문은 고종 때 설치된 개화 정책 추진 기구이다. ④ 강화도 조약을 맺은 후 수신사가 파견되었다.

04 밑줄 친 '정변'은 급진 개화파가 주도한 갑신정변이다. 급진 개화파는 조선이 자주독립을 위해 청의 내정 간섭에서 벗어나야 한다고 주장하였으며, 서양의 사상이나 제도를 받아들여야 한다고 하였다. 이들은 갑신정변을 일으킨 이후 내세운 개혁 정강에서 국가 재정과 관련된 업무를 일원화하고자 하였다.

| **선택지 바로잡기** | ④ 갑신정변의 개혁 정강에는 토지 제도 개혁안이 포함되지 않았다.

05 열강의 대립이 거센 상황에서 고종은 내무부를 설치하여 군사, 재정, 외교 등의 업무를 맡게 하였다. 또한 육영 공원, 연무 공원을 세워 외국인 교사와 군사 교관을 초빙하였고 미국에 공사관을 세워 청의 간섭에서 벗어나고자 하였다.

| **선택지 바로잡기** | ② 기기창은 1883년에 설립되었다.

06 (1) 양무운동
(2) 예시 답안 중국의 양무운동을 본받은 온건 개화파는 전통 제도와 사상을 지키면서 서구의 근대 기술을 받아들이자는 동도서기론을 주장하였다.

채점 기준	
상	(1)의 근대화 운동을 본받은 정치 세력(온건 개화파)과 이들의 주요 주장(동도서기론)을 모두 서술한 경우
하	정치 세력(온건 개화파)과 주요 주장(동도서기론) 중 한 가지만 서술한 경우

03 근대 국가 수립을 위한 노력(2)

26쪽

핵심 한끝

❶ 전주성 ❷ 군국기무처 ❸ 홍범 14조 ❹ 을미사변 ❺ 독립신문
❻ 러시아 ❼ 대한국 국제 ❽ 갑오 ❾ 아관 파천

미리 보는 학교 시험

26~27쪽

01 ④ 02 ③ 03 ⑤ 04 ② 05 ⑤ 06 해설 참조

01 자료에서 안핵사 이용태의 동학도 체포와 일본의 왕궁 공격에 따라 봉기하였다는 내용을 통해 해당 운동은 동학 농민 운동임을 알 수 있다. 동학 농민 운동은 반봉건·반침략의 성격을 지닌 운동이다.
| 선택지 바로잡기 | ① 갑신정변은 1884년에 일어났다. ②는 갑신정변과 임오군란, ③은 병인양요, ⑤는 1860년대 위정척사 운동에 해당한다.

02 홍범 14조는 제2차 갑오개혁 당시 발표되었다. 제2차 갑오개혁 때 교육 입국 조서가 반포되었다.
| 선택지 바로잡기 | ①, ④는 제1차 갑오개혁, ②, ⑤는 을미개혁 시기에 있었던 사실이다.

03 자료는 독립 협회에서 관민 공동회를 열어 결의한 헌의 6조이다. 독립 협회는 자주 국권 운동을 벌여 러시아의 절영도 조차 요구를 저지하는 성과를 냈다.
| 선택지 바로잡기 | ①은 동학 농민 운동, ②, ④는 고종 환궁 이후, ③은 제2차 갑오개혁 시기의 사실이다.

04 '(가) 을미사변 이후 아관 파천(1896. 2.) – (다) 서재필의 독립신문 창간(1896. 4.) – (라) 고종의 대한 제국 선포(1897. 10.) – (나) 관민 공동회에서 헌의 6조 결의(1898)'의 순서로 전개되었다.

05 자료는 대한 제국 시기에 발행된 지계이다. 대한 제국은 1898년부터 구본신참의 원칙에 따라 광무개혁을 실시하였다.
| 선택지 바로잡기 | ①은 1896년, ②, ④는 1895년, ③은 1894년에 있었던 사실이다.

06 예시답안 대한 제국은 광무개혁을 실시하여 군사 제도와 토지 제도 개혁, 상공업 진흥, 근대 시설 확충, 근대 학교 설립 등을 통해 자주독립과 근대화를 촉진하였다. 그러나, 황제권 강화에 역점을 두어 민권을 보장하는 데까지 나아가지 못했으며, 집권 세력의 부정부패와 열강의 간섭으로 뚜렷한 성과를 거두지 못하였다.

채점 기준	
상	광무개혁의 의의(자주독립, 근대화 촉진)와 한계(황제권 강화, 열강의 간섭)에 대해 모두 논리적으로 서술한 경우
하	광무개혁의 의의와 한계 중 한 가지만 서술한 경우

04 사회·경제 변화와 문화 변동

28쪽

핵심 한끝

❶ 거류지 ❷ 조청 상민 수륙 무역 장정 ❸ 황국 중앙 총상회
❹ 방곡령 ❺ 광혜원 ❻ 천도교 ❼ 대한매일신보 ❽ 신채호
❾ 아관 파천

미리 보는 학교 시험

28~29쪽

01 ① 02 ③ 03 ⑤ 04 ① 05 ② 06 해설 참조

01 제시된 글은 개항 초기의 상황이다. 이 시기에는 외국 상인과 내륙의 조선 상인을 중개하는 객주가 등장하여 거류지 무역이 이루어졌다.
| 선택지 바로잡기 | ② 개항장에서 일본 화폐의 사용이 가능하였다. ③ 일본의 수출입 물품에 관세가 부과되지 않았다. ④는 아관 파천 이후, ⑤는 1882년 조청 상민 수륙 무역 장정 체결 이후의 상황이다.

02 자료는 1883년 체결된 조일 통상 장정의 내용이다. 조일 통상 장정에는 최혜국 대우, 방곡령, 관세 부과 등의 조항이 포함되었다.
| 선택지 바로잡기 | ①, ⑤는 조일 수호 조규 부록에 대한 설명이다. ② 조일 통상 장정 체결로 일본 상인의 한성에서 직접 무역이 가능해져 거류지 무역이 축소되었다. ④ 조청 상민 수륙 무역 장정은 1882년에 체결되었다.

03 아관 파천으로 고종이 러시아 공사관에 머무르게 되자, 국가의 위상이 크게 실추되었다. 이에 러시아를 비롯한 열강들의 한국에 대한 이권 침탈이 심화되었다.
| 선택지 바로잡기 | 강화도 조약 체결은 1876년, 임오군란은 1882년, 거문도 사건은 1885년, 제1차 갑오개혁은 1894년, 아관 파천 단행은 1896년, 대한국 국제 반포는 1899년의 일이다.

04 자료는 제1차 한일 협약에 따라 파견된 재정 고문 메가타가 1905년 추진한 화폐 정리 사업의 내용이다. 백동화 1개는 법정 환율에 따라 신화폐 단위 5전으로 교환해 주어야 했으나, 메가타는 백동화의 실제 가치와 시세를 이유로 갑종은 2분의 1, 을종은 5분의 1만 인정하였다. 이에 따라 병종 백동화를 많이 가지고 있던 한국 상인들은 큰 타격을 입었다.
| 선택지 바로잡기 | ② 거류지 무역은 1882년 이후 쇠퇴하였다. ③ 화폐 정리 사업으로 한국 상인들은 큰 피해를 입었다. ④ 황국 중앙 총상회는 1898년에 조직되었다. ⑤ 독립 협회는 1898년에 해체되었다.

05 (가) 신문은 대한매일신보이다. 대한매일신보는 1904년 창간하여 국권이 피탈되는 1910년까지 발행되었다.
| 선택지 바로잡기 | ② 교육 입국 조서는 제2차 갑오개혁 시기인 1895년에 반포되었다.

06 (1) 조청 상민 수륙 무역 장정

(2) **예시답안** 청 상인의 내륙 상거래가 허용되었으며, 최혜국 대우를 받는 다른 외국 상인들도 한성에서 상업 활동이 가능해졌다. 이에 따라 조선 상인들에 대한 외세의 상권 침탈이 심화되었다. 이에 조선 상인들은 상회사를 설립하여 외국 자본과 경쟁하였다. 시전 상인들은 외국 상인의 점포 철수를 요구하며 철시를 단행하였고, 황국 중앙 총상회를 조직하여 상권을 보호하고자 노력하였다.

채점 기준	
상	내지 통상권 확대에 따라 외세의 상권 침탈이 심화된 점, 상회사 설립, 철시, 황국 중앙 총상회 설립 등의 상권 회복 노력을 구체적으로 서술한 경우
중	외세의 상권 침탈을 서술하고, 이에 대한 대응 방안을 두 가지 이하만 서술한 경우
하	외세의 상권 침탈은 지적하였으나, 대응 방안은 서술하지 못한 경우

❺ 국권 침탈과 국권 수호 운동

핵심 한끝
30쪽

❶ 러일 전쟁 ❷ 메가타 ❸ 외교권 ❹ 군대 ❺ 단발령
❻ 을사늑약 ❼ 서울 진공 ❽ 신민회 ❾ 한국 병합 조약

미리 보는 학교 시험
30~31쪽

01 ③ 02 ② 03 ① 04 ⑤ 05 ⑤ 06 해설 참조

01 (가) 외국인 고문 용빙에 관한 협약(제1차 한일 협약, 1904)으로 재정 고문 메가타, 외교 고문 스티븐스가 파견되었다. (나) 을사늑약(1905)으로 통감부가 설치되고, 대한 제국의 외교권이 박탈되었다.

| **선택지 바로잡기** | ①, ②는 을사늑약에 대한 설명이다. ④는 제1차 한일 협약에 대한 설명이다. ⑤ 을미의병은 을미사변과 단발령 시행이 배경이 되어 일어났다.

02 일제는 (가) 정미 7조약(한일 신협약, 1907)으로 통감의 권한을 강화하였으며, 비밀리에 부속 각서를 맺어 대한 제국의 군대를 강제로 해산하였다. (나) 한국 병합 조약(1910)으로 대한 제국이 일제의 식민지가 되었다. 이 조약은 순종 황제의 재가와 서명을 받지 않은 불법적인 것이었다.

| **선택지 바로잡기** | ①은 을사늑약(1905), ③은 시마네현 고시(1905), ④는 가쓰라·태프트 밀약(1905), ⑤는 외국인 고문 용빙에 관한 협약(제1차 한일 협약, 1904)과 관련된 내용이다.

03 (가)는 을미의병, (나)는 을사의병 당시의 격문이다. 1895년 을미사변과 단발령에 반발하여 일어난 을미의병은 유인석 등 유생 의병장이 주도하였으며, 고종의 해산 권고 조칙에 따라 활동을 중단하였다. 1905년 을사늑약에 반발하여 일어난 을사의병 당시 최익현, 민종식 등 유생 의병장 외에도 신돌석 등 평민 의병장이 처음 활동하였다.

| **선택지 바로잡기** | ①은 을사의병에 해당한다.

04 일제가 고종을 강제 퇴위시키고 대한 제국 군대를 해산하자 정미의병이 일어났다. 당시 해산된 군인을 비롯한 다양한 신분과 직업을 가진 사람들이 의병에 합류하였다. 또한 의병 지도자들은 이인영을 총대장으로 하여 13도 연합 부대를 조직하였다. 1908년 13도 연합 부대가 서울 진공 작전에 나섰으나, 일본군의 공격에 패하면서 실패로 끝났다.

| **선택지 바로잡기** | ㄱ은 을미의병, ㄴ은 을사의병에 대한 설명이다.

05 자료는 국채 보상 운동을 보도한 대한매일신보의 기사이다. 대구에서 시작된 국채 보상 운동은 언론 기관의 도움을 받아 전국으로 확산되었다. 그러나 통감부가 운동의 지휘부를 구속하여 결국 중단되었다.

| **선택지 바로잡기** | ①은 신민회에 대한 설명이다. ② 통감부의 방해로 실패하였다. ③ 국채 보상 기성회가 조직되어 운영되었다. ④ 대구에서 시작되어 전국으로 확산되었다.

06 (1) 신민회

(2) **예시답안** 신민회는 공화정에 바탕을 둔 근대 국민 국가 건설을 추구하였다. 신민회는 평양에 대성 학교, 정주에 오산 학교를 세웠다. 또, 태극 서관을 설립하여 계몽 서적을 출판하고, 자기 회사를 세워 민족 산업을 육성하려 하였다. 만주 삼원보에 한인촌을 건설하고, 무관 학교를 세워 독립군을 양성하였다.

채점 기준	
상	신민회가 지향한 정치 체제, 활동 내용을 두 가지 서술한 경우
중	신민회가 지향한 정치 체제를 서술하고, 활동 내용은 한 가지만 서술한 경우
하	신민회가 지향한 정치 체제만 서술한 경우

중간고사
32~37쪽

01 ③ 02 ④ 03 ③ 04 ① 05 ① 06 ② 07 ④
08 ③ 09 ① 10 ④ 11 ④ 12 ③ 13 ② 14 ②
15 ① 16 ⑤ 17 ⑤ 18 ① 19 ① 20 ④ 21 ㉠ 읍차,
㉡ 천군 22 대간 23 교정도감 24 6조 직계제 25 현량과
26 벽란도 27 ㉠ 한인전, ㉡ 군인전 28 신량역천
29 해설 참조 30 해설 참조

01 (가)는 4세기 백제 근초고왕 시기, (나)는 5세기 고구려 장수왕 시기 한반도의 상황을 보여 준다. 4세기 근초고왕의 평양 공격으로 타격을 입은 고구려는 소수림왕 때 율령을 반포하며 국가 제도를 정비해 5세기에 한강 유역을 장악하게 되었다.
| 선택지 바로잡기 | ① 미천왕은 4세기 초반 낙랑군을 몰아냈다. ② 진흥왕은 6세기에 대가야를 합병하였다. ④ 고이왕은 3세기에 한강 유역을 장악하였다. ⑤ 무령왕은 6세기에 22담로를 설치하였다.

02 (가)는 통일 신라, (나)는 발해에 대한 설명이다. 발해는 고구려 멸망 후 대조영이 고구려 유민과 말갈인을 이끌고 건국하였고, 고구려인이 지배층의 핵심을 이루고 있어 고구려 계승 의식이 강하였다.
| 선택지 바로잡기 | ①은 옥저, 동예, ②는 발해, ③, ⑤는 신라에 대한 설명이다.

03 (가)는 태조, (나)는 광종이다. 태조는 고구려 계승 의식을 바탕으로 서경을 중시하며 북진 정책을 추진하였으며, 불교를 숭상하였다. 태조는 후대 왕들이 지켜야 할 정책 방향이 담긴 훈요 10조를 남겼다. 광종은 과거제, 노비안검법을 실시하였으며, 황제를 칭하고 독자적인 연호를 사용하였다.

04 자료는 고려의 중앙 정치 기구이다. 고려는 지방을 크게 5도와 양계로 나누고, 5도 아래에는 주, 군, 현을 두었다. 호장이 군현의 운영을 주도하였으며 군사적으로 중요한 양계에는 병마사를 보냈다. 또한 향·부곡·소라는 특수 행정 구역이 있었다.
| 선택지 바로잡기 | ① 고려는 주현에 지방관을 파견하였다.

05 제시된 지도는 공민왕 시기 쌍성총관부를 공격하여 수복한 지역을 보여 준다. 공민왕은 승려 신돈을 등용하여 전민변정도감을 설치하고 권문세족이 불법으로 빼앗은 토지를 본래의 주인에게 돌려주도록 하였다.
| 선택지 바로잡기 | ②, ④는 무신 집권기, ③은 13세기 대몽 항쟁기의 일이다. ⑤는 12세기 묘청의 서경 천도 운동에 대한 설명이다.

06 (가) 성종 때 『경국대전』이 완성되었다. (라) 중종 때 조광조와 사림 세력을 제거하는 기묘사화가 일어났다. (나) 선조 때 임진왜란이 일어났고, 이순신이 활약하였다. (다) 인조 때 후금이 국호를 청으로 바꾸고 병자호란을 일으켰다.

07 고경명, 곽재우 등 의병장이 활약하는 내용을 통해 자료에 묘사된 전쟁이 임진왜란임을 알 수 있다. 임진왜란 때 조명 연합군은 평양성을 탈환하며 전세를 역전시켰다.
| 선택지 바로잡기 | ①은 병자호란, ②는 인조반정, ③은 중종반정 ⑤는 예송에 대한 설명이다.

08 수원 화성은 정조 시기에 건축되었다. 정조는 규장각을 설치하여 정책을 뒷받침하는 기구로 삼고 서얼 출신 학자를 규장각 검서관으로 등용하였다. 이외에도 개혁 세력을 육성하는 등 적극적인 탕평책을 실시하였다.

| 선택지 바로잡기 | ①은 인조, ②는 순조~철종, ④는 세종, ⑤는 숙종 시기의 정치 상황이다.

09 (가)는 조선이다. 조선 시대에는 특수 행정 구역이었던 향·부곡·소를 일반 군현으로 승격하거나 주변 군현에 통합하였고, 모든 군현에 수령을 파견하였다.
| 선택지 바로잡기 | ㄷ. 조선의 향리는 고려의 향리에 비해 지위가 낮아져 행정 실무를 담당하였다. ㄹ. 고려의 삼사는 회계 업무를 담당하였고, 조선의 3사는 언론 기능을 담당하였다.

10 제시된 시는 정약용의 「하일대주」로 세도 가문이 권력을 장악한 상황을 묘사하고 있다. 세도 정치 시기에는 세도 가문이 비변사를 비롯한 주요 관직을 독차지하며 왕권이 크게 약해졌고, 공론 정치가 제 기능을 상실하였다.
| 선택지 바로잡기 | ①은 영조, ②는 광해군, ③은 연산군, ⑤는 숙종 시기의 정치 상황이다.

11 (가)는 흥선 대원군으로, 자료는 군정의 폐단을 시정하기 위해 흥선 대원군이 실시한 호포제에 대한 것이다. 흥선 대원군은 『대전회통』 등 법전을 편찬하여 통치 체제를 정비하였다.
| 선택지 바로잡기 | ④는 정조의 업적이다.

12 첫 번째 자료는 6세기 신라의 전성기, 두 번째 자료는 7세기 (670~676) 신라가 당과 전쟁을 벌이는 상황이다. 두 사건 사이인 7세기 중반(645) 고구려 안시성에서 성주와 백성들이 힘을 합쳐 당 태종이 이끄는 당군의 침입을 물리쳤다.
| 선택지 바로잡기 | ① 백제는 4세기 침류왕 때 불교를 수용하였다. ② 발해는 926년 거란에 멸망하였다. ④ 광개토 대왕은 4~5세기에 고구려를 지배하였다. ⑤ 장보고는 9세기경 청해진을 설치하였다.

13 (가)는 거란, (나)는 여진이다. 고려에 다시 침입한 거란은 귀주에서 강감찬이 이끄는 고려군에 크게 패하였다. 여진은 고려로부터 동북 9성을 돌려받았다.
| 선택지 바로잡기 | ㄴ은 몽골, ㄹ은 거란과 관련된 내용이다.

14 제시된 내용은 조선과 일본의 관계를 설명하고 있다. 임진왜란 이후 파견된 통신사는 외교 사절의 의미를 넘어 조선의 문화를 일본에 전파하는 역할을 하였다.
| 선택지 바로잡기 | ①, ⑤는 청, ③은 명, ④는 여진에 대한 설명이다.

15 자료의 '문서'는 신라 촌락 문서이다. 통일 신라는 3년마다 촌락 문서를 작성하고 이를 근거로 세금을 거두었다.
| 선택지 바로잡기 | ① 우경은 삼국 시대에 처음 시작되었다.

16 고려 숙종 때에는 은 1근으로 고가의 화폐인 활구(은병)를 만들어 사용하였다. 고려 시대에는 관리나 직역 담당자를 18등급으로 구분하여 전지와 시지를 나누어 주고 수조권을 행사하게 하는 전시과 제도를 시행하였다.
| 선택지 바로잡기 | ①은 신라 시대, ②, ④는 조선 시대의 경제 상황이다. ③ 고려는 원에서 목화를 들여왔다.

17 자료는 방납의 폐단을 보여 주고 있다. 방납의 폐단을 시정하기 위해 광해군 때 대동법을 실시하여 집집마다 거두던 공물(토산물)을 토지 결 수를 기준으로 쌀, 무명이나 베, 동전 등으로 납부하게 하였다.
| 선택지 바로잡기 | ①은 수조권 남용에 대한 대책이다. ② 균역법은 군역의 부담을 줄여 주기 위해 실시하였다. ③은 세종 때 실시된 전세 제도 개혁의 내용이다. ④는 영정법으로 전세 제도를 개혁한 것이다.

18 자료는 신라의 신분제인 골품제이다. 신라는 골품에 따라 개인의 사회 활동 범위가 엄격히 제한되었으며, 가옥의 규모와 장식물은 물론 복색이나 수레 등 일상생활도 규제되었다. 신라는 귀족 회의체로 만장일치제를 특징으로 하는 화백 회의를 운영하였다.
| 선택지 바로잡기 | ②는 백제, ③, ④는 고구려, ⑤는 발해에 대한 설명이다.

19 자료는 고려 시대의 사회 모습이다. 고려 시대에는 여성도 호주가 될 수 있었으며, 호적에는 태어난 순서대로 오르고, 배우자가 사망하면 재혼하는 일이 일반적이었다.
| 선택지 바로잡기 | ㄷ, ㄹ은 조선 후기의 가족 관계에 대한 설명이다.

20 제시된 그래프를 보면 조선 후기로 갈수록 양반의 숫자는 크게 증가하고, 상민과 노비의 숫자는 지속적으로 감소하고 있다. 당시 부유한 상민들은 납속과 공명첩 등을 이용하여 합법적으로 신분 상승하거나 양반 족보를 위조하여 양반으로 행세하였다.
| 선택지 바로잡기 | ① 노비의 수는 계속 감소하고 있다. ② 양반의 수가 크게 증가하면서 양반 중심 신분 질서가 약화되었다. ③ 세금을 납부하는 상민 계층이 감소하고 있다. ⑤ 양반의 권위와 특권은 약화되었다.

21 삼한은 신지, 읍차와 같은 군장이 통치하였고, 천군이 천신에 대한 제사를 주관하였다.

22 고려 중서문하성의 낭사와 어사대의 관리는 대간이라 불리며 관리의 부정을 감찰하고 왕권을 견제하였다.

23 교정도감은 무신 집권자 최충헌이 중방을 대신하여 설치한 최고 정책 결정 기구이다.

24 6조 직계제는 6조가 의정부를 거치지 않고 국왕에게 직접 업무를 보고하도록 한 제도이다.

25 중종 때 조광조는 학문과 덕행이 뛰어난 인재를 추천받아 관리로 등용하는 현량과를 실시하였다.

26 예성강 하구에 위치한 벽란도는 고려 전기 대표적인 국제 무역항으로 번성하였다.

27 한인전은 고려 시대 하급 관리의 자제 중 관리에 오르지 못한 사람에게 지급한 토지이고, 군인전은 직업 군인에게 지급된 토지이다.

28 조선 시대 상민 중 수군, 역졸 등 천한 일을 담당하였던 계층을 신량역천이라 불렀다.

29 **예시 답안** 원 간섭기 고려에서는 권문세족이라는 새로운 지배 세력이 성장하였다. 이들은 원과의 밀접한 관계 속에서 새롭게 성장한 가문이었으며, 음서로 관직에 진출해 도평의사사를 장악하였다. 이들은 권력을 이용하여 불법적으로 농장을 확대하였다.

채점 기준	
평가 내용	배점
권문세족의 정치적 특징(친원 세력, 음서 혜택), 경제적 특징(대농장)을 모두 서술한 경우	5점
권문세족의 정치적, 경제적 특징 중 한 가지만 서술한 경우	2점

30 (1) **예시 답안** (가)는 모내기법의 도입으로 노동력이 절감되어 광작이 행해지고, 부농이 출현하고 있음을 보여 준다. (나)는 대동법의 실시로 일반 백성들의 세금 부담은 줄어들었으나, 많은 토지를 가진 지주들의 부담이 증가하여 이들이 반발하였음을 보여 준다.

채점 기준	
평가 내용	배점
모내기법과 대동법의 도입에 대해 모두 서술한 경우	1점

(2) **예시 답안** 대동법 실시 이후 공인이 성장하며 국가가 필요한 물품을 대량으로 구매하였다. 또한 모내기법의 확산으로 농업 생산량이 늘어났다. 이와 같은 상황은 조선 후기 상업과 수공업의 발달을 가져왔다. 장시가 발달하고, 송상 등 사상이 전국 각지에서 활동하였다. 상품 유통이 활발해지면서 숙종 이후 상평통보가 전국적으로 유통되었다.

채점 기준	
평가 내용	배점
대동법과 모내기법의 확산이 가져온 경제 변화와 이에 따라 상업과 수공업이 발달하고 상품 화폐 경제가 발달한 상황을 구체적 사례를 들어 서술한 경우	4점
대동법과 모내기법이 가져온 경제 변화만 서술한 경우	2점

기말고사 ────────── 38~43쪽

01 ⑤	02 ②	03 ②	04 ③	05 ④	06 ①	07 ④
08 ⑤	09 ③	10 ④	11 ①	12 ②	13 ④	14 ①
15 ④	16 ①	17 ③	18 ③	19 ④	20 ①	21 풍수지리설
22 ㉠ 이황, ㉡ 이이		23 어재연		24 왜양일체론		25 「칙령 제41호」
26 ㉠ 철도, ㉡ 경인선		27 육영 공원		28 ㉠ 자신회, ㉡ 안중근		
29 해설 참조		30 해설 참조				

01 밑줄 친 '이 왕조'는 신라이다. 신라는 원성왕 때 유교 경전의 이해 수준을 평가하여 관리를 선발하는 독서삼품과를 시행하였다.
| 선택지 바로잡기 | ①, ③은 발해, ②는 백제, ④는 고구려에 대한 설명이다.

02 고려의 팔만대장경은 부처의 힘을 빌려 몽골의 침략을 물리치기 위해 제작되었다. 고려 무신 정권기 지눌은 불교계의 세속화를 비판하고 선교 일치를 주장하며 정혜결사를 결성하였다.
| 선택지 바로잡기 | ①, ③, ⑤는 신라에 대한 설명이다. ④ 일본에 전파된 삼국과 가야 문화의 영향을 받아 형성된 것이 아스카 문화이다.

03 (가) 『삼국사기』는 김부식이 유교적 합리주의 사관에 입각하여 저술한 역사서로 현존하는 우리나라 역사서 중 가장 오래되었다. 또한 신라 중심의 역사 의식이 담겨 있다. (나) 『삼국유사』는 처음으로 단군의 건국 이야기를 수록하였다.
| 선택지 바로잡기 | ㄴ은 『삼국유사』, ㄹ은 『삼국사기』에 대한 설명이다.

04 자료는 실학자 중 상공업 중심 개혁론자 박제가가 저술한 『북학의』이다. 상공업 중심 개혁론자는 청의 문물 수용과 상공업 진흥을 강조하였다. 박제가는 수레와 배의 이용을 주장하였으며, 소비로 경제를 활성화하자고 하였다.
| 선택지 바로잡기 | ①은 동학에 대한 설명이다. ② 박제가는 청의 문물과 기술 수용에 찬성하였다. ④는 유형원, 이익, 정약용 등 농업 중심 개혁론자의 주장이다. ⑤ 실학자들은 우리나라의 역사, 지리, 언어 등 국학을 연구하기도 하였다.

05 (가)는 병인박해를 계기로 병인양요를 일으킨 프랑스이다. (나)는 제너럴셔먼호 사건을 배경으로 신미양요를 일으킨 미국이다. 미국은 1882년 조미 수호 통상 조약을 통해 서양 국가 중 최초로 조선과 조약을 체결하였다.
| 선택지 바로잡기 | ①은 영국, ②는 미국, ③은 일본 ⑤는 프랑스에 대한 설명이다.

06 일본은 운요호 사건을 계기로 강화도 조약 체결을 강요하였다. 강화도 조약은 조선이 외국과 맺은 최초의 근대적 조약이자 일본에 유리한 불평등 조약이다. 이 조약으로 일본에 조선의 해안 측량권과 영사 재판권을 인정하였다.
| 선택지 바로잡기 | ②, ③, ⑤는 조미 수호 통상 조약, ④는 조일 수호 조규 부록에 대한 설명이다.

07 자료는 1882년 체결된 조미 수호 통상 조약이다. 『조선책략』이 유포되며 미국과의 수교 주장이 힘을 얻었다. 이 조약은 조선이 서양과 맺은 최초의 조약으로 거중 조정, 관세 부과, 최혜국 대우 인정, 영사 재판권 등이 규정되었다.
| 선택지 바로잡기 | ④ 천주교 선교 활동의 인정은 조불 수호 통상 조약에 규정되었다.

08 조선은 개항 직후 수신사를 파견하여 일본의 발전상과 열강의 정세를 시찰하고, 이들의 시찰 의견을 바탕으로 통리기무아문을 설치하고 개화 정책을 적극적으로 추진하였다.

| 선택지 바로잡기 | ①은 김옥균 등 급진 개화파, ②, ④는 영선사(1881), ③은 보빙사(1883)에 대한 설명이다.

09 밑줄 친 '반란'은 임오군란(1882)이다. 임오군란의 결과 마건상(마젠창)과 묄렌도르프 등 청이 파견한 고문이 조선의 내정에 간섭하였으며, 제물포 조약이 체결되어 공사관 경비를 위한 일본군의 주둔이 허용되었다.
| 선택지 바로잡기 | ㄱ. 갑신정변의 결과로 한성 조약이 체결되었다. ㄹ. 2차 수신사 김홍집은 1880년 일본에 파견되었다.

10 제시문은 갑신정변에 대한 박은식의 평가이다. 갑신정변은 1884년 급진 개화파가 개화당 정부를 구성하여 자주적·근대적 국가를 건설하고자 한 정치 개혁 운동이었다.
| 선택지 바로잡기 | ① 갑신정변은 1884년에 일어났다. ② 갑신정변은 동학 농민 운동 전에 일어났다. ③ 갑신정변은 소수의 지식인이 중심이 된 위로부터의 개혁이었다. ⑤는 임오군란에 대한 설명이다.

11 (가)는 1894년 동학 농민군의 1차 봉기, (나)는 동학 농민군의 2차 봉기 당시 우금치 전투에 해당한다. 1차 봉기는 동학 농민군이 조선 정부와 전주 화약을 맺으면서 끝이 났다.
| 선택지 바로잡기 | ② 제물포 조약은 1882년 임오군란의 결과 체결되었다. ③ 강화도 조약 이후 1880년 통리기무아문이 설치되었다. ④ 1885년 거문도 사건이 일어났다. ⑤ 1884년 갑신정변의 결과 톈진 조약이 체결되었다.

12 제1차 갑오개혁 시기에 군국기무처를 통해서 과거제, 연좌제, 노비제 등이 폐지되었으며, 의정부와 궁내부도 분리되었다. 의정부 아래 8아문을 두고 국가 재정을 탁지아문에서 관할하게 하였다.
| 선택지 바로잡기 | ② 단발령은 을미개혁 시기에 시행되었다.

13 자료는 1898년 독립 협회가 관민 공동회를 열고 결의한 헌의 6조이다. 독립 협회는 개혁적인 관료들과 함께 의회 설립 운동을 추진하고, 입헌 군주정 체제를 수립하고자 하였다. 그러나 독립 협회는 보수 관료들의 모함으로 결국 해산되었다.
| 선택지 바로잡기 | ①은 동학 농민 운동, ②는 제2차 갑오개혁, ③, ⑤는 을미개혁에 대한 설명이다.

14 자료의 밑줄 친 '개혁'은 광무개혁이다. 광무개혁 당시 양전 사업을 실시하며 근대적 토지 소유 증명 문서인 지계를 발급하였다. 또한 공장과 회사를 설립하고, 실업 학교 등을 설립하였다.

15 (가) 1882년 임오군란 이후 체결된 조청 상민 수륙 무역 장정으로 청 상인의 내지 무역을 허가하였다. (나) 1883년 체결된 조일 통상 장정은 일본 상품에 대한 관세 규정, 최혜국 대우 규정 등을 담고 있다. 조일 통상 장정의 최혜국 대우를 근거로 일본 상인도 내지에 진출하게 되면서, 청과 일본 상인의 상권 다툼이 심화되었다.
| 선택지 바로잡기 | ㄱ. 청 상인이 한성까지 진출함에 따라 거류지 무역은 점차 쇠퇴하였다. ㄷ. 조일 통상 장정은 관세 부과를 규정하였다.

16 제시된 그래프를 살펴보면, 조선의 수출품은 대부분 쌀과 콩 등 잡곡이고, 면제품을 많이 수입하였다. 이렇게 많은 쌀이 일본으로 수출되며 국내 곡물 가격이 오르고, 식량 사정은 악화되었다.
| **선택지 바로잡기** | ② 일본으로부터 많은 면제품이 수입되면서 조선의 가내 수공업은 쇠퇴하였다. ③ 쌀 수출 증가로 지주와 대상인은 많은 이득을 보았다. ④ 곡물 가격 상승으로 도시 빈민, 농촌 임노동자들의 생활은 더욱 어려워졌다. ⑤ 조선의 관리들이 방곡령을 선포하기도 하였지만, 일본의 방해로 철회되었다.

17 자료는 1908년 대한매일신보에 게재된 신채호의 글로, 민족주의 역사 서술을 주장하고 있다. 이 글이 쓰여진 시기에는 근대 문물이 수용되면서 일상생활이 크게 변화하였다.
| **선택지 바로잡기** | ③ 진대법은 고구려의 빈민 구제 제도이다.

18 (가)는 을사늑약(1905. 11.)으로 대한 제국의 외교권을 박탈하는 내용이 담겨 있다. 고종은 이에 대응하여 만국 평화 회의에 특사를 파견하였다(헤이그 특사). (나)는 정미 7조약(1907. 7.)으로 통감의 권한을 확대하고 비밀에 부속 각서를 맺어 대한 제국의 군대를 강제 해산하였다.
| **선택지 바로잡기** | ① 을사늑약에 의해 통감부가 설치되었다. ② 외국인 고문 용빙에 관한 협약(1904. 8.)의 결과 재정 고문 메가타가 파견되었다. ④는 간도 협약에 대한 설명이다. ⑤ 두 조약 모두 러일 전쟁 종료 이후에 체결되었다.

19 13도 창의군이 각국 대사관에 격문을 보냈다는 사실을 통해 밑줄 친 '의병'은 정미의병임을 알 수 있다. 정미의병은 정미 7조약으로 해산된 대한 제국의 군인 일부가 합류하였으며, 이로 인해 전투력과 조직력이 강화되었다.
| **선택지 바로잡기** | ①, ③은 을미의병, ②, ⑤는 을사의병에 대한 설명이다.

20 남만주 삼원보에 무관 학교를 세워 독립군을 양성하려 하였다는 점에서 밑줄 친 '이 단체'는 신민회임을 알 수 있다. 신민회는 대성학교와 오산 학교를 세웠다.
| **선택지 바로잡기** | ②, ④는 독립 협회, ③은 보안회, ⑤는 대한 자강회에 대한 설명이다.

21 풍수지리설은 하천, 땅을 이루는 형세가 인간 생활에 영향을 미친다는 이론이다.

22 이황은 '동방의 주자'라 불렸으며 근본적이고 이상주의적인 경향이 강하였다. 이이는 『성학집요』를 집필하였으며, 현실적이고 개혁적인 성향을 보였다.

23 신미양요 당시 어재연이 이끄는 수비대가 미국의 침략에 끝까지 저항하였다.

24 최익현이 왜양일체론을 내세우며 일본이 서양과 같은 오랑캐라고 주장하였다.

25 대한 제국 정부는 1900년 대한 제국 「칙령 제41호」를 공포하여 울릉도를 울도군으로 승격하고 독도를 관할하게 하였다.

26 개항 이후 철도는 열강의 침략과 자원의 수탈이 되었다. 우리나라의 철도 중 하나인 경인선은 일본이 미국으로부터 부설권을 사들여 1899년에 개통하였다.

27 1880년에 세워진 육영 공원은 미국인 강사를 초빙하여 양반 자제들에게 근대 학문을 가르친 기관이다.

28 을사늑약 체결에 반발하여 나철과 오기호는 자신회를 조직하였다. 안중근은 하얼빈에서 이토 히로부미를 처단하였다.

29 **예시 답안** 조선 후기에는 서민 문화가 발달하였다. 문학에서는 한글 소설과 사설시조가 유행하였으며, 판소리와 탈놀이에는 사회 부정과 비리를 풍자하는 내용이 많았다. 또한 서민들의 일상을 담은 풍속화와 생활 공간을 장식한 민화가 유행하였다.

채점 기준

평가 내용	배점
조선 후기에 발달한 문화(한글 소설과 사설시조, 판소리와 탈놀이, 풍속화와 민화)를 모두 서술한 경우	4점
조선 후기에 발달한 문화를 두 가지 서술한 경우	3점
조선 후기에 발달한 문화를 한 가지만 서술한 경우	1점

30 (1) **예시 답안** (가) 1차 갑오개혁 시기에는 노비제를 없애고, 조세를 화폐로 납부하게 하였다. (나) 3차 갑오개혁(을미개혁) 시기에는 단발령과 종두법을 실시하였다.

채점 기준

평가 내용	배점
1차, 3차 갑오개혁의 내용을 각각 두 가지씩 모두 서술한 경우	4점
1차, 3차 갑오개혁의 내용을 각각 한 가지씩 서술한 경우	2점

(2) **예시 답안** 1차 갑오개혁과 을미개혁은 갑신정변과 동학 농민 운동의 요구를 반영하여 봉건적 통치 체제를 개혁하려 한 근대적 개혁이었다. 그러나 두 개혁은 일본의 간섭을 받으며 추진되었고, 지배층의 입장에서 실시되어 민중의 지지를 받지 못했다는 한계가 있다.

채점 기준

평가 내용	배점
1차 갑오개혁과 을미개혁의 의의와 한계점을 모두 서술한 경우	2점
1차 갑오개혁과 을미개혁의 의의와 한계점 중 한 가지를 서술한 경우	1점

논술형 수행 평가

01 고구려 문화를 계승한 발해 문화 이해하기

조건 풀이   44쪽

(가)에서 발해를 세운 대조영이 고구려 출신임을 알 수 있다.

▼

(나)에서 당시 발해인과 일본인들이 발해가 고구려를 계승했다고 인식했음을 알 수 있다.

▼

(다)에는 고구려와 발해 문화의 유사성을 유물을 통해 보여주고 있다. 이를 통해 발해가 고구려 문화를 본받았음을 알 수 있다. 이를 토대로 발해와 고구려의 관계를 논술한다.

예시 답안 고구려 장수 출신 대조영이 고구려 유민과 말갈인 일부를 데리고 발해를 건국하였다. 건국 세력의 중심이 고구려 유민이었기 때문에 발해의 지배 세력이 고구려 계통이었음을 짐작할 수 있다.

발해가 일본에 보낸 국서에서 고려(고구려)의 옛 땅을 되찾았다고 하였으며, 일본이 발해 왕을 고구려 왕이라고 부르고 있는 것으로 보아, 당시 사람들이 발해가 고구려를 계승했다고 인식했음을 알 수 있다.

발해와 고구려의 연관성은 문화유산에서도 나타나는데, 발해의 문화유산 중 토기, 치미, 막새 등의 모양을 보면 고구려의 문화유산과 유사하여 발해가 고구려 문화를 계승했음을 알 수 있다.

채점 기준

상	발해 지배 세력의 특징을 정확히 설명하였으며, (나)에서 발해와 주변국의 인식, (다)에서 고구려 문화와의 유사성을 근거로 들어, 발해가 고구려를 계승하였음을 논리적으로 서술한 경우
중	발해 지배 세력의 특징을 정확히 설명하였으며, (나)와 (다) 중 한 가지 근거만을 들어 발해가 고구려를 계승하였음을 논리적으로 서술한 경우
하	발해 지배 세력의 특징, 또는 발해가 고구려를 계승하였다는 사실 중 한 가지만을 단순하게 서술한 경우

02 조선 후기 사회 변동 파악하기

조건 풀이   45쪽

(가)에서 방납의 폐단을 확인할 수 있다. 조선은 방납의 폐단을 시정하기 위해 대동법을 실시하였고, 그 결과 공인이 활동하였음을 추론한다.

▼

(나)에는 이앙법의 확산으로 부농이 등장하고 있음을 보여준다. 부농의 등장으로 농민층이 분화되었으며, 상층부 농민은 공명첩 구입 등을 통해 합법적으로 신분을 상승시켰음을 서술한다.

▼

(다)를 바탕으로 조선 후기에 천주교 등 평등을 강조하는 새로운 사상이 유입되었음을 서술한다. (가), (나)의 내용과 함께 조선 후기 사회 변화를 논술한다.

예시 답안 (가)는 방납의 폐단을 보여 준다. 조선 후기에 방납의 폐단을 시정하기 위해 대동법이 실시되었다. 대동법 실시 결과 공인이 성장하였고, 이에 따라 상품 화폐 경제가 발달하였다.

(나)의 모내기법이 확산되면서 광작이 이뤄지고 부농이 등장하였다. 부농은 공명첩, 족보 구입 등을 통해 합법적인 방법으로 신분을 상승시켜 나갔다. 또한 (다)에서 평등을 강조하는 새로운 사상인 천주교가 조선에 유입되었고, 이로 인해 신분제가 흔들리는 상황을 추론할 수 있다. 이처럼 조선 후기에 조세 제도의 변화, 농업 기술의 발전 등으로 상품 화폐 경제가 발달하고, 부농의 등장, 천주교 등 새로운 사상의 확산으로 신분제가 무너져 가는 모습을 확인할 수 있다.

채점 기준

상	(가)에서 대동법의 영향을 파악하고, (나)에서 부농의 등장, (다)에서 천주교의 확산을 제시하고, 조선 후기 사회적 변화(신분제 약화, 평등 의식 향상)와 경제적 변화(농업 생산력의 향상, 상품 화폐 경제의 발달)를 논리적으로 서술한 경우
중	(가)에서 대동법의 영향을 파악하고, (나)에서 부농의 등장, (다)에서 천주교의 확산을 제시하였으나, 조선 후기 사회적 변화(신분제 약화, 평등 의식 향상)와 경제적 변화(농업 생산력의 향상, 상품 화폐 경제의 발달)에 대한 서술이 미흡한 경우
하	대동법의 실시, 부농의 등장, 천주교의 확산 등의 사실만을 단순하게 서술한 경우

03 통상 수교 관련 주장에 대한 평가 서술하기

조건 풀이   46쪽

(가)에서 통상 수교 거부 정책의 논리를 파악할 수 있다. (나)에서 통상 수교를 해야한다는 통상 수교론자들의 주장을 파악할 수 있다.

▼

(다)에서 제국주의 열강의 침략성과 폭력성을 파악할 수 있다.

▼

(다)에서 파악한 제국주의 열강의 속성을 토대로 (가), (나)의 장점과 한계점을 파악하여 비교하며 논술한다.

예시 답안 (가)는 서양 세력의 위험성을 지적하고, 통상 수교를 거부해야 한다고 주장한다. (나)는 통상 수교를 하지 않을 경우 조선이 고립될 수 있음을 지적하며 통상 수교를 주장한다. (다)는 제국주의 열강의 팽창 정책이 침략성과 폭력성을 띠고 있음을 보여 준다.

(가)는 제국주의 세력의 침략성과 폭력성을 정확히 간파하고 있다는 점에서 의의가 있다. 그러나 통상 수교를 반대해 조선의 문호 개방을 늦춰 근대화를 지연시켰다는 비판도 받고 있다. (나)는 통상 수교를 통해 조선의 근대화를 추진했다는 점에서 시대의 흐름을 잘 파악하였다고 볼 수 있다. 그러나 제국주의 세력의 침략적인 속성을 파악하지 못해 이에 대한 대비를 하지 못했고, 서양, 일본 제국주의 세력이 조선의 이권을 침탈하는 것에 제대로 대비하지 못했다는 한계가 있다.

채점 기준	
상	(가), (나) 주장을 모두 정리하였으며, (가), (나) 주장의 장점과 한계점을 제국주의의 침략적 속성과 관련지어 논리적으로 서술한 경우
중	(가), (나) 주장을 모두 정리하였으나, (가), (나) 주장의 장점과 한계점을 제국주의의 침략적 속성과 관련지어 서술하지 못한 경우
하	(가), (나) 주장 중 한 가지만 정리하였거나, (가), (나) 주장의 장점과 한계점을 구분하지 못하고 단순하게 서술한 경우

 04 국권 수호 운동에 대해 평가하기

> **조건 풀이**   47쪽
>
> (가)에서 애국 계몽 단체의 주장을 정리한다. (나)에서 교육 활동 등 애국 계몽 활동 이외에 무장 투쟁에 대해서도 긍정적으로 평가하고 있음을 파악한다.
>
> ▼
>
> (다)는 국권을 수호하는 또 다른 방법인 의병 투쟁에 대한 자료임을 파악한다.
>
> ▼
>
> (가), (나)를 통해 애국 계몽 운동이 가진 의미와 한계점, (다)를 통해 의병 투쟁이 가진 의미와 한계점에 대해 논술한다.

예시 답안 (가)는 대한 자강회 취지문으로 교육 활동을 통해 국권 수호를 해야 한다고 주장한다. (나)는 (가)와 같이 교육 활동을 통해 국권을 수호해야 한다고 주장한다. (가), (나)는 모두 사회 진화론을 받아들여 학교를 세워 인재를 기르고, 국민 계몽, 산업 육성을 통해 국권을 수호하자는 애국 계몽 운동의 주장이 나타나 있다. 다만, (나)는 무장 투쟁에 대해서도 긍정적으로 평가하고 있는 것이 (가)와의 차이점이다. (다)는 의병장 유인석이 을미의병 때 내세웠던 포고문으로 무력을 앞세운 의병 활동을 통해 국권을 수호해야 한다고 주장하고 있다.

애국 계몽 운동은 민족의 산업을 발전시키고 교육을 통해 인재를 기르는 데 기여하였으나, 일제의 침략이 거세지고 국권 피탈이 가까워지면서 단체의 성격이 변질되어 일본에 협력하는 모습을 보여 주기도 하였다. 의병 투쟁의 경우 일제의 침략에 직접적으로 대응했다고 평가할 수 있으나, 장기적인 항쟁을 위한 토대를 준비하지 못하고, 새로운 국가 체제를 제안하지 못했다는 한계점도 있다.

채점 기준	
상	(가), (나) 주장의 공통점과 차이점을 모두 정리하였으며, (다)의 주장을 정리하고, 애국 계몽 운동과 의병 투쟁의 의미와 한계점을 논리적으로 비교하여 서술한 경우
중	(가), (나) 주장의 공통점과 차이점을 모두 정리하였으며, (다)의 주장을 정리하였으나, 애국 계몽 운동과 의병 투쟁을 논리적으로 비교하지 못한 경우
하	(가), (나) 주장의 공통점과 차이점 및 (다)의 주장을 제대로 정리하지 못했거나, 애국 계몽 운동과 의병 투쟁을 단순하게 서술한 경우

MEMO

MEMO

한·끝·시·리·즈 필수 개념과 시험 대비를 한 권으로 끝! 한국사 공부의 진리입니다.

대표전화 1544-0554
주소 경기도 과천시 과천대로2길 54(갈현동, 그라운드브이)
협의 없는 무단 복제는 법으로 금지되어 있습니다.

2022 개정 교육과정

시험 대비 문제집

한국사 공부,
한 권으로 이미 끝!

고등
한국사 1

 책 속의 가접 별책 (특허 제 0557442호)
'시험 대비 문제집'은 본책에서 쉽게 분리할 수 있도록 제작되었으므로
유통 과정에서 분리될 수 있으나 파본이 아닌 정상제품입니다.

ABOVE IMAGINATION

우리는 남다른 상상과 혁신으로
교육 문화의 새로운 전형을 만들어
모든 이의 행복한 경험과 성장에 기여한다

시험 대비 문제집

고등 한국사1

01 고대 국가의 성장

핵심 한끝

✖ 선사 시대

구석기 시대	뗀석기(주먹도끼) 사용, 이동 생활
신석기 시대	간석기와 토기 사용, (❶　　　)과 목축 시작
청동기 시대	청동검 제작, 계급 발생, (❷　　　) 축조

✖ 고조선의 성립과 여러 나라의 성장

고조선	단군왕검(제정일치), (❸　　　)으로 사회 질서 유지
부여	왕 아래 가(마가·우가·저가·구가)들이 사출도 관장
고구려	5부 연맹체, 제가 회의 운영
옥저, 동예	왕이 없고 군장(읍군, 삼로)이 다스림
삼한	군장(신지, 읍차), (❹　　　)(제사장)과 소도 존재

✖ 삼국의 성립과 발전

고구려	• 소수림왕: 불교 수용, 태학 설립, 율령 반포 • 광개토 대왕: 만주 일대 장악, 신라에 침입한 왜구 격퇴 • (❺　　　): 남진 정책, 평양 천도 → 한성 점령
백제	• 근초고왕: 마한 복속, 고구려의 평양성 공격 • 무령왕: 지방 22담로에 왕족 파견 • 성왕: 사비(부여) 천도, 관산성 전투에서 전사
신라	• 지증왕: '신라' 국명과 '왕' 칭호 사용, 우산국 복속 • 법흥왕: 병부 설치, 율령 반포, 불교 공인, 금관가야 복속 • (❻　　　): 화랑도 개편, 한강 유역 장악, 대가야 정복
통일	나당 동맹 → 백제 멸망 → 고구려 멸망 → 나당 전쟁

✖ 통일 신라와 발해의 발전

통일 신라	• 신문왕: 김흠돌의 반란 진압, 녹읍 폐지 • 통치 체제: 9주 5소경, 9서당 10정 • 신라 말: 왕위 쟁탈전 → 호족과 6두품 성장
발해	• (❼　　　)이 만주 동모산에서 건국 • 통치 체제: 3성 6부제, 5경 15부 62주

✦ 이 단원의 핵심 문장 완성하기

청동기 문화를 바탕으로 최초의 국가 (❽　　　)이 세워졌으며, 철기 시대에 세워진 여러 나라들은 고구려, 백제, 신라로 통합되었다. 삼국은 신라에 의해 통일되고 고구려 옛 땅에 (❾　　　)가 세워졌다.

미리 보는 학교 시험

01 다음 도구가 처음 등장한 (가), (나) 시대의 생활 모습으로 옳은 것은?

(가) 시대	(나) 시대

① (가) – 고인돌을 축조하였다.
② (가) – 철제 농기구를 사용하였다.
③ (나) – 농경과 목축이 시작되었다.
④ (나) – 주로 동굴이나 막집에 거주하였다.
⑤ (가), (나) – 계급이 존재하였다.

02 다음 지도와 같은 문화 범위를 가진 국가에 대한 설명으로 옳지 <u>않은</u> 것은?

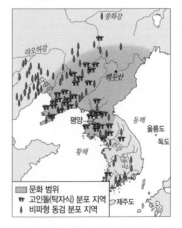

① 한의 침략을 받아 멸망하였다.
② 제정일치의 지배자가 통치하였다.
③ 청동기 문화를 바탕으로 건국되었다.
④ 사회 질서 유지를 위해 8조법을 만들었다.
⑤ 계루부 등 5부 연맹체를 토대로 발전하였다.

03 밑줄 친 '이 나라'를 지도에서 옳게 고른 것은?

> 이 나라에는 왕이 있고, 가축의 이름으로 관명을 정하여 마가·우가·저가·구가, 대사·대사자·사자가 있다. …… 제가들은 별도로 사출도를 주관하였다. 그중 큰 곳은 수천 가(家)에 이르렀고, 작은 곳은 수백 가(家)였다.

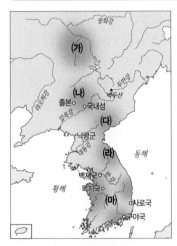

① (가)   ② (나)   ③ (다)   ④ (라)   ⑤ (마)

04 (가), (나) 시기 사이에 있었던 사실로 옳은 것은?

> (가) 광개토 대왕이 보병과 기병 5만 명을 보내 신라에 침입한 왜를 물리치고 금관가야까지 공격하였다.
> (나) 신라 법흥왕이 율령을 반포하고 관리의 공복을 제정하였으며, 국정을 총괄하는 상대등을 두어 귀족 회의를 주재하게 하였다.

① 신라가 당과 동맹을 맺었다.
② 신라가 한강 유역을 장악하였다.
③ 고구려가 수도를 평양으로 옮겼다.
④ 백제 근초고왕이 마한을 복속시켰다.
⑤ 신라 진흥왕이 대가야를 병합하였다.

05 밑줄 친 '이 왕'의 업적으로 옳은 것은?

> 이 비석은 이 왕이 신라가 한강 유역을 장악한 것을 기념하기 위해 북한산 정상에 세운 순수비입니다.

① 우산국을 복속시켰다.
② 웅진에서 사비로 천도하였다.
③ 지방 22담로에 왕족을 파견하였다.
④ 왕의 칭호로 '마립간'을 사용하였다.
⑤ 화랑도를 국가적인 조직으로 개편하였다.

06 다음 자료를 활용한 탐구 활동으로 가장 적절한 것은?

> • 의자왕이 태자와 군사를 거느리고 웅진성으로부터 와서 항복하였다. 왕이 의자왕이 항복했음을 듣고 당나라에 관리를 보내 싸움에서 이겼음을 알렸다.
> • 문무왕이 고구려를 배반한 무리를 받아들이고 또 백제의 옛 땅을 차지하여 사람을 시켜 지키게 하니, 당 고종이 크게 노하여 조서를 내려 왕의 관작을 삭제하였다.

① 신라의 삼국 통일 과정을 조사한다.
② 삼국의 건국과 성장 과정을 비교한다.
③ 가야의 성립과 변천에 대해 알아본다.
④ 신라가 고려에 항복한 이유를 파악한다.
⑤ 신라 말 호족과 6두품의 활동을 찾아본다.

07 빈칸에 들어갈 (가) 왕의 업적으로 옳은 것은?

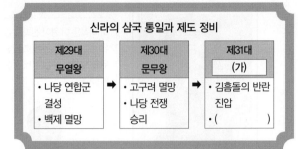

신라의 삼국 통일과 제도 정비

제29대 무열왕	제30대 문무왕	제31대 (가)
• 나당 연합군 결성 • 백제 멸망	• 고구려 멸망 • 나당 전쟁 승리	• 김흠돌의 반란 진압 • ( )

① 주자감 설치
② 평양성 함락
③ 금관가야 정복
④ 김씨 왕위 계승 확립
⑤ 녹읍 폐지 및 관료전 지급

08 다음 상황이 나타난 시기의 통일 신라 사회 모습으로 옳은 것만을 〈보기〉에서 고른 것은?

• 헌덕왕 14년 3월, 웅천주 도독 헌창이 그의 아버지 주원이 왕이 되지 못한 것을 이유로 반란을 일으켜 나라 이름을 장안이라 하였다. – 「삼국사기」
• 진성 여왕 3년, 여러 지역에서 조세와 공물을 바치지 않아 창고가 텅 비고, 씀씀이가 궁핍하게 되었다. 이에 왕이 사자를 보내 독촉하였다. 이 때문에 곳곳에서 도적들이 벌떼처럼 일어났으며, 원종과 애노 등은 사벌주 (상주)에서 반란을 일으켰다. – 「삼국사기」

┤ 보기 ├
ㄱ. 병부와 상대등이 설치되었다.
ㄴ. 전국 각지에서 농민 봉기가 일어났다.
ㄷ. 수와 당이 연이어 고구려를 공격하였다.
ㄹ. 호족과 반신라적인 6두품 세력이 연합하였다.

① ㄱ, ㄴ   ② ㄱ, ㄷ   ③ ㄴ, ㄷ
④ ㄴ, ㄹ   ⑤ ㄷ, ㄹ

09 (가) 국가에 대한 설명으로 옳은 것은?

고구려 멸망 이후 대조영은 고구려 유민과 말갈인을 이끌고 만주 동모산 아래에서 ___(가)___ 을/를 세웠다. ___(가)___ 은/는 고구려 유민을 중심으로 건국되었으며, 고구려 계승 의식이 강한 나라였다.

① 5경 15부 62주를 두었다.
② 중앙군으로 9서당을 설치하였다.
③ 지방 요충지에 5소경을 설치하였다.
④ 유학 교육 기관으로 국학을 설립하였다.
⑤ 중앙 정치는 집사부를 중심으로 운영되었다.

서술형 문제

10 다음 자료에 나타난 신라의 삼국 통일이 갖는 의의와 한계를 서술하시오.

• 대왕(김춘추, 무열왕)을 도와 조그만 공을 이루어 삼한을 한 집으로 만들었으며, 백성은 두 마음이 없게 되었습니다. – 김부식, 「삼국사기」
• 삼국이 대치하고 있을 때에 서로 침범하여 물고 뜯고 함이 하루도 거르는 날이 없었다. 인심이 난리를 싫어하니 하늘이 무열왕(김춘추)을 내어 백성을 구제하였다. – 안정복, 「동사강목」
• 신라 군신들은 통일 과정에서 고구려의 영토를 당에 넘겨주고 말았다. 고구려 영토의 상실로 국력이 약해졌고, 이후 고려, 조선에 이르기까지 끊임없이 외적의 침입을 받게 되었으니 탄식할 일이다. – 한백겸, 「동국지리지」
• 다른 종족을 끌어들여 같은 종족을 멸망시키는 것은 도적을 불러들여 형제를 죽이는 것과 다를 바 없는 것이다. …… 외세와 결탁한 반민족적인 것이며, 사대주의적 나쁜 요소를 심었다. – 신채호, 「독사신론」

02

고려의 통치 체제와 정치 변동

핵심 한끝

✖ 고려의 후삼국 통일

후백제 건국(견훤), 후고구려 건국(궁예) → (❶　　　　　)이 고려 건국
→ 신라 항복 → 후백제 격파 → 후삼국 통일

✖ 국가 기틀의 확립

태조	호족 포섭, 기인 제도·사심관 제도, 훈요 10조
광종	(❷　　　　)과 과거제 실시, 연호 사용
성종	최승로의 (❸　　　　) 수용, 2성 6부 정비, 12목 설치

✖ 통치 체제의 정비

중앙 정치	2성 6부, (❹　　　　)와 식목도감(합의 기구)
지방 행정	5도(안찰사), 양계(병마사), 향·부곡·소 존재, 주현과 속현
관리 선발	과거제(문과, 승과, 잡과), 음서제

✖ 문벌 사회의 동요

이자겸의 난	외척 이자겸이 척준경과 반란을 일으킴 → 진압됨
묘청의 서경 천도 운동	서경 세력(묘청), 서경 천도·금국 정벌·칭제건원 주장 → 개경 세력(김부식)의 진압

✖ 무신 정권의 성립과 농민과 천민의 봉기

최씨 무신 정권	최충헌 (❺　　　　) 설치, 최우(정방, 삼별초 설치)
하층민 봉기	망이·망소이의 봉기, 만적의 난

✖ 원 간섭기 상황과 새로운 세력의 성장

공민왕의 개혁 정치	기철 등 친원 세력 제거, 정동행성 이문소 폐지, 쌍성총관부 수복, (❻　　　　) 설치, 신돈 등용
신흥 세력	신흥 무인 세력(홍건적과 왜구 격퇴), 신진 사대부(성리학 기반, 권문세족과 불교 비판)

✦ 이 단원의 핵심 문장 완성하기

고려는 광종과 성종 때 통치 체제를 정비하였고, 문벌 사회의 문제점이 발생하면서 이자겸의 난, (❼　　　　)의 서경 천도 운동, 무신 정변이 차례로 일어났다. 원 간섭기에는 (❽　　　　)이 지배층을 형성하였다.

---

01 (가) 국왕에 대한 설명으로 옳은 것만을 〈보기〉에서 고른 것은?

> 태조 때 처음으로 학교를 세웠으나 과거로 인재를 뽑는 데까지는 이르지 못하였다. ___(가)___ 이/가 쌍기의 의견을 받아들여 과거로 인재를 뽑게 하였다. 이로부터 학문을 숭상하는 풍조가 일어났다.

┤보기├
ㄱ. 시무 28조를 수용하였다.
ㄴ. 노비안검법을 실시하였다.
ㄷ. 독자적인 연호를 사용하였다.
ㄹ. 12목을 설치하고 지방관을 파견하였다.

① ㄱ, ㄴ ② ㄱ, ㄷ ③ ㄴ, ㄷ
④ ㄴ, ㄹ ⑤ ㄷ, ㄹ

02 다음 지도와 같은 행정 구역을 갖춘 국가에 대한 설명으로 옳지 않은 것은?

① 군사 행정 구역으로 양계를 두었다.
② 향리가 지방 행정 실무를 담당하였다.
③ 속현이 주현보다 더 많이 존재하였다.
④ 도에는 관찰사를 파견하여 관리하였다.
⑤ 향·부곡·소의 특수 행정 구역이 있었다.

03 밑줄 친 '이들'에 대한 설명으로 옳은 것은?

> 평양 인근 대화궁 유적에서 출토된 용머리 조각이에요. 고려 인종 때 이들은 풍수지리상의 명당인 서경(평양)에 대화궁을 짓고, 이곳으로 수도를 옮겨야 한다고 주장했어요.

① 불교의 폐단을 비판하였다.
② 친원적 경향을 지니고 있었다.
③ 공민왕 때부터 정계에 진출하였다.
④ 금국 정벌과 칭제건원을 주장하였다.
⑤ 홍건적과 왜구를 격퇴하며 성장하였다.

04 다음 지도와 같은 봉기가 일어난 당시의 상황으로 가장 적절한 것은?

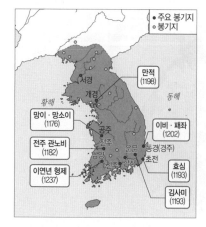

① 이자겸이 반란을 일으켰다.
② 고려가 원에 공물을 바쳤다.
③ 홍건적이 고려를 침입하였다.
④ 무신들이 권력을 장악하였다.
⑤ 지방에서 호족 세력이 성장하였다.

05 다음 국왕의 재위 기간에 있었던 사실로 옳은 것만을 〈보기〉에서 고른 것은?

> 신돈을 전민변정도감 판사로 임명한다.

┤보기├
ㄱ. 정방을 설치하였다.
ㄴ. 훈요 10조를 남겼다.
ㄷ. 쌍성총관부를 공격하였다.
ㄹ. 정동행성이문소를 폐지하였다.

① ㄱ, ㄴ   ② ㄱ, ㄷ   ③ ㄴ, ㄷ
④ ㄴ, ㄹ   ⑤ ㄷ, ㄹ

06 다음 자료에 해당하는 건의의 이름을 쓰고, 이 건의가 고려의 통치 이념에 끼친 영향을 서술하시오.

제7조 왕이 백성을 다스린다고 해서 집집마다 가거나 날마다 그들을 살펴보는 것은 아닙니다. 그러므로 수령을 나누어 보내어 가서 백성의 이익과 손해를 살피게 하는 것입니다. …… 청하건대 외관을 두시옵소서.

제20조 불교를 믿는 것은 자기 자신을 닦는 근본이고, 유교를 행하는 것은 나라를 다스리는 근원입니다. 자기 자신을 닦는 것은 실로 내세를 위한 바탕이며, 나라를 다스리는 일은 오늘의 급선무입니다.

_____

_____

_____

03

I. 근대 이전 한국사의 이해

조선 사회의 성립과 발전

핵심 한끝

✘ 조선의 건국 과정

| 이성계의 (❶　　　) | → | 과전법 시행 | → | 온건파 사대부 제거 | → | 조선 건국 |

✘ 유교 통치 이념의 확립

태조	한양 천도, 정도전(재상 중심의 정치)
태종	사병 혁파, 6조 직계제, 호패법 실시
세종	집현전 설치, (❷　　　) 서사제 실시, 훈민정음 창제
세조	6조 직계제 실시, 집현전과 경연 폐지
성종	홍문관 설치, 『(❸　　　)』 완성·반포

✘ 통치 체제의 정비

중앙 정치	의정부(국정 총괄)와 6조, (❹　　　)(사헌부·사간원·홍문관)
지방 행정	8도(관찰사), 모든 군현에 수령 파견, (❺　　　)(수령 보좌, 향리 감찰), 향·부곡·소 폐지

✘ 사림의 성장과 붕당 정치의 형성

사화의 발생	무오사화 → 갑자사화 → 중종 때 (❻　　　)의 개혁 정치(현량과, 위훈 삭제) → 기묘사화 → 을사사화
붕당의 형성	외척 정치의 청산 문제와 이조 전랑 임명 문제로 사림 간의 대립 → 동인, 서인 형성

✘ 왜란과 호란의 발발

임진왜란	일본의 조선 침략 → 수군과 의병의 활약, 조명 연합군의 활약 → 명과 일본의 휴전 회담 → 일본의 재침입 → 격퇴
광해군	전후 복구 사업 추진, 중립 외교, (❼　　　)으로 축출
정묘호란	후금이 조선을 침략 → 형제 관계로 화의
병자호란	청이 군신 관계 요구 → 남한산성에서 항전 → 항복

✦ 이 단원의 핵심 문장 완성하기

조선은 건국 초 훈구 세력이 권력을 장악하였으나, 점차 지방에서 (❽　　　) 세력이 성장하여 선조 때에는 중앙 정계를 장악하였다. 권력을 잡은 사림은 분열하여 (❾　　　)을 형성하였다.

미리 보는 학교 시험

01 (가) 국왕의 재위 기간에 있었던 사실로 옳은 것은?

이것은 조선 시대 [(가)] 때 실시된 호패법에 따라 16세 이상의 성인 남성에게 발급된 신분증인 '호패'이다. 호패는 조세 징수와 군역 부과에 이용되어 국가 경제 기반을 안정시키는 데 기여하였다.

① 사병을 혁파하였다.
② 훈민정음을 창제하였다.
③ 수도를 한양으로 옮겼다.
④ 『경국대전』을 반포하였다.
⑤ 집현전과 경연을 폐지하였다.

02 밑줄 친 '이 나라'의 통치 제도에 대한 설명으로 옳지 않은 것은?

이 나라는 전국을 일원적인 행정 구역인 도(道)로 구성하였어.

각 도에는 관찰사를 파견하여 지방관을 관리·감독하도록 하였지.

① 모든 군현에 지방관을 파견하였다.
② 특수 행정 구역인 향·부곡·소를 두었다.
③ 유향소를 통해 향리의 비리를 감찰하였다.
④ 수령은 행정권·사법권·군사권을 행사하였다.
⑤ 권력의 집중을 막기 위해 상피제를 실시하였다.

03. 조선 사회의 성립과 발전　**07**

03 (가) 인물에 대한 설명으로 옳은 것은?

이것은 전남 화순에 있는 (가) 의 추모비입니다. 그는 중종 때 훈구 세력의 견제를 위해 등용되었지만, 위훈 삭제 등을 추진하다가 기묘사화로 피해를 입었습니다.

① 조의제문을 작성하였다.
② 서경 천도를 주장하였다.
③ 시무 28조를 건의하였다.
④ 경복궁 중건을 추진하였다.
⑤ 현량과 실시를 주장하였다.

04 밑줄 친 '전쟁'이 끼친 영향으로 옳은 것만을 〈보기〉에서 고른 것은?

그림으로 보는 한국사

- 제목: 「평양성탈환도」
- 설명: 전쟁 당시 조명 연합군이 평양성을 탈환하는 장면을 그린 것이다. 전쟁 초기에는 적에게 패하여 20일 만에 한성을 빼앗겨 선조가 의주로 피난을 가기도 했다. 하지만 평양성을 탈환한 이후 적을 남해 안까지 몰아낼 수 있었다.

┌ 보기 ┐
ㄱ. 조선에서 북벌론이 대두되었다.
ㄴ. 일본에서 도자기 기술이 발달하였다.
ㄷ. 명이 쇠퇴하고 여진족이 성장하였다.
ㄹ. 일본 원정을 위해 정동행성이 설치되었다.

① ㄱ, ㄴ   ② ㄱ, ㄷ   ③ ㄴ, ㄷ
④ ㄴ, ㄹ   ⑤ ㄷ, ㄹ

05 (가) 국왕의 재위 기간에 있었던 사실로 옳은 것은?

우리나라가 중국 조정을 섬겨 온 것이 200여 년이라, 의리로는 곧 군신이며 은혜로는 부자와 같다. 그리고 임진년에 도와준 은혜는 만세토록 잊을 수 없는 것이다. …… (가) 은/는 배은망덕하여 천명을 두려워하지 않고 속으로 다른 뜻을 품고 오랑캐에게 성의를 베풀었으며, 오랑캐를 정벌할 때는 은밀히 장수에게 동태를 보아 행동하게 하여 끝내 전군이 오랑캐에게 투항함으로써 추한 소문이 사해에 펼쳐지게 하였다.

① 동인과 서인의 붕당이 형성되었다.
② 두 차례에 걸쳐 예송이 발생하였다.
③ 북인이 정국의 주도권을 장악하였다.
④ 서인이 노론과 소론으로 분화되었다.
⑤ 훈구와 사림의 갈등으로 사화가 일어났다.

서술형 문제

06 다음 사건의 배경과 그 결과를 서술하시오.

김효원이 과거에 장원으로 합격하여 (이조) 전랑의 물망에 올랐으나, 그가 윤원형의 문객이었다 하여 심의겸이 반대하였다. 그 후에 (심의겸의 동생) 심충겸이 장원 급제를 하여 이조 전랑으로 천거되었으나, 외척이라 하여 김효원이 반대하였다. 갈등이 심해지면서 김효원을 중심으로 한 신진 사림은 동인으로, 심의겸을 중심으로 한 기성 사림은 서인으로 구분해 부르게 되었다.

04 조선 후기의 새로운 흐름

I. 근대 이전 한국사의 이해

핵심 한끝

✖ 양 난 이후 정치 운영의 변화

(❶)	기능이 강화되어 최고 정무 기구로 변화
군사 제도	중앙군은 5군영 체제, 지방군은 속오군 편성

✖ 붕당 정치의 전개과 변질

선조	동인과 서인의 (❷) 형성
광해군	북인이 정국 주도 → 인조반정으로 몰락
인조~효종	서인 주도, 일부 남인 참여, 붕당 간 공존
현종	(❸) 발생 → 서인과 남인의 대립 심화
숙종	환국 발생 → 일당 전제화 출현

✖ 탕평 정치의 전개

영조	탕평파 육성, 탕평비 건립, 서원 대폭 정리, 이조 전랑의 권한 약화, 산림의 존재 부정, 균역법 시행
정조	규장각 설치, 초계문신제 실시, 장용영 설치, 수원에 (❹) 건설, 시전 상인의 특권 축소

✖ 세도 정치와 농민의 봉기

세도 정치	외척이 권력 장악 → 매관매직 성행, 삼정의 문란
봉기	(❺)(평안도 차별), 임술 농민 봉기

✖ 흥선 대원군의 통치 제도 정비

통치 체제 재정비	안동 김씨 축출, 비변사 축소·폐지, 의정부와 삼군부의 기능 부활, 「대전회통」 편찬
경복궁 중건	왕실의 권위 회복을 위해 추진 → 원납전 징수, (❻) 발행, 묘지림 벌목 → 백성들의 반발
서원 철폐	전국의 47개소만 남기고 모두 철폐
수취 개편	양전 사업, (❼) 시행, 사창제 실시

✦ 이 단원의 핵심 문장 완성하기

양 난 이후 조선에서는 (❽   )가 전개되었다. 그러나 붕당 정치가 변질되자 영조와 정조는 (❾   )를 전개하였다.

미리 보는 학교 시험

01 (가) 기구에 대한 설명으로 옳은 것은?

이것은 [(가)]의 활동을 일기 형식으로 기록한 책으로, 조선 후기의 상황을 알려 주는 대표적인 사료이다. [(가)]은/는 중종 때 3포 왜란을 계기로 설치된 임시 기구였으나, 양 난을 거치면서 조선 후기 최고 권력 기구가 되었다.

① 일본 원정을 위해 설치되었다.
② 의정부의 권한 약화를 가져왔다.
③ 수도의 행정과 치안을 맡아보았다.
④ 사헌부, 사간원과 함께 3사로 불렸다.
⑤ 6조의 하나로 군사 업무를 담당하였다.

02 밑줄 친 '이 사건'에 대한 설명으로 옳은 것은?

본래 붕당 정치는 상호 간의 비판을 인정하고 공존 관계를 유지하며 전개되었어.

하지만 현종 때 발생한 이 사건을 계기로 붕당 간의 대립이 심화되며 변질되기 시작했지.

① 조광조가 축출되는 계기가 되었다.
② 왕실의 상복 문제를 둘러싸고 일어났다.
③ 김종직이 쓴 「조의제문」을 빌미로 발생하였다.
④ 척신 정치의 청산 문제를 둘러싼 대립이었다.
⑤ 강홍립이 후금에 투항한 것이 원인이 되었다.

03 다음 자료를 활용한 탐구 활동으로 가장 적절한 것은?

> 조정에서 노론, 소론, 남인의 삼색이 날이 갈수록 더욱 사이가 나빠져 서로 역적이란 이름으로 모함하니, 이 영향이 시골에까지 미쳐 하나의 싸움터를 만들었다. 그래서 서로 혼인을 하지 않을 뿐만 아니라 다른 당색끼리는 서로 용납하지 않는 지경에까지 이르렀다.
> – 이중환, 『택리지』

① 사화가 발생한 배경을 찾아본다.
② 세도 정치기의 사회 모습을 탐구한다.
③ 무신 정변이 일어난 원인을 조사한다.
④ 붕당 정치의 변질로 인한 폐해를 알아본다.
⑤ 진골 귀족 간 왕위 쟁탈전의 사례를 파악한다.

04 다음 자료에 나타난 국왕에 대한 설명으로 옳은 것은?

붕당이 다투는 것이 이조 전랑 임명 문제로부터 비롯되었으므로 이를 바로 잡아야 합니다.

이조 전랑이 후임자를 추천하는 것을 제한하고, 3사의 관원을 선발하는 권한을 없애도록 하라.

① 탕평비를 건립하였다.
② 사창제를 실시하였다.
③ 규장각을 설치하였다.
④ 쌍성총관부를 수복하였다.
⑤ 김흠돌의 반란을 진압하였다.

05 (가)에 들어갈 내용으로 가장 적절한 것은?

5단계	(가)
4단계	장용영 설치
3단계	초계문신제 실시
2단계	탕평책 시행
1단계	조선의 제22대 국왕

조선 시대 국왕 알아맞히기 퀴즈입니다. 이제 5단계 마지막 힌트를 드리겠습니다.

① 균역법 실시
② 훈련도감 창설
③ 수원 화성 건설
④ 『경국대전』 반포
⑤ 6조 직계제 실시

06 다음 보고서의 탐구 주제로 가장 적절한 것은?

> **수행 평가 보고서**
> • 단원명: 세도 정치가 행해지다
> • 조사 자료
>> 빌려주고 빌리는 건 양쪽 다 원해야지 억지로 시행하면 불편한 것이다.
>> ……
>> 봄철에 좀먹은 쌀 한 말 받고서 가을에는 온전한 쌀 두 말 바치고. 게다가 좀먹은 쌀값 돈으로 내라 하니 온전한 쌀 판 돈을 낼 수밖에.

① 서원의 폐단
② 환국의 전개
③ 삼정의 문란
④ 권문세족의 수탈
⑤ 문벌 사회의 동요

07 다음 지도에 나타난 농민 봉기에 대한 설명으로 옳은 것은?

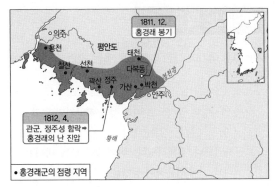

① 고구려 부흥을 목표로 하였다.
② 몰락 양반 유계춘이 주도하였다.
③ 서경 천도와 금국 정벌을 주장하였다.
④ 평안도 지역에 대한 차별이 원인이 되었다.
⑤ 시전 상인의 특권을 축소하는 결과를 가져왔다.

08 다음 상황에 대한 정부의 대응으로 옳은 것은?

- 임술년 2월 19일, 진주 사람 수만 명이 머리에 흰 수건을 두르고 손에 몽둥이를 들고 무리를 지어 진주 읍내에 모였다. 이방과 하급 관리들의 집 수십 호를 태우니, 행동거지가 가볍지 않았다.
- 진주 양민이 소동을 일으킨 것은 오로지 우병사 백낙신의 탐학 때문이다. 그가 부임한 이래 한 짓은 법에 어긋나고 인정에 거슬리지 않는 것이 없고, 오로지 자기 이익만을 추구하였다. …… 병영의 아전들이 먹어 치워 부족하게 된 환곡을 거두기 위해 고을 안의 우두머리급 백성을 초청하여 잔치를 벌여 꾀기도 하고 잡아 가두어 위협하면서 집집마다 이유 없이 징수한 것이 6만여 냥에 달하였다.

① 과전법을 실시하였다.
② 전민변정도감을 두었다.
③ 노비안검법을 시행하였다.
④ 삼정이정청을 설치하였다.
⑤ 12목에 지방관을 파견하였다.

09 다음 민요에 나타난 건축 사업을 추진한 인물이 실시한 정책으로 옳은 것만을 〈보기〉에서 고른 것은?

> 에—에헤이야 얼널널 거리고 방에 흥애로다.
> 을축년 4월 초3일에 경복궁 새 대궐 짓는데 헛방아 찧는 소리다
> 조선의 여덟도 좋다는 나무는 경복궁 짓노라 다 들어간다
> ……
> 경복궁 역사가 언제나 끝나 그리던 가족을 만나 볼까

┤ 보기 ├
ㄱ. 당백전을 발행하였다.
ㄴ. 4군 6진을 개척하였다.
ㄷ. 기철 등 친원 세력을 제거하였다.
ㄹ. 서원을 47개소만 남기고 철폐하였다.

① ㄱ, ㄴ   ② ㄱ, ㄹ   ③ ㄴ, ㄷ
④ ㄴ, ㄹ   ⑤ ㄷ, ㄹ

10 다음 정책의 시행 배경을 쓰고, 그 개혁 방안을 **두 가지** 서술하시오.

> 붕당의 폐해가 요즈음보다 심한 적이 없었다. …… 우리나라 땅이 본래 협소하고 인재를 등용하는 문도 넓지 못하였다. 그런데 근래에 와서 인재 임용이 같은 당에 속해 있는 사람만으로 이루어지니 …… 관리의 인사를 담당하는 부서에서는 탕평의 정신을 잘 받들도록 하라.

_____

_____

_____

국제 관계와 대외 교류

핵심 한끌

✖ 고대 국가의 국제 관계

삼국 시대	• 고구려: 5세기 중국 남조·북조와 각각 교류 • 백제: 4세기경 중국 동진·왜와 우호 관계 형성 • 신라: 고구려와 백제의 도움을 받아 중국과 교류 → 한강 유역 차지 이후 직접 교류 • 가야: 5세기 후반 중국 남조에 사신 파견
고구려와 수·당의 전쟁	• 국경에 천리장성 축조 • 수와의 전쟁: 을지문덕의 (❶　　　) • 당과의 전쟁: 안시성 싸움
삼국 통일	나당 동맹 → 백제, 고구려 멸망 → 나당 전쟁 → 삼국 통일
통일 신라와 발해	• 신라: 당과 조공·책봉 관계, 국제 무역항인 당항성과 사포(울산) 번성, 장보고의 (❷　　　) 설치 • 발해: 다양한 교통로를 이용하여 당, 신라, 거란, 일본 등과 교류

✖ 고려의 국제 관계와 대외 교류

다원적 국제 질서	• 거란: 서희의 담판, 강감찬의 (❸　　　) • 여진(금): 윤관의 여진 정벌 • 다원적 국제 질서의 구축: 고려, 송, 여진 등이 세력 균형 • 국제 교류: (❹　　　)가 국제 무역항으로 번성, 송·거란·여진·일본·아라비아 상인 등과 교역 전개
몽골의 침략과 교류	몽골의 침략 → (❺　　　)의 항쟁 → 원 중심의 국제 질서 편입 → 원 간섭기 국제 교류 확대

✖ 조선 전기 국제 관계와 양 난 이후의 변화

사대 외교	• 명과 (❻　　　) 관계 확립 • 경제적·문화적 실리를 취함
교린 정책	• 일본, 여진 등에 (❼　　　) 정책 추진 • 강경책: 4군 6진 설치(여진), 쓰시마섬 정벌(일본) • 회유책: 무역소 설치(여진), 3포 개항(일본)
양 난 이후	• 일본과의 관계: 에도 막부와 국교 재개 → 통신사 파견 • 청과의 관계: 북벌 운동 → (❽　　　) 파견, 북학론

✦ 이 단원의 핵심 문장 완성하기

삼국부터 조선에 이르기까지 한반도에 등장한 국가들은 자국의 안정과 (❾　　　　) 추구를 위해 주변국과 활발하게 교류하거나 전쟁을 벌이기도 하였다.

미리 보는 학교 시험

01 (가)~(다) 국가에 대한 설명으로 옳은 것만을 〈보기〉에서 고른 것은?

> 백제 의자왕의 공격으로 여러 성을 빼앗기며 위협을 느낀 [(가)]은/는 김춘추를 [(나)]에 보내 도움을 요청하였으나 실패하였다. 이에 김춘추는 바다를 건너 [(다)]에 접근하여 동맹을 성사시켰다.

〈보기〉
ㄱ. (가)는 '영락'이라는 연호를 사용하였다.
ㄴ. (나)는 국경에 천리장성을 쌓아 전쟁을 대비하였다.
ㄷ. (가)와 (다)는 매소성, 기벌포에서 전투를 벌였다.
ㄹ. (다)은 (나)를 침략하였으나 살수에서 크게 패하였다.

① ㄱ, ㄴ　　② ㄱ, ㄷ　　③ ㄴ, ㄷ
④ ㄴ, ㄹ　　⑤ ㄷ, ㄹ

02 다음 상황이 나타난 배경으로 가장 적절한 것은?

> • 최우가 왕에게 속히 궁궐을 떠나 서쪽 강화도로 행차할 것을 주청하였다. …… 을유일에 왕이 개경을 출발하여 병술일에 강화도의 객관에 들어갔다. 이때 장맛비가 열흘이나 계속 내려 진흙이 발목까지 빠져 사람과 말들이 쓰러지곤 하였다.
> • 충주부사 우종주와 판관 유홍익 등은 모두 성을 버리고 도망갔다. 오직 노비군과 잡류 별초만이 힘을 합해 이를 격퇴하였다.　　－ 『고려사』

① 삼별초가 봉기하였다.
② 몽골이 고려를 침입하였다.
③ 당이 금성에 계림 대도독부를 두었다.
④ 거란이 강조의 정변을 구실로 침략하였다.
⑤ 요동 지역을 둘러싸고 명과 조선이 갈등을 빚었다.

03 다음 사건들을 일어난 순서대로 옳게 나열한 것은?

> (가) 윤관이 별무반을 이끌고 여진을 정벌하였다.
> (나) 강감찬의 고려군이 귀주에서 거란군을 격파하였다.
> (다) 서희의 외교 담판으로 고려가 강동 6주를 설치하였다.

① (가) – (나) – (다)
② (가) – (다) – (나)
③ (나) – (가) – (다)
④ (나) – (다) – (가)
⑤ (다) – (나) – (가)

04 (가)~(마) 지역에서 이루어진 국제 교류에 대한 설명으로 옳지 않은 것은?

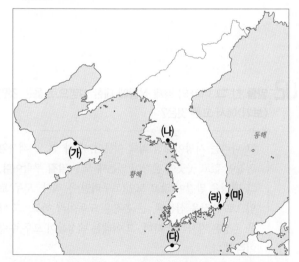

① (가) – 발해인이 당과 교류할 때 발해관을 이용하였다.
② (나) – 고려 시기 국제 무역항으로 번성하였다.
③ (다) – 장보고가 청해진을 설치하여 해상 무역의 거점으로 삼았다.
④ (라) – 조선 전기 일본과의 교역을 허용한 3포 중 하나로 왜관을 설치하였다.
⑤ (마) – 통일 신라 시기 이슬람 상인이 들어와 교역하였다.

05 다음 자료를 활용한 탐구 활동으로 가장 적절한 것은?

> 병자, 정축의 일로 말하면 하늘이 우리를 돌보지 않아 금수에게 치욕을 당한 것이었는데, 그때 인조 대왕께서는 종묘사직과 만백성을 위해 한번 죽고 싶은 것도 참고 수치를 견디셨습니다.

① 계해약조의 내용을 알아본다.
② 임진왜란의 과정을 정리한다.
③ 통신사 파견의 목적을 조사한다.
④ 공민왕의 반원 자주 정책을 살펴본다.
⑤ 북벌 운동을 추진한 배경을 파악한다.

서술형 문제

06 다음 자료를 읽고 물음에 답하시오.

> 조선은 큰 나라는 섬기고 이웃 나라와는 대등하게 교류하는 것을 외교 원칙으로 삼았다. 명과는 조공·책봉 체제를 바탕으로 한 사대 관계를 확립하였으며, 여진·일본과는 ___(가)___ 관계를 맺어 교류하였다.

(1) (가)에 들어갈 내용을 쓰시오.

_____

(2) (가)의 구체적 내용을 서술하시오.

_____

_____

_____

02 수취 체제와 경제생활

핵심 한끝

✖ 고대 국가의 경제 활동

삼국 시대	• 조세, 공물(특산물), 역(노동력 징발) • 철제 농기구 보급, (❶) 장려
통일 신라	• 조세(1/10 징수), 공물, 역(군역과 요역) • 3년마다 (❷) 작성 • 신문왕: 관료전 지급, 녹읍 폐지 • 시전: 경주의 동시 등 각 시장 관리·감독
발해	• 밭농사 중심, 목축·수렵 발달 • 당·신라·일본과 교역

✖ 고려의 경제 정책과 경제 활동

토지 제도	• 태조 때 역분전 지급 • 전시과 제도: 전지와 시지 지급, 수조권 행사 가능 　→ 토지가 부족해져 현직 관리에게만 지급 　→ (❸): 5품 이상 관리에게 지급(세습 가능) 　→ 한인전(하급 관리 자제 중 관직에 진출하지 못한 자), 군인전(직업 군인) 등 지급
경제 활동	• 의창, 상평창 설치 • (❹) 발행: 건원중보, 은병(활구) 등 • 관청 수공업과 소(所) 수공업 발달 → 민간이나 사원 중심으로 발달

✖ 조선의 경제 정책과 경제 활동

전 기	토지 제도	• (❺) → 직전법 → 관수 관급 • 직전법 폐지 → 양반 지주제 확산
	수취 제도	• 전세: 수확량의 1/10, 토지의 비옥도·풍흉 고려 • 공납: 지역 특산물, (❻)의 폐단 • 역: 16세 이상 정남에게 부과
후 기	수취 제도	• 수취 제도 개선: 영정법, (❼), 균역법 • 세도 정치기 삼정의 문란
	경제	• 농업: (❽)(이앙법)의 전국 확대 • 상업: 공인과 사상 활동, 장시, 상평통보 유통 • 민영 수공업, 선대제, 민간 중심의 광산 개발

✧ 이 단원의 핵심 문장 완성하기

근대 이전 국가들은 농업 중심의 경제생활을 하였기 때문에 토지 제도와 (❾) 제도를 정비해 나갔다. 국가는 백성들에게 조세(토지세), 공물(특산물), 역(노동력)의 의무를 부과하였다.

미리 보는 학교 시험

01 (가)에 들어갈 내용으로 옳은 것은?

> 지식 Q&A
> **질문** 신문왕이 단행한 ⎡ (가) ⎤의 목적은 무엇인가요?
> **답변** 왕권을 강화하고, 귀족의 농민 지배력과 경제 기반을 약화하기 위한 것이었습니다.

① 녹읍 폐지
② 우경 장려
③ 시전 설치
④ 한인전 지급
⑤ 철제 농기구 보급

02 밑줄 친 '그 나라'의 경제 상황에 대한 설명으로 옳은 것만을 〈보기〉에서 고른 것은?

> 그 나라는 사방이 2천 리에 이른다. 주와 현 및 객사와 역참이 없고 곳곳에 촌락이 있는데 모두 말갈 부락이다. 그 백성은 말갈이 많고 토인(고구려인)은 적다. 모두 토인으로 촌장을 삼는데, 큰 촌장은 도독이라 하고, 그 다음 촌장은 자사라고 하며, 그 아래는 백성들이 모두 수령이라 한다.

⎡ 보기 ⎤
ㄱ. 관료전을 지급하였다.
ㄴ. 목축업이 발달하였다.
ㄷ. 농업은 밭농사 중심이었다.
ㄹ. 수도 금성에 동시를 설치하였다.

① ㄱ, ㄴ　　② ㄱ, ㄷ　　③ ㄴ, ㄷ
④ ㄴ, ㄹ　　⑤ ㄷ, ㄹ

03 (가)에 들어갈 내용으로 옳은 것은?

전시과 제도에 따라 5품 이상의 관리에게 지급하였고, 자손에게 세습할 수 있었어요.

한국사 스피드 퀴즈

(가)

① 공음전　　② 구분전　　③ 군인전
④ 역분전　　⑤ 한인전

04 밑줄 친 '왕'에 대한 설명으로 옳은 것은?

왕께서 "전품(토지의 품질)의 등급과 연분(풍년·흉년의 등급)의 높고 낮음을 분간하여 조세 받는 법을 정하되, …… 먼저 충청도의 청안·비인, 경상도의 함안·고령, 전라도의 고산·광양 등 여섯 고을에 올해부터 시험적으로 시행하고자 하니, 그 조건들을 의논하여 올리라."라고 하였다.

① 직전법을 도입하였다.
② 상평통보를 유통시켰다.
③ 『농사직설』을 간행하였다.
④ 관수 관급제를 시행하였다.
⑤ 관리에게 전지와 시지의 수조권을 주었다.

05 다음 주장에 따라 시행된 제도가 가져온 결과로 옳은 것은?

각 고을에서 진상하는 공물이 각급 관청의 방납인에 의해 중간에서 막혀 한 물건의 값이 3, 4배 혹은 수십, 수백 배까지 되어 그 폐해가 극심합니다. …… 토지 1결마다 두 번에 걸쳐 8두씩 거두어 본청에 수납하게 하고, 본청은 그때의 물가 시세를 보아 쌀로 방납인에게 지급하여 수시로 구입해서 납부하게 하소서.

① 군포 수입이 감소하였다.
② 지주의 부담이 줄어들었다.
③ 화폐가 널리 유통되지 못하였다.
④ 삼정 중 특히 환곡의 폐해가 심해졌다.
⑤ 공인이 성장하여 상업과 수공업이 발달하였다.

06 (가)가 끼친 영향으로 옳은 것만을 〈보기〉에서 고른 것은?

　　(가)　　을/를 하는 것은 세 가지 이유가 있다. 김매기의 노력을 더는 것이 첫째요, 두 땅의 힘으로 하나의 모를 기르는 것이 둘째요, 좋지 않은 것을 솎아내고 튼튼한 것을 고를 수 있는 것이 셋째이다.
　　　　　　　　　　　　　　　　　　　－ 서유구, 『임원경제지』

┤보기├
ㄱ. 광작이 유행하였다.
ㄴ. 과전법이 실시되었다.
ㄷ. 농민층의 분화가 나타났다.
ㄹ. 방납의 폐단이 심화되었다.

① ㄱ, ㄴ　　② ㄱ, ㄷ　　③ ㄴ, ㄷ
④ ㄴ, ㄹ　　⑤ ㄷ, ㄹ

서술형 문제

07 다음 문서의 작성 목적과 이 문서를 통해 알 수 있는 역사적 사실을 서술하시오.

일본 도다이사 쇼소인에서 발견된 통일 이후 신라에서 작성한 문서이다. 여기에는 5소경 중 하나인 서원경(현재 충북 청주시) 부근 4개 촌락의 이름, 촌락 내 인구수, 토지 크기, 소와 말의 수 등을 3년마다 정리한 내용이 기록되어 있다.

03

Ⅱ. 근대 이전 한국사의 탐구

신분제와 사회 구조

핵심 한끝

✖ 고대 국가의 신분 구성과 사회 모습

초기 국가	• 여러 부족이 통합되는 과정에서 위계 서열 형성 • 신분: 가(족장) – 호민(부유층) – (❶)(평민) – 노비
삼국	• 신분: 귀족 및 관인층 – 평민 – 천민 • 능력보다는 신분(혈통)이 중요 • 고구려: 진대법(빈민 구제 제도) • 백제: 왕족인 부여씨와 8성의 귀족들로 지배층 구성 • 신라: 엄격한 신분제인 (❷), 귀족 회의체인 화백회의, 화랑도(계층 갈등 완화)
발해	(❸) 유민(지배층), 말갈인(피지배층)

✖ 고려의 신분 구성과 사회 모습

신분	양인 지배층(왕족과 고위 관리, 상급 향리) – 양인 중간 계층(서리, 정호 등) – 양인 피지배층(농민, 상인, 수공업자, 향·부곡·소 주민) – 천인(공·사노비)
농민	(❹)이라 불림, 조세·공납·역 부담
가족 관계	가족 내 비교적 수평적 남녀 관계

✖ 조선 전기 양반 중심의 신분제 사회 성립

신분	• 법적 신분: 양천제(양인 – 천인) • 실제 신분: (❺)(양반 – 중인 – 상민 – 천민)
향촌 사회	양반 중심의 향촌 지배: 유향소, 서원, 향약

✖ 조선 후기 신분 질서와 사회 구조의 변화

신분제 동요	• 몰락 양반 등장, 양반 수 증가(납속과 (❻), 족보 위조 등을 통한 부농의 신분 상승), 노비 도망 • 조세를 담당하던 상민의 수 감소 → 노비종모법, 공노비 해방
사회 모습	• (❼)적 질서 확대 → 부계 중심 가족 제도 • 향전: 신향과 구향의 주도권 다툼 → 구향 약화, 수령과 향리의 권한 강화

✦ 이 단원의 핵심 문장 완성하기

근대 이전의 사회는 지배 계급과 피지배 계급이 나뉜 (❽   ) 사회였다. 이 시기에는 신분제에 바탕을 두고 사회가 운영되면서 신분에 따라 생활 모습에도 차이가 나타났다.

미리 보는 학교 시험

01 (가) 신분에 대한 설명으로 옳은 것은?

① 주로 농업에 종사하는 평민이었다.
② 과거에 응시할 수 있는 자격이 있었다.
③ 주인에게 예속되어 재산으로 취급되었다.
④ 스스로 무기를 갖추고 전쟁에 참여하였다.
⑤ 화백 회의에 참여하여 국가 중대사를 결정하였다.

02 다음과 같은 신분제가 있었던 나라에 대한 설명으로 옳은 것만을 〈보기〉에서 고른 것은?

| 보기 |
ㄱ. 진대법을 시행하여 빈민을 구휼하였다.
ㄴ. 청소년 수련 집단인 화랑도를 운용하였다.
ㄷ. 향리, 하급 장교 등으로 구성된 정호가 있었다.
ㄹ. 화백 회의를 통해 국가의 주요 정책을 결정하였다.

① ㄱ, ㄴ   ② ㄱ, ㄷ   ③ ㄴ, ㄷ
④ ㄴ, ㄹ   ⑤ ㄷ, ㄹ

03 (가)~(라) 신분에 대한 설명으로 옳지 <u>않은</u> 것은?

고려의 신분 제도			
(가)	(나)	(다)	(라)
왕족, 고위 관리	서리, 하급 향리	백정, 상인, 수공업자	공노비, 사노비

① 향·부곡·소민은 (다)에 속하였다.
② (가)는 공음전과 음서의 혜택을 받았다.
③ (가)~(라) 간의 신분 이동이 불가능하였다.
④ 과거 응시는 (가), (나), (다)까지 가능하였다.
⑤ (라) 중 외거 노비는 주인과 따로 살며 신공을 바쳤다.

05 (가) 신분에 대한 설명으로 옳은 것은?

> 조선은 양천제를 법제화하여 백성을 양인과 천인으로 나누었다. 그러나 시간이 흐르면서 양인층 내에서 계층 분화가 일어났고, 그 결과 조선의 신분 구조는 점차 양반, ___(가)___, 상민, 천민의 네 신분층으로 정착되었다.

① 잡과를 통해 선발된 기술관이 속하였다.
② 백정, 광대, 무당과 비슷한 대접을 받았다.
③ 양 난 이후 신분제가 동요하면서 증가하였다.
④ 대부분 농민으로 조세·공납·역의 의무를 졌다.
⑤ 과거에 응시할 자격이 있지만 실제로 응시하기는 어려웠다.

04 다음 자료를 통해 당시 사회 상황을 적절하게 유추한 학생으로 옳은 것은?

> • 순비 허씨는 공암현 사람으로 중찬 허공의 딸이다. 일찍이 평양공 왕현에게 시집가서 3남 4녀를 낳았다. 남편이 죽자 충선왕이 부인으로 맞이하여 순비로 책봉하였다.
> • 어머니가 일찍이 재산을 나누면서 별도로 노비 40명을 아들에게 주려 하였다. 아들이 말하기를 "한 아들이 다섯 딸 사이에 끼어 있는데, 어떻게 차마 재산을 더 많이 받아서 여러 자식에게 고르게 나누어 주려는 어머니의 사랑에 누를 끼치겠습니까?"

① 갑: 여성의 재가는 엄격하게 금지되었어.
② 을: 첩의 자식인 서얼은 철저히 차별받았어.
③ 병: 아들과 딸이 균등하게 재산을 상속받았어.
④ 정: 성리학적 질서가 향촌 사회까지 확산되었어.
⑤ 무: 여성도 남성과 같이 관직에 나아갈 수 있었어.

06 다음 자료를 활용한 탐구 주제로 가장 적절한 것은?

> • 옷차림은 신분의 귀천을 나타내는 것이다. 근래 이것이 문란해져 상민과 천민이 갓을 쓰고 도포를 입는 것이 마치 조정의 관리나 선비와 같다. 심지어는 시전 상인들이나 군역을 지는 상민들까지도 서로 양반이라고 부른다.
> • 중인과 서얼의 벼슬길이 막혀 원통하고 답답함을 품은 지 이미 몇 백 년이 되었다. 근래 서얼은 조정의 은혜를 입어 문관은 승문원, 무관은 선전관에 임용되고 있는데, 우리 중인만은 함께 은혜를 입지 못하니 어찌 그냥 있을 수 있겠는가.

① 무신 정권의 성립
② 노비안검법의 영향
③ 대동법의 시행 배경
④ 전시과 제도의 변화 과정
⑤ 양반 중심 신분제의 동요

07 다음 정책이 시행된 배경으로 적절한 것은?

> 각 궁방과 중앙 관서의 공노비 6만여 명을 해방시켜 양인이 되도록 허락한다. 승정원에 명을 내려 노비 문서를 모아 돈화문 밖에서 불태우도록 하라.
>
> 예, 전하.

① 방납의 폐단이 나타났다.
② 양반 중심의 신분제가 강화되었다.
③ 관리에게 수조권 지급이 중단되었다.
④ 부계 중심의 가족 제도가 확산하였다.
⑤ 군역을 면제받는 양반층이 증가하였다.

08 (가)~(다) 주제에 해당하는 내용으로 옳은 것만을 〈보기〉에 서 있는 대로 고른 것은?

> **역사 주제 발표**
> 조선 후기 가족 제도의 변화
> 주제 1. 제사 ······························· (가)
> 주제 2. 재산 상속 ······················· (나)
> 주제 3. 양자 제도 ······················· (다)

┌─ 보기 ┐
ㄱ. (가) – 장자 중심으로 제사를 지냈다.
ㄴ. (나) – 자녀에게 재산을 균등하게 상속하였다.
ㄷ. (다) – 아들이 없는 집안에서 양자를 들이는 일이 일 반화되었다.
└──────┘

① ㄱ   ② ㄴ   ③ ㄱ, ㄷ
④ ㄴ, ㄷ   ⑤ ㄱ, ㄴ, ㄷ

09 다음 상황이 나타난 시기에 볼 수 있는 모습으로 적절하지 않은 것은?

> 왕이 하교하기를, "향전은 엄격히 금해야 할 일이다. …… 관찰사가 임금이 허가한 내용을 가지고 모든 마을 의 유생을 거듭 타일러서 구향과 신향으로 하여금 각각 옛 풍습을 통렬히 혁파하고 기어코 화합하게 하라. 이와 같이 하교한 뒤에도 구향과 신향을 막론하고 다시 본읍 유생의 일로 임금께 아뢰는 일이 있으면, 이는 국법을 어 지럽히는 백성이니 유생으로 대우할 수 없다." – 「일성록」

① 동래의 왜관에서 교역하는 상인
② 조세, 공납, 역을 부담하는 백정
③ 족보를 사서 양반 행세를 하는 상민
④ 남편이 죽은 후 재혼이 금지된 아내
⑤ 서원에서 유교 경전을 공부하는 유생

서술형 문제

10 다음 자료를 읽고 물음에 답하시오.

> 공·사노비의 양인 처 소생은 ㉠ 모두 어머니의 역을 따 르게 법을 세우라고 명하였다. 이에 앞서 판부사 송시열 이 아뢰었다. "이경억이 충청감사로 있을 때 상소하여 공·사노비가 양인 처를 맞이하여 낳은 자식은 남녀를 가 리지 않고 모두 어미의 역을 따르도록 청하였습니다. 지 금 양민이 날로 줄어드는 것은 이 법을 시행하지 않기 때 문입니다. 속히 제도를 만들어 변통하소서." – 「현종실록」

(1) 밑줄 친 ㉠에 해당하는 법을 쓰시오.

_____

(2) (1)의 법이 시행된 배경을 서술하시오.

_____

_____

04 사상과 문화

핵심 한끝

✖ 삼국 시대~남북국 시대의 사상과 문화

불교	• 고구려·백제: 중국을 통해 불교 수용 • 신라: (❶) 때 불교 공인 • 사찰과 탑: 미륵사, 황룡사, 불국사, 석굴암 • 통일 신라 때 (❷)와 의상에 의해 사상 발전 • 신라 말 참선을 중시하는 선종 유행 • 발해: 고구려 불교 계승(석등, 이불 병좌상 제작)
유학	• 고구려: 장수왕 때 태학 설립 • 백제: 오경박사를 두어 유학 교육 • 신라: 임신서기석에 유학 공부를 한 사실 기록 • 통일 신라: 국학 설립, (❸) 시행 • 발해: 주자감 설립, 당의 빈공과에 응시
기타	• 삼국의 불교문화가 일본의 아스카 문화에 영향 • 도교: 고구려의 사신도, 백제 금동 대향로 • 풍수지리설: 신라 말 유행, (❹) 성장의 배경

✖ 고려의 사상과 문화

불교	• 연등회·팔관회 개최, 팔만대장경 조판 • 교단 통합: 의천(해동 천태종), (❺)(조계종)
유교	• 과거제로 인재 선발, 국자감과 향교 설립 • 고려 후기 원으로부터 (❻) 수용
기타	• 『삼국사기』, 『삼국유사』, 『제왕운기』 등 역사서 편찬 • 풍수지리설과 도참사상 결합 → 묘청의 서경 천도 운동에 이용

✖ 조선의 사상과 문화

전기	• 기본 방향: 숭유억불 정책 → 불교 탄압 • 성리학: 이황과 이이를 통해 사상 발전 • 풍수지리설과 도참사상: 한양 천도에 반영
후기	• 성리학의 절대화: 주자의 학설 및 명분론 강조 • (❼): 농업 중심 개혁론, 상공업 중심 개혁론, 국학 연구 • 서학 확산(서양 문물, 천주교) → 동학 창시 • 서민 문화: 한글 소설, 판소리, 풍속화, 민화 등 유행

✦ 이 단원의 핵심 문장 완성하기

근대 이전의 국가들은 중국과의 교류 속에서 불교, 유교 등 다양한 사상을 수용하였다. (❽   )는 국가의 통치 제도, 불교는 백성들의 종교 생활에 큰 영향을 미쳤다.

미리 보는 학교 시험

01 다음 유물을 활용한 탐구 활동으로 가장 적절한 것은?

⌃ 고구려 사신도

⌃ 백제 산수무늬 벽돌

① 조선의 통치 이념을 조사한다.
② 팔만대장경이 제작된 배경을 알아본다.
③ 이차돈의 순교로 공인된 종교를 파악한다.
④ 도교가 삼국에 수용되고 확산하는 과정을 살펴본다.
⑤ 삼국의 문화가 아스카 문화에 끼친 영향을 알아본다.

02 (가), (나) 승려에 대한 설명으로 옳은 것은?

(가) 저는 수행 방법으로 정혜 쌍수를 주장했습니다.

(나) 저는 수행 방법으로 교관 겸수를 제시했습니다.

① (가) – 수선사를 중심으로 결사 운동을 벌였다.
② (가) – 해동 천태종을 창시하고 선종을 포섭하려 하였다.
③ (나) – 부석사를 비롯한 여러 사찰을 건립하였다.
④ (나) – 모든 것이 한마음에서 나온다는 일심 사상을 주장하였다.
⑤ (가), (나) – 신라의 불교 대중화에 기여하였다.

03 밑줄 친 ㉠과 관련된 유학에 대한 설명으로 옳은 것만을 〈보기〉에서 고른 것은?

> 내 일찍이 중국에서 주자가 쓴 책을 보니 성인의 도를 밝히고 불교의 가르침을 물리친 공로가 공자와 짝할 만하였다. 그러므로 공자의 도를 배우려면 ㉠ 주자를 가장 먼저 배워야 할지니, 여러 학생들은 신서를 힘써 읽어 게으름이 없을지어다.
> ― 「회헌실기」

┤보기├
ㄱ. 원효, 의상에 의해 대중화되었다.
ㄴ. 불로장생과 현세의 복을 추구하였다.
ㄷ. 신진 사대부의 사상적 기반이 되었다.
ㄹ. 인간의 심성과 우주의 이치에 대해 탐구하였다.

① ㄱ, ㄴ ② ㄱ, ㄷ ③ ㄴ, ㄷ
④ ㄴ, ㄹ ⑤ ㄷ, ㄹ

04 다음 주장이 제기된 배경으로 가장 적절한 것은?

> • 국가는 마땅히 한 집의 생활에 맞추어 재산을 계산해서 토지 몇 부(負)를 1호의 영업전으로 한다. …… 땅이 많아서 팔고자 하는 자는 다만 영업전 몇 부 이외에는 허락한다. ― 이익, 「곽우록」
> • 마을에는 여장(閭長)을 두며, 1여의 농토를 마을 주민들이 공동으로 경작하도록 한다. …… 마을 주민들이 농경하는 경우, 여장은 매일 개개인의 노동량을 장부에 기록하여 두었다가, 추수할 때에 곡식의 수확을 전부 여장의 집으로 운반해 놓고, 그 곡물을 나누되 먼저 나라에 바치는 세금을 떼어 놓고, 그 다음은 여장에게 봉급을 주고, 그 나머지를 가지고 장부에 기준하여 분배한다. ― 정약용, 「여유당전서」

① 진대법이 시행되었다.
② 풍수지리설이 유행하였다.
③ 청과의 교역이 확대되었다.
④ 원이 고려의 내정에 간섭하였다.
⑤ 토지 제도의 문제로 농민이 몰락하였다.

05 다음 상황이 나타난 시기에 볼 수 있는 모습으로 적절하지 않은 것은?

> 전기수(傳奇叟)는 『숙향전』, 『소대성전』 등과 같은 한글 소설을, 장소를 바꿔가며 사람들에게 읽어 주었다. 그들은 책을 읽어 가다가 사람들이 꼭 더 듣고 싶어 할 만한 부분에 이르러 갑자기 읽기를 멈추었다. 그러면 사람들이 그다음 대목을 듣고 싶어서 다투어 돈을 던져 주었다.

① 『홍길동전』을 읽는 여성
② 흥보가를 부르는 소리꾼
③ 『삼국사기』를 저술하는 유학자
④ 백성들의 생활을 그리는 풍속화가
⑤ 장시에서 탈춤 공연을 벌이는 광대

(서술형 문제) 06 다음 자료를 읽고 물음에 답하시오.

> 지금 우리나라 안에는 금은보화를 캐지도 않고 재물이 있어도 시장에서 물건을 살 수도 없다. 이는 물건을 이용하는 방법을 모르기 때문이다. 이용할 줄 모르니 생산하지 않고, 생산하지 않으니 백성은 나날이 궁핍해지고 있다. 대체로 재물은 우물과 같다. 퍼서 쓸수록 가득 차고 퍼내지 않으면 말라 버린다. ― 「북학의」

(1) 위의 주장을 한 실학자의 이름을 쓰시오.

(2) (1)의 실학자가 윗글에서 주장하는 바를 서술하시오.

국제 질서의 변동과 개항

핵심 한끝

✖ 제국주의와 동아시아의 변화

(**❶**)	• 제국주의: 서구 열강이 경제력과 군사력을 바탕으로 추진한 대외 팽창 정책 → 아시아, 아프리카 지역의 약소국을 식민 지배 • 사회 진화론: 강대국의 약소국 지배 정당화
청의 개항	제1차 아편 전쟁 → (**❷**)(5개 항구 개항, 홍콩 할양) → 제2차 아편 전쟁 → 톈진·베이징 조약
일본의 개항	17세기 네덜란드와 청 상인에게만 무역 허락 → 미국 페리 제독의 무력 시위 → 미일 화친 조약(2개 항구 개항) → 미일 수호 통상 조약
조선의 변화	• 병인박해(1866): 천주교 선교사, 신자 처형 • (**❸**) 사건(1866): 평양에서 통상을 요구하던 미국 선박 침몰 • 병인양요(1866): 병인박해를 구실로 프랑스 함대의 강화도 침공 → (**❹**) 문화유산 약탈 • 오페르트의 도굴 시도(1868): 독일 상인 오페르트가 남연군 묘 도굴 시도 → 서양에 대한 반감 심화 • 신미양요(1871): 제너럴셔먼호 사건을 계기로 미국이 강화도 침공 → 전국에 척화비 건립

✖ 강화도 조약과 조선의 개항

청과 일본의 근대화	• 청: 양무운동(중체서용의 원칙으로 서양 무기와 기술 도입) → 큰 성과를 거두지 못함 • 일본: (**❺**)(입헌 군주제 수립, 징병제, 의무 교육 실시, 이와쿠라 사절단) → 성공
강화도 조약 체결(1876)	• 배경: 통상 개화(수교)론 대두, 일본 내에서 정한론이 일어남 • 운요호 사건: 미국의 포함 외교를 본떠 운요호 파견 → 운요호 포격을 구실로 문호 개방 요구 • 내용: 3개 항구 개항, (**❻**)·영사 재판권 허용 등 불평등 조약, 최초의 근대적 조약
조선과 서구 열강의 수교	• 배경: 「(**❼**)」 확산 → 서구 열강과 수교 • 조미 수호 통상 조약(1882): 서양과 맺은 최초의 근대적 조약, 거중 조정, 관세 부과, 최혜국 대우, 영사 재판권 허용

✦ 이 단원의 핵심 문장 완성하기

19세기 제국주의 열강의 침입으로 조선은 위기를 맞이하였다. 흥선 대원군은 병인양요와 신미양요를 거치면서 통상 수교 거부 정책을 강화하였고, 뒤를 이은 고종은 (**❽**   )을 수용하여 개항을 결정하였다. 그러나 개항을 하면서 외국과 맺은 조약들은 (**❾**   ) 조약이었다.

미리 보는 학교 시험

01 다음 동아시아의 개항 과정에서 체결된 (가), (나) 조약에 대한 설명으로 옳은 것은?

> (가) 5개 항구의 통상을 허용한다.
> 　　홍콩을 영국에 할양한다.
> 　　공행을 폐지하고 자유롭게 통상한다.
> (나) 미국 선박에 연료 및 식량을 공급한다.
> 　　시모다와 하코다테를 개항한다.
> 　　미국에 최혜국 대우를 인정한다.

① (가) – 청과 프랑스 사이에 맺어졌다.
② (가) – 제1차 아편 전쟁의 결과로 체결되었다.
③ (나) – 네덜란드와 일본 사이에 맺어졌다.
④ (나) – 메이지 정부가 서양과 체결하였다.
⑤ (가)보다 (나)가 먼저 체결되었다.

02 밑줄 친 '본국'에 대한 설명으로 옳은 것은?

> 조선 국왕이 외국인인 우리나라의 신부를 잔인하게 살해한 날이 곧 조선국 최후 멸망의 날이 될 것이다. 수일 내로 조선 정복을 위해 출정할 것이다. …… 이에 본관은 중국이 조선 문제에 간섭하지 않는다고 믿으며, 이후부터 본국과 조선 간에 전쟁이 있더라도 간섭하지 않기를 바란다.

① 로저스 제독을 보내 강화도를 침공하였다.
② 조선이 외교 사절단으로 수신사를 파견하였다.
③ 페리 제독이 무력 시위를 벌여 일본을 개항시켰다.
④ 서양 국가 중 최초로 조선과 근대적인 조약을 맺었다.
⑤ 흥선 대원군이 러시아의 남하를 막기 위해 연합하려고 하였다.

03 밑줄 친 '침입'에 대한 설명으로 옳은 것만을 〈보기〉에서 고른 것은?

> 프랑스군의 침입에 맞서 양헌수는 은밀하게 광성진에서 출병하여 정족산성으로 들어갔다. …… 양헌수가 힘을 다해 방어하면서 총포를 일제히 쏘니 곧 전투가 벌어져, 말을 탄 자들은 총알을 맞고 떨어졌으며 저들 군대가 연이어 나가떨어졌다.

┤보기├
ㄱ. 정한론이 일어나는 배경이 되었다.
ㄴ. 제너럴셔먼호 사건을 이유로 일어났다.
ㄷ. 병인박해를 구실로 강화도를 공격하였다.
ㄹ. 프랑스군이 퇴각하며 외규장각을 약탈하였다.

① ㄱ, ㄴ   ② ㄱ, ㄷ   ③ ㄴ, ㄷ
④ ㄴ, ㄹ   ⑤ ㄷ, ㄹ

04 (가)에 들어갈 사건에 대한 설명으로 옳은 것은?

시간순으로 보는 조선의 개항 과정
병인양요 기록화 / (가) / 미군의 수자기 약탈

① 청과 일본이 서구와 조약을 맺고 개항하였다.
② 일본이 강화도에 운요호를 보내 포격을 가하였다.
③ 통상 수교 거부 정책을 알리고자 전국에 척화비를 세웠다.
④ 흥선 대원군이 프랑스 선교사와 수많은 신자를 처형하였다.
⑤ 독일 상인 오페르트가 남연군의 묘를 도굴하려다 실패하였다.

05 밑줄 친 '사건'에 대한 설명으로 옳은 것은?

> 이 비석은 로저스 제독이 이끄는 함대가 강화도를 침입한 사건 이후 세워졌다. 비석에는 "서양 오랑캐가 침범하였을 때 싸우지 않는 것은 화친하는 것이요. 화친을 주장하는 것은 나라를 파는 것이다."라고 쓰여 있다.

① 병인박해를 구실로 조선을 침략하였다.
② 상인 오페르트가 조선에 통상을 요구하였다.
③ 어재연이 이끄는 조선의 수비대가 항전하였다.
④ 후퇴하던 프랑스군이 외규장각 도서를 약탈하였다.
⑤ 평안도 관찰사 박규수가 제너럴셔먼호를 침몰시켰다.

06 (가) 정부에 대한 설명으로 옳은 것은?

> 이 사진은 이와쿠라 사절단을 촬영한 것이다. 개항 이후 일본에 들어선 ___(가)___ 은/는 서양 문물 도입과 불평등 조약 개선을 위해 미국과 유럽에 이 사절단을 파견하였다. 이와쿠라 사절단의 시찰 내용은 이후 일본의 근대화에 큰 영향을 끼쳤다.

① 신분제를 폐지하였다.
② 양무운동을 전개하였다.
③ 미일 화친 조약을 체결하였다.
④ 이홍장 등 한인 관료들이 중심이 되었다.
⑤ 중체서용의 원칙 아래 근대화를 추진하였다.

07 (가)에 들어갈 내용으로 옳은 것만을 〈보기〉에서 고른 것은?

```
┌─────────────────────────────────────┐
│          탐구 활동 보고서              │
│                    ○학년 ○반 ○○○     │
│ • 주제: 강화도 조약의 체결            │
│ • 배경                                │
│   ┌───────────────────────────────┐ │
│   │                               │ │
│   │            (가)                │ │
│   │                               │ │
│   └───────────────────────────────┘ │
└─────────────────────────────────────┘
```

┤보기├
ㄱ. 고종의 친정　　　　ㄴ. 척화비 건립
ㄷ. 운요호 사건　　　　ㄹ. 제너럴셔먼호 사건

① ㄱ, ㄴ　　　② ㄱ, ㄷ　　　③ ㄴ, ㄷ
④ ㄴ, ㄹ　　　⑤ ㄷ, ㄹ

09 (가), (나) 국가에 대한 설명으로 옳은 것은?

조선의 땅은 실로 아시아의 요충지에 자리 잡고 있어 …… ⌜(가)⌟ 이/가 아시아의 강토를 공략하려 한다면 반드시 조선이 첫 번째 대상이 될 것이다. …… 그러므로 오늘날 조선의 책략은 당장 ⌜(가)⌟ 을/를 막는 일보다 더 급한 것이 없을 것이다. ⌜(가)⌟ 을/를 막을 수 있는 조선의 책략은 무엇인가. 중국과 친하고, 일본과 맺고, ⌜(나)⌟ 과/와 이어짐으로써 자강을 도모하는 것이 상책이다.
－『조선책략』

① (가) – 강화도 외규장각의 문화유산을 약탈하였다.
② (가) – 제너럴셔먼호를 보내 평양에서 통상을 요구하였다.
③ (나) – 운요호를 보내 조선의 개항을 요구하였다.
④ (나) – 근대화 과정에서 입헌 군주제를 수립하였다.
⑤ (나) – 청의 알선으로 조선과 통상 조약을 체결하였다.

08 다음 조약에 대한 설명으로 옳지 않은 것은?

제1조　조선은 자주국이며 일본과 평등한 권리를 보유한다.
제4조　부산 이외에 …… 2개 항구를 개항하고 일본인이 왕래 통상함을 허가한다.
제7조　조선의 연해 도서는 위험하므로 일본의 항해자가 자유로이 해안을 측량함을 허가한다.
제10조　일본 인민이 조선이 지정한 각 항구에서 죄를 범한 것이 조선 인민과 관계되는 사건일 때는 모두 일본 관원이 재판할 것이다.

① 거중 조정 조항이 담겨 있다.
② 일본의 영사 재판권을 인정하였다.
③ 조선이 외국과 맺은 최초의 근대적 조약이다.
④ 조선의 통상 수교론자들은 조약 체결을 옹호하였다.
⑤ 일본이 미국의 포함 외교를 본떠 조선에 강요하였다.

서술형 문제
10 다음 조약의 각 조항이 조선에 끼친 영향을 조선의 입장에서 서술하시오.

제1조　조선과 미국은 …… 만약 조약 상대국이 어떤 불공평하고 경시당하는 일이 있으면 한 번 통지를 거쳐 반드시 서로 도와준다.
제5조　조선에 오는 미국 상인과 상선은 모든 수출입 상품에 대해 관세를 지불해야 한다.
제14조　조선이 어느 때든지 어느 국가에 항해, 통상, 기타 어떤 것을 막론하고 본 조약에 부여되지 않은 어떤 권리 또는 특혜를 허가할 때에는 이와 같은 권리, 특권 및 특혜는 미국의 관민 상인에게도 무조건 균점된다.

_____

_____

_____

02 근대 국가 수립을 위한 노력(1)

핵심 한끝

✖ 개화 정책의 추진

사절단 파견	• 일본: (❶　　　　　)(1차 김기수, 2차 김홍집), 조사 시찰단 (박정양, 어윤중) • 청: 영선사(김윤식, 근대 무기 제조 기술 및 군사 훈련법 습득) • 미국: 보빙사(민영익, 유길준, 홍영식 등)
제도 개편	• (❷　　　　　): 개화 정책 총괄 • 5군영 통합, 신식 군대인 별기군(교련병대) 창설 • 근대 시설 설치: 기기창(근대식 무기 제조), 박문국(출판), 전환국(화폐), 우정총국(우편)

✖ 위정척사 운동과 임오군란

위정척사 운동	• 1860년대: 척화 주전론(이항로, 기정진) • 1870년대: 왜양일체론(최익현) • 1880년대: 『조선책략』 유포 → 이만손 등 영남 유생들의 (❸　　　　　)
임오군란 (1882)	• 배경: 구식 군대에 대한 차별, 개항 이후 경제난 • 전개: 구식 군대의 봉기, 도시 하층민 합세 • 영향: 제물포 조약, (❹　　　　　　　　) → 청의 내정 간섭 심화

✖ 갑신정변의 발생과 열강의 대립

갑신정변 (1884)	• 배경: 온건 개화파와 급진 개화파의 분화 → 온건 개화파: 김홍집·김윤식 등, 동도서기론 입장, 전통적 외교 관계(사대 관계) 중시 → 급진 개화파: 김옥균·박영효 등, 문명개화론 입장, 사대 관계 청산 등 주장 • 전개: (❺　　　　) 중심의 급진 개화파가 우정총국 개국 축하연을 틈타 정변, 14개조 개혁 정강 → 청이 진압 • 영향: 한성 조약(조선 – 일본), 톈진 조약(청 – 일본)
열강의 대립 격화	• 조러 비밀 협약 추진 → 거문도 사건(1885) • (❻　　　　　): 부들러(독일), 유길준 • 고종의 자주적 개화 정책: 내무부 설치, 박문국 재설치, 육영 공원·연무 공원 설립, 광혜원 설립, 주미 공사관 개설 등

✦ 이 단원의 핵심 문장 완성하기

개화 정책이 추진되자 보수적 유생을 중심으로 (❼　　　　　　)이 전개되기도 하였으며, 개화 정책의 방향을 두고 개화파가 분화하면서 갑신정변이 일어나기도 하였다.

미리 보는 학교 시험

01 다음 시찰단이 파견된 배경으로 옳은 것은?

> 동래부 암행어사 이헌영은 들어보아라. 일본의 조정여론·정세·풍속·인물·교빙·통상 등의 대략을 시찰하고 오는 것이 좋겠다. 반드시 이 점을 염두에 두고 일본 배를 빌려 타고 그 나라로 건너가 해관이 관장하는 사무를 비롯한 그 밖의 크고 작은 일들을 보고 듣고 …… 이를 별도의 문서로 보고하라.　　　　– 고종의 봉서, 1881. 2. 2.

① 청일 전쟁에서 일본이 승리하였다.
② 유길준이 한반도 중립론을 주장하였다.
③ 급진 개화파가 14개조 개혁 정강을 발표하였다.
④ 구식 군대가 별기군에 비해 낮은 대우를 받았다.
⑤ 통리기무아문을 중심으로 개화 정책이 추진되었다.

02 (가), (나) 주장에 대한 설명으로 옳은 것은?

> (가) 일단 강화를 맺고 나면 저들의 욕심은 물화를 교역하는 데 있습니다. …… 저들이 비록 왜인이라고 하나 실은 서양의 적이옵니다. 강화가 한번 이루어지면 사학의 서적과 천주의 초상화가 교역하는 속에서 들어올 것입니다.
>
> (나) 러시아가 영토를 넓히려고 한다면 반드시 조선이 첫 번째 대상이 될 것이다. …… 러시아를 막을 책략은 무엇인가? 중국과 친하고, 일본과 맺고, 미국과 이어짐으로써 자강을 도모할 뿐이다.

① (가) – 왜양일체론을 주장하고 있다.
② (가) – 개화에 반대한 홍재학의 상소문이다.
③ (나) – 조선의 개항을 반대하는 내용이다.
④ (나) – 1860년대 등장한 척화 주전론이다.
⑤ (가), (나) – 흥선 대원군이 집권하던 시기에 등장하였다.

03 (가) 사건의 영향으로 옳은 것은?

지식 Q&A

1882년에 구식 군대의 군인들이 일으킨 ___(가)___ 에 대해 알려 주세요.

답변하기

└ 갑: 별기군과의 차별 대우가 사건이 발생한 원인 중 하나였어요.

└ 을: 구식 군대 군인과 하층민이 합세하여 일본 공사관 을 습격하였어요.

└ 병: 흥선 대원군이 일시적으로 재집권하였어요.

① 한성 조약이 체결되었다.

② 『조선책략』이 유포되었다.

③ 통리기무아문이 설치되었다.

④ 제1차 수신사로 김기수가 파견되었다.

⑤ 조청 상민 수륙 무역 장정이 체결되었다.

04 밑줄 친 '정변'을 일으킨 세력에 대한 설명으로 옳지 않은 것은?

1885년 ○○월 ○○일

창덕궁 일대에서 일어났던 정변은 혁신적인 개혁 방안을 내놓았으나 결국 한계를 드러내 실패하고 말았다. 이를 진압한 청의 내정 간섭마저 심해지고 있으니 정변에 대한 후손들의 평가는 더 박할지도 모르겠다. 무엇보다 걱정스러운 것은 이 사건 이후 청과 일본이 조약을 맺어 한 나라가 조선에 군대를 보낼 때는 상대 나라에 알리도록 약속한 사실이다. 앞으로 조선에서 청과 일본의 싸움이 일어나지는 않을지 걱정스럽다.

① 평등 사회를 건설하고자 하였다.

② 청과의 전통적인 관계를 청산하려고 하였다.

③ 정치 개혁을 단행하여 내각제를 수립하려고 하였다.

④ 농민층의 요구에 따라 토지 제도를 개혁하려고 하였다.

⑤ 국가 재정을 확충하고 관련 업무를 일원화하고자 하였다.

05 (가)에 들어갈 내용으로 옳지 않은 것은?

갑신정변 이후 고종 의 개화 정책에 대해 말해 볼까요?

박문국을 다시 설치 하였어요.

(가)

① 연무 공원을 세웠어요.

② 기기창을 설치하였어요.

③ 내무부를 설치하였어요.

④ 육영 공원을 설립하였어요.

⑤ 미국에 공사관을 개설하였어요.

서술형 문제

06 다음 자료를 읽고 물음에 답하시오.

최근에는 중국인들이 서양 물건은 눈을 현혹시킬 뿐 실 용에는 맞지 않는다는 것을 깨달아 교역이 심하지 않으 니 서양인들이 이익을 얻지 못하고 있습니다. 전에 강남 에서 병력을 사용할 때에는 중국이 서양의 대포를 많이 구매해 전쟁에 사용하여 서양인들이 이익을 보았습니다. 그러나 최근에는 중국이 서양의 대포를 모방하여 만들어 그들의 대포를 구매하지 않으니 서양인들이 이익을 얻지 못하게 되었습니다.

(1) 밑줄 친 내용과 같은 결과를 가져온 중국의 근대화 운 동을 쓰시오.

_____

(2) (1)의 근대화 운동을 본받은 국내 정치 세력과 이들이 주장한 주요 주장을 서술하시오.

_____

_____

_____

Ⅲ. 근대 국가 수립의 노력

03 근대 국가 수립을 위한 노력(2)

✖ 동학 농민 운동

과정	• 고부 군수 조병갑의 수탈 → 고부 농민 봉기 • 1차 봉기: 전봉준, 손화중 주도로 대규모 농민군의 무장 봉기 → 황토현·황룡촌 전투 승리 → (❶) 점령 → 정부가 청에 원병 요청 → 일본 파병 → 전주 화약 체결, 집강소 설치(폐정 개혁 추진) • 2차 봉기: 일본의 경복궁 점령 → 일본군 타도를 위해 봉기 → 우금치에서 일본군·관군 연합 부대에게 패배
의의	반봉건(신분 질서 개혁 → 갑오개혁에 반영), 반침략 운동

✖ 갑오개혁의 추진

제1차 갑오개혁	• 김홍집 내각의 (❷) 중심 • 개국 기년 사용, 의정부와 궁내부 분리, 탁지아문으로 재정 일원화, 은본위제 채택, 노비제·과거제·연좌제 폐지
제2차 갑오개혁	• 청일 전쟁 이후 일본의 적극적 내정 간섭 • 군국기무처 폐지, (❸) 반포(자주독립 선포), 교육 입국 조서 반포
제3차 개혁 (을미개혁)	• (❹) 이후 친일 내각 수립 • 친위대(중앙), 진위대(지방) 신설 • 태양력과 '건양' 연호 사용, 종두법, 단발령 실시, 소학교 설립, 우편 사무 재개

✖ 독립 협회

설립	(❺)을 창간한 서재필이 설립, 독립문 건립
활동	자주 국권 운동과 자유 민권 운동 전개, 만민 공동회를 개최하여 (❻)의 이권 침탈 저지, 관민 공동회에서 헌의 6조 결의, 중추제 관제 개편 → 고종의 해산 명령

✖ 대한 제국과 광무개혁

수립	아관 파천 이후, 고종의 환궁 → 연호 '광무', 국호 '대한 제국' 선포 → (❼) 반포(자주독립 국가, 전제 군주정)
광무 개혁	'구본신참'의 원칙, 양전 사업 실시, 근대 시설·회사 설립

✦ 이 단원의 핵심 문장 완성하기

(❽   ) 개혁과 을미개혁은 통치 체제를 개혁하려 한 근대적 개혁이었으나 일본의 간섭을 받았고, (❾   )으로 중단되었다. 이후 독립 협회와 대한 제국을 중심으로 근대 국가 수립을 위한 노력이 이어졌다.

미리 보는 학교 시험

01 다음 자료에 나타난 민족 운동에 대한 설명으로 옳은 것은?

> • 신문자: 흩어져 돌아간 후에는 무슨 일로 다시 봉기하였는가?
> • 주도자: 장흥 부사 이용태가 안핵사로 본 읍에 와서 의거한 인민을 동학도로 통칭하고 체포하여 살육하였기 때문에 다시 일어났다.
> • 신문자: 1894년 9월에 다시 군사를 일으킨 것은 무슨 이유인가?
> • 주도자: 일본이 개화라 칭하며 군대를 거느리고 우린 서울에 들어와 밤중에 왕궁을 공격하여 임금을 놀라게 하였다. 이에 초야의 선비와 백성들이 충군애국의 마음으로 의병을 규합하여 일본인과 접전하여 그 책임을 묻고자 함이었다.

① 갑신정변에 영향을 주었다.
② 청의 개입으로 중단되었다.
③ 병인박해가 원인이 되어 일어났다.
④ 양반 중심의 신분제를 바꾸고자 하였다.
⑤ 척화 주전론을 주장하며 통상 수교를 거부하였다.

02 다음 개혁안이 발표된 개혁에 대한 설명으로 옳은 것은?

> **홍범 14조**
> 1. 청국에 의존하는 관념을 버리고 자주독립의 기초를 세운다.
> 3. 군주는 대신과 논의하여 국정을 결정하고, 종실과 외척의 간섭을 금한다.
> 14. 문벌 및 지벌에 구애되지 말고, 선비를 두루 구하여 인재를 등용한다.

① 연좌제를 폐지하였다.
② 태양력을 사용하였다.
③ 교육 입국 조서를 반포하였다.
④ 탁지아문에서 재정을 관할하였다.
⑤ 중단되었던 우편 사무를 다시 실시하였다.

03 다음 개혁안을 결의한 단체의 활동으로 옳은 것은?

1. 외국인에게 의지하지 말고 전제 황권을 튼튼히 할 것
2. 정부와 외국과의 조약에 관한 모든 일은 각 부 대신과 중추원 의장이 합동으로 서명·날인하여 시행할 것
3. 전국 재정은 탁지부가 맡아서 주관하게 하되 예산과 결산을 인민에게 공포할 것
4. 중대한 범죄는 공개 재판을 시행하되, 피고가 스스로 인정한 뒤에 시행할 것
5. 칙임관(고위 관리)은 대황제 폐하께서 정부에 물어 다수 의견에 따라 임명할 것
6. 장정(章程)을 실천할 것

① 집강소를 설치하였다.
② 황궁우를 건설하였다.
③ 군국기무처를 폐지시켰다.
④ 대한국 국제를 반포하였다.
⑤ 러시아의 절영도 조차 요구를 철회시켰다.

04 (가)~(라) 사건을 일어난 순서대로 옳게 나열한 것은?

(가) 신변의 위협을 느낀 고종이 러시아 공사관으로 피신하였다.
(나) 종로에서 정부 대신이 참석한 관민 공동회가 열리고 헌의 6조가 결의되었다.
(다) 미국에 망명 중이던 서재필은 정부의 요청으로 귀국하여 독립신문을 창간하였다.
(라) 고종은 조선이 자주 국가임을 내세우기 위해 연호를 '광무'로 바꾸고 황제로 즉위하였다.

① (가) – (나) – (다) – (라)
② (가) – (다) – (라) – (나)
③ (다) – (가) – (라) – (나)
④ (다) – (나) – (가) – (라)
⑤ (다) – (나) – (라) – (가)

05 밑줄 친 '정부' 시기에 있었던 일로 옳은 것은?

 정부에서 토지 소유권을 증명하는 문서로 발급한 '지계'이다. 정부는 재정 확보를 위해 지계 발급을 추진하였는데, 이를 위해 전국 토지의 약 3분의 2를 측량하고 토지 소유자를 조사하였다.

① 아관 파천이 일어났다.
② 명성 황후가 살해되었다.
③ 군국기무처가 설치되었다.
④ 단발령이 처음 공포되었다.
⑤ 구본신참이 개혁의 원칙으로 제시되었다.

서술형 문제

06 다음을 반포한 정부에서 진행한 개혁의 의의와 한계를 서술하시오.

제1조 대한국은 세계 만국이 공인한 자주독립 제국이다.
제2조 대한 제국의 정치는 만세불변의 전제 정치이다.
제3조 대한국 대황제는 무한한 군권을 지니고 있다.
제4조 대한국 신민이 군권을 침해하는 행위가 있으면 신민의 도리를 잃은 자로 인정한다.
제6조 대한국 대황제는 법률을 제정하여 반포와 집행을 명하고 대사, 특사, 감형, 복권을 명한다.
제9조 대한국 대황제는 각 조약국에 사신을 파견하고 선전 포고, 강화 및 관련 약조를 체결한다.

– 『관보』, 1899

_____

_____

_____

III. 근대 국가 수립의 노력

사회·경제 변화와 문화 변동

핵심 한끝

✖ 열강의 경제 침탈

일본	• 개항 후 (❶) 무역 → 일본의 경제 침탈, 객주·보부상의 중계 무역 → 조일 통상 장정 이후 일본 상인의 내륙 진출 • 재정 고문 메가타의 주도로 화폐 정리 사업 실시, 동양 척식 주식회사(토지 약탈)
청	• (❷)(1882)으로 청 상인의 내지 통상 허용, 조일 통상 장정(1883)으로 일본에 최혜국 대우 인정 → 청과 일본 상인의 경쟁 심화
서구	• 아관 파천 이후 자원 침탈 심화(미국, 러시아, 독일, 영국 등) • 철도 부설권, 광산 채굴권, 삼림 채벌권 등 약탈

✖ 상공업 진흥과 상권 수호 운동

상권 회복	• 상회사 설립(대동 상회, 장통 상회) • 시전 상인의 철시, (❸) 조직
(❹)	국내 식량 사정 악화 → 지방관들의 곡물 수출 금지 → 일본의 항의로 철회
회사 설립	관료 출신 자본가들이 은행(조선은행, 한성은행, 대한 천일 은행 등) 설립, 해운 회사 등 근대적 기업 설립 주도

✖ 서구 문물의 도입과 민권 의식의 성장

근대 시설	• 전신, 근대 우편, 전화, 전등, 전차 운영 등 • (❺)(최초의 근대식 병원), 지석영의 종두법 • 명동 성당(1898), 덕수궁 정관헌 등 건축
문예	신소설(이인직의 『혈의 누』), 원각사(현대식 극장)
종교	• 유교구신론(박은식), 조선 불교 유신론(한용운) • (❻)(동학 개칭), 대종교, 천주교, 개신교 등
교육	동문학·원산 학사·육영 공원 설립, 교육 입국 조서
언론	한성순보(최초의 신문), 독립신문, 제국신문, 황성신문, 베델의 (❼) → 신문지법(1907)으로 탄압
국학	• 역사 연구: 박은식, (❽)(독사신론) • 국문 연구소: 유길준, 주시경 등

✦ 이 단원의 핵심 문장 완성하기

개항 이후 외세의 경제 침탈이 시작되었고, 특히 (❾   ) 이후 열강의 이권 침탈이 가속화되었다. 이에 맞서 경제 주권 수호 운동이 계속되는 한편, 개항 이후 사회·문화적 변화가 일어나기 시작하였다.

미리 보는 학교 시험

01 밑줄 친 '이 시기'의 경제 상황에 대한 설명으로 옳은 것은?

> 부산, 원산, 인천에서 외국인과의 무역이 허용된 이 시기에 개항장이 형성되었다. 이 시기에 외국 상인들은 개항장 10리(4km) 이내에서만 활동할 수 있었다. 개항장에서 일본 상인들은 불법 행위를 일삼았지만 영사 재판권을 이용하여 조선 관리의 처벌을 피할 수 있었다.

① 객주를 매개로 거류지 무역을 하였다.
② 개항장에서 조선 화폐만 사용해야 했다.
③ 일본의 수출입 물품에 관세가 부과되었다.
④ 서양 열강들이 금광 채굴권 등을 침탈하였다.
⑤ 청 상인은 내지에서 상업 활동을 할 수 있었다.

02 다음 자료에 대한 설명으로 옳은 것은?

제9관	입항하거나 출항하는 각 화물이 해관을 통과할 때는 응당 본 조약에 첨부된 세칙(稅則)에 따라 세금을 납부해야 한다.
제37관	조선국에서 가뭄, 수해, 전쟁 등의 일로 인하여 국내 식량 결핍을 우려하여 일시 쌀 수출을 금지하려고 할 때에는 1개월 전에 지방관이 일본 영사관에 통지하여 미리 그 기간을 항구에 있는 일본 상인들에게 전달하여야 한다.
제42관	조선 정부에서 어떠한 권리와 특전 및 혜택과 우대를 다른 나라 관리와 백성에게 베풀 때에는 일본국 관리와 백성도 마찬가지로 일체 그 혜택을 받는다.

① 개항장 내 일본 화폐 사용을 허용하였다.
② 거류지 무역이 강화되는 결과를 초래하였다.
③ 일본 물품에 대한 관세 부과 조항이 포함되었다.
④ 조청 상민 수륙 무역 장정보다 먼저 체결되었다.
⑤ 일본 상인의 거류지를 개항장 10리 이내로 규정하였다.

03 밑줄 친 '이 시기'를 연표에서 옳게 고른 것은?

> 러시아를 비롯한 열강들은 한국의 이권을 침탈하는 데 열을 올렸다. 이 시기에 미국은 경인선 부설권과 전등, 전화, 전차 부설권을 갖게 되었다. 프랑스는 경의선 부설권을 획득하였으며, 러시아는 울릉도 삼림 채벌권, 일본은 경부선 부설권을 갖게 되었다.

(가)	(나)	(다)	(라)	(마)
강화도 조약 체결	임오군란 발생	거문도 사건 발생	제차 갑오개혁 추진	아관 파천 단행	대한국 국제 반포

① (가) ② (나) ③ (다)
④ (라) ⑤ (마)

04 다음 방침에 따라 시행된 사업에 대한 설명으로 옳은 것은?

> 제1조 구 백동화 교환에 관한 사무를 금고로 처리하도록 하며 탁지부 대신이 이를 감독한다.
> 제2조 교환을 위하여 제공한 구 백동화를 모두 화폐 감정인이 감정하도록 한다. 화폐 감정인은 탁지부 대신이 임명한다.
> 제3조 구 백동화의 품질, 무게, 인상, 모양이 정화로 인정받을 만한 것(갑종)은 1개당 2전 5리의 가격으로 신화폐로 교환해 준다. 이 기준에 합당하지 않은 부정 백동화(을종)는 1개당 1전의 가격으로 정부에서 매수한다. …… 단, 형태나 품질이 조악한 백동화(병종)는 매수하지 않는다.
> ― 「관보」, 1905. 6. 24.

① 일본인 재정 고문 메가타가 주도하였다.
② 거류지 무역이 해체되는 결과를 가져왔다.
③ 한국의 상인들이 성장하는 계기가 되었다.
④ 황국 중앙 총상회가 조직되는 계기가 되었다.
⑤ 만민 공동회에서 절영도 조차 철회 요구 운동을 전개하였다.

05 (가) 신문이 발행되던 시기에 볼 수 있는 모습으로 적절하지 않은 것은?

> 영국인 베델이란 자는 작년 8월 이래 [(가)]을/를 발행하여 일본의 한국 침략 정책에 저항함을 그 목적으로 하거나, …… 한국 사람들에게 일본에 비판적인 여론을 만들고자 노력하고 있습니다. …… 그 발행 부수가 한국어 신문 중 특히 많고, 궁중을 출입하는 자들은 그 기사로 비밀 운동의 자료에 이바지하는 등 해독이 미치는 바가 결코 적지 않습니다.

① 전화 통화를 하는 관리
② 교육 입국 조서를 반포하는 국왕
③ 근대식 병원에서 치료를 받는 학생
④ 명동 성당에서 미사를 주관하는 신부
⑤ 청량리로 운행하는 전차를 타는 백성

서술형 문제

06 다음 자료를 읽고 물음에 답하시오.

> 조선 상인은 베이징에서, 청의 상인은 양화진과 한성에 들어가 영업소를 개설할 수 있도록 허락하는 경우를 제외하고 화물을 내륙에 운반하여 점포를 차리는 것을 금지한다. 만약 필요한 경우 각각 자기 측 상무위원에게 제기해야 하고, 상무위원은 …… 증명서를 발급해 준다.

(1) 위 조약의 명칭을 쓰시오.

_____

(2) 위 조약의 영향과 그에 대응한 조선 상인들의 노력을 서술하시오.

_____

_____

_____

05

III. 근대 국가 수립의 노력

국권 침탈과 국권 수호 운동

핵심 한끝

✖ 일본의 국권 침탈 과정

한일 의정서	(**❶**) 발발 → 한일 의정서 체결(한국의 영토를 일본군 군사 기지로 사용)
제1차 한일 협약	러일 전쟁에서 일본 우세 → 제1차 한일 협약(1904) 강요(재정 고문 (**❷**), 외교 고문 스티븐스 파견)
을사늑약	가쓰라·태프트 밀약, 제2차 영일 동맹, 포츠머스 조약 → 을사늑약 강요((**❸**) 박탈, 통감부 설치)
정미 7조약	헤이그 특사 파견 → 고종 강제 퇴위 → 정미 7조약 체결, 부속 각서로 일본인 차관 임명, 한국의 (**❹**) 해산
강제 병합	사법권 박탈, 간도 협약(1909) → 한국 병합 조약(1910)

✖ 항일 의병 활동과 의열 투쟁

을미 의병	일본의 명성 황후 시해, (**❺**) 실시 → 유인석 등 지방 유생 중심으로 의병 봉기 → 고종의 해산 권고, 중단
을사 의병	(**❻**) 체결 → 민종식, 최익현, 신돌석(평민 의병장) 등 봉기
정미 의병	고종 강제 퇴위, 한국 군대 해산 → 해산 군인이 의병에 합류 → 13도 연합 부대 결성, (**❼**) 작전 전개 → 일제의 남한 대토벌 작전(1909) → 만주, 연해주로 의병 이동
의열 투쟁	나철·오기호(을사5적), 전명운·장인환(스티븐스 저격), 안중근(이토 히로부미 처단), 이재명(이완용 습격)

✖ 애국 계몽 운동

보안회	일본의 황무지 개간권 요구 철회
헌정 연구회	입헌 군주제 목표, 을사늑약 반대
대한 자강회	입헌 군주제 주장, 고종 강제 퇴위 반대 시위
(**❽**)	비밀 결사, 대성 학교·오산 학교, 태극 서관·자기 회사, 삼원보에 독립군 기지 건설 → 105인 사건으로 해체
국채 보상 운동	대구에서 국채를 갚고 국권을 회복하자는 모금 운동 시작 → 전국 확산

✦ 이 단원의 핵심 문장 완성하기

일제는 을사늑약으로 외교권을 박탈한 후, 정미 7조약으로 군대를 해산하였다. 이후 사법권마저 빼앗고 1910년 (**❾**)의 체결을 강요하였다.

미리 보는 학교 시험

01 (가), (나) 조약에 대한 설명으로 옳은 것은?

> (가) 대한 제국 정부는 일본 정부가 추천하는 일본인 1명을 재정 고문에 초빙하여 재무에 관한 사항은 모두 그의 의견을 들어 시행한다.
> (나) 한국 정부는 지금부터 일본국 정부의 중개를 거치지 않고서는 국제적 성질을 가진 어떠한 조약이나 약속도 맺지 않을 것을 서로 약속한다.

① (가) – 통감부 설치의 계기가 되었다.
② (가) – 러일 전쟁이 끝난 후 체결되었다.
③ (나) – 대한 제국의 외교권을 박탈하였다.
④ (나) – 메가타, 스티븐스가 고문으로 파견되는 결과를 가져왔다.
⑤ (가), (나)– 을미의병이 일어나는 계기가 되었다.

02 (가), (나) 조약 사이에 있었던 사실로 옳은 것은?

> (가) 한국 정부는 시정 개선에 관해 통감의 지도를 받는다. 한국 고등 관리의 임면은 통감의 동의를 얻어 행한다.
> (나) 한국 황제 폐하는 한국 전부에 관한 일체 통치권을 완전히 또 영구히 일본국 황제 폐하에게 양여한다. 일본국 황제 폐하는 전조에 게재한 양여를 수락하고 완전히 한국을 일본 제국에 병합하는 것을 승낙한다.

① 통감부가 설치되었다.
② 대한 제국의 군대가 해산되었다.
③ 일본이 시마네현 고시를 발령하였다.
④ 미국이 일본의 한국 지배를 인정하였다.
⑤ 외국인 외교 고문이 처음으로 파견되었다.

03 (가), (나)에 대항하여 일어난 의병에 대한 설명으로 옳지 <u>않은</u> 것은?

> (가) 우리 국모의 원수를 생각하며 이미 이를 갈았는데 참혹한 일이 더하여 우리 부모에게서 받은 머리털을 풀 베듯이 베어 버리니 이 무슨 변고란 말인가.
> (나) 작년 10월에 저들이 한 행위는 만고에 없던 일이다. 억압으로 한 조각의 종이에 조인하여 5백 년 전해 오던 종묘사직이 하룻밤에 망하였다.

① (가) – 평민 출신 의병장이 활동하였다.
② (가) – 고종이 해산을 권고하자 중단되었다.
③ (나) – 을사늑약에 저항하여 일어났다.
④ (나) – 최익현, 민종식 등이 의병을 일으켰다.
⑤ (가) 의병이 일어난 후 (나) 의병이 일어났다.

04 다음과 관련된 의병 활동에 대한 설명으로 옳은 것만을 〈보기〉에서 고른 것은?

> 대한 제국 군대 지휘관들은 순종의 군대 해산 조칙을 들은 후, 부대로 돌아와 병사들에게 모든 무기를 반납하게 하였다. 이후 훈련원으로 집합할 것을 명령하였지만, 일부 병사들밖에 모이지 않아 해산식은 예정보다 늦게 거행되었다.

┤보기├
ㄱ. 단발령 시행에 반발하여 일어났다.
ㄴ. 최익현이 전라북도 태인에서 봉기하였다.
ㄷ. 13도 연합 부대가 서울 진공 작전에 나섰다.
ㄹ. 다양한 신분과 직업을 가진 사람들이 의병에 합류하였다.

① ㄱ, ㄴ   ② ㄱ, ㄷ   ③ ㄴ, ㄷ
④ ㄴ, ㄹ   ⑤ ㄷ, ㄹ

05 다음 주장이 제기된 운동에 대한 설명으로 옳은 것은?

> 지금 우리들은 정신을 새로이 하고 충의를 떨칠 때이니, 국채 1,300만 원은 우리 대한 제국의 존망에 직결된 것입니다. 이것을 갚으면 나라가 보존되고 이것을 갚지 못하면 나라가 망할 것은 필연적인 사실이나, 지금 국고에서는 도저히 갚을 능력이 없으며, 만일 나라에서 갚지 못한다면 그때는 이미 삼천리 강토는 내 나라 내 민족의 소유가 못 될 것입니다.

① 105인 사건으로 중단되었다.
② 총독부의 방해로 실패하였다.
③ 헌정 연구회의 주도로 진행되었다.
④ 서울에서 시작되어 전국으로 확산되었다.
⑤ 대한매일신보 등의 도움으로 전국으로 확산되었다.

서술형 문제
06 다음 자료를 읽고 물음에 답하시오.

> 이 단체는 남만주로 집단 이주하려고 기도하고, 조선 본토에서 상당한 재력이 있는 사람들을 그곳에 이주시켜 토지를 사들이고 촌락을 세워 새 영토로 삼고, 다수의 청년 동지들을 모집·파견하여 한인 단체를 일으키고, 학교를 세워 민족 교육을 실시하고, 나아가 무관 학교를 설립하여 문무를 겸하는 교육을 실시하면서 기회를 엿보아 독립 전쟁을 일으켜 구한국의 국권을 회복하고자 하였다.
> – 105인 사건 판결문, 1911

(1) 밑줄 친 '이 단체'의 명칭을 쓰시오.

(2) (1) 단체가 지향한 정치 체제와 단체의 활동 내용을 <u>두 가지</u> 서술하시오.

01
다음은 삼국의 발전 과정을 보여 주는 지도이다. (가), (나) 시기 사이에 있었던 사실로 옳은 것은?　　[3점]

(가)

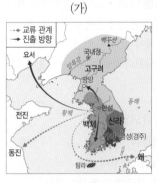

(나)

① 미천왕이 낙랑군을 몰아냈다.
② 진흥왕이 대가야를 합병하였다.
③ 소수림왕이 율령을 반포하였다.
④ 고이왕이 한강 유역을 장악하였다.
⑤ 무령왕이 지방 22담로에 왕족을 보냈다.

02
(가), (나) 왕조에 대한 설명으로 옳은 것은?　　[4점]

> (가) 전국을 9주로 나누고 그 아래 군과 현을 두었으며, 지방 행정의 요충지에는 5소경을 설치하였다. 이로써 수도인 금성이 동남쪽에 치우친 점을 보완하고, 그곳에 지배층을 이주시켜 지역의 고른 성장을 꾀하였다.
>
> (나) 지방 행정은 5경 15부 62주로 정비하고, 도독과 자사 등의 관리를 파견하였다. 정복지 주민을 지배 체제에 편입시키기 위해 우두머리인 수령을 중앙 지배층으로 포섭하거나 수령에게 촌락의 행정을 담당하도록 하였다.

① (가) - 읍군, 삼로라는 군장이 다스렸다.
② (가) - 산둥 지방을 공격하여 당을 압박하였다.
③ (나) - 골품제라는 신분제를 운영하였다.
④ (나) - 고구려인이 지배층의 핵심을 이루었다.
⑤ (가), (나) - 삼국 통일 과정에서 당과 전쟁을 하였다.

03
(가), (나) 국왕의 재위 시기에 있었던 사실로 옳지 않은 것은?　　[4점]

> ┌──────────────┐
> │ 　(가)　 때 처음으로 학교를 세웠으나 과거로 인재를 뽑는 데까지는 이르지 못하였다. 　(나)　 이/가 쌍기의 의견을 받아들여 과거로 인재를 뽑게 하였다. 이로부터 학문을 숭상하는 풍조가 일어났다.　－「고려사」
> └──────────────┘

① (가) - 서경을 중시하였다.
② (가) - 불교를 숭상하는 정책을 추진하였다.
③ (나) - 훈요 10조를 남겼다.
④ (나) - 노비안검법을 실시하였다.
⑤ (나) - 황제를 칭하고, 독자적인 연호를 사용하였다.

04
다음과 같은 정치 기구를 운영한 왕조에 대한 설명으로 옳지 않은 것은?　　[3점]

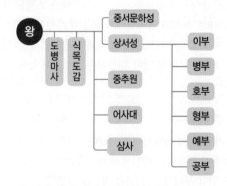

① 지방관이 파견된 속현이 있었다.
② 호장이 군현의 운영을 주도하였다.
③ 향·부곡·소라는 특수 행정 구역이 있었다.
④ 군사적으로 중요한 양계에는 병마사를 보냈다.
⑤ 일반 행정 구역인 5도에는 안찰사를 파견하였다.

05 다음 지도와 같이 고려의 영토를 수복한 왕이 재위한 시기의 정치 상황으로 옳은 것은? [4점]

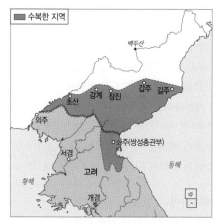

① 전민변정도감이 설치되었다.
② 최고 권력 기구로 중방이 운영되었다.
③ 고려 태자가 쿠빌라이와 강화를 맺었다.
④ 사노비 만적이 신분 해방 운동을 시도하였다.
⑤ 김부식이 이끄는 관군이 서경 세력을 진압하였다.

06 다음 조선의 발전 과정에서 있었던 사실을 일어난 순서대로 나열한 것은? [4점]

> (가) 조선의 기본 법전인 『경국대전』이 완성되었다.
> (나) 이순신이 이끄는 조선 수군이 남해 해상권을 장악하였다.
> (다) 후금이 국호를 청으로 바꾸고 조선에 군신 관계를 요구하였다.
> (라) 조광조의 개혁에 부담을 느낀 훈구 세력이 조광조와 사림 세력을 제거하였다.

① (가) – (다) – (나) – (라)
② (가) – (라) – (나) – (다)
③ (가) – (라) – (다) – (나)
④ (나) – (라) – (가) – (다)
⑤ (나) – (라) – (다) – (가)

07 다음과 같은 전쟁 중에 있었던 사실로 옳은 것은? [3점]

> 모든 지역에서 의병이 일어났다. …… 적을 만나기만 하면 모두 패하여 달아났다. 그러다가 유생 등이 조정의 명을 받들어 창의하여 일어나자 듣는 사람들이 격동하여 모여들었다. …… 호남의 고경명, 김천일, 영남의 곽재우, 정인홍 등이 가장 먼저 의병을 일으켰다.

△ 곽재우

① 청과 군신 관계를 맺었다.
② 서인 세력이 광해군을 쫓아냈다.
③ 훈구 세력이 연산군을 몰아냈다.
④ 조명 연합군이 평양성을 되찾았다.
⑤ 효종의 정통성 문제를 두고 붕당이 대립하였다.

08 밑줄 친 '당시'의 정치 상황에 대한 설명으로 옳은 것은? [4점]

> 이 기구는 수원 화성을 쌓을 당시 설계를 맡았던 정약용이 개발한 녹로이다. 녹로는 도르레의 원리를 이용한 기구로, 이를 사용하면 작은 힘으로도 무거운 물건을 들어 올릴 수 있었다. 이 기구를 사용하여 돌을 수월하게 다룰 수 있게 되어 공사 기간이 단축되었다.

△ 『화성성역의궤』의 녹로

① 인조반정으로 북인이 몰락하였다.
② 세도 가문이 비변사를 독점하였다.
③ 규장각을 설치하여 탕평책을 전개하였다.
④ 집현전을 설치하여 학문 연구를 장려하였다.
⑤ 환국 과정에서 서인이 노론과 소론으로 분열되었다.

09 (가) 왕조의 통치 체제에 대한 설명으로 옳은 것만을 〈보기〉에서 고른 것은?　[4점]

> (가) 은/는 성리학 이념을 바탕으로 통치 제도를 정비하였다. 중앙 정치 기구로 왕 아래 의정부와 6조를 두었다. 또한, 역사서를 편찬하는 춘추관, 교육 기관으로 성균관을 두었다.

┤보기├
ㄱ. 모든 군현에 수령을 파견하였다.
ㄴ. 향·부곡·소가 일반 군현으로 승격되었다.
ㄷ. 향리는 고려 시대에 비해 지위가 높아졌다.
ㄹ. 삼사는 국가의 예산과 회계 업무를 담당하였다.

① ㄱ, ㄴ　　② ㄱ, ㄷ　　③ ㄴ, ㄷ
④ ㄴ, ㄹ　　⑤ ㄷ, ㄹ

---

10 다음 작품에서 묘사하는 시기의 정치 상황으로 옳은 것은?　[3점]

> 당당한 수십 가문이
> 대대로 국록을 먹어 왔는데
> ……
> 경상(재상)도 그들이 다하고
> 악목(지방관)도 그들이 다하며
> 후설(승지) 맡은 자도 그자들이고
> 이목(간관) 노릇도 그들이 다하며
> 모든 관직도 그들이 다 해 먹고
> 그들이 나서서 옥사도 살핀다네　– 정약용, 「하일대주」

① 성균관 앞에 탕평비가 건립되었다.
② 명과 후금 사이에서 중립 외교를 펼쳤다.
③ 「조의제문」을 빌미로 사림 세력을 몰아냈다.
④ 왕권이 약화되고 3사가 기능을 상실하였다.
⑤ 붕당이 급격히 교체되는 환국이 여러 차례 일어났다.

---

11 다음 자료에 나타난 정책을 실시한 인물에 대한 설명으로 옳지 <u>않은</u> 것은?　[4점]

> 근래에 호포제를 한 번 실시하면서 등급이 문란해져 벼슬아치나 선비, 하인들이 똑같이 취급되고 상하의 구별이 없어졌으니, 한탄스러움을 이길 수 없습니다. 단지 황구(黃口)나 백골(白骨)만을 불쌍히 여겨서 귀천에 관계없이 고르게 배분하려는 뜻에서 나온 것에 지나지 않습니다. 명분이 한 번 무너지면 나라는 앞으로 어떻게 다스리겠습니까? 부디 호포를 혁파하여 명분을 바로잡으며 군액(軍額)을 바르게 하여 뜻하지 않은 사변에 대처하소서.

① 환곡을 개혁하여 사창제를 실시하였다.
② 의정부와 삼군부의 기능을 부활시켰다.
③ 비변사의 기능을 축소하여 사실상 폐지하였다.
④ 『대전통편』을 편찬하여 통치 체제를 정비하였다.
⑤ 경복궁을 정비하는 과정에서 당백전을 발행하였다.

---

12 (가)에 들어갈 내용으로 옳은 것은?　[4점]

> 신라는 한강 유역을 차지하여 삼국 항쟁의 주도권을 장악하고 중국과 직접 교류하였다.
> ▼
> (가)
> ▼
> 당은 백제와 고구려의 옛 땅에 각각 웅진도독부와 안동도호부를 두고, 신라 금성에는 계림 대도독부를 두려고 하여 나당 전쟁이 벌어졌다.

① 백제가 불교를 수용하였다.
② 발해가 거란에게 멸망하였다.
③ 고구려군이 안시성에서 당군을 격퇴하였다.
④ 광개토 대왕이 '영락'이라는 연호를 사용하였다.
⑤ 장보고가 청해진을 설치하고 해상 무역을 전개하였다.

3 / 6

13 (가), (나) 민족에 대한 설명으로 옳은 것만을 〈보기〉에서 고른 것은? [4점]

> (가) 10세기 고려에 침입했으며, 서희가 송과의 관계를 끊기로 약속하자 돌아갔다.
> (나) 12세기 초 강성해져 고려의 국경을 침범하였으며, 당시 윤관이 별무반을 이끌고 정벌하였다.

┤보기├
ㄱ. (가) – 귀주에서 고려군에 크게 패하였다.
ㄴ. (가) – 무신 정권이 무너진 후 고려와 강화를 맺었다.
ㄷ. (나) – 고려로부터 동북 9성을 돌려받았다.
ㄹ. (나) – 강조의 정변을 구실로 고려를 침략하였다.

① ㄱ, ㄴ   ② ㄱ, ㄷ   ③ ㄴ, ㄷ
④ ㄴ, ㄹ   ⑤ ㄷ, ㄹ

14 다음 내용에 공통으로 해당하는 국가에 대한 설명으로 옳은 것은? [3점]

> • 조선과 교린 관계를 맺었다.
> • 대마도 도주를 통해 외교 협상을 전개하였다.
> • 부산포, 제포(창원), 염포(울산)의 3포에서 조선과 제한된 무역을 했다.
> • 조선에 은, 구리 등을 수출하고 인삼 등을 사 갔다.

① 북벌 운동의 대상이었다.
② 조선이 통신사를 파견하였다.
③ 태종이 즉위하고 책봉을 받았다.
④ 조선이 군대를 보내 4군 6진을 개척하였다.
⑤ 조선이 연행사를 파견하여 선진 문물을 받아들였다.

15 밑줄 친 '문서'가 제작된 시기의 경제 활동에 대한 설명으로 옳지 않은 것은? [4점]

> 이 문서는 일본 도다이사 쇼소인(정창원)에 보관되어 있던 불경의 포장지(경질)를 수리하던 중 발견되었다. 이 문서에는 사해점촌·살하지촌을 비롯한 4개 촌락의 이름, 각 촌락의 둘레, 호구 수, 말과 소의 수, 토지의 종류와 면적, 뽕나무·잣나무·가래나무의 수 등이 상세히 기록되어 있다. 인구는 남녀로 구분한 후 연령을 기준으로 분류하였다.

① 우경이 처음 시작되었다.
② 국왕이 관리에게 관료전을 지급하였다.
③ 백성들에게 군역과 요역을 부과하였다.
④ 촌주가 세금 징수를 위한 문서를 작성하였다.
⑤ 조세는 수확한 생산량의 10분의 1 정도를 거두었다.

16 다음 화폐를 사용한 왕조의 경제에 대한 설명으로 옳은 것은? [4점]

△ 활구(은병)

① 귀족들에게 녹읍을 지급하였다.
② 화폐가 전국적으로 유통되었다.
③ 명에서 목화를 들여와 재배하였다.
④ 모내기법이 전국적으로 확산되었다.
⑤ 관리나 직역 담당자에게 전지와 시지를 주었다.

17 다음 문제를 해결하기 위해 실시한 제도에 대한 설명으로 가장 적절한 것은? [4점]

> 각 고을에서 공물을 상납하려 할 때 각 관청의 사주인(방납인)들이 여러 가지로 농간을 부려 좋은 것도 불합격 처리하기 때문에 바칠 수가 없습니다. 이리하여 사주인은 자기가 가지고 있는 물품을 관청에 대신 내고 그 고을 농민들에게는 자기가 낸 물건값을 턱없이 높게 쳐서 열 배의 이득을 취하니 이것은 백성의 피땀을 짜내는 것입니다.

① 관수 관급제를 실시한다.
② 군포를 1년에 1필만 내도록 한다.
③ 비옥도, 풍흉에 따라 전세를 징수한다.
④ 토지 1결당 쌀 4~6두를 전세로 납부하게 한다.
⑤ 토산물을 토지 결 수를 기준으로 쌀 등으로 납부하게 한다.

18 다음 신분제가 있었던 국가의 사회 모습에 대한 설명으로 가장 적절한 것은? [3점]

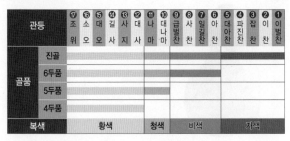

① 귀족 회의체로 화백 회의를 운영하였다.
② 부여씨와 8성의 귀족이 지배층을 이루었다.
③ 농민 몰락을 막기 위해 진대법을 실시하였다.
④ 왕족 고씨와 5부 출신 귀족들이 사회를 주도하였다.
⑤ 지배층의 핵심은 고구려인, 주민 중 다수는 말갈인이었다.

19 밑줄 친 '이 시기'의 가족 관계에 대한 설명으로 옳은 것만을 〈보기〉에서 고른 것은? [4점]

> 이 시기의 신분제는 이전 시대보다 개방적이었다. 향리, 하급 장교, 기인 등으로 구성된 정호는 과거에 합격하여 고위 관리가 되거나 군공을 세워 무관으로 출세할 수 있었다. 일부 백정은 과거에 합격하여 하급 관리가 되었고, 하급 관리의 후손이 제술과에 응시하여 고위 관리가 되었다.

┤ 보기 ├
ㄱ. 여성도 호주가 될 수 있었다.
ㄴ. 호적에는 태어난 순서대로 올랐다.
ㄷ. 부모의 재산은 장남만 상속받을 수 있었다.
ㄹ. 아들이 없는 집은 양자를 들이는 것이 일반적이었다.

① ㄱ, ㄴ   ② ㄱ, ㄷ   ③ ㄴ, ㄷ
④ ㄴ, ㄹ   ⑤ ㄷ, ㄹ

20 다음 그래프를 통해 알 수 있는 조선 후기의 변화에 대한 설명으로 옳은 것은? [4점]

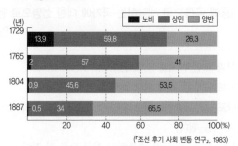

(『조선 후기 사회 변동 연구』, 1983)

① 노비의 숫자가 꾸준히 증가하였다.
② 양반 중심의 신분 질서가 강화되었다.
③ 세금을 납부하는 계층이 지속적으로 증가하였다.
④ 상민들 중 일부가 공명첩 등으로 신분이 상승하였다.
⑤ 양반이 누리는 권위와 특권은 조선 전기보다 강화되었다.

21 다음 ㉠, ㉡에 들어갈 내용을 각각 쓰시오. [2점]

> 삼한의 소국은 신지, (㉠)과/와 같은 군장이 통치하였고, (㉡)이/가 천신에 대한 제사를 주관하였으며, 소도라는 신성 지역도 있었다.

22 고려 중서문하성의 낭사와 어사대의 관리는 ( )(이)라고 불리며 관리의 부정을 감찰하고, 왕권을 견제하였다. [2점]

23 무신 집권자 최충헌이 중방을 대신하여 설치한 최고 정책 결정 기구는? [2점]

24 태종이 실시한 제도로, 6조가 의정부를 거치지 않고 국왕에게 직접 업무를 보고하도록 한 것은? [2점]

25 중종 때 조광조는 학문과 덕행이 뛰어난 인재를 추천받아 관리로 등용하는 ( )을/를 실시하였다. [2점]

26 개경과 가까운 예성강 하구에 위치하여 번성하였던, 고려 전기의 대표적 국제 무역항은? [2점]

27 다음 ㉠, ㉡에 들어갈 토지를 각각 쓰시오. [2점]

> 고려 시대에 하급 관리의 자제 중 관직에 오르지 못한 사람에게 (㉠)을/를 지급하였고, 직업 군인에게는 (㉡)을/를 주었다.

28 조선 시대 상민 중 수군, 역졸 등 천한 일을 담당하는 계층이 있었는데, 이들을 ( )(이)라고 불렀다. [2점]

29 밑줄 친 '이 시기' 고려 지배 세력의 특징을 정치적, 경제적 관점에서 서술하시오. [5점]

> 이 시기 고려에는 일본 원정을 위해 정동행성이 설치되었다. 정동행성은 일본 원정이 실패한 이후에도 그대로 남아 고려의 내정에 간섭하였다. 이 시기 고려 왕실의 호칭과 관제도 변화하였다. 중서문하성·상서성은 첨의부로 6부는 4사로 격하되었다.

_____

_____

_____

30 다음 자료를 읽고 물음에 답하시오. [5점]

> (가) 부유한 백성은 토지를 겸병하여 한꺼번에 많은 농사를 짓고 있는데, 적게는 3·4석씩, 많게는 6·7석씩 모를 한꺼번에 붓고 모내기를 하여 노동력을 절약하고 수고를 덜고 있다.
>
> (나) 여러 도의 공물은 지금 쌀과 면포로 환산하여 상납한다. …… 강원도에는 대동법을 싫어하는 자가 없는데, 충청도, 전라도에는 좋아하는 자와 싫어하는 자가 있다. …… 백성은 모두 대동법을 좋아한다.

(1) (가), (나)에 나타난 당시 사회 변화의 모습을 서술하시오. [1점]

_____

_____

(2) (1)의 내용을 토대로 조선 후기 경제 변화 양상에 대해 서술하시오. [4점]

_____

_____

01 밑줄 친 '이 왕조'의 유교 문화에 대한 설명으로 옳은 것은? [3점]

> 이 왕조에서는 원효와 의상 등의 활동에 힘입어 불교가 대중화되었다. 원효는 모든 것이 한마음에서 나온다는 일심 사상을 내세웠고, 의상은 모든 존재는 서로 의존하며 조화를 이룬다는 화엄 사상을 정립하여 사회 통합에 기여하였다.

① 6부의 명칭에 유교 이념을 담았다.
② 유교 경전을 가르치는 오경박사를 두었다.
③ 유학 교육 기관으로 주자감을 설치하였다.
④ 경당을 두어 유교 경전과 무술을 가르쳤다.
⑤ 경전의 이해 수준을 평가하는 독서삼품과를 시행하였다.

02 다음 문화유산을 제작한 왕조에 대한 설명으로 옳은 것은? [4점]

이 문화유산은 몽골이 침략하자 부처의 힘을 빌려 외적을 물리치고자 제작되었다.

① 임신서기석을 제작하였다.
② 지눌이 정혜결사를 결성하였다.
③ 유학 교육 기관으로 국학을 설치하였다.
④ 일본의 아스카 문화 형성에 영향을 주었다.
⑤ 6두품 출신 유학생들이 빈공과에 합격하였다.

03 (가), (나) 역사서에 대한 설명으로 옳은 것만을 〈보기〉에서 고른 것은? [4점]

> (가) 김부식이 유교적 합리주의 사관에 입각하여 편찬한 책으로, 삼국 시대의 역사를 담고 있다.
> (나) 일연이 저술한 책으로 고조선부터 후삼국 시대까지의 역사를 담고 있다.

┤보기├
ㄱ. (가) - 신라 중심의 역사의식이 담겼다.
ㄴ. (가) - 불교사와 고대의 설화 등을 기록하였다.
ㄷ. (나) - 단군을 민족의 시조로 기록하였다.
ㄹ. (나) - 현존하는 가장 오래된 역사서이다.

① ㄱ, ㄴ　　② ㄱ, ㄷ　　③ ㄴ, ㄷ
④ ㄴ, ㄹ　　⑤ ㄷ, ㄹ

04 다음 주장에 대한 설명으로 옳은 것은? [3점]

> 대체로 재물은 비유하건대 샘과 같은 것이다. 퍼내면 차고, 버려두면 말라 버린다. 그러므로 비단옷을 입지 않아서 나라에 비단 짜는 사람이 없게 되면 여공이 쇠퇴하고, 쭈그러진 그릇을 싫어하지 않고 기교를 숭상하지 않아서 공장(수공업자)이 기술을 익히지 않게 되면 기예가 사라지게 되며, 농사가 황폐해져서 그 법을 잃게 되므로 사농공상의 사민이 곤궁하여 서로 구제할 수 없게 된다.

① 몰락 양반 출신 최제우의 주장이다.
② 청의 문물과 기술 수용에 반대하였다.
③ 소비를 통한 경제 활성화를 강조하였다.
④ 토지 제도 개혁과 농촌 문제를 중시하였다.
⑤ 우리나라의 역사, 지리에 대한 관심에서 비롯되었다.

05 (가), (나) 국가에 대한 설명으로 옳은 것은? [4점]

> (가) 병인박해를 구실로 로즈 제독을 보내 조선에 문호 개방을 요구하며 강화도를 공격하였다. 그들은 갑곶진에 상륙한 뒤 강화성을 점령하고 재물을 약탈하였다.
>
> (나) 조선을 무력으로 개항시키고자 로저스 제독을 보내 강화도를 침공하였다. 이들은 초지진과 덕진진을 점령하고 광성보를 공격하였는데, 조선 수비대가 끝까지 항전하였다.

① (가) – 제1차 아편 전쟁을 일으켰다.
② (가) – 페리 제독을 보내 일본을 개항시켰다.
③ (나) – 막부가 무너진 후 메이지 유신을 단행하였다.
④ (나) – 서양 국가 중 최초로 조선과 조약을 체결하였다.
⑤ (나) – 흥선 대원군이 러시아 견제를 위해 손잡으려 하였다.

06 밑줄 친 '조약'에 대한 설명으로 옳은 것은? [4점]

이것은 일본의 군함 운요호이다. 정한론이 거세게 일어나자 일본은 미국의 포함 외교를 본떠 강화도에 운요호를 파견하였다. 이후 일본은 조선군이 운요호에 포격한 것을 구실로 조선에 조약의 체결을 강요하였다.

① 영사 재판권 조항을 포함하고 있다.
② 조약 체결 후 보빙사가 파견되었다.
③ 최혜국 대우를 인정한 불평등 조약이었다.
④ 일본인 조계를 설정하는 내용이 담겨 있다.
⑤ 러시아 견제를 위해 청이 조약 체결을 권하였다.

07 다음 조약에 대한 설명으로 옳지 않은 것은? [4점]

> 제1조   조선과 미국은 …… 만약 조약 상대국이 어떤 불공평하고 경시당하는 일이 있으면 한 번 통지를 거쳐 반드시 서로 도와준다.
>
> 제14조 조선이 어느 때든지 어느 국가에 항해, 통상, 기타 어떤 것을 막론하고 본 조약에 부여되지 않은 어떤 권리 또는 특혜를 허가할 때는 이와 같은 권리, 특권 및 특혜는 미국의 관민 상인에게도 무조건 균점된다.

① 거중 조정 조항이 포함되었다.
② 서양과 맺은 최초의 조약이다.
③ 최혜국 대우가 규정되어 있다.
④ 천주교 선교 활동의 자유를 인정하였다.
⑤ 『조선책략』이 퍼지면서 형성된 여론이 조약 체결의 배경이 되었다.

08 밑줄 친 '사절단'에 대한 설명으로 옳은 것은? [3점]

> 조선 정부는 개항 직후 이 사절단의 시찰 의견을 바탕으로 개화 정책을 적극 추진하였다. 개화 정책을 총괄하는 통리기무아문을 설치하고 그 아래 실무를 담당하는 12사를 두었다. 군사 제도도 개편하여 5군영을 무위영·장어영의 2영으로 합쳤고, 일본인 교관의 훈련을 받는 신식 군대인 별기군(교련병대)도 창설하였다.

① 일본에서 차관을 얻고자 하였다.
② 베이징을 거쳐 톈진까지 다녀왔다.
③ 미국의 근대 시설을 살펴보고 돌아왔다.
④ 김윤식이 무기와 탄약 제조 기술을 배워왔다.
⑤ 일본의 근대 문물, 열강의 정세를 파악하였다.

09 밑줄 친 '반란'의 결과로 옳은 것만을 〈보기〉에서 고른 것은?
[4점]

군량미가 떨어진 지 13개월에 이르렀다. 그러나 관리들은 사리사욕을 채우기에 여념이 없었고, 병졸과 백성들의 어려움은 안중에도 없다. …… 광흥창의 쌀을 꺼내 1개월분의 군량을 지급하였는데, 민겸호의 심복이었던 창고지기가 모래가 섞인 썩은 쌀을 지급하면서도 양을 적게 주는 등 농간이 심했다.…… 결국, 반란에 참여한 군인들 중 일부가 민씨 일가를 습격하였다.

┌ 보기 ┐
ㄱ. 한성 조약이 체결되었다.
ㄴ. 청의 내정 간섭이 심화되었다.
ㄷ. 조선에 일본군이 주둔하게 되었다.
ㄹ. 제2차 수신사가 일본에 파견되었다.

① ㄱ, ㄴ 　② ㄱ, ㄷ 　③ ㄴ, ㄷ
④ ㄴ, ㄹ 　⑤ ㄷ, ㄹ

10 밑줄 친 '개화당의 실패'가 가리키는 사건에 대한 설명으로 옳은 것은?
[3점]

개화당의 실패는 우리에게 매우 애석한 일이다. …… 어찌 일본인이 진심으로 김옥균을 성공하게 하고, 성의 있게 조선의 운명을 위해 노력하겠는가? …… 일본이 이를 이용하여 청으로부터의 독립을 권하고 원조까지 약속하였지만, 사실은 조선과 청의 악감정을 도발하여 그 속에서 이익을 얻으려는 속셈이었다.　– 박은식, 「한국통사」

① 청일 전쟁 중에 일어났다.
② 동학 농민 운동의 영향을 받아 일어났다.
③ 농민들이 주도한 아래로부터의 개혁이었다.
④ 근대 국가 수립을 위한 정치 개혁 운동이었다.
⑤ 조청 상민 수륙 무역 장정이 체결되는 배경이 되었다.

11 (가), (나) 시기 사이에 있었던 사실로 옳은 것은?
[4점]

(가) 농민군이 고부를 점령하고 백산으로 이동한 후 4대 강령을 발표하고, '폭정을 없애고 백성을 구한다.', '나라를 돕고 백성을 편안히 한다.'는 뜻을 담은 격문도 제작하였다.

(나) 손병희가 이끄는 북접군과 전봉준이 이끄는 남접군이 한성으로 진격하기 위해 논산에 집결하였다. 이들은 공주 우금치에서 관군과 일본군의 연합 부대를 상대로 치열하게 전투를 벌였다.

① 전주 화약이 맺어졌다.
② 제물포 조약이 체결되었다.
③ 통리기무아문이 설치되었다.
④ 영국군이 거문도를 불법 점령하였다.
⑤ 일본과 청 사이에 톈진 조약이 체결되었다.

12 다음과 같은 상황에서 추진되었던 개혁에 해당하지 않는 것은?
[4점]

경복궁을 점령하고 청일 전쟁을 시작한 일본은 흥선 대원군을 섭정으로 하는 김홍집 내각을 수립하였다. 김홍집 내각은 군국기무처를 설치하여 개혁을 추진하였다.

① 과거제를 폐지하였다.
② 단발령을 시행하였다.
③ 연좌제를 폐지하였다.
④ 의정부와 궁내부를 분리하였다.
⑤ 국가 재정을 탁지아문에서 관할하게 하였다.

13 다음 결의를 주도한 단체에 대한 설명으로 옳은 것은? [4점]

> 1. 외국인에 의존하지 않고 관민이 합심하여 전제 황권을 견고하게 할 것
> 2. 광산, 철도, 석탄, 삼림 및 차관 차병과 외국과 조약 맺는 일은 각부 대신 및 중추원 의장이 합동 날인하여 시행할 것
> 3. 전국 재정은 모두 탁지부가 관리하며, 다른 정부 기관과 회사는 간섭하지 못하게 하고 예산·결산을 국민에게 공포할 것
> 5. 칙임관은 황제가 정부에 자문하여 그 과반수의 의견에 따라 임명할 것

① 집강소를 설치하였다.
② 홍범 14조를 반포하였다.
③ 종두법 보급에 기여하였다.
④ 의회 설립 운동을 추진하였다.
⑤ 아관 파천으로 활동이 중단되었다.

14 밑줄 친 '개혁'에 대한 설명으로 옳은 것은? [3점]

이 건물은 고종이 러시아 공사관에서 돌아와 황제로 즉위한 환구단이다. 고종은 황제로 즉위하며 새로운 <u>개혁</u>을 실시하였다.

① 지계를 발급하였다.
② 노비제를 폐지하였다.
③ 영선사를 파견하였다.
④ 교육 입국 조서를 반포하였다.
⑤ 전국 8도를 23부로 개편하였다.

15 (가), (나) 조약에 대한 설명으로 옳은 것만을 〈보기〉에서 고른 것은? [4점]

> (가) 조선 상인은 베이징에서, 청의 상인은 양화진과 한성에 들어가 영업소를 개설할 수 있도록 허락하는 경우를 제외하고 화물을 내륙에 운반하여 점포를 차리는 것을 금지한다.
> (나) 조선 정부에서 어떠한 권리와 특전 및 혜택과 우대를 다른 나라 관리와 백성에게 베풀 때는 일본국 관리와 백성도 마찬가지로 일체 그 혜택을 받는다.

┤ 보기 ├
ㄱ. (가) – 거류지 무역이 강화되었다.
ㄴ. (가) – 임오군란을 계기로 체결되었다.
ㄷ. (나) – 일본 상품의 무관세 무역을 규정하였다.
ㄹ. (나) – 청과 일본의 상권 다툼이 심화되는 계기가 되었다.

① ㄱ, ㄴ   ② ㄱ, ㄷ   ③ ㄴ, ㄷ
④ ㄴ, ㄹ   ⑤ ㄷ, ㄹ

16 다음 그래프를 통해 알 수 있는 조선의 경제 상황으로 가장 적절한 것은? [4점]

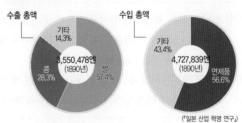

수출 총액 / 기타 14.3% / 3,550,478엔 (1890년) / 콩 28.3% / 쌀 57.4%

수입 총액 / 기타 43.4% / 4,727,839엔 (1890년) / 면제품 56.6%

(『일본 산업 혁명 연구』)

▲ 대일 수출입 상품의 비율(1890)

① 식량 사정이 악화되었다.
② 가내 수공업이 발달하였다.
③ 지주와 대상인의 이익이 크게 감소하였다.
④ 도시 빈민들의 경제생활이 크게 나아졌다.
⑤ 일본으로의 곡물 수출이 완전히 중단되었다.

17 다음 주장이 제기된 시기의 사회 모습으로 적절하지 않은 것은? [4점]

> 국가의 역사는 민족의 소장성쇠를 서술해야 한다. 민족을 버리면 역사가 없고, 역사를 버리면 민족의 국가 관념이 크지 않을 것이다. …… 역사를 집필하는 자는 반드시 그 국가의 주인 종족을 골라 이를 주제로 삼은 후 그 정치, 실업, 무공, 습속, 외교 등을 서술해야 역사라 말할 수 있을 것이다. 그렇지 않으면 정신 빠진 역사라. 정신 빠진 역사는 …… 정신 빠진 국가를 만들 것이니.
>
> – 대한매일신보

① 원산 학사를 세우는 덕원 주민들
② 근대식 병원에서 치료를 받는 환자
③ 진대법에 따라 곡식을 빌리는 농민
④ 인천으로 가는 기차표를 파는 역무원
⑤ 서대문으로 가는 전차를 타고 있는 여성

18 다음 국권 침탈 과정에서 강요된 (가), (나) 조약의 영향으로 옳은 것은? [3점]

> (가) 한국 정부는 지금부터 일본국 정부의 중개를 거치지 않고서는 국제적 성질을 가진 어떠한 조약이나 약속도 맺지 않을 것을 서로 약속한다.
> (나) • 한국 정부는 시정 개선에 관해 통감의 지도를 받을 것
> • 한국 고등 관리의 임면은 통감의 동의로써 행할 것

① (가)– 총독부가 설치되었다.
② (가)– 재정 고문 메가타가 파견되었다.
③ (나)– 대한 제국 군대가 해산되었다.
④ (나)– 간도의 영유권을 청에 넘겨주었다.
⑤ (가), (나) – 러일 전쟁 중에 체결되어 전세가 변화하였다.

19 밑줄 친 '의병'에 대한 설명으로 옳은 것은? [4점]

> 13도 창의군은 서울에 주재 중인 각국 대사관에 격문을 보내 의병을 합법적인 교전 단체로 인정해 줄 것을 요구하였다. 선발대를 이끄는 허위가 한양 밖 30리까지 진격했으나, 일본군의 반격으로 후퇴하고 만다. 이후 공격이 실패하면서 의병들은 전국 각지에서 투쟁을 이어갔다.

① 을미사변에 반발하여 일어났다.
② 평민 출신 의병장이 처음 활동하였다.
③ 단발령이 실시되자 이에 반발하여 시작되었다.
④ 해산된 군인들이 합류하여 전투력이 강화되었다.
⑤ 의병장 최익현은 쓰시마섬으로 유배되어 순국하였다.

20 밑줄 친 '이 단체'의 활동으로 옳은 것은? [4점]

> 이 단체는 1909년 한국 강제 병합의 움직임이 본격화되자 실력 양성 운동만으로는 국권을 회복하기 어렵다고 판단하였다. 그리하여 남만주로 집단 이주하기 위해 조선에서 재력이 있는 사람들을 먼저 그곳에 이주시켜 토지를 사들이고 촌락을 세워 새 영토로 삼고, …… 나아가 무관 학교를 설립하여 문무를 겸하는 교육을 실시하여 국권을 회복하려고 하였다.

① 대성 학교와 오산 학교를 세웠다.
② 러시아의 절영도 조차 요구를 저지시켰다.
③ 일본의 황무지 개간권 요구를 철회시켰다.
④ 독립문을 건립하고 독립신문을 발행하였다.
⑤ 전국에 지회를 설치하고 월보를 발행하였다.

21 신라 말 도선 등 선종 승려가 중국에서 들여온 사상으로 산, 하천, 땅이 이루는 형세가 인간 생활에 영향을 미친다는 이론을 쓰시오. [2점]

22 다음 ㉠, ㉡에 들어갈 인물을 각각 쓰시오. [2점]

> 16세기 조선의 성리학은 두 학자를 중심으로 크게 발달하였다. '동방의 주자'라 불린 (㉠)의 성리학 사상은 근본적이고 이상주의적인 경향이 강하였다. (㉡)의 사상은 보다 현실적이고 개혁적인 성향을 보였는데, 대표적인 저서로 『성학집요』가 있다.

23 신미양요 당시 미국 함대가 초지진과 덕진진을 점령하고 광성보를 공격하였을 때 ( )이/가 이끄는 조선의 수비대가 끝까지 항전하였다. [2점]

24 1870년대에 최익현은 일본이 서양과 같은 오랑캐라는 ( )을/를 주장하며 개항 이후 벌어질 일본의 경제 침탈을 경계하였다. [2점]

25 대한 제국 정부는 1900년 대한 제국 ( )을/를 공포하여 울릉도를 울도군으로 승격하고 독도를 관할하게 하였다. [2점]

26 다음 ㉠, ㉡에 들어갈 내용을 각각 쓰시오. [2점]

> 열강은 침략과 자원 수탈의 수단이 되는 (㉠) 부설권 획득에 관심을 기울였다. 특히, 일본은 미국으로부터 (㉡) 부설권을 사들여 1899년 개통하였다.

27 조선 정부는 1880년대 미국인 강사를 초빙하여 양반 자제들에게 영어, 수학, 지리 등의 근대 학문을 가르치는 ( )을/를 설립하였다. [2점]

28 다음 ㉠, ㉡에 들어갈 내용을 각각 쓰시오.

> 을사늑약 체결 이후 나철, 오기호 등은 (㉠)(이)라는 암살단을 조직하였으며, 1909년 (㉡)은/는 중국 하얼빈에서 이토 히로부미를 처단하였다.

29 다음 한글 소설이 유행한 시기에 나타난 새로운 문화의 사례를 세 가지 서술하시오. [4점]

> 춘향이 이방에게 말하였다. "열녀에도 양반 상놈이 있더이까? …… 진주 기생 논개는 충신으로 충렬문에 모셔졌고, 평양 기생 원선이도 충렬문에 들어 있소. 기생이라도 더는 무시하지 마오." – 『춘향전』

30 다음 자료를 보고 물음에 답하시오. [6점]

> (가) 흥선 대원군을 섭정으로 하는 김홍집 내각은 군국기무처를 설치하여 개혁을 추진하였다.
> (나) 을미사변 이후 김홍집, 유길준 등 친일 관료로 구성된 내각이 새로운 개혁을 추진하였다.

(1) (가), (나) 시기에 추진된 개혁의 내용을 두 가지씩 서술하시오. [4점]

(2) (가), (나) 개혁의 의의와 한계점에 대해 서술하시오. [2점]

고구려 문화를 계승한 발해 문화 이해하기

학년   반   번

이름 |

문제 다음 자료를 읽고 아래 〈조건〉에 맞게 800~1,000자로 논술하시오.   [20점]

(가) 고구려가 멸망한 뒤 당은 고구려 유민을 당의 여러 지역으로 이주시켰다. 그러나 고구려 유민은 당의 지
    배에 맞서 끈질기게 저항하였다. 이때 당의 통치에 불만을 품은 거란인이 반란을 일으켜 당의 통제력이
    일시적으로 무너졌고 옛 고구려 장수 출신인 대조영은 이 틈을 타 고구려 유민과 말갈인 일부를 이끌고
    요서 지역의 영주에서 요동 지역으로 이동해 발해를 건국하였다.

(나) • (발해는) 고려(고구려) 옛 땅을 수복하고, 부여의 풍속을 지니고 있다.   – 발해가 일본에 보낸 국서
    • 일본 천황은 삼가 고려(고구려) 국왕에게 문안한다.   – 『속일본기』

(다) 고구려와 발해의 문화유산

　◈ 고구려 토기　　　◈ 발해 토기　　　◈ 고구려 치미　　　◈ 발해 치미　　　◈ 고구려 막새　　　◈ 발해 막새

조건

• (가)에 나타난 발해 지배 세력의 특징을 파악하여 설명하시오. [6점]
• (나), (다)의 자료를 바탕으로 발해와 고구려의 연관성을 근거를 제시하며 논술하시오. [14점]

논술형 수행 평가 ❷ 조선 후기 사회 변동 파악하기

문제 다음 자료를 읽고 아래 〈조건〉에 맞게 800~1,000자로 논술하시오.   [25점]

(가) 각 고을에서 공물을 상납하려 할 때 각 관청의 사주인(방납인)들이 여러 가지로 농간을 부려 좋은 것도 불합격 처리하기 때문에 바칠 수가 없습니다. 이리하여 사주인은 자기가 가지고 있는 물품으로 관청에 대신 내고 그 고을 농민들에게는 자기가 낸 물건 값을 턱없이 높게 쳐서 열 배의 이득을 취하니 이것은 백성의 피땀을 짜내는 것입니다.   – 『선조실록』

(나) 부유한 백성은 토지를 겸병하여 많은 농사를 짓고 있는데, 적게는 3, 4석씩, 많게는 6, 7석씩 모를 한꺼 번에 붓고 모내기를 하여 노동력을 절약하고 수고를 덜고 있다.   – 『정조실록』

(다) 18세기 후반 남인 계열의 실학자들이 천주교를 학문이 아닌 신앙으로 받아들이기 시작하였다. 천주교는 인간 평등과 사랑 등을 강조하여 중인, 상민, 부녀자들 사이에서 빠르게 확산되었다.

조건

• (가)의 문제를 해결하기 위한 방안을 제시하고, 이 과정에서 나타난 사회 변화에 대해 서술하시오 [10점]
• (나), (다)에서 나타나는 조선 후기의 특징을 정리하고, (가), (나), (다)가 조선 후기 사회 변동에 끼친 영향을 사회적, 경제적 관점에서 서술하시오. [15점]

논술형 수행 평가 ❸   통상 수교 관련 주장에 대한 평가 서술하기

문제 다음 자료를 읽고 아래 〈조건〉에 맞게 800~1,000자로 논술하시오.   [25점]

(가) 서양이 우리나라에 몰래 잠입하여 사학(천주교)을 널리 전파하는 것은 자기의 패거리들을 늘려 우리나라의 형편을 탐지한 뒤 군사를 거느리고 쳐들어오려 함이다. 우리의 문물제도를 어지럽히고 우리나라의 재물과 여자들을 약탈함으로써 그 끝없는 욕심을 채우려고 하는 데 목적이 있다.   – 이항로

(나) 지금 천하 정세는 열강이 서로 다투는 상황이다. 우리나라는 비록 작지만 동양의 중요한 곳에 있다. 내치와 외치를 때에 맞춰 적절히 하면 독립을 유지할 수 있을 것이고 그렇지 못하면 약한 자가 먼저 망하고 말 것이다. …… 우리가 먼저 교류를 하고 맹약을 맺어 고립의 어려움을 면해야 한다.   – 박규수

(다) 계란을 깨지 않고 오믈렛을 만들 수는 없습니다. 무력을 사용하지 않고 수백 년 동안 아프리카 내륙을 황폐화한 야만적인 관행과 노예 제도, 그리고 미신을 타파할 수 없습니다. …… 만약 여러분이 인본주의로 얻을 수 있는 이득과 그에 따라 지불해야 할 비용을 비교한다면 나는 분명 여러분이 무력을 선택할 것임을 믿어 의심치 않습니다.   – 체임벌린

조건

- (가), (나)에 나타난 주장을 정리하여 서술하시오. [10점]
- (다)의 관점을 정리하고, (다)의 관점을 토대로 (가), (나) 입장의 의미와 한계점에 대해 논술하시오. [15점]

논술형 수행 평가 ④ 국권 수호 운동에 대해 평가하기

문제 다음 자료를 읽고 아래 〈조건〉에 맞게 800~1,000자로 논술하시오. [25점]

(가) 무릇 우리나라의 독립은 자강에 있다. …… 자강의 방도를 강구하려 할 것 같으면 다른 곳에 있지 않고 교육을 진작하고 산업을 일으키는 데 있으니 무릇 교육이 일어나지 않으면 국민의 지혜가 열리지 않고 산업이 일어나지 않으면 국가의 부가 증가하지 못하는 것이다. ─ 대한 자강회 취지문

(나) 지금 나라가 기울어 가는데 그저 앉아만 있을 수는 없다. 조상들이 지켜 온 강토를 원수인 일본인들에게 내맡길 수 있겠는가? 총을 드는 사람, 칼을 갈 사람도 있어야 할 것이다. 그러나 그보다도 더 중요한 것이 무엇이냐. 세상일이 어떻게 돌아가는지 모르는 사람들을 깨우치는 것이 제일 우선이다. 내가 오늘 이 학교를 세우는 것도 후손을 가르쳐 만분의 일이라도 나라에 도움이 되기를 원하기 때문이다. ─ 이승훈

(다) 우리 국모의 원수를 생각하며 이미 이를 갈았는데 참혹한 일이 더하여 우리 부모에게서 받은 머리털을 풀 베듯이 베어 버리니 이 무슨 변고란 말인가. …… 이에 감히 의병을 일으켜 마침내 이 뜻을 세상에 포고하노니, 위로는 공경에게서 아래로는 서민에까지 어느 누가 애통하고 절박하지 않으리. ─ 유인석

조건

- (가), (나)에 나타난 주장의 공통점과 차이점을 정리하여 서술하시오. [10점]
- (다)의 관점을 정리하고, 국권 수호를 위한 (가), (나) 입장, (다) 입장의 의미와 한계점을 논술하시오. [15점]

MEMO

한·끝·시·리·즈 필수 개념과 시험 대비를 한 권으로 끝! 한국사 공부의 진리입니다.

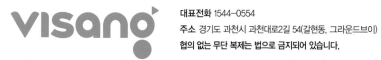

대표전화 1544-0554
주소 경기도 과천시 과천대로2길 54(갈현동, 그라운드브이)